Philipp Wiederhold

Segmentberichterstattung und Corporate Governance

GABLER EDITION WISSENSCHAFT

Rechnungswesen und Unternehmensüberwachung

Herausgegeben von
Professor Dr. Hans-Joachim Böcking und
Professor Dr. Michael Hommel

Die Schriftenreihe präsentiert Ergebnisse der betriebswirtschaftlichen Forschung zu den Themengebieten Financial Accounting, Business Reporting, Business Audit, Business Valuation und Corporate Governance. Die Beiträge dieser Reihe verfolgen das Ziel, Vorgaben der Gesetzgebung, der nationalen und internationalen Standardsetter sowie Empfehlungen der Wirtschaftspraxis mittels des Instrumentariums der betriebswirtschaftlichen Theorie zu beschreiben, zu analysieren und insbesondere vor dem Hintergrund der Anforderungen des Kapitalmarktes weiterzuentwickeln.

Philipp Wiederhold

Segmentberichterstattung und Corporate Governance

Grenzen des Management Approach

Mit einem Geleitwort von
Prof. Dr. Hans-Joachim Böcking

GABLER EDITION WISSENSCHAFT

Bibliografische Information der Deutschen Nationalbibliothek
Die Deutsche Nationalbibliothek verzeichnet diese Publikation in der Deutschen Nationalbibliografie; detaillierte bibliografische Daten sind im Internet über <http://dnb.d-nb.de> abrufbar.

Dissertation Universität Frankfurt am Main, 2007

1. Auflage 2008

Lektorat: Frauke Schindler / Sabine Schöller

Gabler ist Teil der Fachverlagsgruppe Springer Science+Business Media.
www.gabler.de

Umschlaggestaltung: Regine Zimmer, Dipl.-Designerin, Frankfurt/Main
Gedruckt auf säurefreiem und chlorfrei gebleichtem Papier
Printed in Germany

ISBN 978-3-8350-0899-1

Geleitwort

Fragen der Corporate Governance, insbesondere der Ausgestaltung effizienter und effektiver Mechanismen der Unternehmensleitung und –überwachung, werden seit langem in der Wissenschaft diskutiert. Der Segmentberichterstattung kommt hierbei als Instrument der Corporate Governance eine herausragende Bedeutung zu. Im November 2006 veröffentlichte der International Accounting Standards Board (IASB) den International Financial Reporting Standard (IFRS) 8 „Operating Segments", der für Anwender der IFRS durch die Pflicht zur umfangreichen Anwendung des *management approach* wesentliche Änderungen bei der Segmentberichterstattung bewirkt. Auf Basis der gewonnenen Erkenntnisse zur Rolle der Segmentberichterstattung im Rahmen der externen Unternehmensrechnung erläutert Herr Wiederhold die Ausgestaltungsmöglichkeiten sowie die aktuellen Segmentberichterstattungsvorschriften der IFRS und der US-GAAP. Theoretische und empirische Ergebnisse zum Entscheidungsnutzen der Segmentberichterstattung ermöglichen in der Folge eine Beurteilung dieser Vorschriften aus Sicht der Anforderungen an die externe Unternehmensrechnung.

Herr Wiederhold befasst sich im Detail mit dem *management approach* und den möglichen Vorteilen einer auf der internen Berichterstattung basierenden externen Segmentberichterstattung. Anhand allgemeiner theoretischer Ergebnisse zur Harmonisierungsfähigkeit von interner und externer Unternehmensrechnung sowie den modelltheoretischen Ergebnissen zur Eignung der *fair value*-Bilanzierung für die Zwecke der internen Unternehmensrechnung kommt Herr Wiederhold zu dem für Anwender, Standardsetter, die EU und die nationalen Gesetzgeber klaren Ergebnis, dass für interne Steuerungsprozesse bereitgestellte Daten nicht zwangsläufig auch für die Entscheidungsunterstützung der Investoren geeignet sind.

Mit seiner detaillierten Untersuchung zeigt Herr Wiederhold die Grenzen des *management approach* auf und leistet damit einen hervorragenden Beitrag zur Forschung und Praxis im Bereich der internationalen Rechnungslegung sowie der Corporate Governance, der auch die politische Dimension nicht ausklammert. Diese Arbeit ist allen Personen als Pflichtlektüre zu empfehlen, die sich aus wissenschaftlicher und praktischer Sicht mit Fragen der Rechnungslegung und Corporate Governance auseinandersetzen.

Prof. Dr. Hans-Joachim Böcking

Vorwort

Die vorliegende Arbeit ist das Ergebnis eines Forschungsprojekts der Professur für Wirtschaftsprüfung und Corporate Governance der Johann Wolfgang Goethe-Universität Frankfurt am Main und der DaimlerChrysler AG, Stuttgart. Sie wurde vom Fachbereich Wirtschaftswissenschaften der Johann Wolfgang Goethe-Universität Frankfurt am Main im Juli 2007 als Dissertation angenommen.

Mein aufrichtiger Dank gilt meinem akademischen Lehrer, Herrn Professor Dr. Hans-Joachim Böcking, der mir nicht nur die Möglichkeit zur Promotion eröffnete, sondern auch durch großes Engagement und den erforderlichen wissenschaftlichen Freiraum das Forschungsprojekt unterstützte. Ebenso möchte ich mich bei Herrn Prof. Dr. Michael Hommel für die freundliche und außerordentlich zügige Übernahme des Zweitgutachtens bedanken.

Ein großer Dank gebührt darüber hinaus Herrn Dr. Friedrich Siener und Herrn Dr. Wolfgang Renner, die stellvertretend für die DaimlerChrysler AG meine Promotionspläne im Rahmen einer Kooperation mit der Johann Wolfgang Goethe-Universität Frankfurt am Main stets in besonderem Maße gefördert haben.

Vor allem aber hat das Arbeitsumfeld mit den Kolleginnen und Kollegen der Professur für Wirtschaftsprüfung und Corporate Governance zum Gelingen des Promotionsprojekts beigetragen. Ohne die Diskussionsbereitschaft der Kolleginnen und Kollegen in fachlichen und persönlichen Dingen sowie das fleißige Korrekturlesen insbesondere von Herrn PD Dr. Andreas Dutzi, Frau Dr. Katrin Müller, Herrn Dr. Benjamin Rausch und Herrn Farhood Torabian wäre die Fertigstellung dieser Arbeit nicht möglich gewesen. Der Interessengemeinschaft Frankfurter Kreditinstitute GmbH danke ich in diesem Zusammenhang für den großzügigen Zuschuss zur Drucklegung der Dissertation.

Mein größter Dank gilt schließlich meiner Familie. Insbesondere meinem Vater danke ich, der durch seine Unterstützung mein Studium und die darauf aufbauende Promotion erst ermöglichte. Ihm ist diese Arbeit zum Dank gewidmet.

Philipp Wiederhold

Inhaltsverzeichnis

Geleitwort V

Vorwort VII

Inhaltsverzeichnis IX

Abbildungsverzeichnis XIII

Tabellenverzeichnis XV

Verzeichnis der verwendeten Symbole XVII

Abkürzungsverzeichnis XIX

1 Einleitung 1
1.1 Problemstellung 1
1.2 Aufbau der Untersuchung 3

2 Segmentberichterstattung als Instrument der Corporate Governance 6
2.1 Divergierende Interessen und Informationsasymmetrien als Ursache für Corporate Governance-Mechanismen 6
2.1.1 Begriff der Corporate Governance 6
2.1.2 Prinzipal-Agenten-Konflikte und Corporate Governance 8
2.2 Governance-Mechanismen zur Linderung von Prinzipal-Agenten-Konflikten 12
2.3 Unternehmensrechnung als Bestandteil der Corporate Governance 16
2.3.1 Definition und Abgrenzung des Begriffs der Unternehmensrechnung 16
2.3.2 Aufgaben der Unternehmensrechnung 18
2.3.2.1 Heterogene Funktionen der internen und externen Unternehmensrechnung 18
2.3.2.2 Bereitstellung entscheidungsnützlicher Informationen im Außenverhältnis 21
2.3.2.3 Bereitstellung von Informationen zur Verhaltenssteuerung im Innenverhältnis 24
2.3.3 Instrumente der externen und der internen Unternehmensrechnung 26
2.3.3.1 Kapitalmarktorientierte externe Rechnungslegung 26
2.3.3.2 Wertorientierte interne Unternehmensrechnung 29
2.4 Segmentberichterstattung als Instrument der externen und der internen Unternehmensrechnung 32
2.4.1 Diversifikation als Ursache für Informationsdefizite 32
2.4.2 Segmentberichterstattung als mögliches Instrument zur Linderung der Informationsdefizite 36
2.4.3 Internationale Segmentberichterstattungsvorschriften als Reflex auf Informationsdefizite 40

3 Ausgestaltung der externen Segmentberichterstattung 45
3.1 Mögliche Ausgestaltung der Segmentberichterstattung 45
3.1.1 Anwendungsbereich der Segmentberichterstattungsvorschriften 45
3.1.2 Bestimmung der berichtspflichtigen Segmente 47

3.1.2.1 Segmentierungskonzeptionen ... 47
3.1.2.1.1 Management Approach ... 47
3.1.2.1.2 Risks and Rewards Approach ... 50
3.1.2.2 Segmentierungskriterien ... 51
3.1.2.2.1 Sektorale Segmentierung ... 51
3.1.2.2.2 Regionale Segmentierung ... 53
3.1.2.2.3 Kunden- bzw. lieferantenbezogene Segmentierung ... 55
3.1.2.2.4 Segmentierung auf Basis der rechtlichen Einheiten ... 56
3.1.2.3 Auswahl berichtspflichtiger Segmente ... 58
3.1.3 Ermittlung der Segmentdaten ... 59
3.1.3.1 Konzeptionen der Segmentdatenermittlung ... 59
3.1.3.1.1 Management Approach ... 59
3.1.3.1.2 Risks and Rewards Approach ... 60
3.1.3.1.3 Autonomous Entity Approach ... 60
3.1.3.1.4 Disaggregation Approach ... 63
3.1.3.2 Segmentierungsobjekte ... 64
3.1.3.2.1 Segmentergebnis ... 64
3.1.3.2.2 Segmentumsatz ... 66
3.1.3.2.3 Segmentvermögen ... 67
3.1.3.2.4 Segmentschulden ... 67
3.1.4 Segmentberichtspflichten im Rahmen der Zwischenberichterstattung ... 68
3.2 Segmentberichterstattungsvorschriften von IASB und FASB ... 70
3.2.1 Segmentberichterstattung nach IAS 14 ... 70
3.2.1.1 Anwendungsbereich der Segmentberichterstattungsvorschriften ... 70
3.2.1.2 Bestimmung der berichtspflichtigen Segmente ... 71
3.2.1.2.1 Segmentierungskonzeption ... 71
3.2.1.2.2 Segmentidentifikation ... 71
3.2.1.2.3 Berichtspflichtige Segmente ... 74
3.2.1.3 Segmentangabepflichten ... 76
3.2.1.3.1 Überblick ... 76
3.2.1.3.2 Segmentergebnis ... 78
3.2.1.3.3 Segmenterträge ... 79
3.2.1.3.4 Segmentvermögen ... 80
3.2.1.3.5 Segmentschulden ... 81
3.2.1.3.6 Sonstige Segmentangaben ... 82
3.2.1.3.7 Segmentübergreifende Angaben ... 84
3.2.1.4 Überleitung ... 85
3.2.2 Segmentberichterstattung nach SFAS 131 und IFRS 8 ... 85
3.2.2.1 Anwendungsbereich der Segmentberichterstattungsvorschriften ... 85
3.2.2.2 Bestimmung der berichtspflichtigen Segmente ... 86
3.2.2.2.1 Segmentierungskonzeption ... 86
3.2.2.2.2 Segmentidentifikation ... 87
3.2.2.2.3 Berichtspflichtige Segmente ... 88
3.2.2.3 Segmentangabepflichten ... 90
3.2.2.3.1 Überblick ... 90
3.2.2.3.2 Segmentergebnis ... 91
3.2.2.3.3 Segmenterträge ... 92
3.2.2.3.4 Segmentvermögen ... 92
3.2.2.3.5 Segmentschulden ... 93
3.2.2.3.6 Sonstige Segmentangaben ... 94
3.2.2.3.7 Segmentübergreifende Angaben ... 96

3.2.2.4 Überleitung ... 100
3.2.3 Segmentberichtspflichten im Rahmen der Zwischenberichterstattung ... 102
3.2.3.1 Anwendungsbereich ... 102
3.2.3.2 Segmentangabepflichten ... 103
3.3 Zusammenfassung ... 104

4 Entscheidungsnutzen der Segmentberichterstattung ... 107
4.1 Entscheidungsnützlichkeit aus theoretischer Sicht ... 107
4.1.1 Entscheidungstheoretischer Ansatz ... 107
4.1.2 Informationsökonomischer Ansatz ... 109
4.1.3 Zwischenergebnis ... 113
4.2 Entscheidungsnützlichkeit aus empirischer Sicht ... 115
4.2.1 Grundlagen und Bedeutung der empirischen Rechnungslegungsforschung 115
4.2.2 Untersuchungen zur Prognoseeignung ... 116
4.2.2.1 Grundlagen ... 116
4.2.2.2 Untersuchungen mit Bezug zur Segmentberichterstattung ... 118
4.2.3 Verhaltensbezogene Untersuchungen ... 125
4.2.3.1 Grundlagen ... 125
4.2.3.2 Untersuchungen mit Bezug zur Segmentberichterstattung ... 127
4.2.4 Kapitalmarktorientierte Untersuchungen ... 131
4.2.4.1 Grundlagen ... 131
4.2.4.2 Konzepte der Kapitalmarktrelevanz ... 135
4.2.4.3 Untersuchungsmethoden ... 138
4.2.4.3.1 Event Studies ... 138
4.2.4.3.2 Association Studies ... 139
4.2.4.4 Untersuchungen mit Bezug zur Segmentberichterstattung ... 141
4.2.4.4.1 Auswirkungen auf Aktienkurse ... 141
4.2.4.4.2 Auswirkungen auf Risikoparameter ... 146
4.2.5 Exkurs: Bilanzierung versus Ausweis (*recognition versus disclosure*) ... 149
4.3 Zusammenfassung ... 153

5 Harmonisierung der internen und externen Segmentberichterstattung ... 156
5.1 Konvergenz von interner und externer Unternehmensrechnung ... 156
5.1.1 Vorbemerkungen ... 156
5.1.2 Motive einer Harmonisierung ... 159
5.1.3 Konzeptionelle Bewertung ... 163
5.1.4 Anreiznützlichkeit und Entscheidungsnützlichkeit ... 166
5.2 Harmonisierung auf der Grundlage der *fair value*-Bewertung ... 171
5.2.1 Bewertungstendenzen in der internationalen Rechnungslegung ... 171
5.2.2 Entscheidungsnutzen von *fair values* ... 173
5.2.3 Steuerung auf der Basis von Zeitwerten ... 178
5.2.3.1 Zielkongruenz und *fair values* ... 178
5.2.3.1.1 Schwache Zielkongruenz ... 178
5.2.3.1.2 Starke Zielkongruenz ... 179
5.2.3.2 Volatilität und *fair values* ... 181
5.2.3.3 Gestaltungsspielräume und *fair values* ... 182
5.2.4 Schlussfolgerungen ... 183
5.3 Kompatibilität der Segmentberichterstattungsnormen mit den Anforderungen an die interne und externe Segmentberichterstattung ... 184
5.3.1 Allgemeine Kriterien ... 184
5.3.2 Anwendungsbereich der Segmentberichterstattungsvorschriften ... 186

5.3.3 Bestimmung der berichtspflichtigen Segmente 187
5.3.4 Ermittlung der Segmentdaten 191
5.3.4.1 Konzeptionen der Segmentdatenermittlung 191
5.3.4.2 Segmentierungsobjekte 195
5.3.5 Segmentberichtspflichten im Rahmen der Zwischenberichterstattung 197
5.4 Ableitung weiterer Forschungsfragen 198

6 Thesenförmige Zusammenfassung 200

Literaturverzeichnis 207

Abbildungsverzeichnis

Abbildung 1: Aufbau der Untersuchung 4

Abbildung 2: Prinzipal-Agenten-Beziehungen und Unternehmensinformationen 15

Abbildung 3: (Haupt-)Funktionen der Unternehmensrechnung 19

Abbildung 4: Historische Entwicklung der Normierung der Segmentberichterstattung 41

Abbildung 5: Richtung der Harmonisierung des externen und internen Rechnungswesens 158

Tabellenverzeichnis

Tabelle 1: Unterschiede zwischen SFAS 131 und IFRS 8 ... 105

Tabelle 2: Wesentliche konzeptionelle Unterschiede zwischen IAS 14 und SFAS 131/IFRS 8 ... 106

Tabelle 3: Ergebnisse prognoseorientierter Untersuchungen ... 124

Tabelle 4: Ergebnisse verhaltensorientierter Untersuchungen ... 130

Tabelle 5: Untersuchungsergebnisse zu den Auswirkungen auf Aktienkurse ... 145

Tabelle 6: Untersuchungsergebnisse zu den Auswirkungen auf Risikoparameter ... 148

Tabelle 7: Untersuchungsergebnisse zu Bilanzierung versus Ausweis ... 152

Verzeichnis der verwendeten Symbole

a_i	Absolutes Glied
$E(P_{jt})$	Erwarteter Kurs der Aktie
$E(R_{it})$	Erwartete Rendite des Wertpapiers
$E(R_{mt})$	Erwartete Rendite des Marktportfolios
$f(\cdot)$	Funktion
$g(\cdot)$	Funktion
i	Laufindex
I_{jt}	Rechnungslegungsinformation
j	Laufindex
M_t	Öffentlich verfügbare Informationsmenge im Zeitpunkt t
M_{t-1}	Öffentlich verfügbare Informationsmenge im Zeitpunkt $t-1$
ΔM_t	Teil der öffentlich verfügbaren Informationsmenge, der im Zeitpunkt t im Vergleich zu $t-1$ zusätzlich zur Verfügung steht
P_{jt}	Kurs der Aktie
R_{ft}	Risikoloser Zinssatz
R_{it}	Rendite des Wertpapiers
R_{mt}	Rendite des Marktportfolios
t	Laufindex
u_{it}	Änderung der Wertpapierrendite, die nicht auf Einflussfaktoren des allgemeinen Kursniveaus zurückzuführen ist
β_i	Regressionsparameter
π_{jt}	Störvariable
μ_{jt}	Störvariable
§	Paragraph

Abkürzungsverzeichnis

a.A.	anderer Ansicht
a.F.	alte Fassung
ABl.	Amtsblatt
Abs.	Absatz
ADS	Adler/Düring/Schmaltz
AICPA	American Institute of Certified Public Accountants
AKCI	Arbeitskreis „Controller und IFRS“ der International Group of Controlling
AKEU	Arbeitskreis Externe Unternehmensrechnung der Schmalenbach-Gesellschaft für Betriebswirtschaft e.V.
akt.	aktualisiert(e)
AktG	Aktiengesetz vom 6. September 1965 i.d.F. v. 5. Januar 2007
Anm. d. Verf.	Anmerkung des Verfassers
APB	Accounting Principles Board
API	Abnormal Performance Index
ARC	Accounting Regulatory Committee
Art.	Artikel
Aufl.	Auflage
Bd.	Band
bearb.	bearbeitet(e)
BGBl.	Bundesgesetzblatt
BilReG	Gesetz zur Einführung internationaler Rechnungslegungsstandards und zur Sicherung der Qualität der Abschlussprüfung (Bilanzrechtsreformgesetz – BilReG) vom 4. Dezember 2004
BiRiLiG	Bilanzrichtliniengesetz
BörsO	Börsenordnung
bspw.	beispielsweise
bzw.	beziehungsweise
CAPM	Capital Asset Pricing Model
CAR	Cumulative Average Residual
CPA	Certified Public Accountant

DAX	Deutscher Aktien Index
d.h.	das heißt
Dr.	Doktor
DRS	Deutscher Rechnungslegungs Standard
DRSC	Deutsches Recgnungslegungs Standards Committee e.V.
DSR	Deutscher Standardisierungsrat
durchges.	durchgesehen(e)
EBIT	Earnings before Interest and Tax
EBITDA	Earnings before Interest, Tax, Depreciation and Amortization
ED	Exposure Draft
E-DRS	Entwurf Deutscher Rechnungslegungs Standard
EDV	Elektronische Datenverarbeitung
EG	Europäische Gemeinschaft
EITF	Emerging Issues Task Force
erg.	ergänzt(e)
Erg.-Lfg.	Ergänzungslieferung
erw.	erweitert(e)
EU	Europäische Union
EuroEG	Gesetz zur Einführung des Euro (Euro-Einführungsgesetz – EuroEG)
e.V.	eingetragener Verein
EVA	Economic Value Added
F	Framework
FASB	Financial Accounting Standards Board
Fn.	Fußnote
gest.	gestaltet(e)
ggf.	gegebenenfalls
GuV	Gewinn- und Verlustrechnung
h.c.	honoris causa
HGB	Handelsgesetzbuch vom 10. Mai 1897 i.d.F. V. 5. Januar 2007
Hrsg.	Herausgeber

IAS	International Accounting Standard(s)
IASB	International Accounting Standards Board
IASC	International Accounting Standards Committee
i.d.F.	in der Fassung
i.d.R.	in der Regel
IFAC	International Federation of Accountants
IFRS	International Financial Reporting Standard(s)
i.S.v.	im Sinne von
i.V.m.	In Verbindung mit
Jg.	Jahrgang
KapAEG	Gesetz zur Verbesserung der Wettbewerbsfähigkeit deutscher Konzerne an Kapitalmärkten und zur Erleichterung der Aufnahme von Gesellschafterdarlehen (Kapitalaufnahmeerleichterungsgesetz) vom 20. April 1998
KonTraG	Gesetz zur Kontrolle und Transparenz im Unternehmensbereich (KonTraG) vom 27. April 1998
LEN	Szenarien mit Kombination linearer Entlohnungskontrakte, exponentieller Nutzenfunktionen und normalverteilten Zufallsvariablen
mult.	multiple
m.w.N.	mit weiteren Nachweisen
NEMAX	Neuer Markt Index
No.	Number
Nr.	Nummer
OECD	Organisation for Economic Co-operation and Development
OFR	Operating and Financial Review
Prof.	Professor
S.	Seite
SEC	Securities Exchange Commission
SFAC	Statement of Financial Accounting Concepts

SFAS	Statement of Financial Accounting Standards
sog.	so genannte(n)
Sp.	Spalte
StückAG	Gesetz über die Zulassung von Stückaktien (Stückaktiengesetz – StückAG) vom 25. März 1998
TransPuG	Gesetz zur weiteren Reform des Aktien- und Bilanzrechts, zu Transparenz und Publizität (Transparenz- und Publizitätsgesetz) vom 19. Juli 2002
TUG	Gesetz zur Umsetzung der Richtlinie 2004/109/EG des Europäischen Parlaments und des Rates vom 15. Dezember 2004 zur Harmonisierung der Transparenzanforderungen in Bezug auf Informationen über Emittenten, deren Wertpapiere zum Handel auf einem geregelten Markt zugelassen sind, und zur Änderung der Richtlinie 2001/34/EG (Transparenzrichtlinie-Umsetzungsgesetz – TUG) vom 5. Januar 2007
Tz.	Textziffer
u.a.	unter anderem/und andere
überarb.	überarbeitet(e)
UK	United Kingdom
umgearb.	umgearbeitet(e)
UN	United Nations
unveränd.	unverändert(e)
US/U.S.	United States
US-GAAP	United States Generally Accepted Accounting Principles
USA	United States of America
u.U.	unter Umständen
v.	vom
vgl.	vergleiche
Vol.	Volume
vollst.	vollständig(e)
vs.	versus
WpHG	Gesetz über den Wertpapierhandel (Wertpapierhandelsgesetz – WpHG) vom 9. September 1998 i.d.F. v. 5. Januar 2007
WPK-Mitt.	Mitteilungen der Wirtschaftsprüferkammer (Zeitschrift)

z.B.	zum Beispiel
ZfbF	Zeitschrift für betriebswirtschaftliche Forschung

1 Einleitung

1.1 Problemstellung

Sowohl Fragen der Corporate Governance als auch der Segmentberichterstattung sind seit Jahrzehnten Gegenstand der wissenschaftlichen und praxisnahen Diskussion. Während sich Forschungsbeiträge zur Corporate Governance auf übergeordneter Ebene mit den Eigenschaften einer effektiven und effizienten Unternehmensleitung und -überwachung befassen, zielen die Diskussionsinhalte der Segmentberichterstattung im Wesentlichen auf einzelne Funktionen der Segmentberichterstattung als Bestandteil der internen und/oder externen Unternehmensrechnung ab. Unter dem Instrument der Segmentberichterstattung wird allgemein die finanzielle und nichtfinanzielle Berichterstattung über verschiedene rechtliche und wirtschaftliche Einheiten eines Unternehmens (Segmente) verstanden, die bei der „Ermittlung und Beurteilung der bisherigen Unternehmenslage (Rückschauanalyse) und zur Prognose oder Einschätzung der zukünftigen Unternehmensentwicklung […] eine zentrale Rolle [spielt; Anm. d. Verf.]. Nur wenn den Kapitalmarktteilnehmern die Entwicklung der einzelnen Segmente bekannt ist, können die Investoren sachgerechte Entscheidungen treffen.“[1] Dies zeigt auch die Tatsache, dass die Segmentberichterstattung bereits seit vierzig Jahren ein Pflichtbestandteil der US-amerikanischen externen Unternehmensrechnung ist.[2]

Obwohl die Segmentberichterstattung bereits seit vielen Jahren in der Diskussion ist, liegen bis zum heutigen Zeitpunkt international keine einheitlichen Normen vor. Nicht zuletzt durch die Arbeit des International Accounting Standards Board (IASB) haben sich in den vergangenen Jahren wesentliche Änderungen der nationalen und internationalen Segmentberichterstattungsvorschriften ergeben. So veröffentlichte der IASB im November 2006 den International Financial Reporting Standard (IFRS) 8 „Operating Segments“, der für Anwender der IFRS wesentliche Änderungen bei der Segmentberichterstattung bewirkt. Wesentliche Eigenschaft der neuen mit dem entsprechenden Standard der United States Generally Accepted Accounting Principles (US-GAAP) weitgehend übereinstimmenden Vorschriften ist die umfangreiche Anwendung des *management approach*, die zu einer Übernahme interner Daten in

---

1 Böcking (1999), S. 511. Die Segmentberichterstattung ist insoweit auch ein Instrument der Unternehmensbewertung, das zum einen bei Investitionsentscheidungen und zum anderen im Rahmen von Shareholder-Value-Konzepten zur Kontrolle des Managements herangezogen wird. Zu den Aufgaben der Unternehmensrechnung vgl. Hommel/Braun/Schmotz (2001), S. 341.

2 Die Segmentberichterstattung basiert nicht zwingend auf einem Konzernabschluss. Auch ein nicht im Konzernverbund organisiertes Unternehmen kann, sofern verschiedene Segmente vorhanden sind, eine Segmentberichterstattung aufstellen.

die externe Segmentberichterstattung führt.[3] Diese konzeptionelle Änderung ist eine deutliche Abkehr von der dem International Accounting Standard (IAS) 14 „Segment Reporting" zugrunde liegenden Konzeption des *risks and rewards approach*.[4] Zwar liegt damit in Bezug auf die kapitalmarktorientierte Rechnungslegung auf Basis der IFRS und der US-GAAP ein einheitliches Konzept der Segmentberichterstattung vor,[5] doch ist zu vermuten, dass neben wissenschaftlichen auch politische Gründe für die Angleichung der Vorschriften verantwortlich waren. Eine Überlegenheit des *management approach* gegenüber anderen Konzepten der Segmentberichterstattung kann aus diesen Vorgängen nicht zwangsläufig abgeleitet werden.

Primäre Aufgabe von Corporate Governance-Mechanismen innerhalb von Unternehmen ist die Minimierung der zwischen den Eigenkapitalgebern und dem Management eines Unternehmens aus Interessenkonflikten und Informationsasymmetrien entstehenden Prinzipal-Agenten-Konflikte. Der internen und der externen Unternehmensrechnung kommt hierbei seit jeher eine wesentliche Bedeutung zu. Während die externe Unternehmensrechnung primär entscheidungsnützliche Informationen für die Eigenkapitalgeber zur Verfügung stellen soll, ist die Bereitstellung von für Steuerungszwecke geeigneten Informationen vorrangige Aufgabe der internen Unternehmensrechnung.

Als Instrument der internen und der externen Unternehmensrechnung muss die Segmentberichterstattung in diesem Zusammenhang beide Aufgaben erfüllen. Im Mittelpunkt der Untersuchung stehen deshalb die folgenden Forschungsfragen:

---

3 Vgl. Fink/Ulbrich (2007), S. 1. Obwohl sich der management approach inzwischen in vielen Standards der US-GAAP und der IFRS findet, hat er seinen Ursprung in der Diskussion um die Segmentberichterstattungsvorschriften der US-GAAP. Vgl. Weißenberger (2007), S. 324.

4 Vgl. Kajüter/Barth (2007a), S. 428.

5 Die Anwendung des IAS 14 ist jedoch weiterhin zulässig. IFRS 8 ist erstmals für nach dem 31. Dezember 2008 beginnende Geschäftsjahre verpflichtend anzuwenden. Vgl. Fink/Ulbrich (2007), S. 1. Nach der Veröffentlichung des Standards wurde das Übernahmeverfahren (Endorsement) für IFRS 8 durch das Accounting Regulatory Committee (ARC) eröffnet und sollte ursprünglich bis Juni 2007 beendet sein. Die Anwendung von IFRS 8 in der Berichterstattung für das erste Quartal 2007 erschien deshalb möglich. Vgl. Kajüter/Barth (2007a), S. 431. Hierzu kritisch Fink/Ulbrich (2007a), S. 32. Am 18. April 2007 reichte jedoch der Ausschuss für Wirtschaft und Währung einen Entschließungsantrag an das EU-Parlament ein, der vor die Übernahme des Standards eine eingehende Folgenabschätzung setzt. Vgl. Entschließungsantrag eingereicht gemäß Artikel 81 der Geschäftsordnung vom Ausschuss für Wirtschaft und Währung zu dem Entwurf einer Verordnung der Kommission zur Änderung der Verordnung (EG) Nr. 1752/2003 betreffend die Übernahme bestimmter internationaler Rechnungslegungsstandards in Übereinstimmung mit der Verordnung (EG) Nr. 1606/2002 des Europäischen Parlaments und des Rates im Hinblick auf "International Financial Reporting Standard" (IFRS) 8 bezüglich der Berichterstattung über operative Segmente (C6-0000/0000). Nachdem inzwischen EFRAG und ARC eine positive Endorsement-Empfehlung ausgesprochen haben, hat das EU-Parlament am 14. November 2007 der Übernahme von IFRS 8 zugestimmt. Am 22. November 2007 wurde IFRS 8 im Amtsblatt der EU veröffentlicht.

- Welche Aufgaben kommen der internen und externen Segmentberichterstattung im Rahmen der Corporate Governance zu?
- Welche Kriterien müssen Daten der externen Segmentberichterstattung erfüllen, damit sie entscheidungsnützliche Informationen zur Verfügung stellen?
- Gelingt es über die aktuellen Normen zur Segmentberichterstattung eine harmonisierte interne und externe Segmentberichterstattung aufzustellen, die sowohl entscheidungsnützliche als auch anreiznützliche Informationen bereitstellt?

Ziel der vorliegenden Arbeit ist es, anhand theoretischer und empirischer Ergebnisse[6] zu beurteilen, ob die Segmentberichterstattungsvorschriften von IASB und Financial Accounting Standards Board (FASB) die Informations- und Steuerungsfunktion, d.h. die Kriterien der Entscheidungsnützlichkeit und der Anreiznützlichkeit,[7] erfüllen. Vor diesem Hintergrund wird geprüft, ob die für interne Steuerungszwecke geeigneten Daten entscheidungsnützlich sind und den Adressaten der externen Segmentberichterstattung bereitgestellt werden sollten. Durch die Darstellung und Erläuterung ausgewählter Eigenschaften dieser Informationen werden die Möglichkeiten einer harmonisierten Segmentberichterstattung erörtert und die Grenzen des *management approach* bei der Bereitstellung entscheidungsnützlicher Informationen aufgezeigt.[8] Die erzielten Ergebnisse sollen in der Folge eine Beurteilung der aktuellen Normen der externen Segmentberichterstattung ermöglichen.

1.2 Aufbau der Untersuchung

Wie Abbildung 1 verdeutlicht, besteht die Untersuchung aus sechs Kapiteln, die sich in unterschiedlichem Ausmaß mit der internen und der externen Unternehmensrechnung befassen. In Kapitel 2 wird die Segmentberichterstattung konzeptionell in die Corporate Governance eingeordnet. Nach der Klärung des Begriffs der Corporate Governance erfolgt anhand der Prinzipal-Agenten-Theorie die Ableitung einer generellen Notwendigkeit von Corporate

---

[6] Im Rahmen empirischer Forschungsansätze werden Tatbestände und Ereignisse erhoben, um auf formalem Weg abgeleitete Aussagen in der Realität zu überprüfen oder Hypothesen abzuleiten. Vgl. Haller (1994), S. 90.

[7] Die Begriffe Entscheidungsnützlichkeit und Entscheidungsnutzen sowie Anreiznützlichkeit und Anreiznutzen werden im Rahmen dieser Arbeit synonym verwendet.

[8] Es ist sinnvoll, die Beurteilung von Segmentberichterstattungsvorschriften auf einer kombinierten Analyse aus Sicht sowohl der internen als auch der externen Unternehmensrechnung zu basieren. KUNZ/PFEIFFER konnten in einer im Jahr 2001 veröffentlichten Untersuchung zeigen, „dass isolierten Partialanalysen des in- oder des externen Rechnungswesens ohne explizite Berücksichtigung der wechselseitigen Beeinflussung stets die Gefahr von Fehlschlüssen inne liegen können." Kunz/Pfeiffer (2001), S. 525.

Governance-Mechanismen. Durch die Erläuterung der Aufgaben und Instrumente der Unternehmensrechnung kann in der Folge gezeigt werden, dass sowohl der internen als auch der externen Unternehmensrechnung eine wesentliche Funktion innerhalb der Corporate Governance zukommt. Indem die Unternehmensrechnung entscheidungsnützliche Informationen bereitstellt und/oder für Steuerungszwecke geeignet ist, kann sie auftretende Prinzipal-Agenten-Probleme grundsätzlich verringern. Darüber hinaus werden ausgewählte Instrumente der internen und der externen Unternehmensrechnung dargestellt. Anhand der Ursachen der Segmentberichterstattung sowie einer Gegenüberstellung von Nutzen und Kosten der Segmentberichterstattung wird die Eignung dieses Instruments der Unternehmensrechnung bei der Linderung von Informationsdefiziten erläutert. Eine Darstellung der historischen Entwicklung der internationalen Segmentberichterstattungsvorschriften zeigt, dass die Diskussion zur Ausgestaltung der Segmentberichterstattung bereits über viele Jahre und bis zum heutigen Zeitpunkt geführt wird.

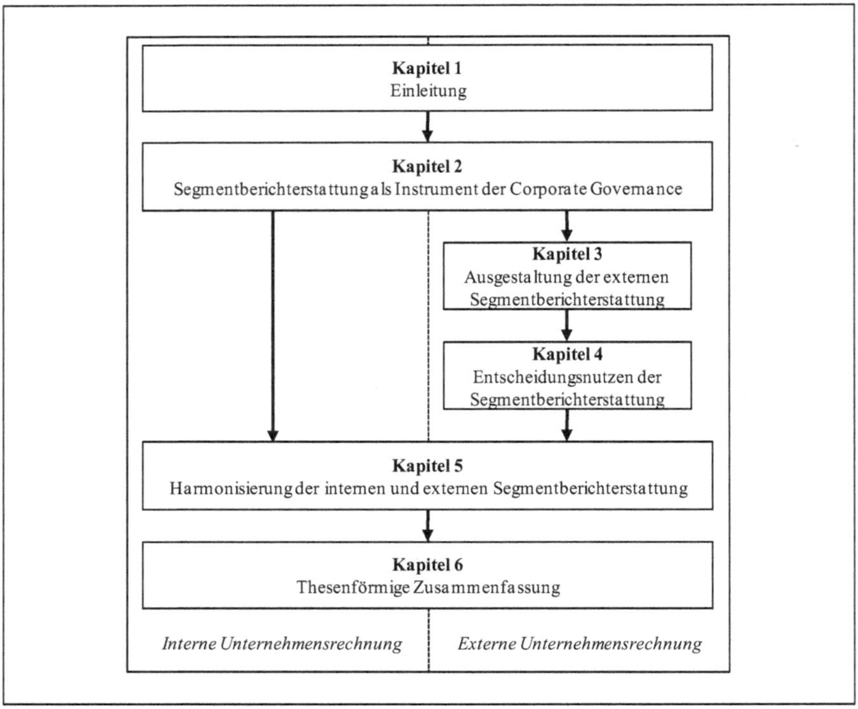

Abbildung 1: Aufbau der Untersuchung

Kapitel 3 dieser Arbeit befasst sich mit der Ausgestaltung der Segmentberichterstattung. Als Referenzrahmen werden anhand ausgewählter Ausgestaltungskriterien mögliche Gestaltungsformen der Segmentberichterstattung dargestellt und diskutiert. Diesen Ausführungen schließt sich ein Überblick über die aktuellen Vorschriften von IASB und FASB zur Segmentberichterstattung an. Hierbei zeigt sich, dass die Segmentberichterstattungsvorschriften neben Gemeinsamkeiten auch konzeptionelle Unterschiede aufweisen.

Nach der Darstellung der möglichen Ausgestaltung einer Segmentberichterstattung sowie der aktuellen Segmentberichterstattungsvorschriften werden in Kapitel 4 die Anforderungen an eine entscheidungsnützliche Segmentberichterstattung erarbeitet. Hierzu wird zunächst unter Bezugnahme auf den entscheidungstheoretischen sowie den informationsökonomischen Ansatz versucht, Aussagen zum Nutzen segmentierter Daten für Investitionsentscheidungen von Eigenkapitalgebern abzuleiten. Auf die Darstellung der Bedeutung der empirischen Rechnungslegungsforschung folgend werden die Ergebnisse verschiedener Arten empirischer Studien mit Bezug zur Segmentberichterstattung erläutert sowie allgemeine Fragen der Unternehmensrechnung betreffende Studien auf die Segmentberichterstattung übertragen. Hierdurch soll es gelingen, die Ergebnisse der vorangegangenen theoretischen Analyse zu erweitern, um konkrete Aussagen zum generellen Entscheidungsnutzen segmentierter Daten sowie zur Ausgestaltung einer entscheidungsnützlichen Segmentberichterstattung zu treffen.

Kapitel 5 beschäftigt sich schließlich mit den Möglichkeiten zur Harmonisierung von interner und externer Segmentberichterstattung. Auf der Grundlage der Ergebnisse von Untersuchungen zur Harmonisierung der internen und der externen Unternehmensrechnung werden Aussagen in Bezug auf die Möglichkeiten einer Konvergenz von interner und externer Segmentberichterstattung abgeleitet. Um dies zu konkretisieren, werden die Möglichkeiten erörtert, anhand derer eine *fair value*-Bilanzierung zu einer Harmonisierung beiträgt. Unter Rückgriff auf die Ergebnisse der vorangegangenen Kapitel erfolgt daraufhin eine Beurteilung der aktuellen Segmentberichterstattungsnormen von IASB und FASB. Abschließend werden in Kapitel 6 die wichtigsten Erkenntnisse der Arbeit in Form von Thesen zusammengefasst.

2 Segmentberichterstattung als Instrument der Corporate Governance

2.1 Divergierende Interessen und Informationsasymmetrien als Ursache für Corporate Governance-Mechanismen

2.1.1 Begriff der Corporate Governance

In den vergangenen Jahren wurde unter dem Begriff der Corporate Governance eine Vielzahl wissenschaftlicher Abhandlungen aus unterschiedlichsten Betrachtungsperspektiven veröffentlicht.[9] Die große Anzahl der in diesen Beiträgen behandelten Untersuchungsfelder kann als Begründung herangezogen werden, dass sich bis heute keine allgemeine Definition des Begriffs der Corporate Governance durchgesetzt hat.[10] Die Versuche, Corporate Governance mit Unternehmensverfassung, Unternehmensführung oder Unternehmenskontrolle zu übersetzen, werden dem inhaltlichen Umfang des Begriffs nicht gerecht.[11]

Aus den unterschiedlichen Definitionen lässt sich jedoch ableiten, dass es Aufgabe der Corporate Governance ist, einerseits die Unternehmensziele zu normieren und andererseits eine sachgerechte Umsetzung dieser Ziele im Interesse der Stakeholder[12] zu gewährleisten.[13] Folglich ist die Minimierung der zwischen den Eigenkapitalgebern und dem Management eines Unternehmens bestehenden Prinzipal-Agenten-Konflikte das übergeordnete Ziel von Governance-Mechanismen.[14] Dies verdeutlichen SHLEIFER/VISHNY, indem sie ausführen, dass die Corporate Governance „deals with the ways in which suppliers of finance to corporations assure themselves of getting a return on their investment."[15]

Jedoch wird durch die Betrachtung der Beziehung zwischen Management und Eigenkapitalgebern der Unternehmen nur ein Teil der Corporate Governance erfasst. Dieser beschränkenden Definition von SHLEIFER/VISHNY stellt WITT deshalb eine weitere, alle wesentlichen Stakeholder des Unternehmens einschließende Definition gegenüber. Er umschreibt

---

9 Obwohl der Begriff der Corporate Governance noch verhältnismäßig jung ist, hat das Konzept der Corporate Governance bereits eine lange Tradition. Zu den Ursprüngen vgl. Nagy (2002), S. 75–77. Zur Corporate Governance-Diskussion in Deutschland vgl. Theisen (2003), S. 441–464.

10 Vgl. Böcking (2003), S. 248; Müller, K. (2006), S. 12. Selbst im angloamerikanischen Rechtsraum existieren teilweise unterschiedlichste Definitionsansätze. Vgl. hierzu Nagy (2002), S. 73.

11 Vgl. exemplarisch Audretsch/Weigand (2001), S. 129.

12 Unter den Stakeholdern eines Unternehmens werden allgemein Individuen oder Gruppen von Individuen verstanden, die bestimmte Interessen mit dem Unternehmen verbinden. Hierzu werden bspw. Eigen- und Fremdkapitalgeber, Manager, Aufsichtsräte, Mitarbeiter, Lieferanten, Kunden und Öffentlichkeit gezählt. Vgl. Freeman/Reed (1983), S. 91.

13 Vgl. Dutzi (2005), S. 10.

14 Die Begriffe Governance-Mechanismus und Governance-Instrument werden in dieser Arbeit synonym verwendet.

15 Shleifer/Vishny (1997), S. 737 (im Original teilweise hervorgehoben).

Corporate Governance als „Organisation der Leitung und Kontrolle in einem Unternehmen mit dem Ziel des Interessenausgleichs zwischen den verschiedenen Anspruchsgruppen (Eigenkapitalgeber, Manager, Mitarbeiter, Fremdkapitalgeber, Lieferanten, Kunden, Öffentlichkeit).“[16] Inhaltlich umfasst die Corporate Governance dementsprechend neben den Mechanismen der Unternehmensüberwachung auch die Mechanismen der Unternehmensleitung. Der die wesentlichen Anspruchsgruppen des Unternehmens einbeziehende Definitionsansatz verdeutlicht zudem, dass unternehmensinterne und unternehmensexterne Governance-Instrumente bei der Darstellung und Analyse von Corporate Governance-Systemen zu beachten sind.

Obwohl in der angeführten weiten Definition der Corporate Governance der Interessenausgleich zwischen allen am Unternehmen beteiligten Interessengruppen gefördert werden soll, beschränkt sich diese Arbeit auf die Interessen der Eigenkapitalgeber. Dies ergibt sich vor allem aus den durch divergierende Interessen verursachten Problemen bei der Definition einer von allen Stakeholdern akzeptierten Zielfunktion.[17] Da weiterhin davon ausgegangen wird, dass die verschiedenen Anspruchsgruppen mit Ausnahme der Eigenkapitalgeber ihre spezifischen Interessen über gesonderte Verträge absichern, wird die Unternehmenswertsteigerung im Sinne eines Shareholder-Value als angemessene Zielsetzung der Unternehmen bzw. des ausführenden Managements herangezogen.[18]

Aufgrund des Umfangs der Fragestellungen, mit denen sich die Corporate Governance-Forschung befasst, kann eine generelle Einschränkung der Untersuchungen auf die Rechtsform der Kapitalgesellschaft nicht erfolgen. Da Governance-Mechanismen, wie in der Folge gezeigt wird, insbesondere durch Prinzipal-Agenten-Konflikte ausgelöst werden und diese bei der Trennung von Eigentum und Verfügungsmacht auftreten,[19] beschäftigt sich jedoch ein überwiegender Teil der Corporate Governance-Literatur mit (börsennotierten) Kapitalgesellschaften.[20] Governance-Mechanismen und die ihnen zugrunde liegenden Corporate Governance-Systeme erfüllen insoweit keinen Selbstzweck, sondern sind eine Reaktion auf be-

---

16 Witt (2001), S. 85.

17 Vgl. Böcking/Wesner (2004), S. 99.

18 So auch Labbé (2005), S. 2089. Zur Zielsetzung der Unternehmenswertsteigerung vgl. Jensen (2001), S. 8–21; Nowak (2003), S. 9–14.

19 Vgl. Sloan (2001), S. 335. Zur durch die Trennung von Eigentum und Verfügungsmacht verursachten ineffizienten Ressourcenallokation vgl. Audretsch/Weigand (2001), S. 84.

20 Vgl. Dutzi (2005), S. 10.

stimmte in der Realität aus divergierenden Interessen und Informationsasymmetrien entstehenden Probleme der Unternehmensführung und -überwachung.

2.1.2 Prinzipal-Agenten-Konflikte und Corporate Governance

Aus ökonomischer Sicht sind Corporate Governance-Mechanismen und damit Unternehmensinformationen nicht zwangsläufig notwendig. Wird beispielsweise die Modellwelt der Neoklassik zugrunde gelegt, in dem das aus wohlfahrtstheoretischer Sicht gesamtgesellschaftliche Optimum durch die Annahme vollständiger und vollkommener Märkte[21] sowie der vollkommenen Rationalität der Marktteilnehmer erreicht wird, können Governance-Mechanismen und die Bereitstellung von Informationen durch die Unternehmen nicht begründet werden.[22] Die kostenlos mögliche Informationsbeschaffung der Marktteilnehmer führt zu deren vollständigen Information.[23] Der Bedarf an Unternehmensinformationen in Form einer Segmentberichterstattung lässt sich insofern aus den Modellannahmen nicht ableiten.

Die Neoklassik erklärt die ökonomische Realität jedoch nur unzureichend.[24] Wird von den zugrunde liegenden Annahmen der vollständigen und vollkommenen Märkte abgewichen und auf die Neue Institutionenökonomik[25] zurückgegriffen, resultiert ein Bedarf an Governance-Mechanismen und damit die Nachfrage nach Unternehmensinformationen aus annahmegemäß bestehenden Marktunvollkommenheiten. Wesentliche Annahmen der Neuen Institutionenökonomik sind der methodologische Individualismus[26] und die unvollkommene individuelle

---

[21] Ein vollkommener Markt ist dadurch gekennzeichnet, dass keine Transaktionskosten und Steuern existieren, vollkommener Wettbewerb herrscht und die Marktteilnehmer die Preise nicht beeinflussen können. Von einem vollständigen Markt wird hingegen gesprochen, wenn für ein Gut jederzeit Termin- und Kassageschäfte möglich sind und die Position dementsprechend vollständig gesichert werden kann. Vgl. zu den Annahmen eines vollkommenen und vollständigen Markts z.B. Laux (2006), S. 119, 126.

[22] Vgl. Merkt (2001), S. 208; Weißenberger (2003), S. 9.

[23] Vgl. Richter/Furubotn (2003), S. 4.

[24] Vgl. Ordelheide (1991), S. 510.

[25] Die Neue Institutionenökonomik hebt mehrere Annahmen des neoklassischen Modells auf und versucht Institutionen zu erklären, die als ein System formaler und informaler Regeln verstanden werden. Diese Regeln sollen über Anreize und Sanktionen die Handlungen der Individuen lenken, um Ordnung herzustellen und Unsicherheit zu mindern. Vgl. Richter/Furubotn (2003), S. 7. Institutionen entstehen und verändern sich aufgrund von Effizienzvorteilen im Zusammenhang mit Transaktionen, die als Tausch von Rechten zwischen Transaktionspartnern verstanden werden und der wirtschaftlichen Aktivität vorangestellt sind. Die bei der vertraglichen Vereinbarung entstehenden Transaktionskosten bestimmen den Grad der Vorteilhaftigkeit der Institution. Vgl. Kirchner (1997), S. 269; Hepers (2005), S. 63.

[26] Im Unterschied zur Neoklassik stellt die Neue Institutionenökonomik auf die sich aus unterschiedlichen Präferenzen und Zielen ergebenden Aktivitäten der einzelnen Marktteilnehmer ab. Vgl. Merkt (2001), S. 209; Richter/Furubotn (2003), S. 3.

Rationalität.[27] Auch können Informationen nicht, wie in der Neoklassik, kostenlos beschafft werden.[28] Statt einer vollständigen Information jedes Marktteilnehmers führen die Informationskosten zu einer asymmetrischen Informationsverteilung unter den Marktteilnehmern,[29] die ihren Nutzen als Ergebnis von Grenznutzen und -kosten weiterer Informationen unter Berücksichtigung ihres individuellen Informationsstands maximieren.[30]

Wird der Prinzipal-Agenten-Theorie,[31] einem Forschungsgebiet der Neuen Institutionenökonomik,[32] gefolgt,[33] dann sind im Zusammenhang mit Delegationsbeziehungen[34] vor- und nachvertragliche Informationsasymmetrien zu unterscheiden. Gegenstand der Prinzipal-Agenten-Theorie sind Vertragsbeziehungen (*agency relationships*) zwischen mindestens einem Auftraggeber (Prinzipal) und mindestens einem Beauftragten (Agent),[35] bei denen es zu einer Trennung von Eigentum und Verfügungsmacht kommt und die mit dem Ziel einer Nutzensteigerung beider Parteien eingegangen werden.[36]

Die Prinzipal-Agenten-Theorie geht von einem Interessenkonflikt zwischen dem Prinzipal und dem Agenten aus.[37] Dem Prinzipal ist daran gelegen, dass der Agent die ihm übertragene Aufgabe bestmöglich im Sinne des Prinzipals durchführt. Da die Durchführung der vertrag-

---

27 Vgl. Richter/Furubotn (2003), S. 4.

28 Transaktionskosten sind insoweit ursächlich für Corporate Governance-Mechanismen. Vgl. Hart (1995), S. 678.

29 Vgl. Weißenberger (2003), S. 10–11.

30 Vgl. Richter/Furubotn (2003), S. 3.

31 Zu einem Überblick der Prinzipal-Agenten-Theorie sowie der mit ihr verbundenen empirischen Forschung vgl. Eisenhardt (1989), S. 57–74; Elschen (1991), S. 1002–1012.

32 Weiterhin zählen u.a. die Verfügungsrechtetheorie und die Transaktionskostentheorie zu den Forschungsgebieten der Neuen Institutionenökonomik.

33 Vgl. Neus (1989), S. 9.

34 Diese ergeben sich durch die Vorteile der Arbeitsteilung und der Notwendigkeit der Arbeitsbündelung.

35 Bei der Erläuterung dieser Vertragsbeziehungen wird regelmäßig von jeweils einer Person gesprochen. Parteien der Vertragsbeziehungen können jedoch auch ein Prinzipal und mehrere Agenten, mehrere Prinzipale und ein Agent sowie mehrere Prinzipale und mehrere Agenten sein. Vgl. Ross (1973), S. 134; Arrow (1985), S. 42–43.

36 Durch das Eingehen einer Vertragsbeziehung mit dem Agenten versucht der Prinzipal, sich die speziellen Fähigkeiten des Agenten zu sichern und die Spezialisierungsvorteile zu nutzen. Vgl. Pratt/Zeckhauser (1991), S. 2. Der Prinzipal überträgt in diesen Vertragsbeziehungen dem Agenten zur Vertragserfüllung bestimmte Entscheidungskompetenzen. Vgl. Ross (1973), S. 134; Jensen/Meckling (1976), S. 308. Der Agent trifft in der Folge eine Entscheidung aus dem ihm zur Verfügung stehenden Aktionsraum, die sowohl seinen Nutzen als auch den Nutzen des Prinzipals beeinflusst. Vgl. Arrow (1985), S. 37. Generelle Aussagen über die Größe des dem Agenten zur Verfügung stehenden Aktionsraums können nicht getroffen werden. Komplexe Auftragsbeziehungen bewirken, dass dem Beauftragten regelmäßig mehrere Handlungsmöglichkeiten zur Verfügung stehen, die sich in Verträgen zwischen Prinzipal und Agent nur unvollständig abbilden lassen (*incomplete contracts*) und damit dem Agenten einen Entscheidungsspielraum gewähren. Vgl. Williamson (1985), S. 178.

37 Vgl. Christensen (2002), Sp. 28.

lich vereinbarten Aufgaben jedoch auf Seiten des Agenten Kosten (im Sinne von Arbeitsleid) verursacht,[38] versucht der Prinzipal über verschiedene Governance-Mechanismen das Verhalten des Agenten so zu beeinflussen, dass dieser bei seinen Entscheidungen die Interessen des Prinzipals berücksichtigt.[39]

Jedoch liegen die zur Verifizierung des Verhaltens des Agenten notwendigen Informationen regelmäßig nicht vor. Diese Informationsasymmetrien zwischen Prinzipal und Agent entstehen dadurch, dass beide Parteien zum einen nur begrenzt Informationen aufnehmen und verarbeiten können und zum anderen die Informationen nicht kostenlos zur Verfügung stehen.[40] Ohne funktionsfähige Governance-Instrumente besteht dementsprechend generell die Gefahr, dass der Agent dem Prinzipal schadet, indem er seinen Informationsvorsprung in Bezug auf die eigene Leistungsfähigkeit ausnutzt.[41] Die Bereitstellung von externen und internen Unternehmensinformationen kann, wie noch gezeigt wird, diese Informationsasymmetrien mindern und damit zur Funktionsfähigkeit der Corporate Governance beitragen.[42]

Zur Verdeutlichung der unterschiedlichen Arten von Informationsasymmetrien wird in der Literatur grundsätzlich in Abhängigkeit vom Zeitpunkt des Vertragsabschlusses sowohl zwischen Prinzipal und Agent als auch zwischen vor- und nachvertraglichen Informationsasymmetrien unterschieden. Vor Abschluss des Vertrags benötigt der Prinzipal Informationen über die Eigenschaften bzw. die Leistungsfähigkeit des Agenten, die er jedoch aufgrund von verborgenen Eigenschaften (*hidden characteristics*) und Absichten (*hidden intention*) nicht vollständig erlangen kann. Diese Informationsasymmetrie führt zu einer Unsicherheit des Prinzipals in Bezug auf die Qualität des Agenten und bewirkt einen Handel mit Leistungen unterdurchschnittlicher Qualität und damit eine negative Auslese (*adverse selection*) von

[38] Vgl. Hartmann-Wendels (1992), Sp. 73; Breid (1995), S. 825; Gillenkirch (2000), S. 347.
[39] Vgl. Kiener (1990), S. 19.
[40] Vgl. bspw. Demougin/Jost (2001), S. 45; Richter/Furubotn (2003), S. 22; Pratt/Zeckhauser (1991), S. 3.
[41] Vgl. Hommel (1998), S. 19.
[42] Insbesondere durch den noch zu erläuternden *management approach* sollen Informationsasymmetrien zwischen dem Management und den Eigenkapitalgebern abgebaut werden. Vgl. hierzu AKEU (2002), S. 2339.

Agenten, die Leistungen mit überdurchschnittlicher Qualität anbieten.[43] Eine solche *adverse selection* kann zum Zusammenbruch des Markts führen.[44]

Auch nach Vertragsabschluss von Prinzipal und Agent bestehen Informationsasymmetrien.[45] Beispielsweise kann der Prinzipal die Ausübung der Handlungsmacht durch den Agenten nur begrenzt beobachten (*hidden action*), da die beobachtbaren Ergebnisse nicht nur auf die Handlungen des Agenten zurückzuführen sind, sondern auch vom Zufall abhängen. Zudem hat er keine Kenntnis über die dem Agenten zur Verfügung stehenden Handlungsmöglichkeiten (*hidden information*).[46] Da eine Beurteilung des Anstrengungsniveaus und des Informationsstands des Agenten insoweit nur sehr eingeschränkt möglich ist, besteht die Gefahr, dass der Agent die ihm übertragenen Entscheidungskompetenzen zu Lasten des Prinzipals ausübt, um den individuellen Nutzen zu maximieren (*moral hazard*).[47]

In der Realität existieren vielfältige durch divergierende Interessen und Informationsasymmetrien verursachte Prinzipal-Agenten-Probleme. Sie können sich beispielsweise zwischen (potenziellen) Eigen- oder Fremdkapitalgebern (Prinzipal) und dem Management (Agent) eines Unternehmens aber auch zwischen verschiedenen Personen auf unterschiedlichen Hierarchieebenen innerhalb eines Unternehmens ergeben. Wird eine Aktiengesellschaft betrachtet, bekleidet der Vorstand sowohl die Funktion eines Agenten gegenüber den Eigenkapitalgebern des Unternehmens als auch die Funktion des Prinzipals gegenüber den Mit-

[43] Der Prinzipal ist nicht in der Lage, Qualitätsabstufungen zwischen den verschiedenen Leistungen zu erkennen. Die von ihm wahrgenommene Durchschnittsqualität der ihm angebotenen Leistungen bestimmt deshalb den Preis, den er bereit ist, für die Leistung zu bezahlen. Dies führt dazu, dass insbesondere die Anbieter qualitativ unterdurchschnittlicher Leistungen in den Markt drängen und sich die Anbieter qualitativ überdurchschnittlicher Leistungen zunehmend vom Markt zurückziehen. Indem sich die Anbieter qualitativ überdurchschnittlicher Leistungen zunehmend vom Markt zurückziehen sinkt jedoch auch die vom Prinzipal wahrgenommene Durchschnittsqualität der am Markt angebotenen Leistungen, was im Extremfall dazu führen kann, dass sich auch der Prinzipal vom Markt zurückzieht. Selbst die Anbieter schlechtester Qualität finden jetzt keine Abnehmer mehr für die von ihnen angebotenen Leistungen. Vgl. hierzu bspw. Jost (2001), S. 28.

[44] Erstmalig beschrieb AKERLOF den Prozess der Negativauslese (*adverse selection*) am Beispiel des Arbeits- bzw. Gebrauchtwagenmarkts (*lemon*-Modell). Vgl. Akerlof (1970), S. 488–500. In der Beziehung zwischen potenziellem Kapitalgeber und kapitalsuchendem Unternehmen besteht insoweit die Gefahr, als aufgrund einer durch vorvertragliche Informationsasymmetrien verursachten *adverse selection* der Kapitalmarkt zusammenbricht.

[45] Die Bezeichnungen der vor- und nachvertraglich auftretenden Prinzipal-Agenten-Probleme sind in der Literatur uneinheitlich. Oftmals werden in Übereinstimmung mit der von ARROW eingeführten Kategorisierung lediglich die Negativauslese (*adverse selection*) und das moralische Risiko (*moral hazard*) unterschieden. Vgl. Arrow (1985), S. 38–42; Kiener (1990), S. 22–25.

[46] Vgl. Jost (2001), S. 30.

[47] Vgl. Jensen/Meckling (1976), S. 308.

arbeitern.[48] Insoweit sind die „internen“ Prinzipal-Agenten-Probleme, z.B. zwischen dem Top- und dem Bereichsmanagement eines Unternehmens, vergleichbar zu denen zwischen den Eigenkapitalgebern und dem Management eines Unternehmens.[49] Zur Minimierung dieser Prinzipal-Agenten-Probleme bestehen in Abhängigkeit von dem zugrunde liegenden Corporate Governance-System unterschiedlichste Governance-Mechanismen.

2.2 Governance-Mechanismen zur Linderung von Prinzipal-Agenten-Konflikten

Da sich ein international einheitlich ausgestaltetes Corporate Governance-System auch in Bezug auf die börsennotierten Publikumsgesellschaften nicht herausgebildet hat, muss die Darstellung und Analyse von Governance-Instrumenten in Abhängigkeit von dem jeweils zugrunde liegenden Corporate Governance-System erfolgen. FRANKS/MAYER unterscheiden in diesem Zusammenhang zwischen einem *Insider*-System und einem *Outsider*-System der Corporate Governance, die sich aus Unterschieden in der Eigenkapitalgeberstruktur von Unternehmen ableiten lassen.[50] Während für *Outsider*-Systeme ein breit gestreuter Anteilsbesitz mit geringen direkten Einflussmöglichkeiten des einzelnen Anteilseigners charakteristisch ist, zeichnet sich die Eigenkapitalgeberstruktur von *Insider*-Systemen durch Großaktionäre aus. Im Vergleich zu den Eigenkapitalgebern im *Outsider*-System haben die wenigen großen Aktionäre im *Insider*-System Möglichkeiten (z.B. Sperrminorität), direkt auf die Unternehmensführung Einfluss zu nehmen.[51] Durch die Möglichkeit, Anteile an dem Unternehmen zu veräußern (*Exit*-Option), können Anteilseigner im *Outsider*-System hingegen indirekt Einfluss auf die Unternehmensleitung ausüben.[52]

48 Vgl. Kiener (1990), S. 21–22.
49 Vgl. Heide (2001), S. 23; Wagenhofer/Ewert (2003), S. 9.
50 Vgl. Franks/Mayer (1995), S. 183–184; Franks/Mayer (2001), S. 943–945. Zur Unternehmensüberwachung durch die Eigenkapitalgeber vgl. auch Nowak (1997), S. 45–46.
51 Überkreuzbeteiligungen von Unternehmen, personelle Verflechtungen und große von Banken gehaltene Aktienpakete stellen den Einfluss zusätzlich sicher. Diese Situation ist insbesondere für deutsche Unternehmen charakteristisch. Vgl. Böcking (1998), S. 20.
52 Laut WAGNER stellt die *control by exit* ohnehin die effizientere Kontrolle im Vergleich zur *control by voice* dar. Vgl. hierzu Wagner (1982), S. 752–753. Sinkende Börsenkurse können insoweit ein Indikator für eine durch die Öffentlichkeit wahrgenommene mangelnde Qualität der Unternehmensführung sein. Marktmechanismen übernehmen die Überwachung der Geschäftstätigkeit der Unternehmensführung. In *Insider*-Systemen ist *control by exit* nur eingeschränkt möglich, da der Verkauf größerer Anteilspakete den Aktienkurs im Verkaufszeitpunkt senkt. Vgl. hierzu Nicolai/Thomas (2004), S. 454–455.

Die Unterschiede zwischen den dargestellten Corporate Governance-Systemen wirken sich auch auf die Unternehmensverfassung[53] aus. Hier können grundsätzlich zwei Modelle unterschieden werden: Das Vereinigungsmodell (monistisches *Board*-Modell bzw. *one-tier-model*) und das Trennungsmodell (Aufsichtsrat-Modell bzw. *two-tier-model*).[54] Das in Deutschland existierende Aufsichtsrat-Modell ist durch eine personelle und institutionelle Trennung von Unternehmensführung und ihrer Überwachung gekennzeichnet.[55] Kennzeichnend für das insbesondere im angloamerikanischen Rechtsraum anzutreffende *Board*-Modell ist hingegen der *Board of Directors*, der als oberstes Gremium des Unternehmens sowohl für die Geschäftsführung als auch für deren Überwachung zuständig ist.[56]

Unabhängig von dem betrachteten Corporate Governance-System oder der zur Anwendung kommenden Unternehmensverfassung kommt Unternehmensinformationen im Rahmen der Corporate Governance eine wesentliche Bedeutung zu.[57] Sowohl die unternehmensinternen als auch die unternehmensexternen Governance-Mechanismen benötigen zur Funktionsfähigkeit eine umfangreiche Datenbasis. Liegt ein *Outsider*-System vor, sind neben einem effizienten Kapitalmarkt und den Anleger schützenden Rechtsvorschriften insbesondere umfangreiche Unternehmensinformationen notwendig, um die kapitalmarktorientierte Steuerung des Unternehmens und Überwachung der Unternehmensleitung zu ermöglichen. Umfangreiche an die Unternehmen gerichtete Publizitätspflichten sind deshalb in *Outsider*-Systemen unverzichtbar.[58]

Im Vergleich zu den in *Outsider*-Systemen vorherrschenden Kleinaktionären haben die Eigenkapitalgeber in *Insider*-Systemen in der Regel einen privilegierten Zugriff auf bestimmte Unternehmensinformationen, der es ihnen ermöglicht, Vorteile[59] mit relativ geringen Überwachungskosten zu realisieren. Bei geringem Streubesitz ist eine effiziente und effektive

---

[53] Unternehmensverfassung bezeichnet im Rahmen dieser Arbeit die gesellschaftsrechtliche Ausgestaltung des Unternehmens.

[54] Vgl. Bleicher/Leberl/Paul (1989), S. 25–29.

[55] Während dem Vorstand einer Aktiengesellschaft die eigenverantwortliche Leitung der Gesellschaft übertragen wird (§ 76 Abs. 1 AktG), hat der Aufsichtsrat diese Führungstätigkeit zu überwachen (§ 111 Abs. 1 AktG). Vgl. auch Müller, K. (2006), S. 12.

[56] Die in diesem *Board* hauptberuflich mit der Geschäftsführung betrauten Mitglieder werden als *Inside Directors* bezeichnet. Den *Outside Directors* werden keine Geschäftsführungsaufgaben übertragen. Sie sind im Wesentlichen für Überwachungsaufgaben verantwortlich. Vgl. Potthoff (1996), S. 254–255.

[57] Vgl. Rosen (2004), S. 326.

[58] Vgl. Denis/McConnell (2003), S. 38. Zur Verbesserung der externen Unternehmensüberwachung durch Rechnungslegung vgl. Baker/Wallage (2000), S. 173–174; Bushman/Smith (2003), S. 67–68.

[59] Hierzu gehören insbesondere auch private Kontrollrenten. Für eine umfassende Begriffsabgrenzung und zahlreiche Beispiele vgl. Erhardt/Nowak (2003), S. 5–10.

Steuerung und Überwachung über den Kapitalmarkt zudem nicht möglich. Letztlich muss in *Insider*-Systemen über Rechtsvorschriften die Gefahr minimiert werden, dass einzelne Interessengruppen übervorteilt werden.[60] Im Unterschied zu *Outsider*-Systemen sind umfangreiche extern verfügbare Unternehmensinformationen, die dem gesamten Kapitalmarkt die gleiche Informationsbasis bereitstellen, in *Insider*-Systemen grundsätzlich nicht vorgesehen. Eine mit solchen Publizitätspflichten einhergehende Transparenz würde zwangsläufig den Einfluss der Großaktionäre vermindern und eine aus ihrer Sicht nicht wünschenswerte Aufdeckung ineffizienter Steuerungs- und Überwachungstätigkeiten ermöglichen.[61]

Während beispielsweise Eigenkapitalgeber und Management von Unternehmen auf Informationen angewiesen sind, die sie bei ihren Investitionsentscheidungen unterstützen, benötigen die mit der Steuerung des Unternehmens und der Überwachung der Unternehmensleitung beauftragten Personen Informationen, die sie bei ihren Aufgaben unterstützen. Im Aufsichtsrat-Modell der Unternehmensverfassung erfolgt die Überwachungstätigkeit des Aufsichtsrats unter anderem über die „Follow up-Berichterstattung" des Vorstands gegenüber dem Aufsichtsrat. Gemäß § 90 Abs. 1 Satz 1 Nr. 1 AktG hat der Vorstand dem Aufsichtsrat in seiner regelmäßigen Berichterstattung über die tatsächliche Umsetzung der Unternehmensplanung und über die beabsichtigte Geschäftspolitik zu berichten.[62] Hierbei ist gemäß einem Soll-Ist-Vergleich eine Abweichungsanalyse zu früher berichteten Zielen durchzuführen. Dies soll eine bessere Beurteilung des Geschäftserfolgs ermöglichen.[63] Darüber hinaus stellen die interne und die externe Unternehmensrechnung den Organen des Unternehmens und den unternehmensexternen Adressaten weitere Informationen zur Verfügung, die sie für die Erfüllung ihrer Aufgaben benötigen.

Wird der Nutzen von Unternehmensinformationen auf allgemeiner Ebene aus Sicht der Prinzipal-Agenten-Theorie betrachtet,[64] können die vor Vertragsabschluss bestehenden Informationsasymmetrien generell durch die Bereitstellung von Informationen minimiert werden.[65] Übermittelt der Agent dem Prinzipal auf eigene Kosten über Signale Informationen

---

60 Vgl. Franks/Mayer (1995), S. 191.
61 Vgl. Dutzi (2005), S. 25.
62 Vgl. auch Baetge/Zülch (2003), S. 225.
63 Vgl. Böcking/Dutzi (2003), S. 217.
64 Zur Beziehung von Prinzipal-Agenten-Theorie und Unternehmensrechnung vgl. auch ausführlich Wagenhofer/Ewert (1997), S. 34–49.
65 Vgl. Healy/Palepu (2001), S. 408.

zur Minderung der Qualitätsunsicherheit, auch als *signaling* bezeichnet, kann hiermit der negativen Auslese entgegengewirkt werden.[66]

Abbildung 2: Prinzipal-Agenten-Beziehungen und Unternehmensinformationen[67]

Wird beispielsweise die Beziehung zwischen einem potenziellen Eigenkapitalgeber und dem Management eines kapitalsuchenden Unternehmens betrachtet, können über extern verfügbare Unternehmensinformationen die Qualitätsunsicherheiten auf Seiten des potenziellen Eigenkapitalgebers minimiert werden.[68] Nach Vertragsabschluss ist es das Ziel des Prinzipals, durch eine Überwachung des Agenten auf der Basis von Unternehmensinformationen (*monitoring*) die auf die nachvertraglichen Informationsasymmetrien zurückzuführenden Verhaltensunsicherheiten im Sinne eines *moral hazard* zu minimieren.[69] Auch nach Vertragsabschluss gelingt es dem informierten Prinzipal, durch Unternehmensinformationen seine Investitionen regelmäßig zu überprüfen, um gegebenenfalls Desinvestitionsentscheidungen zu treffen. Insoweit können, wie in Abbildung 2 dargestellt, durch die Bereitstellung von Informa-

---

[66] Vgl. Jost (2001), S. 29; Hepers (2005), S. 65. Dieses wurde bereits von SPENCE am Beispiel des Arbeitsmarkts gezeigt. Vgl. Spence (1973), S. 355–374 sowie Hirshleifer (1973), S. 37. Eine weitere Möglichkeit, die vorvertraglichen Informationsasymmetrien zu mindern, besteht in der Selbstwahl (*self selection*). Vgl. zusammenfassend Richter/Furubotn (2003), S. 243–258.

[67] Quelle: In Anlehnung an Müller, M. (2006) S. 89.

[68] Zu Unternehmensinformationen und dem sog. *signaling* vgl. grundlegend Ross (1979), S. 177–200; Wagenhofer/Ewert (1997), S. 51–53.

[69] Vgl. Jost (2001), S. 26.

tionen der internen und externen Unternehmensrechnung die vor- und nachvertraglichen Informationsasymmetrien gemindert werden.[70]

Zudem können nachvertragliche Prinzipal-Agenten-Probleme über Anreize reduziert werden, die den Agenten dazu bewegen, im Interesse des Prinzipals zu agieren.[71] Diese Anreize sollten in der Weise ausgestaltet sein, dass sie opportunistisches Handeln des Agenten zum Schaden des Prinzipals verhindern und stattdessen Aktivitäten belohnen, die der Agent zur Steigerung des Nutzens des Prinzipals durchführt.[72] Hierbei zur Anwendung kommende Anreizsysteme können sowohl auf Daten der externen als auch der internen Unternehmensrechnung basieren.[73] Sie bieten sich zur Steuerung verschiedener Hierarchieebenen innerhalb eines Unternehmens (z.B. Top- oder Bereichsmanagement) an.[74] Insoweit kann eine Bereitstellung von Unternehmensinformationen nicht nur direkt, sondern auch indirekt zur Lösung der Prinzipal-Agenten-Probleme beitragen.

Folglich spielt auch die Segmentberichterstattung als externes und internes Informationsinstrument im Rahmen der Corporate Governance eine bedeutende Rolle. Sowohl im Zusammenhang mit der direkten Bereitstellung von Informationen zur Minimierung von Informationsasymmetrien als auch als Grundlage für Anreizsysteme kommt der Segmentberichterstattung, wie in den folgenden Abschnitten weiter gezeigt wird, eine wesentliche Bedeutung zu.

2.3 Unternehmensrechnung als Bestandteil der Corporate Governance

2.3.1 Definition und Abgrenzung des Begriffs der Unternehmensrechnung

Gegenstand der vorliegenden Arbeit ist die Segmentberichterstattung als Instrument der internen und der externen Unternehmensrechnung. Die interne und die externe Unternehmens-

---

70 DIAMOND/VERRECCHIA konnten zeigen, dass die Reduzierung der Informationsasymmetrien grundsätzlich zu einer Minderung der Kapitalkosten führt. Vgl. Diamond/Verrecchia (1991), S. 1348. Dies konnte auch anhand des Übergangs von HGB auf IFRS bzw. US-GAAP und den dadurch erweiterten Berichtspflichten nachgewiesen werden. Vgl. hierzu Leuz/Verrecchia (2000), S. 121.

71 Vgl. auch Healy/Palepu (2001), S. 408.

72 Vgl. Spremann (1990), S. 581–583.

73 Zur Anwendung von Unternehmensdaten im Zusammenhang mit Anreizsystemen vgl. auch Sloan (2001), S. 342–343. Zu einem Überblick über die empirische Forschung vgl. Bushman/Smith (2001), S. 242–285.

74 Anreizprobleme entstehen innerhalb eines Unternehmens immer dann, wenn Top- und Bereichsmanagement im Zusammenhang mit dezentralen Entscheidungen Unterschiede im Planungshorizont und dem Zinsfuß aufweisen. Vgl. Ballwieser (2000), S. 162. Von diesen Unterschieden muss in der Praxis regelmäßig ausgegangen werden. Vgl. Pfeiffer (2000), S. 75.

rechnung bezeichnen die Gesamtheit der entweder an Unternehmensinterne oder -externe gerichteten (Unternehmens-)Daten, die aus dem Rechnungswesen generiert werden. Die Unternehmensrechnung behandelt regelmäßig Fragen zu Art und Umfang der von Unternehmen bereitzustellenden Daten sowie die konzeptionelle Gestaltung ihrer Informationssysteme.[75] Während sich die interne Unternehmensrechnung (*managerial accounting*) mit den Informationssystemen für die unternehmensinternen Nutzer beschäftigt, sind die Systeme der externen Unternehmensrechnung (*financial accounting*) zur Generierung der Daten für die unternehmensexternen Nutzer konzipiert.[76]

Als Rechnungswesen werden grundsätzlich die unternehmensinternen Systeme bezeichnet, in die die aus den wirtschaftlichen Zuständen und Abläufen der Unternehmenspraxis entstehenden quantitativen und qualitativen Daten eingehen und aufbereitet werden.[77] In Abhängigkeit der Zielgruppe, denen die Daten des Rechnungswesens primär zur Verfügung gestellt werden, lassen sich internes und externes Rechnungswesen differenzieren.[78]

Die auf verbindlichen Vorschriften beruhende Rechnungslegung ist mit ihrer perioden- und stichtagsbezogenen Berichterstattung ein wesentlicher Bestandteil der durch die Unternehmensrechnung vermittelten (Unternehmen-)Daten. Obwohl grundsätzlich eine interne und externe Rechnungslegung differenziert werden könnten, wird Rechnungslegung aufgrund mangelnder verbindlicher Bestimmungen zur internen Berichterstattung im allgemeinen Sprachgebrauch immer mit der externen Rechnungslegung in Verbindung gebracht,[79] die auf die Erstellung eines Jahres-/Konzernabschlusses oder unterjährigen Abschlusses (Einzel- oder Konzernabschluss) abzielt.[80] Die externe Rechnungslegung lässt sich wiederum unterscheiden in die bilanzielle und die außerbilanzielle Rechnungslegung, von denen insbesondere die bilanzielle Rechnungslegung mit der Bilanz und der Erfolgsrechnung (Gewinn- und Verlustrechnung)[81] quantitativ geprägt ist. Die außerbilanzielle Rechnungslegung umfasst unterschiedliche quantitative und qualitative Berichtsinstrumente. Während die Segmentberichterstattung und der Anhang zur Bilanz und zur Gewinn- und Verlustrechnung (GuV) in der

---

75 Vgl. Wagenhofer/Ewert (2003), S. 4.
76 Vgl. Hommel (2005), S. 20–21.
77 Vgl. hierzu und zum Begriff des betriebswirtschaftlichen Rechnungswesens ausführlich Schneider (1997), S. 3–4.
78 Vgl. Klein (1999), S. 11.
79 Vgl. Klein (1999), S. 12.
80 Vgl. Wagenhofer/Ewert (2003), S. 4.
81 In einem umfassenderen Verständnis fallen auch die Kapitalflussrechnung und die Eigenkapitalveränderungsrechnung unter die bilanzielle Rechnungslegung.

Ergänzungsfunktion im Wesentlichen quantitative Daten bereitstellen, liefert der Lagebericht[82] fast ausschließlich qualitative Daten.[83]

Die Segmentberichterstattung stellt als Instrument der Unternehmensrechnung Daten zu den Segmenten eines Unternehmens zur Verfügung. Da der externen Segmentberichterstattung verbindliche Vorschriften zugrunde liegen und sie bei ihrer Erstellung auf Daten des Rechnungswesens zurückgegriffen wird, handelt es sich bei ihr grundsätzlich um ein Instrument der (externen) Rechnungslegung.[84] Jedoch weist die externe Segmentberichterstattung in der Regel deutliche Überschneidungen mit den Daten auf, die für interne Zwecke über die Segmente eines Unternehmens bereitgestellt werden.

2.3.2 Aufgaben der Unternehmensrechnung

2.3.2.1 Heterogene Funktionen der internen und externen Unternehmensrechnung

Wie in Kapitel 2.1.2 bereits gezeigt werden konnte, kann die Notwendigkeit zur Bereitstellung von Unternehmensinformationen und damit die externe und die interne Unternehmensrechnung durch die ökonomische Theorie begründet werden. Wird rationales Verhalten der Marktteilnehmer auf unvollständigen und unvollkommenen Märkten vorausgesetzt, kommen Unternehmensinformationen sowohl unternehmensintern als auch im Verhältnis zu unternehmensexternen Adressaten verschiedene Funktionen zu.[85] Während der internen Unternehmensrechnung insbesondere Aufgaben im Innenverhältnis der Unternehmen zukommen, erfüllt die externe Unternehmensrechnung im Wesentlichen Funktionen im Zusammenhang mit unternehmensexternen Adressaten.[86]

---

82 International werden Erläuterungen in ähnlicher Form als *operating and financial review* (OFR) bezeichnet. Zu einer ausführlichen Erläuterung der Anforderungen an den Lagebericht vgl. Böcking (2005), S. 5–8; Böcking/Stein (2006), S. 753–762.

83 Vgl. Hitz (2005), S. 12.

84 Alvarez (2004), S. 7. Zur Segmentberichterstattung als Instrument des Business Reporting vgl. Böcking (2002), S. 430. ALVAREZ erkennt in der Segmentberichterstattung darüber hinaus das „Kernelement der wertorientierten Unternehmensberichterstattung (*Value Reporting*)“. Alvarez (2002), S. 2057 (Hervorhebungen auch im Original).

85 Vgl. zu den heterogenen Funktionen der externen und der internen Unternehmensrechnung exemplarisch die Übersichten bei Hoke (2001), S. 13 und Hebeler (2003), S. 60. Die Begriffe Funktion und Aufgabe werden im Rahmen dieser Arbeit synonym verwendet.

86 Zur historischen Entwicklung der Funktionen der Unternehmensrechnung vgl. Coenenberg (1996), S. 138–141.

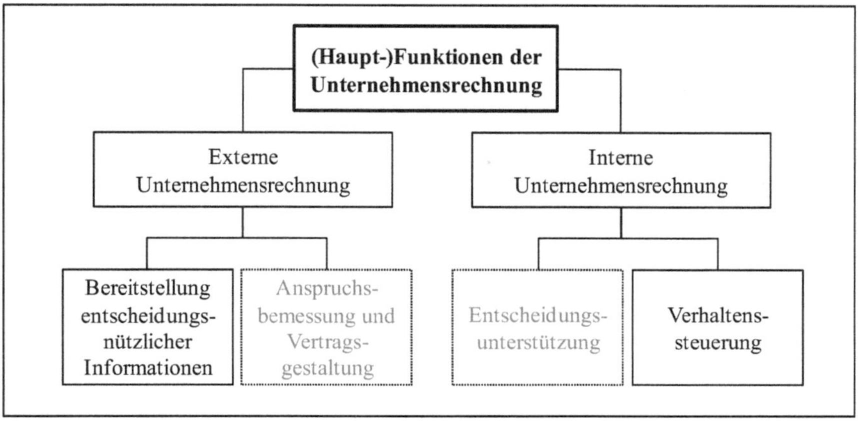

Abbildung 3: (Haupt-)Funktionen der Unternehmensrechnung[87]

Obwohl sich in der Literatur keine einheitliche Definition und Abgrenzung der Funktionen der externen und internen Unternehmensrechnung durchgesetzt hat, werden im Rahmen dieser Arbeit vier (Haupt-)Funktionen der Unternehmensrechnung identifiziert, die auf unterschiedliche Art und Weise im Sinne der Ausführungen in Kapitel 2.2 zur Minderung der in Kapitel 2.1.2 angeführten Prinzipal-Agenten-Konflikte beitragen können. Wie in Abbildung 3 gezeigt, gehören die Bereitstellung entscheidungsnützlicher Informationen sowie die Anspruchsbemessung und Vertragsgestaltung zu den wesentlichen Aufgaben der externen Unternehmensrechnung. Die Aufgaben der internen Unternehmensrechnung lassen sich grundsätzlich auf die Entscheidungsunterstützung und die Verhaltenssteuerung verdichten.[88]

Neben der Bereitstellung von entscheidungsnützlichen Informationen (*decision making*)[89] ist es Aufgabe der externen Unternehmensrechnung im Sinne der Anspruchsbemessung und Vertragsgestaltung (*stewardship-/contracting*-Funktion), gesetzliche oder vertragliche Ansprüche (i.d.R. Zahlungsansprüche) zu ermitteln.[90] Unter den gesetzlichen Ansprüchen werden generell Dividenden- und Steuerzahlungen erfasst, während vertragliche Ansprüche beispielsweise eine variable Vergütung des Managements eines Unternehmens sind. Zudem kann die externe

---

[87] WAGENHOFER/EWERT identifizieren die angeführten Funktionen als Hauptfunktionen der internen und externen Unternehmensrechnung. Vgl. Wagenhofer/Ewert (2003), S. 4.

[88] Eine vergleichbare Darstellung der Aufgaben der internen und externen Unternehmensrechnung findet sich bei Kunz/Pfeiffer (2001), S. 504. Zu den Funktionen der Unternehmensrechnung nach einzelnen Gruppen von Stakeholdern vgl. auch Foster (1986), S. 2–7.

[89] Vgl. hierzu die Ausführungen in Kapitel 2.3.2.2.

[90] Zur Funktion der Anspruchsbemessung und Vertragsgestaltung vgl. ausführlich Schneider (1997), S. 5–10.

Unternehmensrechnung zu einem Instrument der Vertragsgestaltung werden, wenn Unternehmen mit anderen Parteien Verträge schließen und Ansprüche aus den Verträgen an bestimmte externe Berichtsgrößen geknüpft werden.[91]

Aufgabe der internen Unternehmensrechnung ist es,[92] einerseits im Rahmen von Delegationsbeziehungen die Aktionen der im Auftrag des Prinzipals handelnden Agenten im Sinne der Verhaltenssteuerung zu beeinflussen (*decision influencing*).[93] Andererseits soll die interne Unternehmensrechnung durch Informationen die Entscheidungsgrundlagen einzelner Entscheidungsträger verbessern und damit zur Entscheidungsunterstützung beitragen (*decision facilitating*).[94] Im Unterschied zu Informationen zur Verhaltenssteuerung, mit denen Entscheidungen innerhalb eines Unternehmens beeinflusst werden sollen, stellt die Funktion des *decision facilitating* auf die Beeinflussung der eigenen Entscheidungen ab.[95] Mit dieser traditionellen Funktion der Kostenrechnung wird insbesondere die Unterstützung bei operativen unternehmerischen Entscheidungen (beispielsweise Entscheidungen zum Produktionsprogramm oder zur Preisgestaltung) angesprochen.[96]

Als Instrument der externen und der internen Unternehmensrechnung ist die Segmentberichterstattung grundsätzlich geeignet, alle Funktionen der Unternehmensrechnung zu erfüllen. Da in der Diskussion zur Harmonisierung der Unternehmensrechnung generell auf die externen Rechnungen zur Bereitstellung von entscheidungsnützlichen Informationen und die internen Rechnungen zur Verhaltenssteuerung als möglicher Harmonisierungsbereich abgestellt wird und diese Aufgaben grundsätzlich auch der Segmentberichterstattung zugeschrieben werden,[97] werden diese beiden Funktionen in der Folge weiter konkretisiert. Die übrigen in der Literatur diskutierten und oben angeführten Funktionen der internen und der externen Unternehmensrechnung werden im Rahmen dieser Untersuchung nicht weiter berücksichtigt.

---

91 Vgl. Wagenhofer/Ewert (2003), S. 7.

92 Zu den Aufgaben der internen Unternehmensrechnung vgl. auch Baiman (1982), S. 158.

93 Zur Funktion der Verhaltenssteuerung vgl. ausführlich Kapitel 2.3.2.3.

94 Zur Funktion der Entscheidungsunterstützung vgl. auch Männel/Warnick (1990), S. 402–404.

95 Während die Funktion der Bereitstellung entscheidungsnützlicher Informationen der externen Unternehmensrechnung auf die Reduzierung von Informationsasymmetrien abzielt, kommt der internen Unternehmensrechung über die Entscheidungsunterstützungsfunktion die Aufgabe zu, Informationen für eigene Entscheidungen bereitzustellen. Zu diesen internen Entscheidungsrechnungen werden im Allgemeinen die Finanz(plan)rechnung, die Investitionsrechnung und die Kostenrechnung gezählt. Vgl. hierzu im Einzelnen Hommel (2005), S. 21.

96 Vgl. Klein (1999), S. 20–21; Hoke (2001), S. 15–16.

97 Vgl. zum möglichen Harmonisierungsbereich der externen und internen Unternehmensrechnung bspw. Klein (1999), S. 20.

2.3.2.2 Bereitstellung entscheidungsnützlicher Informationen im Außenverhältnis

Wie bereits in Kapitel 2.2 erläutert wurde, kommt Unternehmensinformationen unabhängig von dem zugrunde liegenden Corporate Governance-System bei der Minimierung von Prinzipal-Agenten-Konflikten eine wesentliche Bedeutung zu. Soll die externe Unternehmensrechnung insoweit zu einer Reduzierung der zwischen Prinzipal und Agenten bestehenden Informationsasymmetrien beitragen, muss sie entscheidungsnützliche Informationen bereitstellen. Diese international als *decision usefulness*-Grundsatz beschriebene Anforderung stellt den ersten Beurteilungsmaßstab dar, der zur Eignungsanalyse der Unternehmensrechnung im Allgemeinen und der Segmentberichterstattung im Speziellen benötigt wird. Die grundsätzliche Eignung der externen Unternehmensrechnung, Informationen für Anlageentscheidungen bereitzustellen, wird im Rahmen dieser Arbeit nicht in Frage gestellt.[98] Es wird stattdessen mit dem Hinweis auf den empirischen Befund[99] davon ausgegangen, dass die „Unternehmensrechnung zumindest einen gewissen Beitrag zur Fundierung von Kapitaldispositionen leistet.“[100]

„The purpose of financial information (including accounting information), concerning the outcomes of business enterprises, is to facilitate the decision process utilized by rational investors in determining their consumption-investment plans.“[101] Durch die Bereitstellung von für Investitionsentscheidungen nützlichen Informationen soll die Unternehmensrechnung

98 Allgemein wird der Rechnungslegung auf Basis der IFRS und der US-GAAP ein im Vergleich zur handelsrechtlichen Rechnungslegung höherer Entscheidungsnutzen zugesprochen. Einige Autoren bestreiten dies jedoch. Bspw. konnten MÖLLER/HÜFNER/KAVERMANN in einer 2004 veröffentlichten Untersuchung der Publizitätswirkungen am deutschen Kapitalmarkt nachweisen, dass von einer grundsätzlichen Überlegenheit von IFRS- und US-GAAP-Abschlüssen im Vergleich zu HGB-Abschlüssen für Informationszwecke im Allgemeinen nicht ausgegangen werden kann. Sie konnten zeigen, dass durch den Übergang auf die IFRS oder die US-GAAP die Volatilität der Renditen von Unternehmen zunahm. Zudem vergrößerte sich durch den Übergang auch die Geld-Brief-Spanne der Aktien dieser Unternehmen. Vgl. Möller/Hüfner/Kavermann (2004), S. 839–840. Auch MOXTER spricht den IFRS die Fähigkeit ab, dem Investor diese für Prognosezwecke geeigneten Informationen bereitzustellen, und unterstellt ihnen, dass sie den Entscheidungsnutzen zugunsten einer Objektivierung durch die Verwendung von Vergangenheitswerten opfern. Vgl.
Moxter (2000a), S. 2147, 2149. Auch den US-GAAP und der Rechnungslegung nach HGB spricht er die für die Entscheidungsnützlichkeit zwingend notwendige Prognoseorientierung ab. Weiterhin konnte STREIM anhand einer Reihe von Untersuchungen sowohl empirisch-induktiv als auch logisch-deduktiv zeigen, dass die einem IFRS-Abschluss zu entnehmenden Gewinngrößen für Prognosezwecke nicht geeignet sind. Vgl. Streim (2000), S. 121–125.

99 Zum Informationsgehalt der Ergebnisgröße vgl. exemplarisch Ball/Brown (1968).

100 Hitz (2005), S. 141.

101 Ohlson/Buckman (1980), S. 537.

zur Steigerung der ökonomischen Wohlfahrt beitragen. Zudem legen auch der IASB und der FASB bei der Entwicklung ihrer Rechnungslegungsstandards vorrangig dieses Kriterium zugrunde.[102] So erläutert der FASB in Statement of Financial Accounting Concepts (SFAC) 1.34, dass die externe Unternehmensrechnung „should provide information that is useful to present and potential investors and creditors and other users in making rational investment, credit, and similar decisions." Dies fortführend wird in SFAC 2.30 bestimmt, dass bei der Auswahl einer Publizitätsvorschrift aus mehreren Möglichkeiten, diejenige ausgewählt werden soll, die „subject to considerations of cost, produces from among the available alternatives information that is most useful for decision making".[103]

Ähnlich zu SFAC 1.34 formuliert es der IASB in F.12, wenn er anführt, dass die „objective of financial statements is to provide information about the financial position, performance and changes in financial position of an entity that is useful to a wide range of users in making economic decisions". Als Primärzweck der externen Unternehmensrechnung soll der *decision usefulness*-Grundsatz der Entwicklung der IFRS zugrunde gelegt werden (F.1(a)). Die Güte eines Berichterstattungssystems ergibt sich in diesem Zusammenhang aus dem Nutzen der Information für die von den Adressaten zu treffenden Entscheidungen.[104] Das Problem, dass der Kreis der potenziellen Adressaten der externen Unternehmensrechnung umfangreich ist und einheitliche Informationsinteressen deshalb nicht erwartet werden können,[105] löst der IASB per Definition mit der Fokussierung auf die Informationsinteressen der Investoren im Sinne der (potenziellen) Eigenkapitalgeber der Unternehmen (F.10).[106]

Die Konkretisierung des Kriteriums der Entscheidungsnützlichkeit bereitet selbst bei der Fokussierung auf die (potenziellen) Eigenkapitalgeber als primäre Adressaten Probleme.[107] Die in der Literatur hierzu verbreiteten Ansätze sind vielfältig.[108] IASB und FASB greifen für diesen Zweck auf mehrere Subkriterien zurück und konkretisieren die Entscheidungsnützlich-

---

[102] Vgl. exemplarisch Moxter (2000), S. 62; Busse von Colbe (2002), S. 161.

[103] Die Begründung zur Wahl der Entscheidungsnützlichkeit als Beurteilungsmaßstab unter Rückgriff auf SFAC 1 und SFAC 2 findet sich so auch bei Schipper/Vincent (2003), S. 97.

[104] Vgl. Böcking/Lopatta/Rausch (2005), Tz. 14.

[105] Vgl. Hommel/Schmidt/Wüstemann (2004), S. 93.

[106] Vgl. auch Berndt (2003), S. 824.

[107] Nach BALLWIESER ist es nicht möglich, Informationsinhalten Eigenschaften zuzuordnen, die im Zusammenhang mit Investitionsentscheidungen entscheidungsnützlich sind. Vgl. Ballwieser (2001), S. 164.

[108] Gemäß F.26 müssen Informationen, um entscheidungsnützlich zu sein, den Investor bei seinem Entscheidungsprozess unterstützen. Insoweit muss ihm die Unternehmensrechnung Informationen über künftige, aus dem Unternehmen fließende Zahlungen und deren Wahrscheinlichkeiten liefern.

keit der externen Unternehmensrechnung über die Kriterien der Entscheidungserheblichkeit (*relevance*) und der Zuverlässigkeit (*reliability*).[109] Um als entscheidungsnützlich zu gelten, müssen Informationen diesen beiden (Sub-)Kriterien zu einem Mindestmaß gerecht werden.[110] Die relative Bedeutung dieser Anforderungen wird jedoch dem fachkundigen Anwender überlassen (F.45). Einen Nachweis im Sinne einer normativen oder positiven Herleitung dieser Subkriterien liefert der IASB aus nachvollziehbaren Gründen nicht.

In Übereinstimmung mit der Konkretisierung des Kriteriums der Entscheidungsnützlichkeit sind auch die Definitionen der (Sub-)Kriterien der Entscheidungserheblichkeit und der Zuverlässigkeit vielfältig.[111] Allgemein ist Entscheidungserheblichkeit jedoch dann gewährleistet, wenn die durch die externe Unternehmensrechnung bereitgestellten Informationen dazu geeignet sind, die Erwartungen von aktuellen und potenziellen Anlegern zu revidieren oder zu bestätigen. Hingegen ist das Kriterium der Zuverlässigkeit erfüllt, wenn die bereitgestellten Informationen hinreichend objektivierbar bzw. nachvollziehbar sind. Nur dann weisen sie ein Mindestmaß an Vertrauenswürdigkeit auf, welches für die Entscheidungsnützlichkeit unverzichtbar ist. Jedoch stehen Entscheidungserheblichkeit und Zuverlässigkeit in einem Spannungsverhältnis zueinander, welches dazu führt, dass der Standardsetter bei der Entwicklung von Abbildungsvorschriften grundsätzlich zwischen dem Grad der Erfüllung der beiden Kriterien abwägen muss (SFAC 2.90).

Abstrahierend von den angeführten (Sub-)Kriterien der Entscheidungsnützlichkeit wurden in der Literatur Versuche unternommen, die Eigenschaften entscheidungsnützlicher Unternehmensinformationen sowohl theoretisch als auch empirisch zu ermitteln. Während die theoretischen Arbeiten insbesondere auf der Entscheidungstheorie und der Informationsökonomik aufbauen, sind die empirischen Ansätze in diesem Zusammenhang vielfältiger. Kapitel 4 gibt einen Überblick zu den theoretischen und empirischen Untersuchungen zur Entscheidungsnützlichkeit der Segmentberichterstattung *per se* und zu den Eigenschaften einer entscheidungsnützlichen Segmentberichterstattung. Untersuchungen, die sich mit grundsätzlichen

[109] Vgl. Böcking/Lopatta/Rausch (2005a), S. 97.

[110] Bereits 1970 haben FRANKE/LAUX auf einen möglichen Zielkonflikt der beiden (Sub-)Kriterien hingewiesen. Vgl. Franke/Laux (1970), S. 4.

[111] HEPERS konkretisiert das Kriterium der Entscheidungserheblichkeit über die Nebenbedingungen der inhaltlichen Vollständigkeit, der Vergleichbarkeit und der Verständlichkeit. Als Nebenbedingungen der Verlässlichkeit identifiziert er die Richtigkeit, die Willkürfreiheit, die intersubjektive Nachprüfbarkeit und die Neutralität. Vgl. Hepers (2005), S. 98–123.

Fragen der Entscheidungsnützlichkeit der externen Unternehmensrechnung befassen, werden in dieser Arbeit nicht weiter behandelt.

2.3.2.3 Bereitstellung von Informationen zur Verhaltenssteuerung im Innenverhältnis

Neben der Entscheidungsunterstützung ist die Verhaltenssteuerung die zweite wesentliche Teilfunktion der internen Unternehmensrechnung. Ziel jedes ökonomischen Handelns ist die Maximierung des individuellen Nutzens, der durch den Konsumstrom bestimmt wird. Aufgabe von Unternehmen ist es dementsprechend, Ressourcen so einzusetzen, dass sie zur Maximierung des individuellen Nutzens der Eigenkapitalgeber beitragen. Das Verhalten des Managements eines Unternehmens ist deshalb im Rahmen der Shareholder-Value-Ansätze[112] so zu steuern, dass sie ihre Handlungen an dem Beitrag zur Steigerung des Marktwerts des Unternehmens ausrichten.[113]

Im Unterschied zur Funktion der Entscheidungsunterstützung zielt die Verhaltenssteuerungsfunktion der internen Unternehmensrechnung damit nicht auf eigene, sondern auf fremde Entscheidungen ab und setzt daher den Mehrpersonenkontext voraus. Zudem ist eine Verhaltenssteuerung innerhalb eines Unternehmens nur unter der Annahme von Zielkonflikten und asymmetrisch verteilter Informationen zwischen den dezentralen Entscheidungsträgern und der Unternehmensleitung erforderlich.[114] Konzeptionell ist diese Situation ein Prinzipal-Agenten-Szenario in dem die in Kapitel 2.1.2 erläuterten Prinzipal-Agenten-Konflikte auftreten, wenn beispielsweise auf Seiten der Unternehmensleitung bzw. der Geschäftsbereichsleitung Anreize bestehen, Entscheidungen zu treffen, die den Interessen der Eigenkapitalgeber zuwiderlaufen.

Innerhalb von Organisationen mit mehreren Entscheidungsträgern kann die interne Unternehmensrechnung insoweit Daten bereitstellen, die mit ihrem Informationsgehalt dazu geeignet sind, Informationsasymmetrien und Zielkonflikte innerhalb des Unternehmens zu reduzie-

[112] Zur Diskussion von Shareholder- versus Stakeholder-Ansatz vgl. Jensen (2001), S. 8–21.

[113] Vgl. Pfaff (1998), S. 492; Bärtl (2001), S. 20. Zu einem Überblick zu in der Steuerung eingesetzten Kennzahlen vgl. Janssen/Scheren (1999), S. 605–629. Die Bereitstellung von Kennzahlen ist damit eine wesentliche Funktion des Controlling. Vgl. Weißenberger (2007), S. 324. Durch den Einsatz für Steuerungszwecke kommt der Unternehmensbewertung auch unternehmensintern eine wesentliche Bedeutung zu. Vgl. Hommel/Dehmel/Pauly (2005), S. 13. Zu den Auswirkungen der Unternehmensteuerreform 2008 auf die Unternehmensbewertung vgl. Hommel/Pauly (2007), S. 1155–1161.

[114] Vgl. Ewert (1992), S. 280; Weißenberger (2005), S. 190.

ren.[115] Beispielsweise können Ergebnisinformationen Hinweise über das Verhalten der Entscheidungsträger (Agenten) liefern und insoweit direkte Verhaltenskontrollen ersetzen, wenn diese praktisch oder aus Kostengründen nicht durchführbar sind. Die Verhaltenssteuerung erfolgt hierbei nicht im Nachhinein, sondern durch die Androhung von Kontrollen im Vorfeld. Erst durch die glaubwürdige Androhung (*credible threat*) von Ergebniskontrollen werden dem Entscheidungsträger Anreize gesetzt, im Sinne des Prinzipals zu handeln.[116]

Darüber hinaus sollen die Informationen der internen Unternehmensrechnung im Zuge der Koordination den dezentralen Entscheidungsträgern Anreize setzen, ihren Informationsvorsprung für die Zwecke des Unternehmens zu nutzen und damit im Sinne der Eigenkapitalgeber zu entscheiden. Die Unternehmensrechnung hat in diesem Fall die Aufgabe, die Höhe von Zahlungsansprüchen zu bestimmen sowie bestimmte Rechte und Pflichten auszulösen.[117] Auf Größen der Unternehmensrechnung basierende vertragliche Vereinbarungen zwischen den Eigenkapitalgebern und der Unternehmens- bzw. Geschäftsbereichsleitung können zu Anreizen auf Seiten der Agenten führen, ihre Handlungen entsprechend den Zielen der Eigenkapitalgeber durchzuführen (Interessenangleichung). Zudem ermöglichen es solche Vereinbarungen regelmäßig, die Handlungsspielräume des Managements einzuschränken, um den Zielen der Eigenkapitalgeber entgegenstehende Handlungen erst gar nicht zu ermöglichen. Eine solche Wirkung entfalten vertragliche Vereinbarungen unter bestimmten Voraussetzungen beispielsweise dann, wenn die Entlohnung des Managements an eine interne oder externe Ergebnisgröße geknüpft wird.[118] Größen der Unternehmensrechnung, die die gewünschten Eigenschaften aufweisen, müssen deshalb aus dieser Perspektive entwickelt werden. Sie sind dann anreizkompatibel, wenn sie dazu führen, dass der Entscheidungsträger als Agent immer dann Vorteile aus seinen Handlungen erzielt, wenn seine Entscheidungen auch einen Vorteil beim Prinzipal nach der Belohnung des Agenten bewirken.[119] Die „Manager sollen sich aufgrund ihrer Entscheidungen im Unternehmen nur dann finanziell besser stellen, wenn dies auch für die Anteilseigner gilt."[120]

---

[115] Vgl. auch Haaker (2005), S. 354.
[116] Vgl. Ewert/Wagenhofer (2005), S. 319–320.
[117] Vgl. Wagenhofer (2001), S. 439.
[118] Für grundlegende Ausführungen vgl. Jensen/Meckling (1976), S. 308.
[119] Vgl. Laux (2006a), S. 28.
[120] Schabel (2004), S. 8.

Vergleichbar zur Funktion der Bereitstellung von entscheidungsnützlichen Informationen wurden in der Literatur Versuche unternommen, die Eigenschaften von zur Verhaltenssteuerung geeigneten Informationen theoretisch und empirisch abzuleiten. Da jedoch die externe Segmentberichterstattung Gegenstand dieser Arbeit ist, werden diese Untersuchungen hier nur ausschnittsweise behandelt. Im Rahmen der Erläuterung zur potenziellen Harmonisierung von externer und interner Segmentberichterstattung werden in Kapitel 5.2.3 einzelne Ergebnisse in Bezug auf die Eignung von Zeitwerten zur Verhaltenssteuerung aufgeführt.[121]

2.3.3 Instrumente der externen und der internen Unternehmensrechnung

2.3.3.1 Kapitalmarktorientierte externe Rechnungslegung

Die Aufgaben der externen und internen Unternehmensrechnung werden im Allgemeinen durch verschiedene Instrumente erfüllt. Hierbei kommen den einzelnen Instrumenten regelmäßig Funktionen zu, die sie vorrangig zu erfüllen haben. Mit Blick auf die beiden im Fokus dieser Arbeit stehenden und in den Kapiteln 2.3.2.2 und 2.3.2.3 konkretisierten Funktionen der Unternehmensrechnung beschränken sich die folgenden Ausführungen auf die kapitalmarktorientierte externe Rechnungslegung und die wertorientierte interne Unternehmensrechnung. Während der wertorientierten internen Unternehmensrechnung im Wesentlichen die Aufgabe der Bereitstellung von Informationen zur Verhaltenssteuerung zukommt, ist das Primärziel der kapitalmarktorientierten externen Rechnungslegung die Bereitstellung entscheidungsnützlicher Informationen.

Die kapitalmarktorientierte externe Rechnungslegung bezeichnet die Pflichtpublizität von Kapitalgesellschaften, die an Kapitalmärkten mit Eigen- und/oder Fremdkapitaltiteln notieren. Mit der kapitalmarktorientierten externen Rechnungslegung sind im Allgemeinen umfangreiche Publizitätspflichten verbunden. So umfasst der Konzernabschluss der kapitalmarktorientierten Unternehmen in der Regel eine Bilanz, eine Gewinn- und Verlustrechnung (GuV), einen Anhang mit Erläuterungen zu Bilanz und GuV, eine Segmentberichterstattung, eine Kapitalflussrechnung sowie eine Eigenkapitalveränderungsrechnung.

---

[121] Während generell, insbesondere auch in der Praxis, Harmonisierungstendenzen vorherrschen, stellen theoretische Erkenntnisse die Harmonisierungsmöglichkeiten vermehrt in Frage und zeigen stattdessen die unterschiedlichen Eigenschaften von entscheidungsnützlichen im Vergleich zu für Zwecke der Verhaltenssteuerung geeigneten Informationen auf. Vgl. exemplarisch Gjesdal (1981), S. 208–231 und Paul (1992), S. 471–502 sowie die Ausführungen in Kapitel 5.1.4.

In den vergangenen Jahren waren die Vorschriften der kapitalmarktorientierten externen Rechnungslegung in der EU und damit auch in Deutschland einer Reihe wesentlicher Änderungen ausgesetzt. Beginnend mit der Befreiungsvorschrift des § 292a HGB a.F. erlangten die IFRS und die US-GAAP eine herausragende Stellung für die Publizität deutscher kapitalmarktorientierter Unternehmen. Inzwischen werden börsennotierte Unternehmen mit Sitz in der Europäischen Union gemäß Artikel 4 der EU-Verordnung zur Anwendung internationaler Rechnungslegungsstandards vom 19. Juli 2002 (IAS-Verordnung)[122] für Geschäftsjahre, die nach dem 31. Dezember 2004 beginnen, zur Anwendung der im Zuge des Komitologieverfahrens in europäisches Recht übernommenen IFRS[123] im Konzernabschluss verpflichtet. In Abweichung von dieser Vorschrift wurde den Mitgliedstaaten die Möglichkeit eröffnet, Unternehmen erst für Geschäftsjahre, die nach dem 31. Dezember 2006 beginnen, zur Anwendung der IFRS zu verpflichten, wenn sie ausschließlich mit Fremdkapitaltiteln notiert sind oder für Zwecke einer Notierung in einem Nichtmitgliedstaat bereits vor Veröffentlichung der Verordnung international anerkannte Rechnungslegungsstandards[124] anwendeten.[125] In Deutschland wurden die Mitgliedstaatenwahlrechte mit dem Bilanzrechtsreformgesetz (BilReG) vom 4. Dezember 2004[126] in nationales Recht umgesetzt und der Kreis der Anwender der IFRS im Konzernabschluss auf die Unternehmen ausgeweitet, die eine Notierung am Kapitalmarkt beantragt haben.[127] Demzufolge sind zwar die IFRS durch die IAS-Verordnung in der EU maßgeblich,[128] doch kommt den US-GAAP international noch eine

[122] Verordnung (EG) Nr. 1606/2002 des Europäischen Parlaments und des Rates vom 19. Juli 2002 betreffend die Anwendung internationaler Rechnungslegungsstandards, veröffentlicht im Amtsblatt der Europäischen Gemeinschaften vom 11. September 2002.

[123] Die IFRS sind nicht unmittelbar verbindlich, sondern müssen zuerst durch die Europäische Kommission übernommen und im Amtsblatt der EU veröffentlicht werden. Im Rahmen dieses Übernahmeverfahrens (Endorsement) werden die IFRS geprüft, ob sie inhaltlich mit den Anforderungen der 4. und der 7. EU-Richtlinie übereinstimmen und damit durch ihre Anwendung ein den tatsächlichen Verhältnissen entsprechendes Bild der Vermögens-, Finanz- und Ertragslage der Unternehmen vermittelt wird sowie dem europäischen öffentlichen Interesse entsprochen wird. Vgl. zum Komitologieverfahren zur Übernahme der IFRS die Ausführungen bei Buchheim/Gröner/Kühne (2004), S. 1783–1788.

[124] Dies trifft wohl insbesondere auf die US-GAAP und eine Notierung am US-amerikanischen Kapitalmarkt zu.

[125] Vgl. Art. 9 der Verordnung (EG) Nr. 1606/2002.

[126] Gesetz zur Einführung internationaler Rechnungslegungsstandards und zur Sicherung der Qualität der Abschlussprüfung (Bilanzrechtsreformgesetz – BilReG) vom 4. Dezember 2004, BGBl. I 2004, S. 3166–3182.

[127] Der Kreis der kapitalmarktorientierten Unternehmen umfasst insofern neben den börsennotierten Unternehmen auch die Unternehmen, die eine Notierung beantragt haben. Im Jahr 2005 waren 754 börsennotierte Unternehmen mit Sitz in Deutschland konzernabschlusspflichtig. Vgl. hierzu Burger/Fröhlich/Ulbrich (2006), S. 119.

[128] DASKE konnte jedoch empirisch keine gesunkenen Kapitalkosten bei Unternehmen ermitteln, die von HGB auf IFRS übergegangen sind. Vgl. Daske (2006), S. 369. Werden die Kapitalkosten als Beurteilungsmaßstab von Rechnungslegungssystemen verwendet, kann insoweit nicht von einer Vorteilhaftigkeit der IFRS ausgegangen werden.

herausragende Bedeutung zu. Deshalb umfassen die folgenden Ausführungen zur kapitalmarktorientierten externen Rechnungslegung und insbesondere zur Segmentberichterstattung als quantitativer Bestandteil der außerbilanziellen Rechnungslegung die IFRS und die US-GAAP.

Mit der externen kapitalmarktorientierten Rechnungslegung versuchen IASB und FASB, einen informationellen Individual- und Funktionenschutz zu erreichen.[129] Veröffentlichte Rechnungslegungsinformationen können dazu dienen, Informationsasymmetrien zwischen Kapitalnehmern und Kapitalgebern auf den Kapitalmärkten zu reduzieren.[130] Hierdurch kann es gelingen, das knappe Gut Kapital effizient über die Kapitalmärkte zu verteilen und damit die Leistungsfähigkeit der Kapitalmärkte im Sinne eines Funktionenschutzes sicherzustellen.[131] Der Individualschutz zielt hingegen auf den einzelnen Anleger, der in Bezug auf seine Investitions- und Desinvestitionsentscheidungen durch geeignete Informationen unterstützt werden soll. Zwischen Individual- und Funktionenschutz kann insoweit von einer Zielkongruenz ausgegangen werden.[132] Als übergeordnetes Ziel der kapitalmarktorientierten Rechnungslegung dient dementsprechend der *decision usefulness*-Grundsatz.[133] Die kapitalmarktorientierte Rechnungslegung soll Informationen vermitteln, die die aktuellen und (potenziellen) Eigenkapitalgeber bei ihren Anlageentscheidungen unterstützen (SFAC 1.34; F.12–14). Diese allgemeine Anforderung konkretisieren IASB und FASB, indem sie verlangen, dass die kapitalmarktorientierte Rechnungslegung dem den finanziellen Reichtum maximierenden Eigenkapitalgeber Informationen über die Höhe, den zeitlichen Anfall und die Unsicherheit der aus einem Unternehmen in der Zukunft fließenden Zahlungsströme gewährt (SFAC 1.37; F.15).

Darüber hinaus kommt der kapitalmarktorientierten externen Rechnungslegung sekundär eine Anspruchsbemessungs- und Vertragsfunktion (*stewardship-/contracting*-Funktion) zu.[134] Es muss jedoch davon ausgegangen werden, dass die kapitalmarktorientierte externe Rechnungslegung nicht gleichzeitig dieser Funktion und der Funktion der Bereitstellung entscheidungs-

[129] Vgl. Hitz (2005), S. 14.
[130] Vgl. hierzu die Ausführungen in Kapitel 2.3.2.2.
[131] Ein Mehr an Rechnungslegungsinformationen ist jedoch aus wohlfahrtsökonomischer nicht zwangsläufig vorteilhaft. Vgl. hierzu Hacker (2002), S. 43.
[132] Vgl. Koch/Schmidt (1981), S. 237.
[133] Vgl. Ruhwedel/Schultze (2002), S. 605.
[134] Zur Anspruchsbemessungs- und Vertragsfunktion vgl. Kapitel 2.3.2.1.

nützlicher Informationen nachkommen kann.[135] Obwohl sowohl der IASB als auch der FASB der Rechnungslegung eine Bedeutung im Zusammenhang mit individuellen und kollektiven Verträgen beimessen (SFAC 1.50–1.53; F.14), wird die *decision usefulness*-Funktion stärker gewichtet.

Die in dieser Arbeit im Fokus stehende externe Segmentberichterstattung ist ein Instrument der kapitalmarktorientierten externen Rechnungslegung. Da die kapitalmarktorientierte externe Rechnungslegung insbesondere auf die Normen der IFRS und der US-GAAP zurückgreift, werden in der Folge nur diese bei der Darstellung der Normierung der Segmentberichterstattung herangezogen.[136]

2.3.3.2 Wertorientierte interne Unternehmensrechnung

Die interne Unternehmensrechnung bezeichnet grundsätzlich die Informationssysteme, die den unternehmensinternen Nutzern zur Verfügung stehen.[137] Sie unterliegt lediglich wenigen gesetzlichen Vorschriften und kann deshalb von den Unternehmen nahezu frei gestaltet werden.[138] Wie in Kapitel 2.3.2.1 bereits ausgeführt, sollen die Informationssysteme der internen Unternehmensrechnung entscheidungsunterstützend und verhaltenssteuernd wirken. Im Rahmen dieser Arbeit steht insbesondere die Verhaltenssteuerungsfunktion im Sinne der Beeinflussung der Entscheidungen der Entscheidungsträger des Unternehmens im Fokus.

Die interne Unternehmensrechnung hat die zwischen den Eigenkapitalgebern und der Unternehmensleitung bzw. der Unternehmensleitung und den dezentralen Entscheidungsträgern asymmetrisch verteilten Informationen sowie die Zielkonflikte zwischen den Entscheidungsträgern zu beachten. Sie ist so auszugestalten, dass sie zur Minimierung der Informationsasymmetrien und Zielkonflikte beiträgt.[139] Mithilfe der wertorientierten internen Unternehmensrechnung soll bei einer Ausrichtung am Konzept des Shareholder-Value das Verhalten

---

[135] Der IASB geht jedoch in IAS 1.7 davon aus, dass eine gleichzeitige Erfüllung der beiden Funktionen durch die kapitalmarktorientierte externe Rechnungslegung erreicht werden kann.
[136] Vgl. hierzu die Ausführungen in Kapitel 3.2.
[137] Vgl. Günther (2007), S. 334.
[138] Vgl. Hommel (2005), S. 21.
[139] KÜPPER bezeichnet die interne Unternehmensrechnung als „ein Instrument der Unternehmensführung." Küpper (1994), S. 970.

der Unternehmensleitung und der dezentralen Entscheidungsträger so gesteuert werden, dass sie mit ihren Entscheidungen zur Steigerung des Marktwerts des Unternehmens beitragen.[140]

Die interne Unternehmensrechnung kann dabei auf unterschiedliche Arten verhaltenssteuernd wirken. Sie kann zum einen Informationen bereitstellen, die die Informationsasymmetrien reduzieren und so zu einer Verhaltenssteuerung über Kontrolle beitragen.[141] Zum anderen können die Informationen für Zwecke der Anreizsetzung verwendet werden und im Sinne einer Koordination[142] eine Reduzierung der Prinzipal-Agenten-Konflikte bewirken.[143] Generell existiert dann eine Nachfrage nach Informationen über das Verhalten der Agenten, wenn die interne Unternehmensrechnung dem Prinzipal Informationen über die von ihm nicht zu beobachtenden Entscheidungen des Agenten liefert oder die Risikoverteilung zwischen dem Agenten und dem Prinzipal verbessert.[144]

Die im Zuge der Verhaltenssteuerung betrachteten Prinzipal-Agenten-Konflikte führen zu personellen Koordinationsproblemen,[145] zu deren Lösung regelmäßig Anreizsysteme herangezogen werden.[146] Die für Zwecke der Verhaltenssteuerung auf Basis der internen Unternehmensrechnung implementierten Anreizsysteme umfassen aus Sicht der Prinzipal-Agenten-Theorie immer materielle und immaterielle Vorteile für den Agenten. Dennoch befassen sich die verwendeten Modelle ausschließlich mit den materiellen Vorteilen, um Probleme der Quantifizierung immaterieller Vorteile zu vermeiden.[147] Die in einem solchen Anreizsystem zum Tragen kommende Anreizfunktion besteht aus einer Entlohnungsregel, die die materiellen Zahlungen an den Agenten bestimmt, sowie aus einem Informationssystem, das die Bemessungsgrundlage für die Entlohnung bereitstellt.[148]

---

[140] Vgl. Böcking/Wesner (2004), S. 99.

[141] Vgl. Küpper (1994), S. 977–978; Günther/Schmidt (2006), S. 323.

[142] Unter Koordination werden allgemein Vorgänge bezeichnet, mit denen Einzelaktivitäten auf ein übergeordnetes Ziel abgestimmt werden.

[143] Vgl. Klein (1999), S. 13.

[144] Vgl. Gjesdal (1981), S. 214–215. GJESDAL zeigt dies in einem Modell, in dem Agent und Prinzipal gemeinsam über die Ausgestaltung des Informationssystems entscheiden, bevor der Agent seine Entscheidungen trifft. Vgl. Gjesdal (1981), S. 213.

[145] Darüber hinaus existiert regelmäßig sachlicher Koordinationsbedarf, der jedoch nicht Gegenstand dieser Untersuchung ist.

[146] Vgl. Nicolai/Thomas (2004), S. 454.

[147] Eine solche Einschränkung auf materielle Vorteile in der Form von Zahlungen ist in der Literatur durchaus umstritten. Vgl. hierzu Kiener (1990), S. 28. Viele der in die Prinzipal-Agenten-Modelle nicht einbezogenen, höchst unterschiedlichen immateriellen Vorteile können in Zahlungen überführt werden. Beispielsweise kann ein möglicher Reputationsverlust einen Anreizeffekt erzeugen, wenn mögliche zukünftige Aufgaben des Agenten und dadurch die Entlohnung an die Reputation geknüpft sind. Vgl. Pratt/Zeckhauser (1991), S. 17.

[148] Vgl. Kiener (1990), S. 28.

Bei der Gestaltung eines Anreizsystems ist ein Informationssystem, d.h. eine Bemessungsgrundlage für die Entlohnung, zu wählen sowie eine Entlohnungsregel festzulegen, die die Höhe der Zahlungen in Abhängigkeit von der Bemessungsgrundlage determiniert. Um die gewünschten Anreize zu bewirken, müssen die Informationen, die die Entlohnung bestimmen, vom Agenten beeinflusst werden können.[149] Ein Informationssystem muss deshalb beobachtbare Signale liefern, an die die Entlohnung der Manager gebunden werden kann. Um ein für die Steuerung geeignetes Entlohnungssystem zu gestalten, müssen die Präferenzen und Entscheidungsfelder der Manager bekannt sein oder ein vollkommener Markt vorliegen.[150] Ein Anreizsystem ist grundsätzlich für Steuerungszwecke geeignet, „if it satisfies goal congruence, provides the manager with incentives to exert effort, and induces him/her to stay on the job."[151]

Anreizsysteme können grundsätzlich entweder marktpreisorientiert oder rechnungswesenorientiert ausgestaltet sein.[152] Rechnungswesenorientierte Anreizsysteme kommen generell immer dann zur Anwendung, wenn die Kontrolle des Managements nicht über organisierte Kapitalmärkte erfolgen kann. Dies gilt insbesondere für innerbetriebliche Anreizsysteme, wenn die Leistung einzelner gewinnverantwortlicher Geschäftsbereiche beurteilt werden soll. Selbst bei einer Notierung des gesamten Unternehmens an einem organisierten Kapitalmarkt, kann der für das Gesamtunternehmen ermittelte Marktpreis in der Regel nicht auf die einzelnen Geschäftsbereiche aufgeteilt werden und deshalb auch nicht zur Beurteilung des Geschäftsbereichsmanagements herangezogen werden. Deshalb ist es unerlässlich, dass das innerbetriebliche Anreizsystem in diesen Fällen auf der Unternehmensrechnung basiert.[153]

Im Rahmen dieser Arbeit wird von Delegationsbeziehungen zwischen der Unternehmensleitung und den dezentralen Entscheidungsträgern ausgegangen. Entsprechend der oben dargestellten Möglichkeiten der Verhaltenssteuerung dient die Segmentberichterstattung unter dieser Annahme zum einen der Kontrolle durch die Minimierung von Informationsasym-

[149] Vgl. Kiener (1990), S. 28.
[150] Vgl. Ballwieser (1985a), S. 39.
[151] Reichelstein (2000), S. 246.
[152] Vgl. Körner (1994), S. 38.
[153] Vgl. Körner (1994), S. 39. Wenn Erfolgsgrößen eines Unternehmens zur Steuerung des Managements herangezogen werden sollen, müssen diese Erfolgsgrößen bestimmten Anforderungen genügen. Gemäß LAUX gehören hierzu die Barwertidentität, die Entscheidungsverbundenheit, die Manipulationsfreiheit, die Vergleichbarkeit und die pareto-effiziente Risikoteilung. Vgl. Laux (2006a), S. 89.

metrien als auch der Koordination durch die Bereitstellung von für Anreizsysteme geeigneten bzw. anreiznützlichen Informationen. Die interne Segmentberichterstattung ist insoweit ein Instrument der wertorientierten internen Unternehmensrechnung.

2.4 Segmentberichterstattung als Instrument der externen und der internen Unternehmensrechnung

2.4.1 Diversifikation als Ursache für Informationsdefizite

Obwohl der Begriff der Diversifikation bereits seit den dreißiger Jahren des letzten Jahrhunderts verwendet wird, hat sich bis heute keine einheitliche Definition durchgesetzt.[154] ANSOFF bezeichnete beispielsweise Diversifikation in den fünfziger Jahren als eine Kombination von neuen Produkten auf neuen Märkten, die er kundenbezogen definiert.[155] Nach der weiten Definition von BÜHNER hingegen, der Märkte im Unterschied zu ANSOFF geografisch definiert, lassen sich die sektorale und die regionale Diversifikation als verschiedene Dimensionen der Diversifikation unterscheiden. So wird in der Regel unter der sektoralen Diversifikation die Erweiterung des unternehmerischen Leistungspotenzials um zusätzliche Produkte oder Dienstleistungen verstanden,[156] wohingegen die regionale Diversifikation die Ausweitung von Absatzmärkten oder die Verlagerung betrieblicher Funktionen in andere geografische Regionen beschreibt.[157]

Die sektorale Dimension lässt sich zusätzlich noch in Bezug auf die Richtung der Diversifikation in eine horizontale, vertikale, verwandte (konzentrische) und unverwandte (laterale/konglomerate) Diversifikation unterscheiden. Die horizontale Diversifikation erhöht die Leistungsbreite eines Unternehmens in einem Wirtschaftszweig, indem dem vorhandenen Produkt- und Dienstleistungsprogramm weitere Produkte oder Dienstleitungen der gleichen Produktions- oder Absatzstufe hinzugefügt werden.[158] Mit einer vertikalen Diversifikation wird die Leistungstiefe eines Unternehmens durch die Integration vor- oder nachgelagerter Produktions- oder Absatzstufen vergrößert.[159] Während die Erweiterung des Leistungspro-

---

[154] Vgl. Haase (1974), S. 13; Alvarez (2004), S. 9.

[155] Vgl. Ansoff (1957), S. 114. BÜHNER führt diese Einschränkung der Definition der Diversifikation auf die amerikanischen Verhältnisse zurück, die den Ausgangspunkt der Ableitung der Definition durch ANSOFF bildeten. So sei insbesondere die konglomerate Diversifikation eine typische US-amerikanische Wachstumsstrategie. Vgl. hierzu Bühner (1993), S. 23.

[156] Vgl. Bernards (1994), S. 22.

[157] Vgl. Bühner (1985), S. 1019.

[158] Vgl. Hosfeld-Guber/Liwicki (2000), S. 147.

[159] Vgl. Bühner (1993), S. 36.

gramms um Produkte und Dienstleistungen mit einer starken Ähnlichkeit zum bisherigen Leistungsprogramm als verwandte Diversifikation bezeichnet wird, ist die unverwandte Diversifikation dadurch gekennzeichnet, dass die bisherigen Produkt-Markt-Bereiche um völlig neuartige Produkte und Dienstleistungen erweitert werden.[160] In der Praxis ist eine verwandte Diversifikation oft nicht eindeutig von einer unverwandten Diversifikation zu unterscheiden. Die Übergänge sind in der Regel fließend.[161]

Generell können unterschiedliche Ziele des Managements für Diversifikationsaktivitäten von Unternehmen verantwortlich sein. Zu diesen zählen insbesondere Rentabilitäts- und Marktwertsteigerung, Wachstum sowie Risikominderung.[162] Rentabilitäts- bzw. Marktwertsteigerungen der Unternehmen können sich im Rahmen der Diversifikation dadurch ergeben, dass das neue Segment zur Steigerung der Rentabilität des gesamten Unternehmens direkt beiträgt oder die Möglichkeit eröffnet, Verbundeffekte (Synergien) mit anderen bereits vorhandenen Segmenten zu realisieren. Durch die Diversifikation ergibt sich für das Unternehmen dementsprechend zum einen die Möglichkeit in renditestarke Märkte (sektoral oder regional) einzutreten, auf denen es zuvor nicht vertreten war. Zum anderen können durch Diversifikation unter Umständen Synergien realisiert werden,[163] wenn beispielsweise bei der Herstellung des diversifizierten Produktportfolios und der Lieferung in die verschiedenen regionalen Märkte Kosten eingespart werden können.[164]

---

160 BÜHNER beschreibt darüber hinaus noch die interne und die externe Diversifikation. Während die interne Diversifikation eine Entwicklung beschreibt, in der das Unternehmen aus eigener Kraft neue Produkt-Markt-Bereiche erschließt, wird von einer externen Diversifikation immer dann gesprochen, wenn ein Unternehmen neue Produkt-Markt-Bereiche zukauft. Vgl. Bühner (1993), S. 38.

161 Vgl. Bernards (1994), S. 24. Es gibt jedoch eine Reihe von Ansätzen zur Messung des Grads der Diversifikation, die sich entweder der diskret-kategorialen oder den quantitativ-kontinuierlichen Methoden zuordnen lassen. Während der Diversifikationsgrad im Rahmen der quantitativ-kontinuierlichen Methoden durch ein Zählen der Segmente eines Unternehmens gemessen wird, werden bei den diskret-kategorialen Methoden die Unternehmen in Abhängigkeit vom Umfang und Zusammenhang der einzelnen Produktbereiche bestimmten Diversifikationsklassen zugeordnet. Insoweit lassen sich bei den diskret-kategorialen Methoden im Unterschied zu den quantitativ-kontinuierlichen Methoden neben quantitativen auch qualitative Faktoren der Diversifikation berücksichtigen. Vgl. hierzu m.w.N. Bernards (1994), S. 24 und Pejic (1998), S. 9.

162 Vgl. zur Ableitung dieser Teilziele Schwalbach (1985), S. 570–571 sowie Pejic (1998), S. 10 und Alvarez (2004), S. 14 jeweils m.w.N.

163 Vgl. Haase (1996), S. 5. Jedoch ist die Messung von Synergievorteilen aufgrund von Zuordnungsproblemen mit erheblichen Schwierigkeiten verbunden. Zudem müssen diesen Vorteilen noch die Koordinationskosten gegenübergestellt werden, die sich bei der Organisation der Segmente ergeben. Insoweit kann gezeigt werden, dass die durch die Diversifikation erwünschten Ertragssteigerungen nicht in jedem Fall realisiert werden können. Vgl. hierzu Bühner (1990), S. 1286–1290.

164 Vgl. Bernards (1994), S. 27. Nach BÜHNER ergeben sich Synergien insbesondere aus Größenvorteilen, aus einer verbesserten Auslastung der Produktionsfaktoren, aus Vorteilen in Bezug auf den unternehmensinternen Kapitalmarkt sowie aus der Schaffung von Markteintrittsbarrieren. Vgl. Bühner (1993), S. 33.

Das Motiv des Wachstums kommt insbesondere dann zum Tragen, wenn die bereits vorhandenen Segmente keine wesentlichen Umsatz- und Gewinnsteigerungen mehr ermöglichen. In einem wachsenden Marktumfeld würde dies zwangsläufig zu einer sinkenden Wettbewerbsfähigkeit und damit einem Verlust von Marktanteilen führen.[165] Insoweit kann die Diversifikation dazu beitragen, bestehende Marktanteile zu sichern oder sogar auszubauen, um Gewinnsteigerungen zu ermöglichen.[166] Durch Subventionierung von Verlustsegmenten kann es darüber hinaus gelingen, die Markteintrittsbarrieren für Konkurrenten zu erhöhen und damit den eigenen Marktanteil langfristig zu sichern.

Das dritte hier zu erläuternde Teilziel der Diversifikation ist die Risikominderung, die durch die Kombination von Produkt-Markt-Bereichen mit heterogenen Risiken (Risikoausgleich) erreicht wird.[167] Eine Diversifikation mit dem Ziel der Risikominderung dient regelmäßig dem kurz- und langfristigen Ausgleich von saisonalen, konjunkturellen und strukturellen Nachfrageschwankungen.[168] Vor allem die Mitarbeiter, das Management und die Gläubiger des Unternehmens sind an einem solchen Risikoausgleich interessiert, da hierdurch Beschäftigungs- und Konkursrisiko sinken. Für die Eigenkapitalgeber hingegen, die einen Risikoausgleich über die Diversifikation in ihrem Wertpapier-Portfolio schnell und kostengünstig erreichen können,[169] stehen die oben erläuterten anderen Teilziele der Diversifikation im Vordergrund.[170]

Vor dem Hintergrund der sich im Zeitablauf ändernden Arten der Umsetzung der Unternehmensstrategie erscheint die enge Definition von Diversifikation nach ANSOFF den tatsächlichen Gegebenheiten nicht gerecht zu werden. Während die ANSOFF'sche Definition von Diversifikation mit der in den fünfziger Jahren des letzten Jahrhunderts in den USA beginnenden vorherrschenden konglomeraten Diversifikation in Einklang zu bringen ist, hat sich dieses Bild international inzwischen gewandelt. So kann seit längerer Zeit meist eine verwandte Diversifikation beobachtet werden, die sich durch die Ausweitung des Kerngeschäfts auszeich-

---

165 Vgl. Alvarez (2004), S. 14–15.
166 Vgl. Bühner (1990), S. 1277.
167 Vgl. Haase (1996), S. 5. Zum Ziel der Risikominderung aus Sicht der Risikotheorie vgl. Haase (1974), S. 17–24.
168 Vgl. Alvarez (2004), S. 16.
169 Zur Portfolio-Theorie vgl. insbesondere Markowitz (1970).
170 Vgl. hierzu aus Sicht der Auslandsdiversifikation Bühner (1985), S. 1022.

net, mit starker Internationalisierung der Geschäftstätigkeit (regionale Diversifikation).[171] Insoweit tritt das Ziel der Risikominderung zunehmend hinter die übrigen Ziele der Rentabilitäts- und Marktwertsteigerung sowie des Wachstums zurück. Die Einschränkung der Geschäftstätigkeit auf Geschäftsfelder, die den eigenen Kernkompetenzen entsprechen, und die damit zu erzielenden Rentabilitäts- und Marktwertsteigerungen sind heutzutage ausschlaggebend für die Diversifikationsaktivitäten der Unternehmen.[172]

Unabhängig von der im einzelnen Unternehmen zur Anwendung kommenden Diversifikationsstrategie führen die sektorale und die regionale Diversifikation zu Informationsdefiziten.[173] Diversifizierte Unternehmen agieren häufig in mehreren verschiedenen Geschäftsfeldern (Produkt-Markt-Bereichen), die sich durch die Diversifikationsaktivitäten ergeben haben. Die Geschäftsfelder zeichnen sich deshalb oft durch unterschiedliche Wettbewerbsverhältnisse, Wachstumsaussichten und Branchenstrukturen aus. Bei international diversifizierten Unternehmen kommen noch unterschiedliche Wettbewerbsbeschränkungen und Währungsrisiken hinzu. Die sich in der Bilanz und der Gewinn- und Verlustrechnung hierdurch zwangsläufig ergebende Aggregation von Informationen der verschiedenen Produkt-Markt-Bereiche der Unternehmen führt zwangsläufig zu Informationsdefiziten bei den Adressaten der externen und internen Unternehmensrechnung.[174] Die Besonderheiten der möglicherweise höchst heterogenen Produkt-Markt-Bereiche werden nicht ersichtlich. Dies führt zwangsläufig dazu, dass die externe und die interne Unternehmensrechnung den Aufgaben der Bereitstellung entscheidungsnützlicher sowie für Steuerungszwecke geeigneter Informationen nicht vollständig nachkommen können. Segmentierte Daten der einzelnen heterogenen Geschäftsfelder könnten insoweit Abhilfe schaffen.

[171] Mögliche Motive der Auslandsdiversifikation gibt es viele. Hierzu gehören bspw. die Erweiterung der Absatzmärkte des Unternehmens und die dadurch zu erreichende Nähe zu den Kunden, die Möglichkeit von bestehenden Produktionskostengefällen zu profitieren sowie Wechselkursschwankungen und Handelshemmnissen zu umgehen. Vgl. Albach (1979), S. 947–951; Bühner (1993), S. 332–342; Bernards (1994), S. 34–35; Pejic (1998), S. 15.

[172] Vgl. Alvarez (2004), S. 16. Weitere in der Literatur vereinzelt angesprochene Diversifikationsmotive, wie z.B. eine Zunahme der Machtfülle des Managements oder eine Einschränkung der Informationstransparenz, werden an dieser Stelle nicht weiter ausgeführt. Vgl. hierzu Bühner (1993), S. 259 und Bernards (1994), S. 30–31 jeweils m.w.N.

[173] Vgl. Bernards (1995a), S. 1283. Zu den Informationsdefiziten vgl. auch Schachner (1967), S. 44–45.

[174] Vgl. Husmann (1997), S. 351; Coenenberg/Mattner (2000), S. 1827. Zu einer ausführlichen Analyse der Informationsdefizite aggregierter Informationen bei diversifizierten Unternehmen aus Sicht der Vermittlung eines den tatsächlichen Verhältnissen entsprechenden Bilds der Vermögens-, Finanz- und Ertragslage vgl. Bernards (1994), S. 37–47 und Pejic (1998), S. 16–21.

2.4.2 Segmentberichterstattung als mögliches Instrument zur Linderung der Informationsdefizite

Unternehmensinformationen kommt im Rahmen der Corporate Governance bei der Reduzierung von Prinzipal-Agenten-Konflikten eine wesentliche Bedeutung zu. Dies ist durch die externe bzw. interne Unternehmensrechnung insbesondere dann gewährleistet, wenn sie entscheidungsnützliche bzw. für Zwecke der Verhaltenssteuerung geeignete Informationen zur Verfügung stellt.[175] Ein zusätzlicher Nutzen der Segmentberichterstattung ist deshalb immer dann zu erwarten, wenn sie besser als die aggregierte Berichterstattung zur Erfüllung der Funktionen der Unternehmensrechnung beiträgt.[176] Jedoch ist es erforderlich, bei der Beurteilung der Vorteilhaftigkeit der Segmentberichterstattung auch die Kosten der Bereitstellung und Verarbeitung segmentierter Daten zu ermitteln und diese dem zusätzlichen Nutzen gegenüberzustellen.

Grundsätzlich erscheint es plausibel, den durch Diversifikation entstandenen Informationsdefiziten der aggregierten Datenbasis von Jahres- und Konzernabschlüssen durch die Bereitstellung von Segmentdaten entgegenzuwirken. Es ist zu erwarten, dass die Bereitstellung von segmentierten Daten generell die Entscheidungsnützlichkeit der externen Unternehmensinformationen verbessert.[177] Um diese Zusammenhänge zu analysieren und den Nutzen der Segmentberichterstattung sowie ihre Ausgestaltung systematisch zu beleuchten, bieten sich grundsätzlich theoretische und empirische Ansätze der Rechnungslegungsforschung an.[178] Diese beiden Herangehensweisen sind jedoch nicht unabhängig voneinander, sondern beeinflussen sich gegenseitig. So ermöglicht erst das über empirische Ansätze abgeleitete Wissen über Wirkungszusammenhänge die Ableitung von allgemeinen Empfehlungen. Insoweit sind die kritische Analyse der aktuellen Segmentberichterstattungsvorschriften aus Sicht der Entscheidungsnützlichkeit und die Ableitung von Empfehlungen nur möglich, wenn beide Ansätze der Rechnungslegungsforschung in die Untersuchung einbezogen werden.

---

[175] Zur finanziellen und strategischen Segmentanalyse vgl. Alvarez (2004a), S. 649–663.

[176] Vgl. Haase (1996), S. 4. Darüber hinaus ist zu erwarten, dass segmentierte Daten auch für Zwecke der Anspruchsbemessung und Vertragsgestaltung sowie zur Entscheidungsunterstützung geeignet sind.

[177] Vgl. Coenenberg (2005), S. 841. Nach MÜLLER/PESKES „kann die Segmentberichterstattung als ein zentrales Instrument zur Verringerung der Informationsasymmetrien verstanden werden". Müller/Peskes (2006a), S. 33.

[178] Während die theoretischen Forschungsansätze zur Entscheidungsnützlichkeit der Segmentberichterstattung Gegenstand von Kapitel 4.1 sind, werden die empirischen in Kapitel 4.2 thematisiert.

Darüber hinaus kommt Segmentdaten ein gegenüber aggregierten Daten zusätzlicher Nutzen zu, wenn sie eine bessere Grundlage für die Verhaltenssteuerungsfunktion der internen Unternehmensrechnung liefern und damit zusätzlich zur Reduzierung von Prinzipal-Agenten-Konflikten beitragen.[179] Da Verhaltenssteuerung regelmäßig über eine glaubwürdige Androhung (*credible threat*) von Kontrollen oder über Anreizsysteme erfolgt,[180] können segmentierte Daten sowohl auf Ebene der Unternehmensleitung als auch bei den Segmentverantwortlichen Anreize setzen, im Sinne der Eigenkapitalgeber zu handeln. Während segmentierte Daten bei der Beurteilung der Diversifikationsstrategie der Unternehmensleitung durch die Eigenkapitalgeber zum Tragen kommen können,[181] dienen sie im Zusammenhang mit den Segmentverantwortlichen zur Beurteilung der Investitionsstrategie in Bezug auf einzelne Projekte, da diese die Diversifikations- und Finanzierungsstrategie des Gesamtunternehmens regelmäßig nicht beeinflussen können. Insoweit ist zu erwarten, dass segmentierte Daten die Möglichkeit bieten, die eigenfinanzierungsbedingten Prinzipal-Agenten-Konflikte über eine verbesserte Verhaltenssteuerung zu reduzieren.[182]

Jedoch sind mit der Segmentberichterstattung auch zwangsläufig Kosten verbunden, die im Rahmen der Analyse zu berücksichtigen sind. Regelmäßig fallen im Zusammenhang mit der Veröffentlichung von Segmentdaten direkte und indirekte Kosten an. Während die indirekten Kosten negative Entwicklungen oder finanzielle Einbußen umfassen, die durch die Veröffentlichung der Segmentberichterstattung entstehen, bezeichnen die direkten Kosten die Kosten der Informationsbeschaffung und -verarbeitung und damit die „unmittelbar mit der Veröffentlichung [der segmentierten Informationen; Anm. d. Verf.] verbundenen Kosten."[183]

Unter den Kosten der Informationsbeschaffung und -verarbeitung werden im Allgemeinen die Kosten der Datensammlung, folglich des Rechnungswesens, erfasst. Diese fallen bei einem getrennten Rechnungswesen entweder im externen oder im internen Rechnungswesen an. Obwohl grundsätzlich davon ausgegangen werden kann, dass in diversifizierten Unternehmen Segmentinformationen im internen Rechnungswesen erfasst werden, um die Aktivitäten der produkt- oder dienstleistungsbezogenen sowie der geografischen Segmente zu überwachen, sind die direkten Kosten der externen Segmentberichterstattung nach Ansicht von HACKER

---

[179] Vgl. Möckli (1996), S. 21.
[180] Vgl. hierzu die Ausführungen in Kapitel 2.3.2.3.
[181] Vgl. OECD (1990), S. 12.
[182] Vgl. Hacker (2002), S. 101.
[183] Alvarez (2004), S. 24. Vgl. auch Pacter (1993), S. 169.

teilweise beträchtlich. Ihre Höhe hängt insbesondere von der Nähe der für die Segmentberichterstattung vorgenommenen Segmentierung zu der internen Berichtsstruktur, von der Qualität der für interne Zwecke gewonnenen Daten und dem Grad ihrer Verwendung in der Segmentberichterstattung sowie von der Größe des Unternehmens ab.[184] Abweichend hierzu wird jedoch auch die Ansicht vertreten, dass die für die externe Segmentberichterstattung geforderten Angaben in der Regel bereits für interne Zwecke aufbereitet worden sind und folglich mittels der vorhandenen EDV-Systeme auch zur Erfüllung der externen Publizitätsanforderungen verwendet werden können.[185] Insbesondere bei großen Unternehmen dürfte, bedingt durch ein ausgebautes Rechnungswesen, die Bereitstellung dieser Informationen keine wesentlichen Folgekosten verursachen.[186] Die genaue Höhe dieser Kosten ist jedoch in der Regel nicht zu ermitteln[187] und ist zwangsläufig abhängig von den Möglichkeiten der Verwendung einheitlicher Segmentdaten in der externen und internen Segmentberichterstattung.

Neben den Kosten der Informationsbeschaffung und -verarbeitung können als zusätzliche direkte Kosten der externen Segmentberichterstattung noch die Kosten der Informationsveröffentlichung hinzukommen. Hierunter lassen sich die Druckkosten für die Veröffentlichung der Informationen, die Kosten der Publikation im Amtsblatt und im Handelsregister sowie die Kosten der Prüfung der Segmentberichterstattung beispielsweise durch den Abschlussprüfer erfassen.[188] In der Regel handelt es sich bei den Kosten der Informationsveröffentlichung im Zusammenhang mit der Segmentberichterstattung lediglich um Zusatzkosten zum Abschluss. So dürften die zusätzlichen Kosten der Informationsveröffentlichung bei einer Veröffentlichung von Segmentinformationen nur einen geringen Anteil der gesamten Kosten der Veröffentlichung des Abschlusses ausmachen.[189] Entsprechend dürften sich auch die Prüfungskosten nur in einem geringen Umfang durch den Berichtsbestandteil der Segmentberichterstattung erhöhen, da eine Prüfung wohl auch für die anderen Berichtsbestandteile durchgeführt werden muss.[190]

---

184 Vgl. Hacker (2002), S. 105–107 mit Verweis auf empirische Untersuchungen.
185 Vgl. Mohr (1983), S. 41; Ballwieser (1985), S. 51.
186 Vgl. Bernards (1994), S. 73; Pejic (1998), S. 66–67.
187 Vgl. Foster (1986), S. 35.
188 Vgl. Wagenhofer (1990), S. 61; Bernards (1994), S. 73; Pejic (1998), S. 68.
189 Vgl. Bernards (1994), S. 74.
190 Vgl. Pejic (1998), S. 68–69 und Haase (1979), S. 467–468, der anführt, dass die Prüfung der Segmentberichterstattung Teil der Abschlussprüfung ist und der Umfang der Segmentangaben im Vergleich zu den allgemeinen Publizitätspflichten nicht ins Gewicht fällt.

Neben den direkten Kosten der externen und der internen Segmentberichterstattung können auch indirekte Kosten auftreten.[191] Hierzu gehören in Bezug auf die externe Segmentberichterstattung beispielsweise Wettbewerbsnachteile, die sich dadurch ergeben, dass Konkurrenzunternehmen vor allem in wettbewerbsintensiven Branchen die veröffentlichten Segmentinformationen zum Schaden des ausweisenden Unternehmens verwenden.[192] Es ist denkbar, dass Konkurrenzunternehmen aufgrund der detaillierten Informationen zu den Segmenten ihre Produktionsmengen ausweiten oder weitere Unternehmen am Markt auftreten.[193] Zudem könnten auch politische Kosten durch den Ausweis bestimmter Informationen die Unternehmen belasten. Hierbei handelt es sich im Allgemeinen um negative Auswirkungen auf die Unternehmen, die dadurch entstehen, dass bestimmte Informationen verstärkt in das Licht der Öffentlichkeit gerückt werden.[194] Beispielsweise ist es möglich, dass umfangreiche Segmentinformationen den Kunden und Lieferanten erlauben, die Margen einzelner Produkte zu ermitteln, und damit zu Forderungen nach Verbesserung der Vertragskonditionen führen.[195] Zudem könnten Mitarbeiter erfolgreicher Segmente aufgrund der externen und oder der internen Segmentinformationen im Vergleich zu Mitarbeitern schlechter abschneidender Segmente eine höhere Entlohnung fordern.[196]

Weiterhin fallen auch bei den externen und internen Adressaten der Segmentberichterstattung durch die Informationsbeschaffung und -verarbeitung direkte und indirekte Kosten der Segmentberichterstattung an. In Bezug auf die direkten Kosten führen insbesondere umfangreiche und wenig vergleichbare Informationen durch die Gefahr von Fehlinterpretationen zu einem hohen Analyse- und Interpretationsaufwand und damit zu einem abnehmenden Nutzen der Segmentberichterstattung.[197] So könnten sich beispielsweise Probleme beim Verständnis der

---

191 Nach Ansicht von HENSELMANN sind die indirekten Kosten möglicherweise bedeutsamer als die direkten Kosten. Vgl. Henselmann (2005), S. 297.

192 Vgl. Mohr (1983), S. 41; Ballwieser (1985), S. 51; Wagenhofer (1990), S. 61. Da die indirekten Kosten der Segmentberichterstattung in direktem Zusammenhang mit einem Informationsgewinn der Adressaten stehen, der den durch die Diversifizierung eingetretenen Informationsverlust der aggregierten Daten ausgleicht, können diese gerechtfertigt werden. Vgl. Bernards (1994), S. 76.

193 Vgl. Wagenhofer (1990), S. 61 sowie ausführlich Moxter (1962), S. 5–19. BOTOSAN/STANFORD konnten u.a. zeigen, dass Unternehmen grundsätzlich versuchen, Segmente mit guter Performance nicht gesondert auszuweisen, um Erträge auch in weniger wettbewerbsintensiven Branchen zu schützen. Vgl. Botosan/Stanford (2005), S. 770.

194 Vgl. Watts/Zimmerman (1978), S. 115. WATTS/ZIMMERMAN gehen davon aus, dass die Unternehmensgröße einen direkten Einfluss auf die Höhe der politischen Kosten hat, und bei größeren Unternehmen tendenziell höhere politische Kosten anfallen als bei kleineren Unternehmen.

195 Vgl. hierzu auch Moxter (1962), S. 140–143.

196 Vgl. Wagenhofer (1990), S. 61.

197 Vgl. Mohr (1983), S. 41–42; Ballwieser (1985), S. 51–52 ; Pejic (1998), S. 77 .

Segmentierungskriterien oder den der Segmentberichterstattung zugrunde liegenden Rechnungslegungsgrundsätzen ergeben.[198] Auch würden bei einem Abweichen von externen und internen Segmentinformationen zwangsläufig Unsicherheiten bezüglich der Aussagekraft der segmentierten Daten resultieren.

Zusammengefasst lassen sich keine allgemeingültigen Aussagen zum Umfang der durch die externe und die interne Segmentberichterstattung eintretenden direkten und indirekten Kosten treffen.[199] Obwohl eine genaue Kostenermittlung in der Praxis regelmäßig nicht möglich ist, wird in der Literatur überwiegend davon ausgegangen, dass weder die direkten noch die indirekten Kosten der externen und der internen Segmentberichterstattung aufgrund der dargestellten Eigenschaften einen großen Umfang einnehmen.[200] Insoweit kann sich die Analyse der Vorteilhaftigkeit der Segmentberichterstattung auf den Nutzen segmentierter Daten bei der Erfüllung der Aufgaben der internen und externen Unternehmensrechnung beschränken. Ein zusätzlicher Nutzen gegenüber aggregierten Daten bei der Linderung von aus Diversifikationaktivitäten entstandenen Informationsdefiziten ist regelmäßig zu erwarten.

2.4.3 Internationale Segmentberichterstattungsvorschriften als Reflex auf Informationsdefizite

Auch die Praxis der internationalen Normierung der Segmentberichterstattung ist ein Indiz für ein Übergewicht des Nutzens gegenüber den Kosten segmentierter Daten. Seit mehr als vierzig Jahren ist die Segmentberichterstattung Gegenstand wissenschaftlicher Diskussionen und der Normierung der Unternehmensrechnung. Es kann insoweit von einem Bedarf an segmentierten Daten in der externen Unternehmensrechnung ausgegangen werden. Hinsichtlich der Berichtspflichten haben sich jedoch in den vergangenen Jahren mehrfach Änderungen ergeben, die auf neue oder geänderte Rechnungslegungsstandards zurückzuführen sind, die in Abbildung 4 anhand eines Zeitstrahls verdeutlicht werden.

---

198 Vgl. Pejic (1998), S. 76.

199 Neben vielen anderen Gründen ist die Höhe der Kosten, wie bereits erläutert, bspw. abhängig von der Qualität des im Unternehmen vorhandenen Rechnungswesens sowie den Möglichkeiten der Verwendung von bestehenden Segmentdaten für die externe bzw. interne Segmentberichterstattung.

200 Vgl. exemplarisch Pejic (1998), S. 79.

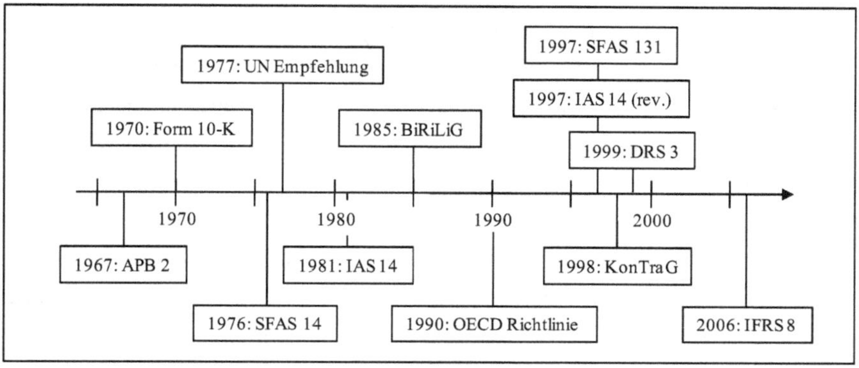

Abbildung 4: Historische Entwicklung der Normierung der Segmentberichterstattung

Im November 2006 wurde IFRS 8 „Operating Segments“ veröffentlicht und damit erstmalig eine weitgehende inhaltliche Konvergenz der Vorschriften des IASB und des FASB zur Segmentberichterstattung hergestellt.[201] Seit Beginn der internationalen Normierung der Segmentberichterstattung in den 1960er Jahren hat es eine vergleichbare Situation nicht gegeben. Die erste, nichtbindende Empfehlung zur Angabe segmentierter Daten im Jahresabschluss war das Statement No. 2 des Accounting Principles Board (APB 2) „Disclosure of Supplemental Financial Information by Diversified Companies“, das im Jahr 1967 veröffentlicht wurde.[202] Diese Regelung sah vor, dass Unternehmen ihren Jahresabschluss um bestimmte produktgruppenspezifische Daten ergänzen konnten (*line-of-business information*).[203]

Die US-amerikanische Börsenaufsichtsbehörde, die Securities and Exchange Commission (SEC) erweiterte zuerst im Jahr 1969 die Pflichten im Rahmen der Börseneinführungspublizität (Form S-1, Form S-7 und Form 10) um eine Segmentberichterstattung und verpflichtete im Jahr 1970 alle börsennotierten Unternehmen, produktbezogene Informationen in die Jahresberichte nach der Form 10-K aufzunehmen.[204] Der FASB veröffentlichte daraufhin 1976 mit Statement of Financial Accounting Standards No. 14 (SFAS 14) „Financial Reporting for Segments of a Business Enterprise“ den nächsten nationalen Standard, der jedoch weit umfangreichere Vorschriften enthielt als APB 2. Im Unterschied zu allen vorangegangenen Veröffentlichungen zur Segmentberichterstattung sah SFAS 14 erstmalig eine Segmentierung der

[201] Vgl. Zülch/Burghardt (2007), S. 21.
[202] Vgl. Hosfeld-Guber/Liwicki (2000), S. 146.
[203] Vgl. Haller (2000), S. 761.
[204] Vgl. Mohr (1983), S. 40.

zu veröffentlichenden Informationen zum einen nach Produkten (sektorale Segmentierung) und zum anderen nach geografischen Regionen (regionale Segmentierung) vor.[205] Neben den US-amerikanischen Bestrebungen, eine Normierung der Segmentberichterstattung zu erreichen, gab es in den 1970er Jahren auch internationale Gestaltungsvorschläge für eine Segmentberichterstattung. Beispielsweise veröffentlichte eine von den Vereinten Nationen (UN) eingesetzte Arbeitsgruppe, die zur Aufgabe hatte, Anforderungen an die externe Unternehmensrechnung zu formulieren, im Jahr 1977 eine Empfehlung mit dem Titel „International Standards of Accounting and Reporting for Transnational Corporations", welche unter anderem umfangreiche Vorschriften zur Segmentberichterstattung vorsah.[206]

Im Jahr 1981 veröffentlichte das 1973 gegründete International Accounting Standards Committee (IASC) einen eigenen Standard zur Segmentberichterstattung, den IAS 14 „Reporting Financial Information by Segment", der sich an dem vom US-amerikanischen FASB herausgegebenen SFAS 14 orientierte.[207] In Deutschland wurden mit dem Bilanzrichtlinien-Gesetz (BiRiLiG) von 1985, mit dem unter anderem die 4.[208] und die 7. EG-Richtlinie[209] in deutsches Recht umgesetzt wurden,[210] verbindliche Vorschriften für Segmentangaben von Kapitalgesellschaften und Konzernen geschaffen,[211] die jedoch bei Verabschiedung hinsichtlich der Berichterstattungspflichten weit hinter den internationalen Vorgaben zurückblieben.[212] Durch die Umsetzung der EG-Zwischenberichtsrichtlinie[213] wurden im Jahr 1987 durch die Börsenzulassungs-Verordnung auch unterjährige Segmentangaben vorgeschrieben.

205 Vgl. Langenbucher (1997), S. 135; Haller (2000), S. 761.

206 Vgl. Langenbucher (1997), S. 131. Auf eine große Resonanz sind die Vorschläge der UN jedoch bis heute nicht gestoßen. Vgl. Haller (2000), S. 762.

207 Vgl. Haller/Park (1994), S. 567; Haller (2000), S. 762.

208 Vgl. Vierte Richtlinie 78/660/EWG des Rates vom 25. Juli 1978 aufgrund von Artikel 54 Absatz 3 Buchstabe g) des Vertrages über den Jahresabschluß von Gesellschaften bestimmter Rechtsformen.

209 Vgl. Siebente Richtlinie 83/349/EWG des Rates vom 13. Juni 1983 aufgrund von Artikel 54 Absatz 3 Buchstabe g) des Vertrages über den konsolidierten Abschluß.

210 Mit dem Ziel, die Rechnungslegung innerhalb der Europäischen Union (EU) zu harmonisieren, wurden 1978 die 4. EG-Richtlinie (Bilanzrichtlinie) und 1983 die 7. EG-Richtlinie verabschiedet. Aufgrund weitreichender Mitgliedstaatenwahlrechte in den Richtlinien konnte jedoch die gewünschte Harmonisierung der Rechnungslegung der Mitgliedstaaten und der Staaten des Europäischen Wirtschaftsraums (EWR) nicht erreicht werden.

211 Vgl. hierzu Bernards (1995), S. 1363; Böcking/Orth (2003), S. 765–766.

212 Vgl. Alvarez (2004), S. 69.

213 Vgl. Richtlinie 82/121/EWG des Rates vom 15. Februar 1982 über regelmäßige Informationen, die von Gesellschaften zu veröffentlichen sind, deren Aktien zur amtlichen Notierung an einer Wertpapierbörse zugelassen sind.

Im Jahr 1990 veröffentlichte die von der Organisation for Economic Co-operation and Development (OECD) eingesetzte Working Group on Accounting Standards eine Richtlinie zur Erstellung von Segmentberichten mit dem Titel „Segmented Financial Information“, die Hintergrundinformationen zur Entwicklung von Segmentberichterstattungsvorschriften sowie eine Übersicht der internationalen Segmentberichterstattungsnormen bereitstellte.[214] In den 1990er Jahren überarbeitete der FASB nach vielfacher Kritik an SFAS 14[215] weiterhin die Vorschriften zur Segmentberichterstattung und verabschiedete im Jahr 1997 SFAS 131.[216] Obwohl sich auch das IASC später an diesem Projekt beteiligte,[217] konnten sich die Standardsetter nicht auf ein einheitliches Konzept einigen.[218] Der im Jahr 1997 vom IASC verabschiedete IAS 14 (revised)[219] verfolgt seither ein von SFAS 131 abweichendes Konzept. Auch der deutsche Gesetzgeber konnte sich diesen Entwicklungen nicht entziehen und machte den Segmentbericht mit dem Gesetz zur Kontrolle und Transparenz im Unternehmensbereich (KonTraG) zum Bestandteil des Konzernabschlusses bei börsennotierten Unternehmen.[220] Jedoch wurde die Verpflichtung zur Segmentberichterstattung vom deutschen Gesetzgeber nicht mit Vorschriften zur Ausgestaltung hinterlegt.[221] Stattdessen wurde diese Aufgabe dem Deutschen Standardisierungsrat (DSR) übertragen, welcher im Jahr 1999 den Deutschen Rechnungslegungs Standard (DRS) 3 „Segmentberichterstattung“ verabschiedete.[222] Dieser Standard kombiniert die Konzeptionen von IAS 14 und SFAS 131 und weist darüber hinaus auch eigenständige Berichtselemente auf.[223]

Im Jahr 2002 wurde mit der Verabschiedung der IAS-Verordnung der weitere Weg der Harmonisierung der Rechnungslegung in der Europäischen Union vorgezeichnet. Die Verordnung verpflichtete börsennotierte Unternehmen mit Sitz in der Europäischen Union für Ge-

---

214 Vgl. OECD (1990), S. 7.

215 Zu den Kritikpunkten zählten die Vorschriften zur Segmentabgrenzung, die den Unternehmen einen großen Spielraum ließen, sowie die fehlende Pflicht zur Segmentangaben in der Zwischenberichterstattung. Vgl. Weißenberger/Liekweg (1999), S. 168. Zu weiteren Kritikpunkten vgl. Langenbucher (1999), S. 158–159.

216 Vgl. Haller/Permanschlager (2002), S. 1411. Eine Reihe von im weiteren Verlauf dieser Arbeit erläuterten Untersuchungen befasst sich mit den Auswirkungen der Änderung der Segmentberichterstattungsvorschriften bei Inkrafttreten von SFAS 131. Vgl. hierzu bspw. die Ausführungen in Kapitel 4.2.2.2.

217 Zu den Ursachen vgl. Risse (1995), S. 738.

218 Vgl. Fink/Ulbrich (2007a), S. 31. Mit dem Ziel, die intertemporäre und zwischenbetriebliche Vergleichbarkeit der Segmentberichterstattung zu stärken, wurden im Rahmen der Überarbeitung von IAS 14 insbesondere Gestaltungsspielräume eingeschränkt. Vgl. Haller (2000), S. 763.

219 Vgl. Prather-Kinsey/Meek (2004), S. 216. IAS 14 (revised) wird in der Folge als IAS 14 bezeichnet.

220 Vgl. Middelmann (2001), S. 494.

221 Vgl. Küting/Dürr (2002), S. 985.

222 Vgl. Hahn (2000), S. 672.

223 Vgl. Haller (2000), S. 794.

schäftsjahre, die nach dem 31. Dezember 2004 beginnen, zur Aufstellung von IFRS-Konzernabschlüssen. DRS 3 „Segmentberichterstattung" ist dementsprechend für deutsche kapitalmarktorientierte Unternehmen nicht mehr einschlägig.[224] Im November 2006 veröffentlichte der IASB schließlich IFRS 8, der im Rahmen des kurzfristigen Konvergenzprojekts des IASB mit dem FASB[225] erarbeitet wurde.[226] Diesem Standard liegt nicht mehr die Konzeption des IAS 14 zugrunde, sondern er orientiert sich an der Grundkonzeption des SFAS 131. Die Verabschiedung des Standards führt erstmalig zu einer fast vollständigen Übereinstimmung der Segmentberichtspflichten nach den US-amerikanischen Standards und den IFRS.[227] IFRS 8 ist spätestens für Geschäftsjahre anzuwenden, die am oder nach dem 1. Januar 2009 beginnen. Bis dahin behält IAS 14 weiterhin Gültigkeit, auch wenn es den Unternehmen gestattet ist, IFRS 8 bereits freiwillig für frühere Perioden anzuwenden.[228]

Gegenstand des nachfolgenden Kapitels ist die Ausgestaltung der externen Segmentberichterstattung. Nach Ausführungen zu möglichen Formen der Ausgestaltung der Segmentberichterstattung werden die aktuellen Vorschriften von IASB und FASB zur Segmentberichterstattung (IAS 14 sowie SFAS 131 und IFRS 8) erläutert. Hierdurch soll es gelingen, Alternativen zu den aktuellen Segmentberichterstattungsvorschriften aufzuzeigen sowie eine Beurteilung der umgesetzten Konzepte vorzunehmen.

---

224 Zum Unterschied zwischen börsennotierten und kapitalmarktorientierten Unternehmen vgl. Fn. 127.

225 Zu den Konvergenzbestrebungen zwischen IASB und FASB auf Basis des Norwalk Agreement vgl. ausführlich Berndt/Hommel (2005), S. 408–411.

226 Vgl. Fink/Ulbrich (2007), S. 1; Kajüter/Barth (2007), S. 110.

227 Vgl. Kajüter/Barth (2007a), S. 428; Fink/Ulbrich (2007b), S. 981.

228 Vgl. hierzu auch die Ausführungen in Fn. 5.

3 Ausgestaltung der externen Segmentberichterstattung

3.1 Mögliche Ausgestaltung der Segmentberichterstattung

3.1.1 Anwendungsbereich der Segmentberichterstattungsvorschriften

Obwohl sich Normen zur Segmentberichterstattung im internationalen Vergleich teilweise wesentlich unterscheiden, lassen sich mit Blick auf die in der Literatur diskutierten Fragestellungen mehrere Kriterien identifizieren, die die Ausgestaltung der Segmentberichterstattung bestimmen.[229] Diese werden in der Folge untersucht sowie bei der Darstellung und Beurteilung der aktuellen Segmentberichterstattungsvorschriften von IASB und FASB herangezogen. Zu diesen Kriterien gehören

- der Anwendungsbereich der Segmentberichterstattung,
- die berichtpflichtigen Segmente und
- die Ermittlung der Segmentdaten.

Bei der Konkretisierung des Anwendungsbereichs besteht grundsätzlich die Möglichkeit, alle diversifizierten Unternehmen zur Segmentberichterstattung zu verpflichten. Dieses wäre insbesondere dann zu fordern, wenn eine informationelle Gleichberechtigung von diversifizierten und nicht diversifizierten Unternehmen erreicht werden soll.[230] Da jedoch, wie bereits in Kapitel 2.2 dargestellt, mehrere unterschiedliche Governance-Mechanismen zur Reduzierung von Prinzipal-Agenten-Konflikten[231] existieren und der Segmentberichterstattung dabei bestimmte Aufgaben zukommen, kann es unter Umständen sinnvoll sein, nur anhand einzelner Kriterien ausgewählte diversifizierte Unternehmen, beispielsweise in Abhängigkeit der zugrunde liegenden Corporate Governance-Systeme, zu einer Segmentberichterstattung zu verpflichten.[232] Unter dieser Annahme werden zur weiteren Konkretisierung die Kriterien der Rechtsform, der Börsennotierung und der volkswirtschaftlichen Bedeutung der Unternehmen herangezogen.[233]

Eine Möglichkeit, den Anwendungsbereich der Segmentberichterstattung einzuschränken, besteht darin, ausschließlich Unternehmen einer bestimmten Rechtsform zur Veröffentlichung

[229] Vgl. Pejic (1998), S. 80–81; Alvarez (2004), S. 26; Peskes (2004), S. 165.

[230] Nur so könnte grundsätzlich eine durch die ausschließliche Veröffentlichung aggregierter Informationen bei diversifizierten Unternehmen eintretenden Informationsdefizite beseitigt werden. Vgl. Haase (1993), S. 1783–1784; Böcking (1998), S. 46; Benecke (2000), S. 174; Coenenberg (2005), S. 838–839.

[231] Für eine ausführliche Darstellung der Prinzipal-Agenten-Konflikte vgl. Kapitel 2.1.2.

[232] Im Vergleich zu *Insider*-Systemen, könnte bei gleichem Grad der Diversifizierung in *Outsider*-Systemen, bedingt durch einen grundsätzlich höheren Bedarf an veröffentlichten Unternehmensinformationen, eine höhere Notwendigkeit für segmentierte Informationen bestehen.

[233] Diese Kriterien finden sich u.a. auch bei Benecke (2000), S. 173.

von Segmentinformationen zu verpflichten. Eine solche Vorgehensweise wäre dann zu rechtfertigen, wenn ein unmittelbarer Zusammenhang zwischen Rechtsform und Corporate Governance-System eines Unternehmens besteht oder die Adressaten der externen Unternehmensrechnung in Abhängigkeit der Rechtsform unterschiedliche Informationsinteressen aufweisen. Da eine eindeutige Zuordnung der verschiedenen Rechtsformen zum *Insider*- oder *Outsider*-System nicht möglich ist, können sich unterschiedliche Publizitätspflichten lediglich in Bezug auf den Grad der auftretenden Prinzipal-Agenten-Konflikte ergeben. Während beispielsweise die Gesellschafter einer Personengesellschaft oft selbst mit der Führung der Geschäfte des Unternehmens betraut sind und zudem mit ihrem Privatvermögen haften, sind die beschränkt haftenden Gesellschafter einer Kapitalgesellschaft nur selten mit der Geschäftsführung beauftragt.[234] Insoweit ergibt sich für den Fall der Kapitalgesellschaft durch die Trennung von Eigentum und Verfügungsmacht im Vergleich zur Personengesellschaft in der Regel ein deutlich höheres Interesse an der externen Unternehmensrechnung bzw. einer externen Segmentberichterstattung.[235]

Weiterhin kann der Kreis der zur Segmentberichterstattung verpflichteten Unternehmen über das Kriterium der Börsennotierung definiert werden. Auch bei Anwendung des Kriteriums der Börsennotierung kann eine eindeutige Zuordnung der Unternehmen zu einem Corporate Governance-System nicht erfolgen. Da jedoch mit Blick auf den Anlegerschutz und für Zwecke der Sicherstellung eines funktionsfähigen Kapitalmarkts an die mit Eigen- und/oder Fremdkapitaltiteln notierten Unternehmen generell umfangreichere Publizitätsvorschriften gestellt werden, werden sie aus Publizitätssicht generell als *Outsider*-System behandelt.[236] Hierzu kann beispielsweise die Pflicht zur Veröffentlichung von Ad hoc-Mitteilungen und eine Zwischenberichterstattungspflicht gezählt werden.[237] Deshalb kann die Börsennotierung durchaus als Kriterium zur Definition der zur Segmentberichterstattung verpflichteten Unternehmen herangezogen werden.

Unabhängig von der Rechtsform oder einer etwaigen Börsennotierung kann auch die volkswirtschaftliche Bedeutung von Unternehmen als Kriterium für eine Segmentbericht-

---

234 Ausnahme ist in diesem Zusammenhang die Familien-GmbH.

235 Vgl. Benecke (2000), S. 174.

236 Die Erweiterung dieses potenziellen Anwendungsbereichs auf die kapitalmarktorientierten Unternehmen und damit um die Unternehmen, die eine Börsennotierung anstreben, ist ebenso möglich. Zu den Unterschieden von kapitalmarktorientierten und nicht kapitalmarktorientierten Unternehmen vgl. Ballwieser (2006), S. 24–25.

237 Vgl. Alvarez (2004), S. 28.

erstattungspflicht herangezogen werden. Die Bilanzsumme, die Umsatzerlöse, die Anzahl der Mitarbeiter oder auch die bereits angesprochene Börsennotierung könnten das Kriterium der volkswirtschaftlichen Bedeutung konkretisieren.[238] Der IASB bindet die volkswirtschaftliche Bedeutung hingegen in seinem Projekt „Small and Medium-sized Entities" an das Kriterium der öffentlichen Rechenschaftspflicht (*public accountability*). Kleine und mittelgroße Unternehmen werden im „Exposure Draft of a Proposed IFRS for Small and Medium-sized Entities" in Tz. 1.1 als Unternehmen ohne öffentliche Rechenschaftspflicht definiert. Öffentliche Rechenschaftspflicht liegt nach Ansicht des IASB immer dann vor, wenn die Unternehmen börsennotiert sind, eine Börsennotierung anstreben oder Vermögenswerte für eine größere Anzahl von Unternehmensexternen (beispielsweise Banken oder Versicherungen) treuhänderisch verwalten.[239] Insoweit könnten unter Rückgriff auf den Standardentwurf die Unternehmen zur Veröffentlichung von Segmentinformationen verpflichtet werden, die die Definition der *small and medium-sized entities* nicht erfüllen. Ein auf diese Weise konkretisierter Anwendungsbereich würde das angeführte Kriterium der Börsennotierung erweitern und deshalb einen sinnvollen Ansatz darstellen.[240]

3.1.2 Bestimmung der berichtspflichtigen Segmente

3.1.2.1 Segmentierungskonzeptionen

3.1.2.1.1 Management Approach

Neben dem Anwendungsbereich ist die Bestimmung der berichtspflichtigen Segmente eine weitere Grundlage der Segmentberichterstattung. Die berichtspflichtigen Segmente werden dabei regelmäßig über eine Segmentierungskonzeption, ein Segmentierungskriterium sowie weitere Auswahlkriterien ermittelt. Hinsichtlich der Segmentierungskonzeption wird international zwischen dem *risks and rewards approach* und dem *management approach* differen-

---

[238] Vgl. Benecke (2000), S. 174.

[239] Im Wortlaut bestimmt der Standardentwurf in Tz. 1.2, dass eine „entity has public accountability if: (a) it files, or it is in the process of filing, its financial statements with a securities commission or other regulatory organisation for the purpose of issuing any class of instruments in a public market; or (b) it holds assets in a fiduciary capacity for a broad group of outsiders, such as a bank, insurance entity, securities broker/dealer, pension fund, mutual fund or investment banking entity."

[240] Im Entwurf zu IFRS 8 war der Anwendungsbereich auf diese Art konkretisiert (ED 8.2). In IFRS 8 findet sich jedoch eine andere Definition des Anwendungsbereichs. Vgl. hierzu die Ausführungen in Kapitel 3.2.2.1.

ziert.[241] Sowohl in der wissenschaftlichen Diskussion als auch in der tatsächlichen Normierung der Segmentberichterstattung wird auf diese beiden Konzeptionen zurückgegriffen.

Der *management approach* bindet grundsätzlich die externe an die interne Berichterstattung und bezeichnet die Verwendung von im Rahmen des Controllings für interne Steuerungszwecke bereitgestellten Informationen in der externen Berichterstattung. Obwohl der *management approach* ursprünglich auf die Segmentberichterstattung zurückgeht, finden sich inzwischen im Regelwerk der IFRS und der US-GAAP zahlreiche Schnittstellen zwischen dem Controlling und der externen Berichterstattung, in denen interne Controllinginformationen Unternehmensexternen offengelegt werden (z. B. Neubewertung von Vermögenswerten mit intern ermittelten Wiederbeschaffungswerten und die Ermittlung eines außenplanmäßigen Wertberichtigungsbedarfs beim Goodwill). Informationen die direkt für die externe Berichterstattung generiert werden, ohne dass auf interne Controllinginformationen zurückgegriffen wird, fallen insoweit nicht unter den Begriff des *management approach*.[242]

Wird der *management approach* als Segmentierungskonzeption verwendet, orientiert sich die für Zwecke der externen Segmentberichterstattung vorgenommene Segmentierung dementsprechend grundsätzlich an der internen Organisationsstruktur des Unternehmens.[243] Diese Vorgehensweise wird damit begründet, dass durch den Rückgriff auf die nach Ansicht des Managements angemessene Segmentierung des Unternehmens auch eine für die externe Berichterstattung adäquate Berichtsstruktur vorliegt.[244] So wird argumentiert, dass die externen Adressaten der Segmentberichterstattung beispielsweise an Informationen über die für interne Steuerungszwecke vorgenommene unternehmensinterne Organisation interessiert sind.[245] Der Einblick in die interne Organisation und Steuerungssystematik des Unternehmens gestatte es dem externen Adressaten, die zukünftige Entwicklung des Unternehmens besser abzuschätzen und die Qualität der Organisation besser zu beurteilen.[246]

---

[241] Hierdurch soll insbesondere auch eine missbräuchliche Anwendung der Segmentierungskriterien durch die Unternehmen unterbunden werden. Vgl. hierzu Pejic (1998), S. 97–98.
[242] Vgl. Weißenberger (2007), S. 325.
[243] Vgl. Böcking/Benecke (1998), S. 97; Weißenberger (2007), S. 324.
[244] Vgl. Albrecht/Chipalkatti (1998), S. 49.
[245] Vgl. Haller/Park (1999), S. 60.
[246] Vgl. hierzu stellvertretend Haller/Park (1999), S. 62–63.

Lange Zeit wurde die Segmentierung unter Rückgriff auf die interne Organisationsstruktur des Unternehmens in der Literatur jedoch abgelehnt.[247] Zum einen sei durch den unterschiedlichen organisatorischen Aufbau von Unternehmen eine zwischenbetriebliche Vergleichbarkeit der Segmente nicht zu gewährleisten. Zudem leide auch die interperiodische Vergleichbarkeit der Segmente eines einzelnen Unternehmens, sofern sich organisatorische Änderungen innerhalb des Unternehmens ergäben.[248] Überdies würden die Organisationseinheiten des Unternehmens nicht zwangsläufig die Produkt- und Dienstleistungsgruppen oder die geografischen Regionen widerspiegeln, die die Geschäftstätigkeit des Unternehmens bestimmen.[249] Stattdessen sei die Organisation eines Unternehmens oft auf das vergangene Unternehmenswachstum und das Management des Unternehmens zurückzuführen.[250] In letzter Zeit werden im Gegensatz dazu eher die möglichen Vorteile einer Segmentierung auf Basis der internen Organisationsstruktur hervorgehoben.[251] So bestehe bei der Übertragung der internen Organisationsstruktur auf die externe Segmentberichterstattung die Möglichkeit, eine Konvergenz von externer und interner Unternehmensrechnung herzustellen.[252] Hierdurch soll es unter anderem gelingen, die Segmentberichte schneller, effizienter und mit einer höheren Qualität zu erstellen.

Jedoch kann auch durch den *management approach* in der Praxis nicht immer eine Konvergenz von interner und externer Segmentierung sichergestellt werden, wenn beispielsweise die interne Organisationsstruktur nicht für Zwecke der externen Segmentberichterstattung herangezogen werden kann. So ist es grundsätzlich möglich, dass den Unternehmen zusätzlich zum *management approach* verpflichtend anzuwendende Segmentierungskriterien vorgegeben werden, die sich von den für interne Zwecke angewendeten Segmentierungskriterien unterscheiden.[253] In einem solchen Fall ist jedoch zu erwarten, dass sich die Unternehmen bei der unternehmensinternen Abgrenzung der Segmente an den verpflichtend anzuwendenden Segmentierungskriterien orientieren. Durch die Kombination von Segmentierungskriterium und

247 Vgl. exemplarisch Mautz (1967), S. 60 und Haase (1968), S. 337.
248 Vgl. Mautz (1967), S. 60.
249 Vgl. Emmanuel/Gray (1978), S. 171; OECD (1990), S. 24.
250 Vgl. Mautz (1967), S. 60; Haase (1974), S. 81; Boersema/Van Weelden (1992), S. 137.
251 Vgl. Benecke (2000), S. 176.
252 Zu den möglichen Vorteilen einer Konvergenz von interner und externer Unternehmensrechnung vgl. die Ausführungen in Kapitel 5.1.3.
253 Zusätzliche Kosten könnten sich bspw. bei Anwendung des *management approach* ergeben, wenn ein Unternehmen intern nach Kunden bzw. Lieferanten segmentiert, jedoch für die externe Segmentberichterstattung eine Segmentierung nach Produkten und Dienstleistungen verpflichtend wäre.

management approach können sich insoweit Auswirkungen auf die unternehmensinterne Segmentierung ergeben.[254]

3.1.2.1.2 Risks and Rewards Approach

Im Unterschied zum *management approach* sind nach dem *risks and rewards approach* unabhängig von der internen Organisationsstruktur die Risiken und Chancen der verschiedenen Tätigkeitsbereiche eines Unternehmens der Maßstab zur Abgrenzung der Segmente. Die Segmente eines Unternehmens sind so zu bilden, dass sie segmentintern eine homogene sowie gegenüber anderen Segmenten eine heterogene Risiko- und Chancenstruktur aufweisen.[255] Insoweit stellt eine nach dem *risks and rewards approach* vorgenommene Segmentierung eine Segmenthomogenität in Bezug auf die Risiken und Chancen sicher und kann dadurch wesentliche Informationen zu den unterschiedlichen Risiken und Chancen bereitstellen, denen die einzelnen Tätigkeitsbereiche des Unternehmens ausgesetzt sind.[256]

Es ist jedoch zu erwarten, dass über den *risks and rewards approach* und damit über eine Abgrenzung der Segmente auf Basis homogener Risiken und Chancen hinaus die Segmenthomogenität zwingende Voraussetzung ist, damit eine Segmentberichterstattung zusätzliche Informationen bereitstellen kann.[257] Sie ist grundsätzlich immer dann gewährleistet, wenn die Segmente in Bezug auf bestimmte Merkmale in sich homogen und gegenüber anderen Segmenten heterogen sind.[258] Nur durch homogene Segmente kann es gelingen, Informationen über die aggregierte Berichterstattung hinaus zu vermitteln.[259]

---

[254] Über die Segmentierung hinaus kann der *management approach* auch auf weitere Aspekte der Segmentberichterstattung (bspw. im Rahmen der Ermittlung der Segmentdaten) ausgeweitet werden. Folglich kann bei einer umfassenden Anwendung des *management approach* eine fast vollständige Übereinstimmung von externer und interner Segmentberichterstattung erreicht werden. Dementsprechend kommt nicht nur der Segmentierung anhand der internen Organisationsstruktur im Rahmen der Diskussion um eine Harmonisierung der externen und der internen Unternehmensrechnung eine wesentliche Bedeutung zu. Vgl. hierzu die Ausführungen in Kapitel 3.1.3.1.1.

[255] Vgl. auch Haller/Park (1994a), S. 510–511; Pejic (1998), S. 100.

[256] Vgl. Alvarez (2004), S. 45.

[257] Es ist zu erwarten, dass Daten von heterogenen Segmenten gegenüber aggregierten Daten regelmäßig nur unwesentlich mehr Informationen vermitteln.

[258] Vgl. Haller/Park (1994a), S. 510–511.

[259] Nach Ansicht von HAAKER/PAARZ müssen die Segmente so gebildet werden, dass sie einen externen Absatzmarkt aufweisen und weitgehend unabhängig von anderen Segmenten sind. Vgl. Haaker/Paarz (2005), S. 196.

In der Literatur wird der Grundsatz der Segmenthomogenität jedoch regelmäßig auf die Risiken und Chancen bezogen. Insoweit ist der Grundsatz der Segmenthomogenität oftmals, wie bereits erläutert, fest mit der Segmentierungskonzeption des *risks and rewards approach* verbunden. Jedoch orientiert sich auch die interne Organisationsstruktur eines Unternehmens oft an den mit den einzelnen Tätigkeitsbereichen verknüpften Risiken und Chancen. Deshalb kann davon ausgegangen werden, dass selbst bei Anwendung der Segmentierungskonzeption des *management approach* in der Regel Segmente ausgewiesen werden, die dem Grundsatz der Segmenthomogenität im Sinne homogener Risiken und Chancen gerecht werden. Ist das Unternehmen intern nach den Risiken und Chancen der unterschiedlichen Tätigkeitsbereiche organisiert, führen der *risks and rewards approach* und der *management approach* zu einer identischen Abgrenzung der Segmente.[260]

3.1.2.2 Segmentierungskriterien

3.1.2.2.1 Sektorale Segmentierung

Um die übergeordneten Segmentierungskonzeptionen zu konkretisieren, kommen regelmäßig verschiedene Segmentierungskriterien zum Einsatz. In der wissenschaftlichen Literatur werden insbesondere die folgenden Segmentierungskriterien diskutiert:[261]

- die sektorale Segmentierung anhand von Produkten und Dienstleistungen, Produkt- und Dienstleistungsgruppen oder Branchen,
- die regionale Segmentierung anhand von geografischen Regionen oder Märkten,
- die kunden- bzw. lieferantenbezogene Segmentierung und
- die Segmentierung auf Basis der rechtlichen Einheiten.

Im Rahmen einer sektoralen Segmentierung kann die Aufgliederung des Unternehmens nach einzelnen Produkten und Dienstleistungen, nach Produkt- und Dienstleistungsgruppen (Zusammenfassung mehrerer Produkte und Dienstleistungen) oder nach Branchen erfolgen.[262] Unabhängig vom Grad der Zusammenfassung zeigt eine sektorale Segmentierung die ver-

---

[260] Vgl. Pejic (1998), S. 100–101.

[261] Vgl. hierzu u.a. Haase (1968), S. 336; Haase (1974), S. 74; OECD (1990), S. 23; Pacter (1993), S. 203; Benecke (2000), S. 175–176. Als weiteres Segmentierungskriterium wird vereinzelt noch die staatlich regulierte Segmentierung genannt. Wegen der geringen Relevanz dieser Art der Segmentierung wird im Rahmen dieser Arbeit jedoch auf eine Darstellung verzichtet. Vgl. hierzu Pejic (1998), S. 96–97 m.w.N.

[262] Vgl. Bernards (1994), S. 95.

schiedenen Aktivitäten des Unternehmens.[263] Die Segmentierung nach einzelnen Produkten und Dienstleistungen könnte bei einer sektoralen Segmentierung dann vorteilhaft sein, wenn die einzelnen Produkte und Dienstleistungen unterschiedlichen marktbezogenen Risiken und Chancen ausgesetzt sind. Als Kriterium könnten in diesem Zusammenhang unterschiedliche Absatzmärkte oder Verwendungsmöglichkeiten für die Produkte und Dienstleistungen dienen.[264] In der Regel dürfte jedoch eine solche Segmentierung bei einem umfangreichen Produkt- und Dienstleistungsprogramm zu einer sehr ausgedehnten und damit unübersichtlichen Berichterstattung führen.[265]

Die Anzahl der Segmente lässt sich aber dadurch reduzieren, dass mehrere Produkte und Dienstleistungen zu Produkt- bzw. Dienstleistungsgruppen zusammengefasst werden. Diese Art der Segmentierung bietet sich an, wenn durch die Zusammenfassung von Produkten und Dienstleistungen Segmente mit homogener Risiko- und Chancenstruktur gebildet werden können, die nur wenig an Aussagekraft im Vergleich zur Segmentierung nach einzelnen Produkten bzw. Dienstleistungen verlieren.[266] Wird eine solche Gruppierung branchenbezogen durchgeführt, kann auf gültige Wirtschaftszweigklassifikationen zurückgegriffen werden. Durch die im Vergleich zur Produkt- bzw. Dienstleistungsdefinition weitaus umfassendere Definition der Branche bereitet die Abgrenzung der Segmente und die Allokation der Daten auf die Segmente weniger Schwierigkeiten.[267] Wird auf die amtlichen, für statistische Zwecke entwickelten Wirtschaftszweigklassifikationen zurückgegriffen, ist es regelmäßig geboten, unternehmensspezifische Anpassungen der branchenbezogenen Segmentierung vorzunehmen, um diese für die Anwendung in der Unternehmensrechnung zu modifizieren. Durch die Anpassungen sollte sichergestellt sein, dass verwandte Produkte bzw. Dienstleistungen auch der gleichen Produkt- bzw. Dienstleistungsgruppe zugeordnet werden, selbst wenn die Wirtschaftszweigklassifikationen eine andere Segmentierung vorsehen würden.[268]

Sofern eine sektorale Segmentierung erfolgen soll, ist generell eine Zusammenfassung von Produkten und Dienstleitungen zu Produkt- und Dienstleistungsgruppen vorzunehmen, die

[263] Vgl. Haller (2000), S. 770.
[264] Vgl. Bernards (1994), S. 95.
[265] Vgl. Pejic (1998), S. 83 und Alvarez (2004), S. 36.
[266] Vgl. Husmann (1997), S. 352. Nach Ansicht von MAUTZ ist die Bildung von Produktgruppen häufig mit Schwierigkeiten verbunden, da sich einzelne Produktgruppen regelmäßig unklar voneinander abgrenzen lassen und damit eine eindeutige Zuordnung von Produkten nicht möglich ist. Vgl. Mautz (1967), S. 53; Haase (1968), S. 336; Haase (1974), S. 74.
[267] Vgl. Mautz (1967), S. 57; Haase (1968), S. 336; Emmanuel/Gray (1978), S. 170.
[268] Vgl. Mautz (1967), S. 54, 57.

sicherstellt, dass die Produkte und Dienstleistungen eines Segments homogene Risiken und Chancen aufweisen. Nur durch in Bezug auf die Risiken und Chancen homogene Segmente kann die Segmentberichterstattung den Informationsdefiziten der aggregierten Daten entgegenwirken. Ob dies eher über eine branchenunabhängige Gruppierung von Produkten und Dienstleistungen oder über eine branchenbezogene Segmentierung zu erreichen ist, kann nicht allgemeingültig beantwortet werden.[269]

3.1.2.2.2 Regionale Segmentierung

Durch eine regionale Segmentierung der Geschäftstätigkeit werden die Tätigkeitsbereiche eines Unternehmens räumlich in Bezug auf geografische Regionen oder Länder voneinander abgegrenzt.[270] Da sich die politischen, wirtschaftlichen und gesellschaftlichen Rahmenbedingungen in verschiedenen geografischen Regionen bzw. Ländern teilweise wesentlich unterscheiden, ergeben sich für international operierende Unternehmen hieraus unterschiedliche regionsspezifische Risiken und Chancen (beispielsweise politische Stabilität, Währungsschwankungen, Lohnniveau, Wirtschaftswachstum, Konsumverhalten).[271] Durch eine regionale Gruppierung können in Bezug auf diese Risiken und Chancen in sich homogene Segmente gebildet werden.[272] Eine solche regionale Segmentierung kann zum einen aus Kostensicht und zwar in Abhängigkeit von den Produktions- oder Leistungserstellungsstandorten durchgeführt werden.[273] Zum anderen bietet sich Unternehmen die Möglichkeit, auf der Grundlage der Beschaffungsmärkte zu segmentieren. Darüber hinaus ist denkbar, aus Erlös-

[269] Nach Ansicht von EMMANUEL/GRAY führen die Segmentierung nach Produkt- bzw. Dienstleistungsgruppen und die Segmentierung nach Branchen grundsätzlich zu übereinstimmenden Segmenten, da die Branchendefinitionen auf der Aggregation verwandter Produkte und Dienstleistungen basieren. Vgl. Emmanuel/Gray (1978), S. 170; Pejic (1998), S. 84–85.

[270] Vgl. Haase (1968), S. 337; Bernards (1994), S. 95. Neben der Segmentierung nach Ländern oder nach Ländergruppen ist auch eine Segmentierung innerhalb einzelner Länder nach verschiedenen Regionen denkbar. Während BAUMANN von homogenen wirtschaftlichen Rahmenbedingungen innerhalb einzelner Länder ausgeht und deshalb die Segmentierung nach Regionen ablehnt, befürwortet MAUTZ eine solche Segmentierung, wenn innerhalb der Regionen unterschiedliche Aktivitäten ausgeübt werden. Vgl. hierzu Mautz (1967), S. 58; Baumann (1987), S. 13.

[271] Vgl. Haller (2000), S. 770.

[272] Vgl. Baumann (1987), S. 13.

[273] Vgl. Haller (2000), S. 770.

sicht die geografischen Regionen oder Länder zu gruppieren, die zusammengenommen in sich homogene geografische Absatzmärkte bilden.[274]

Während bei einer produktionsorientierten Segmentierung generell alle wirtschaftlichen Größen den regionalen Segmenten eindeutig zugeordnet werden können, kann bei der absatzmarktorientierten Segmentierung eine eindeutige Zuordnung in der Regel lediglich für den Umsatz erfolgen. Alle anderen wirtschaftlichen Größen müssen regelmäßig über Verteilungsschlüssel den absatzmarktorientierten Segmenten zugerechnet werden.[275] Durch die eindeutige Zuordnung des Anlagevermögens und des Personals auf die einzelnen Segmente, kann bei einer produktionsorientierten Segmentierung die Investitionsstrategie des Unternehmens hingegen beobachtet werden, indem beispielsweise die Verlagerung von Produktionskapazitäten interperiodisch deutlich wird.[276] Darüber hinaus können die Produktionsrisiken (beispielsweise Beschränkungen von Import und Export, Währungsrisiken, soziale Unruhen) bei einer Segmentierung nach den Produktions- oder Leistungserstellungsstandorten besser eingeschätzt werden.[277]

Neben der produktionsorientierten Aufgliederung des Unternehmens ist zudem denkbar, das Unternehmen gemäß seinen Beschaffungsmärkten zu segmentieren, um hierdurch die Beschaffungsmarktrisiken (z.B. Gefahr von Preissteigerungen, Währungsrisiken und physische Erschöpfung von Rohstoffen) aufzuzeigen.[278] Eine solche Definition regionaler Segmente würde sich jedoch lediglich bei material- bzw. rohstoffintensiven Branchen anbieten und ist deshalb nicht als allgemeines Segmentierungskriterium zu empfehlen.[279]

---

[274] Vgl. Baumann (1987), S. 13. Neben dem Sitz des Abnehmers kann der Absatzmarkt auch über den Ort der Übertragung der Verfügungsmacht oder den Ort der Verwendung des Produkts definiert werden. Eine Segmentierung nach dem Ort der Übertragung der Verfügungsmacht spiegelt jedoch regelmäßig nicht die dem Absatzgeschäft zugrunde liegenden Risiken wider. Auch bei einer Definition über den Ort der Verwendung des Produkts ergeben sich bei mobilen Produkten und aus dem nicht vorhandenen Einblick in die tatsächliche Verwendung durch den Käufer Probleme bei der Bildung von Segmenten. Vgl. Bernards (1994), S. 104–105.

[275] Vgl. Baumann (1987), S. 14.

[276] Vgl. Pejic (1998), S. 87. Es konnte zudem eine verbesserte Prognosegenauigkeit in Bezug auf die Gesamtunternehmensgewinne nachgewiesen werden, wenn die nach Produktions- oder Leistungserstellungsstandorten segmentierten Daten mit unternehmensexternen Informationen über volkswirtschaftliche Entwicklungen kombiniert wurden. Vgl. hierzu Balakrishnan/Harris/Sen (1990), S. 320. Zum Entscheidungsnutzen von für Prognosen geeigneten Informationen vgl. Kapitel 4.2.2.1.

[277] Vgl. Bernards (1994), S. 108.

[278] Vgl. Bernards (1994), S. 101.

[279] Ähnlich Pejic (1998), S. 88.

Im Gegenzug verdeutlicht eine absatzmarktorientierte Segmentierung die potenziellen, regional verschiedenen Absatzmarktrisiken, denen ein Unternehmen ausgesetzt ist.[280] Diese regional unterschiedlichen Absatzmarktrisiken und -chancen können beispielsweise aus dem Nachfrageverhalten der Abnehmer, dem Wettbewerbsumfeld, Marktzutrittsbarrieren oder dem politischen Umfeld resultieren.[281] Die Kenntnis der absatzmarktbezogenen Risiken und Chancen kann zusammen mit den Informationen über die Umsatzanteile gegebenenfalls eine Verbesserung der Unternehmensprognosen ermöglichen.[282]

Zusammenfassend kann festgehalten werden, dass analog der sektoralen Segmentierung eine Segmenthomogenität auch bei der regionalen Segmentierung sichergestellt werden sollte. Eine allgemeingültige Aussage hinsichtlich der Vorteilhaftigkeit einer produktions- oder absatzmarktorientierten Segmentierung kann nicht unternehmensübergreifend sondern muss unternehmensspezifisch erfolgen. Von der Vorteilhaftigkeit einer Segmentierung auf der Grundlage der Beschaffungsmärkte kann in der Regel nicht ausgegangen werden.

3.1.2.2.3 Kunden- bzw. lieferantenbezogene Segmentierung

Generell bestehen auch im Rahmen der kunden- bzw. lieferantenbezogenen Segmentierung mehrere Möglichkeiten, die Segmente zu definieren.[283] Zum einen können bestimmte Kunden- bzw. Lieferanteneigenschaften wie beispielsweise die Größe als Kriterium herangezogen werden. Weiterhin lassen sich Segmente auch nach öffentlicher Hand, Industrie und Privatabnehmer differenzieren.[284] Zudem besteht ein weiteres mögliches Kriterium der kunden- bzw. lieferantenbezogenen Segmentierung darin, die Segmente nach dem geografischen Standort der Kunden bzw. Lieferanten zu definieren. Diese Art der Segmentdefinition ist jedoch, wie bereits dargestellt, eher der regionalen Segmentierung zuzuordnen.[285]

Insbesondere bei Unternehmen, die einem starken Wettbewerbsdruck ausgesetzt sind und sich daher mit ihrer Geschäftstätigkeit stark an den Kundenbedürfnissen orientieren müssen, kann eine kunden- bzw. lieferantenbezogene Segmentierung durchaus Vorteile bieten, indem Ab-

---

[280] Vgl. Pejic (1998), S. 87.
[281] Vgl. Baumann (1987), S. 3; Bernards (1994), S. 103.
[282] Vgl. Pejic (1998), S. 87–88.
[283] Vgl. Mautz (1967), S. 57.
[284] Vgl. Bernards (1994), S. 98.
[285] So auch Alvarez (2004), S. 41.

hängigkeiten von Kunden und Lieferanten ersichtlich werden.[286] Diese Art der Segmentierung bietet sich folglich immer dann an, wenn die Risiken und Chancen eines Unternehmens im Wesentlichen von den Eigenschaften der Kunden bzw. Lieferanten abhängen.[287]

Wohingegen die Kenntnis um die Abhängigkeiten einen Nutzen für die externen Adressaten der Segmentberichterstattung aufweisen kann, ist zu erwarten, dass eine Pflicht zur Segmentierung nach Kunden bzw. Lieferanten bei den Unternehmen auf Ablehnung stoßen würde. Denn für die Unternehmen könnten sich hohe indirekte Kosten[288] ergeben, wenn durch die kunden- bzw. lieferantenbezogene Segmentierung die relative Bedeutung einzelner Kunden bzw. Lieferanten ersichtlich würde. Erkennbare Abhängigkeiten des Unternehmens von einzelnen Kunden könnten von diesen dazu genutzt werden, Preisminderungen durchzusetzen. Zudem könnten deutlich ersichtliche Lieferabhängigkeiten einzelne Lieferanten zu Preiserhöhungen ermutigen.[289]

Im Ergebnis kann eine Segmentierung nach Kunden bzw. Lieferanten für die Adressaten zwar Informationen bereitstellen, die sie bei der Beurteilung der Chancen und Risiken der Unternehmen unterstützen und damit im Zusammenhang mit den Aufgaben der Segmentberichterstattung zweckmäßig sind. Bedingt durch potenzielle hohe indirekte Kosten der Informationsveröffentlichung ist eine derartige Segmentierung jedoch wohl in der Praxis nicht durchzusetzen.[290]

3.1.2.2.4 Segmentierung auf Basis der rechtlichen Einheiten

Wird eine Segmentberichterstattung im Konzernabschluss auf der Basis der rechtlichen Einheiten veröffentlicht, dann wird die für Zwecke des Konzernabschlusses durchgeführte Konsolidierung in ihren Grundzügen wieder rückgängig gemacht.[291] Diese Art der Aufgliederung des Unternehmens stellt jedoch nur in dem Fall in sich homogene Segmente sicher, wenn die einzelnen rechtlichen Einheiten Tätigkeitsfelder mit gleichartigen Risiken und Chancen auf-

---

286 Vgl. Haller (2000), S. 770.
287 Vgl. Bernards (1994), S. 99.
288 Vgl. hierzu ausführlich Kapitel 2.4.2.
289 Vgl. Pejic (1998), S. 92. Diesem Problem könnte über die Bildung von Kunden- bzw. Lieferantengruppen begegnet werden. Vgl. Alvarez (2004), S. 42.
290 Vgl. Pejic (1998), S. 92.
291 Vgl. Haller (2000), S. 770–771.

weisen. Das ist insbesondere dann gewährleistet, wenn die einzelnen rechtlichen Einheiten jeweils nur in einem spezifischen Tätigkeitsbereich agieren oder einer spezifischen geografischen Region zugeordnet werden können.[292] Eine Übereinstimmung von operativer Struktur und rechtlicher Einheit ist jedoch in der Praxis nur selten zu erwarten.[293]

Eine Segmentierung nach den rechtlichen Einheiten des Unternehmens hat den Vorteil, dass den Adressaten Informationen über die Unternehmensteile zur Verfügung gestellt werden, gegenüber denen ihnen rechtliche Ansprüche zustehen.[294] Darüber hinaus können Probleme bei der Abgrenzung der Segmente weitgehend ausgeschlossen werden.[295] Im Wesentlichen werden in der Literatur jedoch die Nachteile einer rechtlichen Segmentierung betont. In diesem Zusammenhang wird beispielsweise angeführt, dass eine Segmentierung nach den rechtlichen Einheiten die Unternehmensgeschichte und steuerliche Überlegungen reflektiere, ohne dass hierdurch Einblicke in die operative Struktur des Unternehmens gewährt würden.[296]

Es muss daher davon ausgegangen werden, dass eine Segmentberichterstattung auf Basis der juristischen Einheiten des Unternehmens im Vergleich zur gesonderten Veröffentlichung der in den Konzernabschluss einbezogenen Einzelabschlüsse dem externen Adressaten keine wesentlichen zusätzlichen Informationen bereitstellt.[297] Zudem ist eine Übereinstimmung von rechtlicher und organisatorischer Unternehmensstruktur regelmäßig nicht zu erwarten. Eine Segmentberichterstattung auf Basis der juristischen Einheiten wird deshalb nur selten zu einer hinsichtlich den Risiken und Chancen der Tätigkeitsfelder homogenen Segmentierung führen.[298]

---

[292] Vgl. Haller (2000), S. 770.

[293] Vgl. Möckli (1996), S. 44.

[294] Vgl. AICPA (1994), S. 22; Pejic (1998), S. 93. Insbesondere Fremdkapitalgeber sind an einer anhand von rechtlichen Einheiten vorgenommen Segmentierung des Unternehmens interessiert. Vgl. hierzu AICPA (1994), S. 20. Jedoch führen BOERSEMA/VAN WEELDEN aus, dass die von Fremdkapitalgebern gewünschten Informationen durch die Veröffentlichung von Einzelabschlüssen bereitgestellt werden können. Vgl. Boersema/Van Weelden (1992), S. 135.

[295] Vgl. Haase (1968), S. 337; Haase (1974), S. 78.

[296] Vgl. hierzu mit weiteren Kritikpunkten Mautz (1967), S. 57; OECD (1990), S. 12–13; Pejic (1998), S. 94.

[297] PEJIC führt an, dass dieses Segmentierungskriterium deshalb insbesondere in Ländern diskutiert wird, in denen bei Veröffentlichung eines Konzernabschlusses keine zusätzliche Pflicht zur Veröffentlichung der einbezogenen Einzelabschlüsse besteht. Vgl. Pejic (1998), S. 93.

[298] So auch Alvarez (2004), S. 43.

3.1.2.3 Auswahl berichtspflichtiger Segmente

Im Anschluss an die Ermittlung ausweisfähiger Segmente unter Anwendung von Segmentierungskonzeptionen und Segmentierungskriterien gilt es die Anzahl der auszuweisenden Segmentierungsdimensionen zu konkretisieren. Hierbei kann selbstverständlich immer von der Anforderung der Veröffentlichung mindestens einer Segmentierungsdimension (z.B. sektoral oder regional abgegrenzte Segmente) ausgegangen werden. Zudem besteht natürlich die Möglichkeit, die Veröffentlichung von Informationen zu mehreren Segmentierungsdimensionen (z.B. sektoral und regional abgegrenzte Segmente) zu verlangen.[299]

Sind die unter Anwendung eines Segmentierungskriteriums und einer Segmentierungskonzeption ausweisfähigen Segmente identifiziert, gilt es für jede auszuweisende Segmentierungsdimension die Segmente auszuwählen, die unter Berücksichtigung der Informationsinteressen der externen Adressaten der Segmentberichterstattung ausgewiesen werden sollten. Hierbei sind durch Anwendung des Grundsatzes der Segmentwesentlichkeit die auszuweisenden Segmente auf eine vertretbare Anzahl zu reduzieren,[300] um dem externen Adressaten der Segmentberichterstattung wesentliche Informationen zur Verfügung zu stellen.[301] Gerade bei stark diversifizierten Unternehmen würde sonst eine große Anzahl von Segmenten ausgewiesen, die sich aus der uneingeschränkten Anwendung eines Segmentierungskriteriums und einer Segmentierungskonzeption ergeben würde. Die Bestimmung der Wesentlichkeit von Segmenten kann zum einen dem Management des Unternehmens überlassen werden. Zum anderen können bestimmte Wesentlichkeitsgrenzen (*materiality thresholds*) vorgegeben werden, um die Anzahl der auszuweisenden Segmente einzuschränken.[302] Diese Wesentlichkeitsgrenzen können auf relativen oder absoluten Schwellenwerten basieren.[303]

---

[299] Bei mehreren zu veröffentlichenden Segmentierungsdimensionen bietet sich darüber hinaus die Möglichkeit an, den Offenlegungsumfang zwischen den verschiedenen Segmentierungsdimensionen zu differenzieren. Hierbei wird die Dimension mit dem höchsten Offenlegungsumfang regelmäßig als primäre und die darauf folgende als sekundäre Segmentierungsebene bezeichnet. Vgl. Alvarez (2004), S. 66. Der Ausweis von zwei Segmentierungskonzeptionen wird u.a. von IAS 14 gefordert. Vgl. hierzu die Ausführungen in Kapitel 3.2.1.2.2.

[300] PEJIC führt an, dass allgemein von Seiten der Normsetzer und der Abschlussersteller ein Ausweis von nicht mehr als zehn Segmenten empfohlen wird, um die Adressaten nicht mit Informationen zu überfrachten. Vgl. hierzu Pejic (1998), S. 101. Andere sprechen in diesem Zusammenhang von einem *information overload*, der vermieden werden soll. Vgl. Benecke (2000), S. 175; Haller (2000), S. 771. Aus theoretischer Sicht ist jedoch die gezielte Intransparenz ein stärkeres Argument.

[301] Vgl. Haller/Park (1994a), S. 510–511.

[302] Als Bezugsgrößen der Ermittlung der Wesentlichkeitsgrenzen werden insbesondere Segmentumsatz, Segmentergebnis und Segmentvermögen verwendet. Vgl. Pejic (1998), S. 102–103.

[303] Zur Beurteilung der Segmentwesentlichkeit erscheinen die relativen gegenüber den absoluten Schwellenwerten vorziehenswürdig. Vgl. Pejic (1998), S. 102.

3.1.3 Ermittlung der Segmentdaten

3.1.3.1 Konzeptionen der Segmentdatenermittlung

3.1.3.1.1 Management Approach

Neben der Ermittlung der auszuweisenden Segmente ist die Ermittlung der Segmentdaten wesentlich für die Ausgestaltung der Segmentberichterstattung. Hierbei werden verschiedene Arten der Segmentdatenermittlung unterschieden. Ähnlich der Vorgehensweise bei der Bestimmung der berichtspflichtigen Segmente sind auch bei der Ermittlung der Segmentdaten mehrere Aspekte zu berücksichtigen. Neben der Auswahl der zu segmentierenden Objekte kommt der anzuwendenden Konzeption der Segmentdatenermittlung eine wesentliche Bedeutung zu. Wie auch bei den Segmentierungskonzeptionen gehören zu den Konzeptionen der Segmentdatenermittlung insbesondere der *management approach* und der risks and rewards approach,[304] die in der Folge einzeln analysiert werden.

Wie bereits in Kapitel 3.1.2.1 angesprochen, kann der *management approach* nicht nur als Segmentierungskonzeption zur Anwendung kommen, sondern auch auf weitere Elemente der Segmentberichterstattung, beispielsweise auf die Ermittlung der Segmentdaten, übertragen werden. In diesem Fall werden die für die unternehmensinternen Zwecke der Verhaltenssteuerung ermittelten Daten in die externe Segmentberichterstattung übertragen.[305] Die intern ermittelten Daten sind selbst dann zu verwenden, wenn sie nicht mit den grundsätzlich anzuwendenen externen Bilanzierungsvorschriften übereinstimmen.[306] Insoweit ist der *management approach* eine Konzeption der Segmentdatenermittlung, die sich auf das Verhältnis zwischen der externen und der internen Segmentberichterstattung bezieht.

Insbesondere in der jüngeren Vergangenheit wurde vermehrt die Ansicht geäußert, dass die Informationen, die unternehmensintern zur Verhaltenssteuerung verwendet werden, auch für den Adressaten entscheidungsnützlich sind.[307] Daher wurde gefordert, die für unternehmens-

---

304 Vgl. OECD (1990), S. 18–19; Benecke (2000), S. 178–179.

305 Vgl. Weißenberger/AKCI (2006), S. 614.

306 Weißenberger führt in diesem Zusammenhang die Einbeziehung kalkulatorischer Kosten in das Segmentergebnis an. Vgl. Weißenberger (2007), S. 324.

307 Vgl. Husmann (1998), S. 820; Hahn (2000), S. 690; Rückle/Karst/Bietz (2004), S. 110; Kajüter/Barth (2007), S. 115. ALVAREZ führt zudem aus, dass unter „dem Gesichtspunkt der Konvergenz von internem und externem Rechnungswesen [...] der *management approach* als zukunftsweisend für die Rechnungslegung anzusehen" ist. Alvarez (2004), S. 58 (Hervorhebung auch im Original).

interne Zwecke gebildeten Segmente und generierten Segmentdaten, „auf deren Basis das oberste Management Entscheidungen trifft und das Unternehmen führt“[308], auf die externe Segmentberichterstattung zu übertragen.[309] Jedoch sind durchaus Vorbehalte hinsichtlich dieser weitreichenden Anwendung des *management approach* angebracht.[310] Wird der *management approach* über die Segmentierung hinaus auch bei der Ermittlung der Segmentdaten genutzt, werden die für Zwecke der internen Verhaltenssteuerung ermittelten Daten in die externe Segmentberichterstattung übertragen. Deshalb müssten unternehmensinterne Informationen, die für Zwecke der Verhaltenssteuerung geeignet sind und verwendet werden,[311] auch den externen Adressaten der Segmentberichterstattung einen Entscheidungsnutzen bieten.

3.1.3.1.2 Risks and Rewards Approach

Im Unterschied zum *management approach*, nach dem die Segmentdaten strikt auf der internen Berichterstattung basieren, stellt der *risks and rewards approach* bei der Ermittlung der Segmentdaten auf die externen Rechnungslegungsgrundsätze ab. Die Segmentdaten sind unter Anwendung der generellen Rechnungslegungsvorschriften wie alle anderen Daten der externen Rechnungslegung zu ermitteln. Entsprechend der wirtschaftlichen Betrachtungsweise sollen auch die Segmentdaten als Bestandteil der gesamten externen Unternehmensberichterstattung die Risiken und Chancen widerspiegeln, die den Handlungsalternativen und damit der Entscheidungsfindung zugrunde liegen.[312]

3.1.3.1.3 Autonomous Entity Approach

Weder der *management approach* noch der *risks and rewards approach* stellen vollständig eigenständige Konzeptionen der Segmentdatenermittlung dar. Denn unternehmensintern sind entsprechend dem Grad der Unabhängigkeit der einzelnen Segmente von der Konzernmutter

---

[308] Haller (2000), S. 768.

[309] Vgl., Husmann (1998), S. 820. Dieses wird inbesondere auch von den aktuell gültigen Normen zur Segmentberichterstattung des IASB und des FASB verlangt. Vgl. hierzu die Ausführungen in Kapitel 3.2.2.3.1.

[310] Zu möglichen Problemen der Anwendung des *management approach* vgl. Weißenberger/Maier (2006), S. 2082–2083; Klatte (2006), S. 324.

[311] Da der mögliche Harmonisierungsbereich von interner und externer Unternehmensrechnung, wie in Kapitel 2.3.2.1 bereits erläutert, die externen Rechnungen zur Bereitstellung von entscheidungsnützlichen Informationen und die internen Rechnungen zur Verhaltenssteuerung betrifft, wird die Entscheidungsunterstützungsfunktion der internen Unternehmensrechnung in dieser Arbeit nicht weiter behandelt.

[312] Vgl. Weißenberger (2007), S. 323.

entweder der *disaggregation approach* oder der *autonomous entity approach* der Ermittlung der Segmentdaten zugrunde zu legen.

Im Unterschied zum *management approach* und zum *risks and rewards approach*, die auf das Verhältnis zwischen internen und externen Daten abzielt, konkretisieren der Ansatz autonomer Einheiten (*autonomous entity approach*) und der Disaggregationsansatz (*disaggregation approach*) den Zusammenhang zwischen aggregierten und segmentierten Daten[313] und bestimmen damit den Rahmen für die Generierung der Segmentdaten sowie für die spätere Interpretation der ausgewiesenen Segmentinformationen.[314] Liegt nur ein geringer Verflechtungsgrad der einzelnen Segmente des Unternehmens vor, dann führen der *autonomous entity approach* und der *disaggregation approach* zu einer ähnlichen Segmentberichterstattung.[315] Während diese Konkretisierung unter dem *management approach* sowohl nach dem *disaggregation approach* als auch nach dem *autonomous entity approach* erfolgen kann, da die Segmentdaten unter dem *management approach* nicht auf der Basis der externen Bilanzierungsvorschriften zu ermitteln sind, liegt dem *risks and rewards approach* ausschließlich der *disaggregation approach* zugrunde, der eine Übereinstimmung der Segmentdaten mit den externen Bilanzierungsvorschriften sicherstellt.

Grundgedanke des Ansatzes autonomer Einheiten ist, die Segmente so darzustellen, als ob es sich bei ihnen um selbständige Wirtschaftseinheiten handelt.[316] Insoweit zeigen die nach dieser marktbezogenen Sichtweise ermittelten Segmentdaten die Segmente als „unabhängig operierende, nicht diversifizierte Unternehmen."[317] Um die Segmente als selbständige Wirtschaftseinheiten zeigen zu können, dürfen die Interdependenzen zwischen den einzelnen Segmenten nicht in die zu ermittelnden Segmentdaten einfließen. Deshalb müssen in einem ersten Schritt alle Synergien und Dissynergien zwischen den Segmenten identifiziert und eliminiert werden.[318] Danach sind den Transaktionen der Segmente Marktpreise zuzuordnen.[319] Eine Konsolidierung dieser Transaktionen darf jedoch vor dem Hintergrund autonomer Wirtschaftseinheiten nicht erfolgen. Stattdessen sind die Intersegmenttransaktionen entsprechend

313 Vgl. Haller/Park (1994a), S. 511.
314 Vgl. Alvarez (2004), S. 54.
315 Vgl. OECD (1990), S. 19; Haller/Park (1994a), S. 512; Böcking/Orth (2003), S. 772.
316 Vgl. Husmann (1997), S. 353; Böcking/Orth (2003), S. 771; Haller (2000), S. 767; Benecke (2000), S. 179.
317 Haller/Park (1994a), S. 511. Vgl. auch Fröhling (2000), S. 14.
318 Vgl. Husmann (1997), S. 353; Benecke (2000), S. 179.
319 Verwendet das Unternehmen zur Bewertung der Transaktionen zwischen den Segmenten bereits Verrechnungspreise, die auf Marktpreisen basieren, so ergeben sich durch die Neubewertung der Transaktionen keine Änderungen.

den mit externen Dritten durchgeführten Transaktionen auszuweisen.[320] Diese Vorgehensweise kann dazu führen, dass die Summen der Segmentdaten von den aggregierten Bestands- und Erfolgsgrößen des Gesamtunternehmens deutlich abweichen.[321] Die Differenzen zwischen den nach dem *autonomous entity approach* segmentierten Daten und den aggregierten Daten des Gesamtunternehmens steigen hierbei generell mit zunehmendem Verflechtungsgrad der einzelnen Segmente.[322] Weiterhin werden von mehreren Segmenten gemeinschaftlich verursachte und tatsächlich angefallene Kosten (*joint costs*) den Segmenten nicht anteilig zugerechnet. Stattdessen weisen die Segmente die Kosten aus, die unter der Fiktion eines selbständig am Markt operierenden Unternehmens angefallen wären.[323] Einsparungen, die durch die gemeinschaftliche Nutzung von Ressourcen realisiert werden konnten (*economies of scope*), werden bei der Ermittlung der Segmentergebnisse nicht berücksichtigt.[324]

In der Diskussion des *autonomous entity approach* wird hervorgehoben, dass durch seine Anwendung die Möglichkeit zu zwischenbetrieblichen Vergleichen gestärkt wird. Durch die Darstellung der Segmente als selbständige und unabhängig operierende Wirtschaftseinheiten wird der Vergleich mit den Segmenten anderer Unternehmen gefördert.[325] Darüber hinaus wird angeführt, dass die tatsächliche Leistungsfähigkeit eines Segments besser beurteilt werden kann, da nicht zwischen unternehmensinternen und unternehmensexternen Transaktionen differenziert wird.[326] Andererseits wird gegen den *autonomous entity approach* vorgebracht, dass von den Rechnungslegungsgrundsätzen abgewichen wird, indem bei der Ermittlung von Segmentdaten die unter der Fiktion einer selbständigen Wirtschaftseinheit geschätzten Beträge in Teilen die tatsächlich angefallenen Werte ersetzen.[327] Zudem kann es schwierig sein, Marktpreise für unternehmensinterne Transaktionen zu ermitteln. Dies kann die Verlässlichkeit der in die Segmentberichterstattung einfließenden Werte beeinträchtigen.[328] Auch besteht die Gefahr, dass die Adressaten nur schwer einen Zusammenhang zwischen den Daten der

---

320 Vgl. OECD (1990), S. 19.
321 Vgl. Haller/Park (1994a), S. 512.
322 Vgl. Haller (2000), S. 767.
323 Vgl. Haller/Park (1994a), S. 512; Böcking/Orth (2003), S. 771–772.
324 Vgl. Alvarez (2004), S. 55 sowie das Beispiel zur gemeinsamen Nutzung eines Grundstücks bei Haller/Park (1994a), S. 511–512.
325 Vgl. Husmann (1997), S. 353; Haller (2000), S. 768.
326 Vgl. Krawitz (1997), S. 558–559. Weiterhin bietet eine auf Basis des *autonomous entity approach* erstellte Segmentberichterstattung die Möglichkeit, durch die Gegenüberstellung zu den gemäß der Einheitstheorie erstellten Konzerndaten Synergien zu erkennen und damit ein Synergiecontrolling zu unterstützen. Vgl. Alvarez (2004), S. 56.
327 Vgl. Haller/Park (1994a), S. 512.
328 Vgl. Haller (2000), S. 768.

Segmentberichterstattung und den konsolidierten Werten von Bilanz und Gewinn- und Verlustrechnung des Gesamtunternehmens herstellen können. Die Verständlichkeit der Segmentberichterstattung leidet insoweit unter der Anwendung des *autonomous entity approach*.[329]

3.1.3.1.4 Disaggregation Approach

Der Disaggregationsansatz (*disaggregation approach*) geht von einer organisationsbezogenen Betrachtungsweise aus, in der die Segmente eines Unternehmens die verschiedenen Tätigkeitsbereiche der Wirtschaftseinheit darstellen. Die Existenz der Segmente ist der übergeordneten Organisationseinheit geschuldet.[330] Die Segmentdaten werden über eine Disaggregation der aggregierten Daten des gesamten Unternehmens ermittelt.[331] Die aggregierten Bestands- und Erfolgsgrößen des Gesamtunternehmens werden unter Berücksichtigung der im Rahmen der Konsolidierung vorgenommenen Eliminierungen vollständig den Segmenten zugeordnet.[332] Es erfolgt eine Berücksichtigung der Interdependenzen und damit der Synergien und Dissynergien zwischen den Segmenten.[333] Deshalb kommt der Ermittlung eines adäquaten Aufteilungsschlüssels bei Anwendung des *disaggregation approach* eine große Bedeutung zu.[334]

Im Gegensatz zum *autonomous entity approach* werden für die Erstellung der Segmentberichterstattung die tatsächlich angefallenen Werte verwendet und kein Bruch mit den Rechnungslegungsgrundsätzen vorgenommen. Folglich gelingt es den Adressaten durch die einheitliche Rechnungslegungsbasis leichter, die Bedeutung der einzelnen Tätigkeitsbereiche für das Gesamtunternehmen zu erkennen.[335] Hingegen lassen sich die Vorteile des *autonomous entity approach* im Zusammenhang mit zwischenbetrieblichen Vergleichen auf Segmentebene nicht auf den *disaggregation approach* übertragen.[336]

---

329 Vgl. Haller/Park (1994a), S. 512; Fröhling (2000), S. 14.
330 Vgl. Fröhling (2000), S. 14. Die Segmente werden gemäß der Einheitstheorie als Bestandteil des gesamten Unternehmens dargestellt. Vgl. Haller (2000), S. 767.
331 Vgl. Haller/Park (1994a), S. 511; Husmann (1997), S. 353.
332 Vgl. Ordelheide/Stubenrath (2000), S. 396.
333 Vgl. Böcking/Orth (2003), S. 772; Benecke (2000), S. 179.
334 Vgl. Alvarez (2004), S. 56–57. Zur Festsetzung eines adäquaten Aufteilungsschlüssels vgl. Pejic (1998), S. 116–117.
335 Vgl. Haller/Park (1994a), S. 512; Fröhling (2000), S. 15.
336 Vgl. Husmann (1997), S. 353.

Die Beurteilung des *disaggregation approach* im Vergleich zum *autonomous entity approach* hinsichtlich der Vorteilhaftigkeit bei der Vermittlung entscheidungsnützlicher Informationen muss in Abhängigkeit des Einzelfalls erfolgen und ist deshalb nur schwer zu verallgemeinern.[337] Beispielsweise wird in Unternehmen, in denen sich die Segmente durch eine hohe Unabhängigkeit von der Konzernmutter auszeichnen, der *autonomous entity approach* zu einer Segmentberichterstattung führen, welche die tatsächlichen Verhältnisse besser widerspiegelt, als dies bei Anwendung des *disaggregation approach* möglich wäre. Generell kann jedoch davon ausgegangen werden, dass durch die Anwendung des *disaggregation approach* dem Adressaten im Vergleich zum *autonomous entity approach* zuverlässigere Informationen zur Verfügung gestellt werden, die sich von den Adressaten leichter nachvollziehen lassen.[338] Dies ergibt sich zum einen durch die einheitliche Rechnungslegungsbasis mit den aggregierten Daten und eine gegenüber dem *autonomous entity approach* einfachere Nachvollziehbarkeit der Überleitungsrechnung der segmentierten auf die aggregierten Daten.[339]

3.1.3.2 Segmentierungsobjekte

3.1.3.2.1 Segmentergebnis

Weiterhin sind die aggregierten Bestands- und Stromgrößen des Gesamtunternehmens zu bestimmen, die im Sinne eines Segmentierungsgrads für Zwecke der Segmentberichterstattung zu segmentieren und zu veröffentlichen sind. Da regelmäßig von einem Nutzen segmentierter Informationen bei den Adressaten ausgegangen werden kann, ist die Nicht-Segmentierung zwar ein möglicher Segmentierungsgrad, jedoch vermag sie berechtigte Informationsinteressen nicht zu befriedigen.[340] Das andere Extrem in Bezug auf den Segmentierungsgrad ist die totale Segmentierung,[341] in der alle aggregierten Abschlussposten auf die Segmente aufgegliedert werden.[342] Aus Kosten-Nutzen-Sicht scheint es hingegen geboten, die Segmentierung auf die Posten zu beschränken,[343] die für den Adressaten entscheidungsnützlich sind (partielle

[337] In der Literatur wird der *disaggregation approach* gegenüber dem *autonomous entity approach* bevorzugt. Vgl. exemplarisch Haller/Park (1994a), S. 512–513 und Husmann (1997), S. 354 jeweils m.w.N.

[338] Vgl. Fröhling (2000), S. 14.

[339] So auch OECD (1990), S. 19 und Haller/Park (1994a), S. 512.

[340] Vgl. Alvarez (2004), S. 65.

[341] Bspw. spricht sich IJIRI für die Segmentierung gesamter Abschlüsse aus. Vgl. Ijiri (1995), S. 62–64.

[342] Vgl. Chmielewicz (1993), Sp. 1792; Benecke (2000), S. 179. Bei einer totalen Segmentierung leidet unter Umständen die Verlässlichkeit der veröffentlichten Informationen, da die Gefahr von Zurechnungsproblemen relativ hoch ist. Vgl. Haller (2000), S. 776.

[343] Die partielle Segmentierung lässt sich wiederum in die selektive (Segmentierung ausgewählter Posten), die asymmetrische (uneinheitliche Segmentierung vergleichbarer Posten) und die lückenhafte Segmentierung (fast vollständig totale Segmentierung) einteilen. Vgl. Chmielewicz (1993), Sp. 1791–1792.

Segmentierung).[344] Für die partielle Segmentierung wurden in Literatur insbesondere folgende Posten als wesentlich identifiziert:[345]

- das Segmentergebnis,
- der Segmentumsatz,
- das Segmentvermögen und
- die Segmentschulden.[346]

In Abhängigkeit von der für die Segmente gewählten Ergebnisgröße[347] entstehen bei der Ermittlung des Segmentergebnisses Probleme in Bezug auf die Zurechnung segmentübergreifend angefallener Kosten (*joint costs*). Um diese zu minimieren, wird in der Literatur empfohlen, das Betriebsergebnis bzw. den *operating profit* als Segmentergebnisgröße zu verwenden,[348] da das Finanzergebnis regelmäßig aus der Finanzierungsstruktur des Gesamtunternehmens resultiert und nicht von den Segmenten zu verantworten ist.[349] Die verbleibenden Gemeinschaftskosten können entweder nicht oder nur auf einer angemessenen Basis (*reasonable basis*) den Segmenten zugerechnet werden.[350]

Wird auf die Zurechnung von Gemeinschaftskosten vollständig verzichtet, ist die Aussagekraft der veröffentlichten Segmentergebnisgröße eingeschränkt, da diese regelmäßig stark von dem Ergebnis abweicht, das das Segment unter der Fiktion der Unabhängigkeit erzielen würde.[351] Auch bei der Zurechnung der Gemeinschaftskosten entsprechend einer *reasonable basis* ist dieses nicht vollständig auszuschließen. Jedoch kann davon ausgegangen werden, dass die nicht zuordenbaren Gemeinschaftskosten in der Regel nur einen geringen Anteil an

[344] HERRMANN/THOMAS bestimmen in einer ihrer Untersuchungen die Qualität der Segmentberichterstattung über die Anzahl der veröffentlichten segmentierten Posten. Vgl. Herrmann/Thomas (1996), S. 1. Von einem direkten Zusammenhang der Quantität mit der Qualität kann jedoch nicht ausgegangen werden. Hinsichtlich der Auswirkungen von einem Mehr an Angaben auf die Kapitalkosten sind die Ergebnisse bspw. uneinheitlich. Vgl. hierzu Botosan (1997), S. 323–349.

[345] Darüber hinaus werden in der Praxis auch weitere Angaben hinsichtlich der Segmente verlangt oder empfohlen. Hierzu gehören insbesondere auch Segmentinvestitionen und Segmentcashflows.

[346] Nach HALLER/PARK ergibt sich die Segmentierung von Umsatz, Ergebnis und Vermögen aus der Generalnorm des Jahresabschlusses, nach der ein den tatsächlichen Verhältnissen entsprechendes Bild der Vermögens-, Finanz- und Ertragslage zu vermitteln ist. Vgl. Haller/Park (1994a), S. 513.

[347] Bei der Wahl der Segmentergebnisgröße kann entweder auf eine Ergebnisgröße der aggregierten GuV zurückgegriffen werden, oder es können die Bestandteile bestimmt werden, die in das Segmentergebnis eingehen. Vgl. Haller/Park (1994a), S. 514.

[348] Zu weiteren möglichen Ergebnisgrößen vgl. OECD (1990), S. 41–43.

[349] Vgl. OECD (1990), S. 40; Fröhling (2000), S. 17.

[350] Darüber hinaus besteht die Möglichkeit, unabhängig von einer angemessenen Basis alle Gemeinschaftskosten bis zu einer bestimmten Ausweisstufe den Segmenten zuzurechnen. Vgl. OECD (1990), S. 35.

[351] Vgl. OECD (1990), S. 36.

den gesamten *joint costs* ausmachen. Insoweit ist diese Art der Zurechnung vorziehenswürdig und hat sich auch in der Praxis durchgesetzt.

3.1.3.2.2 Segmentumsatz

Neben dem Segmentergebnis können auch Umsätze für die einzelnen Segmente ausgewiesen werden. Bei der Ermittlung der Segmentumsätze[352] ist in Abhängigkeit von der der Segmentberichterstattung zugrunde liegenden Konzeption der Segmentdatenermittlung die Behandlung von Intersegmentumsätzen von wesentlicher Bedeutung. Dem *disaggregation approach* folgend können die Segmentumsätze lediglich die Umsätze umfassen, die aus Transaktionen mit unternehmensexternen Kunden resultieren, da unternehmensinterne Transaktionen aus Sicht des Gesamtunternehmens nicht zu Umsätzen führen.[353] Hierbei ist die tatsächliche Segmentleistung bedingt durch den ausschließlichen Ausweis von externen Umsätzen unter Umständen deutlich höher als die ausgewiesene Segmentleistung. Zudem müssen bei dem zusätzlichen Ausweis einer Segmentergebnisgröße Korrekturen an den Segmentkosten vorgenommen werden, um die auf die Intersegmentumsätze entfallenden Bestandteile zu eliminieren.[354] Nur hierdurch lässt sich eine Symmetrie von Segmentumsatz und Segmentergebnis sicherstellen.[355]

Alternativ können, wie in der Literatur regelmäßig gefordert und entsprechend der Umsetzung in der internationalen Praxis,[356] die zwischen den Segmenten des Unternehmens angefallen Umsätze in die Segmentumsätze einbezogen werden. Wird dem *autonomous entity approach* und damit der Fiktion unabhängiger Segmente gefolgt, sind den Transaktionen zwischen den Segmenten Marktpreise zuzuordnen. Kommt hingegen der *disaggregation approach* zur Anwendung, basieren die Intersegmentumsätze auf den tatsächlichen Verrechnungspreisen.[357]

---

[352] International hat sich, wie in Kapitel 3.2.1.3 und 3.2.2.3 gezeigt wird, der Segmentumsatz als ein verpflichtend auszuweisender Bestandteil der Segmentberichterstattung durchgesetzt. Eine Entscheidungsnützlichkeit dieser Größe kann daher vermutet werden. Vgl. OECD (1990), S. 39; Geiger (2002), S. 187.

[353] Vgl. Haller/Park (1994a), S. 513–514. Liegt der Segmentberichterstattung ein Konzernabschluss zugrunde, werden die Innenumsätze im Zuge der Konsolidierung gemäß der Einheitstheorie eliminiert. Vgl. Coenenberg (2005), S. 713.

[354] Vgl. Fröhling (2000), S. 15.

[355] Vgl. Haller/Park (1994a), S. 514.

[356] Vgl. exemplarisch Haller/Park (1994a), S. 514; Möckli (1996), S. 55; Fröhling (2000), S. 15; Geiger (2002), S. 189.

[357] Vgl. Fröhling (2000), S. 15.

3.1.3.2.3 Segmentvermögen

Zur Beurteilung des Segmentergebnisses sind regelmäßig Informationen über den Ressourcen- bzw. Kapitaleinsatz im Sinne der betriebsnotwendigen Vermögenswerte erforderlich. Insoweit kommt der Angabe des Segmentvermögens eine wesentliche Bedeutung bei der Beurteilung der einzelnen Segmente zu. Um eine für diese Beurteilung notwendige Symmetrie von Bestands- und Stromgrößen sicherzustellen, umfasst das Segmentvermögen die betrieblich genutzten kurz- und langfristigen Vermögenswerte, die entweder direkt oder auf Basis eines angemessenen Verteilungsschlüssels den Segmenten zugerechnet werden können. Neben materiellen können auch immaterielle Vermögenswerte in das Segmentvermögen eingehen. Zur Sicherstellung der Symmetrie von Bestands- und Stromgrößen sind die Vermögenswerte jedoch grundsätzlich nur dann einem Segment zuzuordnen, wenn die korrespondierenden Erfolgsbestandteile auch in das Segmentergebnis eingehen.

In Abhängigkeit von der für Zwecke der Veröffentlichung ausgewählten Vermögensgröße[358] treten vergleichbar zum Segmentergebnis auch im Zusammenhang mit den Segmentvermögenswerten regelmäßig Zuordnungsprobleme bei gemeinschaftlich genutzten Vermögenswerten (*joint assets*) auf. Diese können wiederum entweder nicht oder gemäß einer *reasonable basis* den einzelnen Segmenten zugerechnet werden.[359] Zur Sicherstellung der Symmetrie von Ergebnis- und Vermögensgröße sollten auch die *joint assets* grundsätzlich den Segmenten zugerechnet werden.[360]

3.1.3.2.4 Segmentschulden

Analog zum Segmentvermögen können auf Segmentebene Schulden ausgewiesen werden. Bei diesen handelt es sich grundsätzlich um die Schulden, die direkt mit der Geschäftstätigkeit des Segments verbunden sind. Hierzu gehören beispielsweise Verbindlichkeiten aus Lieferungen und Leistungen sowie sonstige betrieblich bedingte Schulden. Finanzielle Schulden

---

358 Nach Ansicht von HALLER/PARK ist die Wahl der anzugebenden Vermögensgröße jedoch irrelevant. Die Ermittlung dieser veröffentlichten Vermögensgröße muss jedoch für den Adressaten erkennbar sein. Vgl. hierzu Haller/Park (1994a), S. 515.

359 Bereits in Bezug auf das Segmentergebnis wurde die Vorteilhaftigkeit einer Zuordnung der *joint costs* erläutert.

360 Die Zuordnung entsprechend einer *reasonable basis* kommt auch in der Praxis zur Anwendung. Vgl. hierzu die Ausführungen in Kapitel 3.2.1.3.

sollten nicht in die Segmentschulden eingehen, da Finanzierungsentscheidungen in der Regel auf Ebene des Gesamtunternehmens getroffen werden und damit von den einzelnen Segmenten nicht zu beeinflussen sind.[361]

Auch bei den Segmentschulden sollte im Sinne einer Symmetrie von Bestands- und Stromgrößen eine Zuordnung auf die Segmente nur dann erfolgen, wenn die korrespondierenden Erfolgsbestandteile in das Segmentergebnis eingehen. Während die Zuordnung von Schulden, die von einem Segment verursacht werden, regelmäßig unproblematisch ist, sollten von mehreren Segmenten gemeinschaftlich verursachte Schulden analog zum Segmentvermögen auf einer *reasonable basis* den Segmenten zugeordnet werden.

3.1.4 Segmentberichtspflichten im Rahmen der Zwischenberichterstattung

Generell besteht zusätzlich zur Jahresberichterstattung auch die Möglichkeit der Angabe segmentierter Daten in der Zwischenberichterstattung. Hinsichtlich des Anwendungsbereichs, der Bestimmung der berichtspflichtigen Segmente sowie der Ermittlung der Segmentdaten kann auf die oben erläuterten Möglichkeiten zurückgegriffen werden. Da jedoch der externen Zwischenberichterstattung im Wesentlichen eine Aktualisierungsfunktion zukommt, sollte der Umfang der Segmentberichterstattung im Vergleich zur Jahresberichterstattung regelmäßig geringer ausfallen. Im Rahmen der unternehmensinternen Berichterstattung im Aufsichtsrat-Modell der Unternehmensverfassung erfüllt die „Follow up-Berichterstattung" des Vorstands gegenüber dem Aufsichtsrat gemäß § 90 Abs. 1 Satz 1 Nr. 1 AktG diese Aktualisierungsfunktion. Durch die Pflicht zur Angabe segmentierter Daten in der Zwischenberichterstattung wird insoweit ein Instrument der externen Unternehmensrechnung ausgebaut, das sich für die interne Unternehmensüberwachung bereits bewährt hat.

Um gemäß der Aktualisierungsfunktion eine Fortschreibung der vorangegangenen Perioden zu ermöglichen, sollte die Ausgestaltung der Segmentberichterstattung prinzipiell auf den Grundsätzen basieren, die auch für die Jahressegmentberichterstattung zur Anwendung kommen. Abweichungen von ausgewiesenen Segmenten sowie der Art der Ermittlung der Seg-

---

[361] Ausnahmen bilden in diesem Zusammenhang Segmente mit einer vorwiegend finanziellen Geschäftstätigkeit, bei denen die finanziellen Schulden betrieblich verursacht sind. Jedoch würden bei diesen Segmenten auch die mit den finanziellen Schulden korrespondierenden Erfolgsbestandteile in das Segmentergebnis eingehen.

mentdaten im Sinne einer Verletzung der Stetigkeit sind nicht angemessen, da hierdurch ein Vergleich mit vorangegangenen Perioden unmöglich wird.[362] Lediglich in Bezug auf den Anwendungsbereich der Segmentberichterstattung und damit die zur Angabe segmentierter Daten im Zwischenbericht verpflichteten Unternehmen können Abweichungen gegenüber der Jahresberichterstattung begründet werden. Durch die den Unternehmen zugrunde liegenden Corporate Governance-Systeme und dadurch verursachten unterschiedlichen Ausprägungen der externen Unternehmensüberwachung lässt sich eine differenzierte Pflicht zur Zwischensegmentberichterstattung begründen. So ist zu erwarten, dass der externen Segmentberichterstattung im Rahmen der Zwischenberichterstattung in *Outsider*-Systemen im Vergleich zu *Insider*-Systemen eine größere Bedeutung zukommt. Dies lässt sich aus dem privilegierten Informationszugriffs der Großaktionäre in *Insider*-Systemen ableiten.

In den folgenden Kapiteln werden durch eine Gegenüberstellung der Vorschriften von IASB und FASB zur Segmentberichterstattung die konzeptionellen, über Fragen der Segmentierung hinausgehenden Unterschiede zwischen IAS 14 und SFAS 131 bzw. IFRS 8 aufgezeigt.[363] Während IAS 14 der *risks and rewards approach* zugrunde liegt, greifen SFAS 131 und IFRS 8 auf den *management approach* zurück. Dies kann zu deutlichen Unterschieden in der Segmentberichterstattung führen. Übereinstimmungen weisen die Standards gleichwohl hinsichtlich der Regelungsbereiche auf. So gehen alle drei Rechnungslegungsstandards auf die in Kapitel 3.1 aus konzeptioneller Sicht bereits erläuterten Regelungsbereiche des Anwendungsbereichs, der Bestimmung der berichtspflichtigen Segmente und der Segmentdaten bzw. Segmentangabepflichten ein. Die sich an diesen Regelungsbereichen orientierende gegenüberstellende Darstellung der Standards soll in der Folge eine Würdigung der unterschiedlichen Konzepte in Bezug auf die Vermittlung entscheidungsnützlicher sowie für Steuerungszwecke geeigneter Informationen ermöglichen.

---

[362] Dies bestätigen GÜNTHER/SCHMIDT aus Sicht der Portfolioanalyse. Vgl. Günther/Schmidt (2006), S. 327.

[363] Auf eine Darstellung der Vorschriften des DRS 3 wird verzichtet, da diese für kapitalmarktorientierte Konzerne mit Sitz in Deutschland nicht mehr relevant sind.

3.2 Segmentberichterstattungsvorschriften von IASB und FASB

3.2.1 Segmentberichterstattung nach IAS 14

3.2.1.1 Anwendungsbereich der Segmentberichterstattungsvorschriften

Für den Anwendungsbereich der Segmentberichterstattungsvorschriften in der Jahresberichterstattung bestimmt IAS 14, dass die Unternehmen in den Geltungsbereich des Standards fallen, die mit Eigenkapital- oder Schuldtiteln am Kapitalmarkt notiert sind oder eine solche Notierung anstreben (IAS 14.3).[364] Damit ist die Pflicht zur segmentierten Berichterstattung nicht von der Rechtsform des Unternehmens abhängig und gilt sowohl für den Konzern- als auch für den Einzelabschluss (IAS 14.1).[365] Enthält ein Geschäftsbericht sowohl den Einzel- als auch den Konzernabschluss eines Unternehmens, dann brauchen die Segmentinformationen gemäß IAS 14.6 nur auf konsolidierter Basis veröffentlicht werden. Der Ausweis von auf den Einzelabschluss bezogenen Segmentinformationen ist in einem solchen Fall nicht erforderlich.[366] Für in den Konzernabschluss einbezogene Tochterunternehmen, für nach der Equity-Methode erfasste assoziierte Unternehmen und für Gemeinschaftsunternehmen besteht nach IAS 14 keine Pflicht zur gesonderten Segmentberichterstattung, wenn das einbeziehende Unternehmen bereits eine Segmentberichterstattung veröffentlicht. Dies gilt jedoch nicht, wenn die einbezogenen Unternehmen selbst kapitalmarktorientiert sind. Dann müssen auch diese Unternehmen Segmentinformationen in einem separaten Abschluss offen legen (IAS 14.7).[367] Eine etwaige, sich aus der Kapitalmarktorientierung ergebende Pflicht zum Ausweis von Segmentinformationen ist dementsprechend für jedes Konzernunternehmen gesondert zu prüfen.[368] Unternehmen, die einen IFRS-Abschluss erstellen und freiwillig Segmentinformationen veröffentlichen, sollen dies in Übereinstimmung mit den Vorschriften des IAS 14 machen. Werden die Vorschriften des IAS 14 in einem solchen Fall nicht oder nur unvollständig beachtet, ist der Abschluss nicht IFRS-konform (IAS 14.5).

---

364 Vgl. Pejic (1997), S. 2038; Bohl (2006), Tz. 3.

365 Vgl. Haller (2003), Tz. 9. Während nach den deutschen handelsrechtlichen Vorschriften die Veröffentlichung von Segmentinformationen an die Rechtsform der Kapitalgesellschaft und bestimmte Größenkriterien (§ 288 HGB) geknüpft ist, ist der Anwendungsbereich von IAS 14 generell rechtsformunabhängig. Da die kapitalmarktorientierten Unternehmen mit Sitz in Deutschland ihren Konzernabschluss ohnehin nach den IFRS aufstellen müssen und damit zur Anwendung von IAS 14 verpflichtet sind (§ 315a Abs. 1 HGB), müssen die nicht kapitalmarktorientierten Kapitalgesellschaften gemäß § 285 Nr. 4 HGB bzw. § 314 Abs. 1 Nr. 3 HGB lediglich ausgewählte Segmentinformationen im Anhang zum Einzel- bzw. Konzernabschluss veröffentlichen. Die Umsätze sind dort nach Tätigkeitsbereichen und geografischen Regionen aufzugliedern. Vgl. auch Hommel/Wüstemann (2006), S. 209.

366 Ist ein Unternehmen nach diesen Vorschriften zur Segmentberichterstattung verpflichtet oder veröffentlicht es Segmentinformationen auf freiwilliger Basis, dann ist die Segmentberichterstattung regelmäßig Bestandteil des Anhangs zum Jahres- oder Konzernabschluss. Die Offenlegung in einem gesonderten Bericht ist jedoch möglich. Vgl. Alvarez (2004), S. 77.

367 Vgl. Haller (2003), Tz. 11.

368 Vgl. ADS International (2002), Tz. 21.

3.2.1.2 Bestimmung der berichtspflichtigen Segmente

3.2.1.2.1 Segmentierungskonzeption

Für die Bestimmung der berichtspflichtigen Segmente legt der IASB in IAS 14 den *risks and rewards approach* zugrunde,[369] nach dem die Risiken und Chancen der verschiedenen Tätigkeitsbereiche eines Unternehmens der Maßstab zur Abgrenzung der Segmente sind.[370] Allerdings wird im Zusammenhang mit der Abgrenzung der Segmente auch der *management approach* herangezogen.[371] Gemäß IAS 14.31 ist der externen Segmentberichterstattung grundsätzlich die Segmentierung zugrunde zu legen, auf deren Basis die unternehmensinterne Leistungsbeurteilung und Ressourcenallokation durch die Geschäftsführung erfolgt. Spiegelt diese Segmentierung jedoch nicht die Risiken und Chancen der einzelnen Tätigkeitsbereiche des Unternehmens wider, sind für Zwecke der externen Segmentberichterstattung die Segmente so zu bilden, dass sie segmentintern ein homogenes Risiko- und Chancenprofil aufweisen.[372] Diese Segmentierungskonzeption wird deshalb auch als *management approach with a risks and rewards safety net* bezeichnet.[373] Sie soll im Unterschied zum reinen *management approach* eine Mindestvergleichbarkeit der Segmentberichte verschiedener Unternehmen gewährleisten (IAS 14.30).[374]

3.2.1.2.2 Segmentidentifikation

Nach IAS 14.26 sind im Rahmen der Segmentberichterstattung zwei Segmentierungsdimensionen auszuweisen (*two-tier structure*).[375] Hinsichtlich der möglichen Segmentierungsdimensionen unterscheidet IAS 14 zwischen Geschäftssegmenten (*business segments*) und geografischen Segmenten (*geographical segments*).[376] Dementsprechend werden die sektorale

---

[369] Zur Segmentierungskonzeption des *risks and rewards approach* vgl. auch die Ausführungen in Kapitel 3.1.2.1.2.

[370] Vgl. Kirsch (2001), S. 1513; Kirsch (2004), S. 193.

[371] Vgl. Böcking (1999), S. 528; Alvarez (2002), S. 2058; Weißenberger/Maier (2006), S. 2078. Zur Segmentierungskonzeption des *management approach* vgl. auch die Ausführungen in Kapitel 3.1.2.1.1.

[372] Vgl. auch Hahn (2000), S. 676.

[373] Vgl. McConnell/Pacter (1995), S. 36; Fey/Mujkanovic (1999), S. 265.

[374] Vgl. Haller (2003), Tz. 32.

[375] Vgl. Albrecht/Chipalkatti (1998), S. 52. Es wird in diesem Zusammenhang von einer *two-tiers-segmentation* gesprochen. Vgl. Haller (2000), S. 777; Ulbrich (2006), S. 94.

[376] Vgl. Langenbucher (1999), S. 162.

und die regionale Segmentierung als Segmentierungskriterien vorgegeben.[377] Der IASB geht davon aus, dass die Organisationsstruktur des Unternehmens und sein internes Berichtssystem regelmäßig Hinweise auf die Geschäftssegmente und die geografischen Segmente geben (IAS 14.13, 14.27). Insoweit ist der *management approach with a risks and rewards safety net* im Rahmen der Segmentidentifikation grundsätzlich fest in IAS 14 verankert.

Bei der sektoralen Segmentierung bzw. der Segmentierung nach den Geschäftssegmenten definiert IAS 14.9 ein Geschäftssegment als eine abgrenzbare Teilaktivität des Unternehmens, die ein Produkt oder mehrere verwandte Produkte erstellt oder Dienstleistungen erbringt und deren Risiken und Chancen sich von denen anderer Geschäftssegmente unterscheiden. Folglich sind mehrere Produkte bzw. Dienstleistungen dann zu einem Geschäftssegment zusammenzufassen, wenn eine Ähnlichkeit in Bezug auf die folgenden Kriterien vorliegt:[378]

- die Art der Produkte oder Dienstleistungen,
- die Art des Produktionsprozesses,
- die Kundenstruktur für die Produkte und Dienstleistungen,
- die Vertriebsmethoden für die Produkte und Dienstleistungen und
- das regulatorische Umfeld.

Analog zur Definition eines Geschäftssegments wird in IAS 14.9 ein geografisches Segment im Rahmen der regionalen Segmentierung als abgrenzbare Teilaktivität des Unternehmens definiert, die in einem bestimmten wirtschaftlichen Umfeld Produkte erstellt oder Dienstleistungen erbringt. In diesem wirtschaftlichen Umfeld ist die Teilaktivität des Unternehmens Risiken und Chancen ausgesetzt, die sich von Teilaktivitäten in anderen wirtschaftlichen Umfeldern unterscheiden. Ein geografisches Segment kann ein Land, zwei oder mehr Länder oder eine Region innerhalb eines Lands umfassen (IAS 14.12). Folgende Kriterien sind gemäß IAS 14.9 bei der Beurteilung der Homogenität geografischer Segmente zu berücksichtigen:

- die Übereinstimmung der wirtschaftlichen und politischen Rahmenbedingungen,
- die Beziehungen zwischen Geschäftsaktivitäten in verschiedenen geografischen Regionen,
- die Nähe der Geschäftsaktivitäten zueinander,

---

[377] Zu den Segmentierungskriterien vgl. die Ausführungen in Kapitel 3.1.2.2.

[378] Vgl. auch Pejic (1997), S. 2039. Zu Beispielen für Geschäftssegmente aus deutschen Unternehmen vgl. Bohl (2006), Tz. 13.

- die besonderen Risiken im Zusammenhang mit den Geschäftsaktivitäten in einer bestimmten Region,
- die Devisentransferbestimmungen und
- die Währungsrisiken.

Die Segmentierungsdimension, die den Ursprung und die Art der Risiken und Chancen des Unternehmens wesentlich bestimmt, wird als primäre Segmentierungsebene (*primary segment reporting format*) klassifiziert. Die verbleibende Segmentierungsdimension stellt die sekundäre Segmentierungsebene (*secondary segment reporting format*) dar (IAS 14.26). Diese zeichnet sich durch einen im Vergleich zum *primary segment reporting format* geringeren Offenlegungsumfang aus.[379] Bestimmen die Produkte und Dienstleistungen die wesentlichen Risiken und Chancen des Unternehmens, stellen die Geschäftssegmente das primäre Berichtsformat dar. Haben die wesentlichen Risiken oder Chancen jedoch ihre dominante Ursache in der geografischen Differenzierung der Unternehmenstätigkeit, dann sind die geografischen Segmente als primäres Berichtsformat zu klassifizieren (IAS 14.26).[380]

Auch die Klassifizierung als primäres und sekundäres Berichtsformat soll auf Basis der Organisation und des internen Berichtssystems des Unternehmens erfolgen. Kann diese Klassifizierung nicht eindeutig vorgenommen werden (Unternehmen ist beispielsweise als Matrix organisiert), stellen die Geschäftssegmente per Definition das primäre Berichtsformat dar. Wird unternehmensintern jedoch weder sektoral noch regional segmentiert,[381] ist es Aufgabe der Unternehmensleitung, das Segmentierungskriterium (sektoral oder regional) als primäres Berichtsformat zu bestimmen, welches am ehesten die Risiken und Chancen widerspiegelt, denen das Unternehmen ausgesetzt ist (IAS 14.27).[382]

Nach der Klassifizierung in primäres und sekundäres Berichtsformat sind die einzelnen sektoralen und regionalen Segmente abzugrenzen. Kann hierbei nicht entsprechend dem *management approach* auf die unternehmensinterne Segmentierung zurückgegriffen werden,

[379] Vgl. Pejic (1997), S. 2039; Weißenberger/Liekweg (1999), S. 167; Langenbucher (1999), S. 166.

[380] Aktuell stellt die Segmentierung nach *business segments* regelmäßig das primäre Berichtsformat dar. Vgl. Hahn (2000), S. 676; Langguth/Engelmann (2005), S. 622; Langguth/Brunschön (2006), S. 626; Bohl (2006), Tz. 19. Aufgrund der Fokussierung der Unternehmen auf einzelne Kernkompetenzen und der Internationalisierung der Geschäftstätigkeit erwartet ULBRICH jedoch, dass in Zukunft die *geographical segments* häufiger die Position des primären Berichtsformats einnehmen werden. Vgl. Ulbrich (2006), S. 103 m.w.N.

[381] Denkbar ist bspw. eine Segmentierung nach juristischen Einheiten. Vgl. Nardmann (2003), S. 1947–1948.

[382] Vgl. Pejic (1997), S. 2039.

weil Organisation und Berichtswesen nicht auf Geschäftssegmenten oder geografischen Segmenten basieren, sind die *business segments* und *geographical segments* direkt über die Definitionsmerkmale des IAS 14.9 zu identifizieren.[383] Organisationsbereiche, die diese Definitionsmerkmale nicht erfüllen, müssen auf der nächsten tieferen Ebene auf Übereinstimmung mit den Kriterien überprüft werden (IAS 14.32). Wenn auch für diese Untereinheiten keine Unterscheidung nach Geschäftsfeldern oder geografischen Regionen erfolgen kann, ist für die Segmentberichterstattung eine von der Organisationsstruktur und dem internen Berichtswesen unabhängige Segmentierung vorzunehmen.[384]

3.2.1.2.3 Berichtspflichtige Segmente

Sind die Geschäftssegmente und die geografischen Segmente eines Unternehmens identifiziert, gilt es die berichtspflichtigen Segmente (*reportable segments*) zu ermitteln. Diese kennzeichnet, dass sie ihre Erträge größtenteils mit externen Kunden erlösen[385] und gemäß IAS 14.35

- ihre Erträge (*revenue from sales*) 10% oder mehr der gesamten Erträge aller Segmente ausmachen oder
- ihr Segmentergebnis (*segment result*), Gewinn oder Verlust, 10% des Ergebnisses entweder aller gewinnbringenden oder aller verlustbringenden Segmente ausmacht oder
- ihre Vermögenswerte (*segment assets*) 10% oder mehr der Vermögenswerte aller Segmente ausmachen.[386]

---

[383] Hierbei ist gemäß IAS 14.11 die Erfüllung der Mehrheit der Kriterien ausreichend. Die Risiken und Chancen des Unternehmens können, wie in Kapitel 3.1.2.2.2 ausgeführt, geografisch sowohl durch die Produktionsstandorte (*location of assets*) als auch durch die Absatzmärkte (*location of customers*) beeinflusst werden. Für die Abgrenzung der *geographical segments* ist dementsprechend zu beurteilen, ob das Unternehmen im Wesentlichen durch die Risiken und Chancen der Produktionsstandorte oder der Absatzmärkte beeinflusst wird (IAS 14.13). Als Anhaltspunkt für die angemessene Abgrenzung der geografischen Segmente dient erneut die interne Organisations- und Berichtsstruktur des Unternehmens (IAS 14.14).

[384] Vgl. Haller (2003), Tz. 58.

[385] Indem der IASB als Voraussetzung berichtspflichtiger Segmente bestimmt, dass diese ihre Erträge im Wesentlichen mit externen Kunden generieren, werden vertikal integrierte Segmente regelmäßig nicht als *reportable segments* angesehen (IAS 14.39). Jedoch wird in IAS 14.40 empfohlen, diese vertikal integrierten Einheiten freiwillig gesondert darzustellen. Die Wesentlichkeit der Transaktionen mit externen Kunden ist nach LANGENBUCHER sichergestellt, wenn mehr als 50% der Erträge extern erzielt werden. Vgl. Langenbucher (1999), S. 164.

[386] Vgl. auch Hahn (2000), S. 677.

Zwei oder mehr Segmente, die langfristig eine gleiche finanzielle Entwicklung aufweisen und in allen Definitionskriterien für Geschäfts- oder geografische Segmente übereinstimmen, können hierbei zusammengefasst werden (IAS 14.34). Segmente, die unternehmensintern gesondert ausgewiesen werden, aber die Schwellenwerte von IAS 14.35 nicht erfüllen, können gemäß IAS 14.36 als *reportable segments* definiert werden oder mit anderen vergleichbaren unternehmensinternen Segmenten zusammengefasst werden, die ebenfalls die Schwellenwerte nicht erfüllen. Anderenfalls sind die unternehmensinternen Segmente einem gesonderten Ausgleichsposten (*unallocated reconciling item*) zuzuordnen (IAS 14.36c). Obwohl es in IAS 14 nicht explizit gefordert wird, kann davon ausgegangen werden, dass es die Intention des Standardsetters war, diese Segmente in einem gesondert dargestellten Sammelsegment zusammenzufassen.[387]

Um zu vermeiden, dass ein Großteil der unternehmensinternen Segmente aufgrund einer Nichterfüllung der Schwellenwerte in das Sammelsegment eingeht, bestimmt IAS 14.37, dass diese Segmente berichtspflichtig werden, wenn die Summe der berichtspflichtigen Segmenterträge unter 75% der gesamten Erträge des Unternehmens liegt. Ohne Erfüllung der Schwellenwerte werden diese weiteren Segmente berichtspflichtig, bis die ausgewiesenen Segmente mindestens 75% der Erträge des Gesamtunternehmens umfassen. Eine Mindestanzahl auszuweisender Segmente wird jedoch in IAS 14 nicht gefordert.[388]

Für Segmente, die erstmalig die Schwellenwerte des IAS 14.35 erfüllen und dadurch berichtspflichtige Segmente werden, sind gemäß IAS 14.43 die Vergleichsdaten der Vorperioden anzupassen. Dieses darf nur unterlassen werden, wenn die Ermittlung von Vergleichsdaten aus Praktikabilitätsgründen nicht möglich ist (*impracticable to do so*).[389] Werden die Schwellenwerte hingegen von einem Segment, das in der vorangegangenen Periode noch über den Schwellenwerten lag, nicht mehr erfüllt, ist dieses erneut als berichtspflichtiges Segment gesondert auszuweisen, wenn das Management des Unternehmens diesem Segment weiterhin Bedeutung (*continuing significance*) beimisst (IAS 14.42).

---

[387] Diese auch aus SFAS 131 und IFRS 8 zu entnehmende Vorschrift geht aus einem im Anhang zu IAS 14 veröffentlichten Mustersegmentbericht hervor. Vgl. hierzu auch Haller (2003), Tz. 74.

[388] Vgl. Alvarez (2004), S. 98. Obwohl im Unterschied zu den US-GAAP im Rahmen der IFRS keine Höchstgrenze der auszuweisenden Segmente definiert wird, werden in der Berichterstattungspraxis selten mehr als sechs Segmente ausgewiesen. Vgl. Alvarez/Fink (2003), S. 278.

[389] HALLER geht davon aus, dass diese Befreiungsmöglichkeit nur dann in Anspruch genommen werden kann, wenn die Informationen nicht zur Verfügung stehen oder die Beschaffung der Informationen unverhältnismäßig hohe Kosten verursachen würde. Vgl. Haller (2003), Tz. 78.

3.2.1.3 Segmentangabepflichten

3.2.1.3.1 Überblick

Der *risks and rewards approach* bildet die konzeptionelle Basis der Segmentdatenermittlung nach IAS 14.[390] Bei der Ermittlung der Segmentdaten werden die gleichen Bilanzierungs- und Bewertungsmethoden angewendet, die der Erstellung des Jahres- bzw. Konzernabschlusses zugrunde liegen (IAS 14.44).[391] Diese sind nach Ansicht des Standardsetters für Zwecke der externen Berichterstattung besonders geeignet und ermöglichen es dem Adressaten, das Unternehmen sachgerecht zu beurteilen.[392] Insoweit sollen diese Rechnungslegungsgrundsätze auch der Segmentberichterstattung zugrunde gelegt werden, ohne dass die Segmente als voneinander unabhängige Berichtseinheiten betrachtet werden (IAS 14.45). Die Daten der internen Berichterstattung dürfen für die externe Segmentberichterstattung nur insoweit verwendet werden, als sie in Übereinstimmung mit den Bilanzierungs- und Bewertungsmethoden der IFRS ermittelt werden.[393] Zusätzliche Segmentinformationen, die auf anderen Rechnungslegungsgrundsätzen basieren, können ausgewiesen werden, wenn diese Informationen den Entscheidungsträgern unternehmensintern berichtet werden und die Art der Informationsermittlung erläutert wird (IAS 14.46). Hierdurch kann auf freiwilliger Basis eine Annäherung der externen Segmentberichterstattung an den *management approach* erfolgen.[394]

Nach IAS 14 sind zwei Segmentierungsdimensionen auszuweisen. Hierbei übersteigen die Angabepflichten für das primäre Berichtsformat (*primary segment reporting format*) deutlich die für das sekundäre Berichtsformat (*secondary segment reporting format*). Folgende Angaben werden für jedes berichtspflichtige Segment des primären Berichtsformats verlangt:

- das Segmentergebnis (*segment result*),
- die Segmenterträge (*segment revenue*),
- das Segmentvermögen (*segment assets*),

[390] Vgl. Haller (2003), Tz. 135. Zum *risks and rewards approach* vgl. die Ausführungen in Kapitel 3.1.3.1.2. Der *management approach* kommt hierbei grundsätzlich nicht zur Anwendung. Vgl. Hommel/Wüstemann (2006), S. 207.

[391] Deshalb kann eine eigenständige Bilanzpolitik in der Segmentberichterstattung nicht erfolgen. Vgl. ADS International (2002), Tz. 110; Haller (2003), Tz. 135.

[392] Vgl. Pejic (1997), S. 2041.

[393] Vgl. Ulbrich (2006), S. 117.

[394] Vgl. Alvarez (2004), S. 106. Zum *management approach* als Konzeption der Segmentdatenermittlung vgl. Kapitel 3.1.3.1.1.

- die Segmentschulden (*segment liabilities*),
- die Segmentinvestitionen (*costs incurred to acquire segment assets*)
- die Abschreibungen auf das Segmentvermögen (*depreciation and amortisation of segment assets*)
- der Gesamtbetrag der wesentlichen, nicht zahlungswirksamen Aufwendungen ohne Abschreibungen (*significant non-cash expenses, other than depreciation and amortisation*),
- der Beitrag von nach der Equity-Methode einbezogenen assoziierten, Gemeinschafts- oder anderen Unternehmen am Periodenergebnis (*share of the profit or loss of associates, joint ventures, or other investments accounted for under the equity method*) und
- die Beteiligungsansätze der nach der Equity-Methode einbezogenen assoziierten Unternehmen und der Gemeinschaftsunternehmen (*aggregate investments in associates and joint ventures accounted for under the equity method*).

Auch für die Segmente des sekundären Berichtsformats schreibt IAS 14 bestimmte Angaben vor. Jedoch ist der Angabenumfang im Vergleich zu den Berichtspflichten für die primäre Segmentierung deutlich reduziert.[395] Es werden nach IAS 14.69 ausschließlich die folgenden Daten für das sekundäre Berichtsformat verlangt:[396]

- Segmenterträge mit externen Kunden (*segment revenue from external customers*),
- Segmentvermögenswerte (*segment assets*) und
- Segmentinvestitionen (*cost incurred to acquire segment assets*).

Grundsätzlich hat nach IAS 14 eine symmetrische Zuordnung der Bestands- und Stromgrößen auf die Segmente zu erfolgen.[397] Vermögenswerte und Schulden sind nur dann einem Segment zuzuordnen, wenn die aus ihnen entstehenden Erträge und Aufwendungen in das Ergebnis dieses Segments eingehen (IAS 14.48). Hieraus folgt, dass von mehreren Segmenten gemeinschaftlich genutzte Vermögenswerte und Schulden unter Anwendung eines sachgerechten Verteilungsschlüssels entsprechend der Zurechnung der korrespondierenden Erträge und Aufwendungen den Segmenten zugeordnet werden (IAS 14.47). Bestands- und Stromgrößen,

---

[395] Vgl. Kapitel 3.2.1.2.2.

[396] Über diese Angabepflichten hinaus empfiehlt der IASB, die für das primäre Berichtsformat zusätzlich verlangten Informationen auch für das sekundäre Berichtsformat zu veröffentlichen (IAS 14.49).

[397] Zu einer ausführlichen Darstellung des als Symmetriegrundsatz bezeichneten Prinzips vgl. Ulbrich (2006), S. 126–127.

die sich nicht auf einzelne Segmente zuordnen lassen, gehen als *unallocated reconciling items* in den Ausgleichsposten ein.[398]

3.2.1.3.2 Segmentergebnis

Das für das primäre Berichtsformat auszuweisende Segmentergebnis (*segment result*) ergibt sich gemäß IAS 14.16 aus den Segmenterträgen abzüglich der Segmentaufwendungen vor etwaigen Anpassungen um Minderheitenanteile. Die Angabe des Segmentergebnisses hat getrennt nach dem Ergebnis aus fortzuführenden und dem aus aufgegebenen Aktivitäten zu erfolgen (IAS 14.52). Die Segmentaufwendungen sind betrieblich verursachte Aufwendungen, die den Segmenten entweder direkt oder auf einer vernünftigen Grundlage (*reasonable basis*) zugerechnet werden können. Analog zu den Segmenterträgen umfassen sie sowohl die im Zusammenhang mit Verkäufen an externe Kunden als auch die bei Intersegmenttransaktionen angefallenen Aufwendungen. Nicht zu den Segmentaufwendungen gehören Zinsen, Verluste aus Verkäufen von Finanzinvestitionen und der Tilgung von Schulden, Verlustbeiträge von nach der Equity-Methode bilanzierten assoziierten Unternehmen, Gemeinschaftsunternehmen und anderen Finanzinvestitionen,[399] Ertragsteueraufwendungen sowie der Gesamtunternehmensebene zuordenbare andere Aufwendungen (beispielsweise Verwaltungsaufwendungen und Aufwendungen im Zusammenhang mit der Unternehmenszentrale).[400] Liegt die Geschäftstätigkeit eines Segments jedoch im Finanzbereich, sind die angefallenen Zinsaufwendungen sowie die Verluste aus Verkäufen von Finanzinvestitionen und der Tilgung von Schulden den Segmentaufwendungen zuzuordnen.[401]

---

398 Vgl. Alvarez (2004), S. 106.

399 Diese Verlustbeiträge sind bei der Ermittlung der Segmenterträge zu berücksichtigen, wenn sie in den aggregierten bzw. konsolidierten Erträgen des Gesamtunternehmens enthalten sind. A.A. ALVAREZ, der die Verlustbeiträge den Segmentaufwendungen zuordnet. Vgl. Alvarez (2004), S. 131–132.

400 Insoweit wird ein ordentliches Betriebsergebnis vor Steuern und Zinsen (EBIT/*Earnings before Interest and Tax*) als Segmentergebnisgröße ausgewiesen. Vgl. Ulbrich (2006), S. 132. Zum empirischen Befund vgl. Kajüter/Barth (2007a), S. 430.

401 Entsprechend der Ermittlung der Segmenterträge sind die Verlustbeiträge aus Gemeinschaftsunternehmen den Segmentaufwendungen zuzuordnen, wenn die Gemeinschaftsunternehmen nach den Vorschriften des IAS 31 quotal konsolidiert werden (IAS 14.16).

3.2.1.3.3 Segmenterträge

Die für das primäre Berichtsformat anzugebenden Segmenterträge (*segment revenue*) leiten sich aus der Definition von *revenue* des IAS 18 ab und umfassen deshalb neben den Umsatzerlösen auch andere Erträge aus der gewöhnlichen Geschäftstätigkeit.[402] Generell sind bei einem Segment die Erträge auszuweisen, die dem Segment entweder direkt oder auf einer angemessenen Grundlage (*reasonable basis*) zugerechnet werden können (IAS 14.16).[403] Da die Ermittlung der Segmenterträge auf unkonsolidierter Basis erfolgt, umfassen sie zudem neben den Erträgen mit externen Kunden auch die Erträge aus Transaktionen zwischen den Segmenten.[404] Die Intersegmenterträge sind getrennt von den Erträgen aus Transaktionen mit Dritten anzugeben (IAS 14.51) und mit den Verrechnungspreisen zu bewerten, die im Unternehmen angewendet werden.[405] Zins- und Dividendenerträge sowie Erträge aus der Veräußerung von Finanzinvestitionen und der Tilgung von Schulden gehören gemäß IAS 14.16 hingegen nicht zu den Segmenterträgen. Diese grundsätzlich dem Finanzbereich zuordenbaren Erträge sind lediglich dann in die Segmenterträge einzubeziehen, wenn die Geschäftstätigkeit des Segments primär finanzieller Art ist.[406] Weiterhin sind auch die Gewinn- und Verlustbeiträge von nach der Equity-Methode bilanzierten assoziierten Unternehmen, Gemeinschaftsunternehmen und anderen Finanzinvestitionen in der Regel nicht Bestandteil der Segmenterträge. Die Segmenterträge umfassen nur dann diese Gewinn- und Verlustbeiträge, wenn diese auch in den aggregierten bzw. konsolidierten Erträgen des Gesamtunternehmens enthalten sind.[407]

Segmentiert das Unternehmen primär nach Geschäftssegmenten, müssen für die geografischen Segmente als sekundäres Berichtsformat die Segmenterträge mit externen Kunden auf Basis der Absatzmärkte separat berichtet werden, deren Erträge mit externen Kunden mindestens 10% der Erträge des Gesamtunternehmens mit externen Kunden ausmachen (IAS 14.69).

---

[402] Vgl. ADS International (2002), Tz. 140; Haller (2003), Tz. 103; Kirsch (2004), S. 194.

[403] Bei der direkten Zuordnung sowie der Verteilung entsprechend einer *reasonable basis* soll als Ausgangspunkt das interne Finanzberichtssystem herangezogen werden (IAS 14.17). Insoweit kommt hier der *management approach* zur Anwendung. Jedoch ist vom *management approach* abzuweichen, wenn die Zuordnung von Dritten nicht nachvollziehbar ist (IAS 14.18). Vgl. Ulbrich (2006), S. 121.

[404] In der reinen Anwendung des *disaggregation approach* würden die Segmenterträge lediglich die Erträge mit unternehmensexternen Kunden umfassen, da unternehmensinterne Transaktionen aus Sicht des Gesamtunternehmen nicht zu Erträgen führen.

[405] Die Bewertung der Intersegmenterträge folgt direkt aus der Anwendung des *disaggregation approach*. Unter dem *autonomous entity approach* wären den Transaktionen zwischen den Segmenten Marktpreise zuzuordnen. Vgl. hierzu Kapitel 3.1.3.2.1. Die Grundlagen der Verrechnungspreisermittlung für Intersegmenttransaktionen sind anzugeben (IAS 14.75).

[406] Dies gilt insbesondere bei Banken und Versicherungen. Vgl. Haller (2003), Tz. 102.

[407] Erträge aus quotal konsolidierten Gemeinschaftsunternehmen sind grundsätzlich in die Segmenterträge einzubeziehen (IAS 14.16).

Segmentiert das Unternehmen jedoch primär geografisch, dann sind auch die Segmenterträge der Geschäftssegmente zu veröffentlichen, deren Erträge mit externen Kunden mindestens 10% der Erträge des Gesamtunternehmens mit externen Kunden ausmachen (IAS 14.70). Berichtet das Unternehmen hierbei geografische Segmente auf Basis des Produktionsstandorts und unterscheidet sich der Produktionsstandort von den Absatzmärkten, dann soll das Unternehmen gemäß IAS 14.71 zusätzlich noch über die Segmenterträge mit externen Kunden auf Basis der Absatzmärkte informieren.

3.2.1.3.4 Segmentvermögen

Gemäß IAS 14.55 ist für jedes berichtspflichtige Segment des primären Berichtsformats der Gesamtbuchwert des Segmentvermögens anzugeben. Dieses umfasst die betrieblich genutzten kurz- und langfristigen Vermögenswerte, die entweder direkt oder auf Basis eines angemessenen Verteilungsschlüssels den Segmenten zugerechnet werden können. Hierzu gehören unter anderem Sachanlagen, Vermögenswerte aus Finanzierungsleasingverhältnissen und immaterielle Vermögenswerte inklusive eines etwaigen Goodwill (IAS 14.19). Zur Sicherstellung der Symmetrie von Bestands- und Stromgrößen sind Vermögenswerte grundsätzlich nur dann einem Segment zuzuordnen, wenn die korrespondierenden Erfolgsbestandteile in das Segmentergebnis eingegangen sind. Demnach sind nur die Forderungen, Darlehen, Finanzinvestitionen und anderen Vermögenswerte Bestandteil des Segmentvermögens, deren Zins- und Dividendenerträge als Segmenterträge klassifiziert werden. Auch nach der Equity-Methode bilanzierte Finanzinvestitionen sind nur dann in das Segmentvermögen einzubeziehen, wenn die Gewinn- und Verlustbeiträge dieser Finanzinvestitionen im Segmentergebnis enthalten sind.[408] Ertragsteueransprüche (Ertragsteuerforderungen und aktive latente Steuern) gehören nicht zum Segmentvermögen (IAS 14.16).

Bei einer primären Segmentierung nach Geschäftssegmenten ist das Unternehmen dazu verpflichtet, die Vermögenswerte zusätzlich nach den geografischen Regionen als sekundäres Berichtsformat zu segmentieren, sofern den geografischen Segmenten mindestens 10% des Vermögens des gesamten Unternehmens zugeordnet wurde. Basis soll auch hier der Produktionsstandort sein (IAS 14.69). Segmentiert das Unternehmen jedoch primär nach geografi-

[408] Auch die Anteile an Gemeinschaftsunternehmen sind nur dann den Segmenten als Vermögen zuzuordnen, wenn für diese Gemeinschaftsunternehmen eine quotale Konsolidierung in Übereinstimmung mit IAS 31 erfolgt. Vgl. Haller (2003), Tz. 121.

schen Regionen, müssen die Vermögenswerte in der sekundären Segmentierung nach den Geschäftssegmenten ausgewiesen werden, sofern das Vermögen der Geschäftssegmente mindestens 10% des Gesamtvermögens des Unternehmens beträgt (IAS 14.70). Erfolgt die primäre geografische Segmentierung absatzmarktorientiert, dann soll die sekundäre Segmentberichterstattung noch um eine Segmentierung der Vermögenswerte auf Basis des Produktionsstandorts erweitert werden (IAS 14.72).

3.2.1.3.5 Segmentschulden

Weiterhin sind die Segmentschulden (*segment liabilities*) für jedes berichtspflichtige Segment des primären Berichtsformats auszuweisen (IAS 14.56). Analog zum Segmentvermögen handelt es sich bei den Segmentschulden um Schulden, die mit der Geschäftstätigkeit des Segments verbunden sind, und dem Segment entweder direkt oder auf einer angemessenen Grundlage zugerechnet werden können (IAS 14.16). Hierzu gehören beispielsweise Verbindlichkeiten aus Lieferungen und Leistungen sowie andere mit der Geschäftstätigkeit verbundene Verbindlichkeiten und Rückstellungen. Finanzielle Schulden, wie z.B. Kredite und Verbindlichkeiten aus Finanzierungsleasingverhältnissen, gehen grundsätzlich nicht in die Segmentschulden ein. Lediglich bei Segmenten mit einer größtenteils finanziellen Geschäftstätigkeit sind diese finanziellen Schulden Bestandteil der Segmentschulden, wenn auch die mit diesen Schulden verbundenen Zinsen bei der Ermittlung des Segmentergebnisses berücksichtigt werden (IAS 14.20). Ebenso sind die tatsächlichen und latenten Ertragsteuerschulden nicht den Segmenten zuzuordnen (IAS 14.16). Zur Wahrung des Symmetriegrundsatzes sind verzinsliche Schulden nur dann in die Segmentschulden einzubeziehen, wenn der korrespondierende Zinsaufwand in das Segmentergebnis eingeht.[409] Entsprechend den Vorschriften zum Segmentvermögen sind auch die Segmentschulden zu ihrem Buchwert auszuweisen. Anpassungen früherer Buchwerte, die sich durch Konsolidierungsmaßnahmen im Zuge eines Unternehmenserwerbs ergeben haben, sind hierbei zu berücksichtigen (IAS 14.21).

[409] Darüber hinaus sind Anteile an Schulden eines Gemeinschaftsunternehmens Bestandteil der Segmentschulden, wenn das Gemeinschaftsunternehmen nach den Vorschriften des IAS 31 quotal konsolidiert wird (IAS 14.16). Vgl. auch Haller (2003), Tz. 129.

3.2.1.3.6 Sonstige Segmentangaben

Gemäß IAS 14.57 sind die Anschaffungskosten der Berichtsperiode für Vermögenswerte anzugeben, die voraussichtlich länger als eine Berichtsperiode genutzt werden (Segmentinvestitionen). Die von dieser Vorschrift zum Ausweis im primären Berichtsformat erfassten Vermögenswerte umfassen grundsätzlich erworbene Sachanlagen und immaterielle Vermögenswerte. Zudem kann aus dem Kontext der Vorschrift geschlossen werden, dass auch selbsterstellte langfristige materielle und immaterielle Vermögenswerte der Periode in die auszuweisenden Segmentinvestitionen eingehen.[410] Hinsichtlich der Ermittlung der Segmentinvestitionen wird betont, dass die Bewertung nicht auf der Grundlage des Zahlungsmittelflusses (*cash basis*), sondern unter Berücksichtigung der Periodenabgrenzung (*accrual basis*) zu erfolgen hat (IAS 14.57).

Analog zur Vorgehensweise beim Segmentvermögen sind auch die Investitionen bei einer primären Segmentierung nach den Geschäftsbereichen im sekundären Berichtsformat nach geografischen Regionen auf Basis des Produktionsstandorts zu segmentieren, sofern die Wesentlichkeitsgrenze überschritten ist (IAS 14.69). Segmentiert das Unternehmen jedoch primär nach geografischen Regionen, dann sind die Investitionen in der sekundären Segmentberichterstattung auf die Geschäftssegmente aufzuteilen (IAS 14.70) und bei einer Orientierung der primären geografischen Segmentierung an den Absatzmärkten zusätzlich noch nach dem Produktionsstandort (IAS 14.72).

Weiterhin sind für das primäre Berichtsformat der Gesamtbetrag der im Segmentergebnis enthaltenen planmäßigen Abschreibungen auf das Sachanlagevermögen und die immateriellen Vermögenswerte anzugeben, die für betriebliche Zwecke genutzt werden (IAS 14.58).[411] Diese Segmentabschreibungen umfassen nur dann Abschreibungen auf das Finanzanlagevermögen, wenn die Geschäftstätigkeit des Segments primär finanzieller Art ist und das Finanzanlagevermögen direkt mit dieser Geschäftstätigkeit verbunden ist.[412] Zudem ist der Gesamtbetrag der wesentlichen nicht zahlungswirksamen Aufwendungen ohne die planmäßigen Abschrei-

---

410 Vgl. ADS International (2002), Tz. 181; Haller (2003), Tz. 131.

411 Nach Ansicht von HALLER ist es bei der Darstellung des Wertverzehrs des Segmentvermögens nicht angemessen, auf die außerplanmäßigen Abschreibungen zu verzichten und ausschließlich die planmäßigen Abschreibungen anzugeben. Vgl. Haller (2003), Tz. 132. ADS INTERNATIONAL weist hier auf die gesonderte Angabe der Wertminderungen und Wertaufholungen auf Sachanlagen und immaterielle Vermögenswerte gemäß IAS 36.129 für die einzelnen Segmente hin. Vgl. ADS International (2002), Tz. 184.

412 Vgl. Alvarez (2004), S. 132.

bungen anzugeben,[413] die als Bestandteil des Segmentaufwands in die Ermittlung des Segmentergebnisses eingeflossen sind (IAS 14.61).[414] Letztlich werden für das primäre Berichtsformat noch Angaben zu den nach der Equity-Methode bilanzierten Finanzinvestitionen gefordert. Der nicht im Segmentergebnis enthaltene Ergebnisbeitrag von nach der Equity-Methode bilanzierten assoziierten Unternehmen, Gemeinschaftsunternehmen und anderen Finanzinvestitionen ist für die einzelnen Segmente in Summe anzugeben, wenn dieser im Wesentlichen einem Segment zugeordnet werden kann (IAS 14.64).[415] Wird einem Segment ein solcher Ergebnisbeitrag zugerechnet, dann hat gemäß IAS 14.66 zudem die Angabe des Gesamtbuchwerts der Anteile an den nach der Equity-Methode bilanzierten assoziierten Unternehmen, Gemeinschaftsunternehmen und anderen Finanzinvestitionen für das jeweilige Segment zu erfolgen.[416]

Über die Angabepflichten hinaus werden von IAS 14 folgende Angabeempfehlungen für das primäre Berichtsformat angeführt:

- weitere Segmentergebnisgrößen, die ohne willkürliche Verteilungen ermittelt wurden und deren Ermittlung ausreichend erläutert wird, sofern sie nach anderen als den im Jahres- oder Konzernabschluss verwendeten Grundsätzen ermittelt wurden (IAS 14.53),
- die Art und der Betrag wesentlicher Bestandteile der Segmenterträge und -aufwendungen (IAS 14.59),
- der Gesamtbetrag der in die Segmenterträge eingegangenen wesentlichen nicht zahlungswirksamen Erträge (IAS 14.62) und
- die Segmentcashflows (IAS 7.50d, IAS 14.62).[417] Werden Cashflows für die Segmente angegeben, müssen die Segmentabschreibungen und die wesentlichen zahlungsunwirksamen Segmentaufwendungen gemäß IAS 14.63 nicht gesondert ausgewiesen werden.

---

[413] Die umfassen im Wesentlichen die laufenden Zuführungen zu den Rückstellungen. Vgl. Ulbrich (2006), S. 137–138.

[414] Nach HALLER ist das Kriterium der Wesentlichkeit erfüllt, wenn analog zu den Bestimmungen im Zusammenhang mit dem Segmentausweis die zahlungsunwirksamen Segmentaufwendungen mindestens 10% zu den gesamten Segmentaufwendungen eines Segments beitragen. Vgl. Haller (2003), Tz. 133.

[415] Die Zuordenbarkeit zu einem Segment anhand der Geschäftstätigkeit ist für jede nach der Equity-Methode bilanzierte Finanzinvestition gesondert zu prüfen (IAS 14.65).

[416] Der Beteiligungsbuchwert ist hierbei nicht Bestandteil des Segmentvermögens, sondern ist gesondert auszuweisen. Vgl. ADS International (2002), Tz. 193; Haller (2003), Tz. 134.

[417] Nach Ansicht des IASB vermag die Angabe von Cashflows aus der betrieblichen Tätigkeit, der Investitionstätigkeit und der Finanzierungstätigkeit für die Geschäfts- und die geografischen Segmente einen wesentlichen Beitrag zum Verständnis der Vermögens- und Finanzlage zu leisten.

3.2.1.3.7 Segmentübergreifende Angaben

Über die Angabepflichten für das primäre und das sekundäre Berichtsformat hinaus sind weitere berichtsformatunabhängige Informationen im Rahmen der Segmentberichterstattung zu veröffentlichen. So hat das Unternehmen die Zusammensetzung der Segmente (Geschäftssegmente und geografischen Segmente) darzustellen und zu erläutern (IAS 14.81). Weiterhin sind für vertikal integrierte Segmente[418] die Erträge mit externen Kunden und die Erträge mit anderen Segmenten zu veröffentlichen, sofern diese an die Geschäftsleitung berichtet werden und mindestens 10% der gesamten Unternehmenserträge ausmachen (IAS 14.74). Diese Zwischensegmenterträge sind mit den tatsächlichen Verrechnungspreisen zu bewerten. Die Grundlagen der Verrechnungspreisbestimmung und diesbezügliche Änderungen sind anzugeben (IAS 14.75).

Zudem sind gemäß IAS 14.76 Änderungen der Bilanzierungs- und Bewertungsmethoden zu berichten, die einen wesentlichen Einfluss auf die zu veröffentlichenden Segmentinformationen haben, und die vergangenen Berichtsperioden anzupassen.[419] Die Berichterstattung hat den Grund und die Art der Änderung zu umfassen. Zudem ist darauf hinzuweisen, dass Vergleichsinformationen angepasst wurden oder dass eine solche Anpassung aus Praktikabilitäts- oder Wirtschaftlichkeitsüberlegungen nicht durchgeführt wurde. Auch sind die wirtschaftlichen Auswirkungen dieser Änderungen anzugeben, wenn sie mit ausreichender Sicherheit bestimmt werden können. Ergeben sich im Rahmen der Segmentierung Änderungen, sind für Vergleichszwecke auch die vergangenen Perioden auf Basis der neuen Segmentierung darzustellen.[420] Bei Änderungen der Grundlagen der Verrechnungspreisermittlung sind die Segmentdaten der vorangegangenen Perioden hingegen nicht anzupassen (IAS 14.80).

---

[418] Hierbei handelt es sich um Geschäftssegmente oder geografische Segmente, deren Umsätze größtenteils mit anderen Segmenten erwirtschaftet werden und die deshalb grundsätzlich nicht berichtspflichtig sind.

[419] Sofern aus Praktikabilitätsgründen eine vollständige, retrospektive Anpassung nicht vorgenommen werden kann, sind die neuen Bilanzierungs- und Bewertungsmethoden ab dem frühest möglichen Zeitpunkt anzuwenden, für den eine solche Anpassung durchgeführt werden kann (IAS 14.78c).

[420] Ist dieses aus Praktikabilitäts- oder Wirtschaftlichkeitsgründen nicht möglich, dann müssen die aktuellen Segmentdaten sowohl auf Basis der alten als auch auf Basis der neuen Segmentierung dargestellt werden (IAS 14.76).

3.2.1.4 Überleitung

Durch die Überleitung der Segmentdaten auf die aggregierten Daten von Einzel- bzw. Konzernabschluss wird der Zusammenhang von Segmentbericht und den übrigen Abschlussinstrumenten verdeutlicht.[421] Die Überleitungsbeträge zwischen der Summe der Segmente und den aggregierten Daten des Gesamtunternehmens werden hierbei regelmäßig in einer gesonderten Spalte zur Segmentberichterstattung ausgewiesen. Obwohl IAS 14 hierzu keine besondere Vorschrift umfasst, sollte im Sinne der Informationsvermittlung eine Zusammenfassung der Überleitungsbeträge mit den nicht den gesondert ausgewiesenen Segmenten zugeordneten Posten unterbleiben.[422] Die Überleitungsbeträge sind grundsätzlich auf intersegmentäre Transaktionen oder nicht bei den Segmenten erfasste Posten zurückzuführen, die sich im Wesentlichen aus Zuordnungsproblemen oder aus der Zuordnung zur Gesamtunternehmensebene ergeben.[423]

Gemäß IAS 14.67 sind verschiedene Segmentposten auf die korrespondierenden Daten des Gesamtunternehmens überzuleiten.[424] So sind die Segmenterträge auf die Erträge des Gesamtunternehmens mit externen Kunden überzuleiten. Hierbei sind die Erträge, die keinem Segment zugerechnet wurden, gesondert anzugeben. Darüber hinaus ist das Segmentergebnis aus fortzuführenden Aktivitäten zum einen auf die korrespondierende Betriebsergebnisgröße und zum anderen auf das gesamte Periodenergebnis überzuleiten. Auch für das Segmentergebnis aus aufzugebenden Aktivitäten ist der Differenzbetrag anzugeben. Ferner sind die Segmentvermögenswerte und Segmentschulden auf die korrespondierenden Posten überzuleiten.

3.2.2 Segmentberichterstattung nach SFAS 131 und IFRS 8

3.2.2.1 Anwendungsbereich der Segmentberichterstattungsvorschriften

Entsprechend den Vorschriften in IAS 14 ist auch nach SFAS 131 und IFRS 8 die Kapitalmarktorientierung das zentrale Kriterium für die Verpflichtung zur Aufstellung eines Segmentberichts.[425] Gemäß SFAS 131.9 und IFRS 8.2 sind kapitalmarktorientierte Unternehmen

---

421 Vgl. Haller (2003), Tz. 142.
422 Dies kann auch dem in Anhang B zu IAS 14 aufgeführten Beispiel einer Segmentberichterstattung entnommen werden.
423 Vgl. ADS International (2002), Tz. 196.
424 Vgl. auch Bohl (2006), Tz. 66.
425 Zur Entwicklung von SFAS 131 und IFRS 8 vgl. die Ausführungen in Kapitel 2.4.3.

solche, deren Eigen- und/oder Fremdkapitaltitel bereits am Kapitalmarkt gehandelt werden oder zukünftig dort gehandelt werden sollen, sowie die Unternehmen, die verpflichtet sind, ihren Abschluss bei einer Börsenaufsichtsbehörde (für US-GAAP-Anwender mit einer Notierung an einer US-amerikanischen Börse bei der SEC) einzureichen. Unternehmen, die zugleich auch Mutterunternehmen eines Konzerns sind, brauchen eine Segmentberichterstattung lediglich auf konsolidierter Basis zu veröffentlichen (SFAS 131.9, IFRS 8.4). Tochter- und Gemeinschaftsunternehmen sowie assoziierte Unternehmen, die gemäß der Equity-Methode in einen Konzernabschluss einbezogen werden, unterliegen insoweit keiner gesonderten Segmentberichterstattungspflicht, als sie nicht selbst kapitalmarktorientierte Unternehmen sind.[426] Zudem empfiehlt der FASB, wie auch bereits der IASB in IAS 14, die Anwendung der Segmentberichterstattungsvorschriften auch Unternehmen, die gemäß SFAS 131.9 nicht zur Aufstellung verpflichtet werden.

3.2.2.2 Bestimmung der berichtspflichtigen Segmente

3.2.2.2.1 Segmentierungskonzeption

SFAS 131 und IFRS 8 folgen bei der Abgrenzung der Segmente konsequent dem *management approach*.[427] Die für Zwecke der externen Segmentberichterstattung vorgenommene Segmentierung des Unternehmens orientiert sich dementsprechend an der internen Organisationsstruktur des Unternehmens (SFAS 131.4).[428] Als externe Segmente werden grundsätzlich die Segmente ausgewiesen, die Bestandteil der regelmäßigen Berichterstattung an den zentralen Entscheidungsträger (*chief operating decision maker*) des Unternehmens sind (SFAS 131.5, IFRS 8.5).[429]

---

[426] Im Entwurf zu IFRS 8 war zudem vorgesehen, auch die Unternehmen (z.B. Banken, Versicherungsgesellschaften und Pensionsfonds) zu einer Anwendung des Standards zu verpflichten, die in ihrer Funktion als Treuhänder Vermögenswerte für eine große Gruppe Außenstehender halten (ED 8.2). Diese Vorgabe wurde jedoch in der endgültigen Fassung gestrichen. Vgl. hierzu auch Alvarez/Büttner (2006), S. 309; Fink/Ulbrich (2006), S. 235–236; Müller/Peskes (2006), S. 821; Schween (2006), S. 516.

[427] In Bezug auf SFAS 131 vgl. Böcking/Benecke (1998), S. 99; Böcking (1999), S. 529; Langenbucher (1999), S. 168; Kirsch (2001), S. 1513; Epstein/Nach/Bragg (2005), S. 915. Zu IFRS 8 vgl. exemplarisch Fink/Ulbrich (2007), S. 1; Kirsch (2007), S. 61. Weitere Ausführungen zum *management approach* als Segmentierungskriterium in Kapitel 3.1.2.1.1.

[428] Vgl. Böcking/Benecke (1998), S. 97; Zirkler/Nohe (2005), S. 38.

[429] Der Begriff *chief operating decision maker* bezeichnet keine bestimmte Position. Die Funktion, auf die der Begriff abstellt, kann unternehmensspezifisch von verschiedenen Personen bzw. einer Personengruppe (z.B. *chief executive officer*, *chief operating officer* oder eine Gruppe von *executive officers*) erfüllt werden (SFAS 131.12, IFRS 8.7). Vgl. hierzu auch KPMG (2006), S. 182; Kajüter/Barth (2007), S. 112.

Generell gewährt die Segmentierung nach dem *management approach* den Unternehmen kaum Ermessensspielräume,[430] aber eine relativ große Gestaltungsfreiheit, indem die Entscheidungsträger im Vorfeld zur externen Segmentberichterstattung die interne Struktur festlegen.[431] Insoweit ist die Anwendung der unterschiedlichen Segmentierungskriterien grundsätzlich möglich. Sofern die interne Struktur beispielsweise auf den rechtlichen Einheiten basiert, wäre diese Segmentierung unter SFAS 131 und IFRS 8 im Unterschied zu IAS 14 für die externe Segmentberichterstattung zu übernehmen.[432]

3.2.2.2.2 Segmentidentifikation

Die Differenzierung des IAS 14 zwischen Geschäftssegmenten (*business segments*) und geografischen Segmenten (*geographical segments*) findet sich in SFAS 131 und IFRS 8 nicht. Die Tätigkeitsbereiche der Unternehmen werden innerhalb der beiden Standards als operative Segmente (*operating segments*) bezeichnet. Ebenso existiert keine Differenzierung zwischen primärem und sekundärem Berichtsformat.[433] Gemäß SFAS 131.10 und IFRS 8.5 verstehen FASB und IASB unter den *operating segments* Teilaktivitäten eines Unternehmens,

- deren Aktivitäten zu potenziellen oder tatsächlichen Erträgen und Aufwendungen führen (Intersegmentergebnisse eingeschlossen),
- deren Ergebnisse regelmäßig vom *chief operating decision maker* überwacht werden, um Entscheidungen über die Ressourcenallokation auf die Segmente zu treffen und die Segmentleistung zu beurteilen, und
- für die gesonderte finanzielle Informationen vorliegen.

Durch die angeführten Kriterien ist sichergestellt, dass nicht alle Teilaktivitäten des Unternehmens die Definition operativer Segmente erfüllen. Insbesondere die Teilaktivitäten ohne Erträge aus Transaktionen mit unternehmensexternen Kunden (z.B. die Konzernzentrale) sind regelmäßig keine operativen Segmente (SFAS 131.11, IFRS 8.6).[434] Im Unterschied zu

[430] Vgl. Müller/Peskes (2006a), S. 34.
[431] Vgl. Epstein/Nach/Bragg (2005), S. 915.
[432] Vgl. Fink/Ulbrich (2006), S. 236.
[433] Vgl. Kajüter/Barth (2007a), S. 432; Zülch/Burghardt (2007), S. 22. A.A. Feldkämper (2003), S. 1453. Nur ein geringer Anteil der nach SFAS 131 zur Segmentberichterstattung verpflichteten Unternehmen identifiziert die *operating segments* anhand geografischer Regionen. Vgl. hierzu Nichols/Street/Gray (2000), S. 79.
[434] Vgl. Alvarez/Büttner (2006), S. 309. Jedoch können *start-up operations* durchaus operative Segmente darstellen, auch wenn sie noch keine Erträge erwirtschaften (SFAS 131.10, IFRS 8.5). Vgl. auch Kirsch (2007), S. 62.

IAS 14 sind nach SFAS 131 und IFRS 8 jedoch vertikal integrierte Segmente grundsätzlich gesondert auszuweisen,[435] wenn sie Bestandteil der regelmäßigen Berichterstattung an den *chief operating decision maker* sind (SFAS 131.79–80).[436]

Die drei genannten Kriterien sollten in der Regel ausreichen, um die operativen Segmente des Unternehmens zu identifizieren. Sollten mehrere Segmentierungskriterien innerhalb eines Unternehmens zur Anwendung kommen, können weiterhin die Art der Geschäftsaktivitäten, die Existenz von segmentverantwortlichen Managern und Informationen, die in Vorstandssitzungen präsentiert werden, Hinweise auf die operativen Segmente liefern (SFAS 131.13, IFRS 8.8). Ist das Unternehmen jedoch in Form einer Matrix organisiert und erfüllen dementsprechend zwei Segmentierungsdimensionen die Kriterien für die operativen Segmente, dann sind nach SFAS 131.15 die produkt- und leistungsorientierten Teilaktivitäten als operative Segmente zu definieren. IFRS 8.10 bestimmt hingegen, dass die operativen Segmente in einem solchen Fall unter Bezugnahme auf das dem Standard in IFRS 8.1 vorangestellte Grundprinzip (*core principle*) zu bestimmen sind. Die operativen Segmente sind daher nach dem Segmentierungskriterium zu bestimmen, welches den Adressaten der Rechnungslegung ermöglicht, die Tätigkeitsbereiche und das wirtschaftliche Umfeld des Unternehmens zu beurteilen.

3.2.2.2.3 Berichtspflichtige Segmente

Im Anschluss an die Identifikation der operativen Segmente sind gemäß SFAS 131.16 und IFRS 8.11 die berichtspflichtigen Segmente (*reportable segments*) zu ermitteln. Hierbei ist zu prüfen, ob vergleichbare operative Segmente zusammengefasst werden können. Eine Zusammenfassung kann erfolgen, sofern die Segmente ähnliche wirtschaftliche Eigenschaften aufweisen und gemäß SFAS 131.17 oder IFRS 8.12 in jedem der folgenden Bereiche identisch sind:

- der Art der Produkte und Dienstleistungen,
- der Art des Produktionsprozesses,
- den Kunden für die Produkte und Dienstleistungen,

---

[435] Vgl. Fink/Ulbrich (2007), S. 1. Zu den Angabepflichten von IAS 14 im Zusammenhang mit vertikal integrierten Segmenten vgl. Kapitel 3.2.1.3.7.

[436] Die Erläuterungen zu SFAS 131 (*Background Information and Basis for Conclusions*, SFAS 131.41–120) wurden als Appendix A in die IFRS 8 *Basis for Conclusions* aufgenommen und können deshalb auch im Zusammenhang mit IFRS 8 als Erläuterungen herangezogen werden.

- den Vertriebsmethoden für die Produkte und Dienstleistungen und
- den wirtschaftlichen und politischen Rahmenbedingungen.

Danach ist zu überprüfen, ob die (ggf. zusammengefassten) operativen Segmente gesondert ausgewiesen werden müssen. Dies ist nach SFAS 131.18 und IFRS 8.13 der Fall, wenn die operativen Segmente eines der folgenden quantitativen Größenkriterien (*quantitative thresholds*) erfüllen:[437]

- Die Umsatzerlöse (intern und extern) des Segments betragen mindestens 10% der Umsatzerlöse (intern und extern) der gesamten berichteten operativen Segmente.[438]
- Das operative Ergebnis des Segments beträgt mindestens 10% des größeren der beiden Beträge (1) kumulierter Gewinn der operativen Segmente, die keinen Verlust ausweisen oder (2) kumulierter Verlust der operativen Segmente, die einen Verlust ausweisen.
- Die Segmentvermögenswerte machen mindestens 10% der gesamten Vermögenswerte aller operativen Segmente aus.

Sofern die auf diese Art und Weise identifizierten berichtspflichtigen Segmente nicht 75% der gesamten konsolidierten Umsatzerlöse erreichen, soll gemäß SFAS 131.20 und IFRS 8.15 über weitere operative Segmente berichtet werden, bis 75% erreicht sind. Die danach verbleibenden Teilaktivitäten und operativen Segmente sind in der Kategorie „Übrige Segmente" (*all other segments*) zusammenzufassen und getrennt von den Überleitungspositionen auszuweisen.[439] Die in dieser Kategorie zusammengefassten Erträge sind zu beschreiben (SFAS 131.21, IFRS 8.16).

Die Größenkriterien bewirken, dass der *management approach* im Zusammenhang mit der Identifikation der berichtspflichtigen Segmente nur abgeschwächt angewendet wird. Eine uneingeschränkte Anwendung des *management approach* könnte gegebenenfalls zu einer Informationsüberfrachtung (*information overload*) beim Adressaten führen[440] oder den Kon-

---

437 Vgl. auch Fink/Ulbrich (2007a), S. 33.

438 Durch den Verweis auf den Gesamtumsatz der berichteten operativen Segmente ergibt sich ein Zirkularitätsproblem. Zur Überprüfung, ob ein operatives Segment berichtspflichtig ist, muss der Gesamtumsatz der berichtpflichtigen Segmente bekannt sein. Der Gesamtumsatz der berichtspflichtigen Segmente lässt sich dementsprechend nur iterativ ermitteln. Vgl. Böcking/Benecke (1999), S. 843.

439 Zur Überleitung der Segmentdaten auf die aggregierten Daten des Gesamtunternehmens vgl. die Ausführungen in Kapitel 3.2.2.4.

440 Hierbei handelt es sich um ein eher schwaches Argument.

kurrenzschutz der Unternehmen gefährden (SFAS 131.71).[441] Jedoch können Informationen zu operativen Segmenten, die diese Größenkriterien nicht erfüllen, auf freiwilliger Basis veröffentlicht werden, wenn das Management des Unternehmens diesen Informationen einen Nutzen für die Adressaten beimisst (SFAS 131.18, IFRS 8.13).[442]

Erfüllt eine als operatives Segment ausgewiesene Teilaktivität des Unternehmens in der folgenden Periode nicht mehr die Größenkriterien zur Klassifizierung als berichtspflichtiges Segment, können die Daten dieses Segments gemäß SFAS 131.22 und IFRS 8.17 weiterhin gesondert ausgewiesen werden, wenn das Management dem gesonderten Ausweis dieses Segments Bedeutung (*continuing significance*) beimisst. Wird andererseits ein Segment erstmalig gesondert ausgewiesen, sind die Vergleichsinformationen so darzustellen, als ob das Segment bereits in den vorangegangenen Perioden berichtspflichtig gewesen wäre. Die Vergleichsinformationen sind nur dann nicht in dieser Art und Weise aufzubereiten, wenn die hierfür erforderlichen Informationen nicht verfügbar sind oder die Beschaffung der Informationen unverhältnismäßig hohe Kosten verursachen würde (SFAS 131.23, IFRS 8.18).

3.2.2.3 Segmentangabepflichten

3.2.2.3.1 Überblick

Im Unterschied zu IAS 14 bildet der *management approach* in SFAS 131 und IFRS 8 die konzeptionelle Basis der Segmentdatenermittlung.[443] Da der *management approach* dementsprechend über die Segmentierung hinaus auch der Ermittlung der Segmentdaten zugrunde liegt, werden die für Zwecke der internen Entscheidungsunterstützung und Verhaltenssteuerung ermittelten und an den *chief operating decision maker* berichteten Daten in die externe Segmentberichterstattung übertragen.[444] Als Begründung der Anwendung des

---

[441] SFAS 131.24 und IFRS 8.19 gehen davon aus, dass die Obergrenze der Anzahl der auszuweisenden Segmente in der Regel bei zehn gesondert ausgewiesenen Segmenten erreicht ist. Ein getrennter Ausweis von mehr als zehn Segmenten soll nur dann erfolgen, wenn hierdurch die Praktikabilität der Segmentberichterstattung nicht gefährdet wird, da mit steigender Anzahl gesondert ausgewiesener Segmente zwangläufig die Zuordnungsprobleme gemeinschaftlich genutzter Vermögenswerte und verursachter Aufwendungen zunehmen. Vgl. Haller (2000), S. 776; Fink/Ulbrich (2006), S. 237.

[442] In Abweichung zu der in SFAS 131.17 und IFRS 8.12 geforderten Ähnlichkeit der operativen Segmente über alle angegebenen Kriterien können operative Segmente, die die Größenkriterien von SFAS 131.18 und IFRS 8.13 nicht erfüllen, zusammengefasst werden, wenn sie ähnliche wirtschaftliche Eigenschaften haben und für die Mehrzahl der in SFAS 131.17 und IFRS 8.12 angeführten Kriterien eine Ähnlichkeit nachgewiesen werden kann (SFAS 131.19, IFRS 8.14).

[443] Vgl. AKEU (1997), S. 153; KPMG (2006), S. 181; Kajüter/Barth (2007a), S. 432.

[444] Vgl. Hahn (2000), S. 678.

management approach wird angeführt, dass die Adressaten der externen Segmentberichterstattung das Unternehmen aus dem Blickwinkel des Managements sehen wollen (SFAS 131.82). Wie in Kapitel 3.1.3.1.1 ausgeführt, handelt es sich beim *management approach* jedoch nicht um eine vollständig eigenständige Konzeption der Segmentdatenermittlung. Grundsätzlich können die unternehmensinternen Segmentdaten auch unter Anwendung des *management approach* entweder nach dem *disaggregation approach* oder dem *autonomous entity approach* ermittelt werden.[445]

Auf der Grundlage einer Kosten-Nutzen-Abwägung sind nach SFAS 131 und IFRS 8 nicht sämtliche für unternehmensinterne Zwecke generierten Daten in die externe Segmentberichterstattung zu übertragen (SFAS 131.92). Stattdessen sind gemäß SFAS 131.27 und IFRS 8.23 im Rahmen der Segmentberichterstattung insbesondere Angaben zum Segmentergebnis und zum Segmentvermögen zu machen. Darüber hinaus verlangt IFRS 8.23 die Veröffentlichung von Segmentschulden, wenn diese regelmäßig an den zentralen Entscheidungsträger (*chief operating decision maker*) berichtet werden.

Eine mit IAS 14 vergleichbare Forderung nach Symmetrie von Bestands- und Stromgrößen existiert weder unter SFAS 131 noch IFRS 8. Aufgrund einer regelmäßig auf Segmentgrößen basierenden Leistungsbeurteilung der Segmentverantwortlichen ist eine unternehmensintern asymmetrische Zuordnung von Bestands- und Stromgrößen auf die Segmente jedoch eher unwahrscheinlich.[446] Die fehlende Pflicht zur Symmetrie von Bestands- und Stromgrößen ist bei der Sicherstellung der aus Sicht des Entscheidungsnutzens und der Verhaltenssteuerung sinnvollen symmetrischen Zuordnung daher nicht schädlich.

3.2.2.3.2 Segmentergebnis

Im Sinne des in SFAS 131 und IFRS 8 konsequent umgesetzten *management approach* verzichten die Standardsetter auf eine konkrete Definition einer Segmentergebnisgröße. Stattdessen soll in der Segmentberichterstattung die Segmentergebnisgröße veröffentlicht werden, die dem *chief operating decision maker* für seine Entscheidungsfindung intern berichtet wird (SFAS 131.29, IFRS 8.25). Insoweit können unter SFAS 131 und IFRS 8 verschiedene Er-

---

[445] Vgl. AKEU (1997), S. 156; ADS International (2002), Tz. 133; Fink/Ulbrich (2007a), S. 34.

[446] Zur generellen Wahrscheinlichkeit einer asymmetrischen Zuordnung von Bestands- und Stromgrößen vgl. Alvarez/Büttner (2006), S. 313; Kirsch (2007), S. 63.

gebnisgrößen auf Segmentebene ausgewiesen werden.[447] Verwendet der *chief operating decision maker* mehrere Ergebnisgrößen pro Segment, ist gemäß SFAS 131.30 und IFRS 8.26 die Ergebnisgröße zu veröffentlichen, deren Ermittlungsprinzipien am ehesten mit denen der Ergebnisgröße des aggregierten Abschlusses übereinstimmen.[448]

3.2.2.3.3 Segmenterträge

Über das Segmentergebnis hinaus sind Anwender von SFAS 131 und IFRS 8 zudem verpflichtet für die *operating segments* die Erträge mit externen Kunden[449] und die Erträge aus Transaktionen mit anderen Segmenten des Unternehmens auszuweisen, sofern diese in das Segmentergebnis eingegangen sind (SFAS 131.27, IFRS 8.23). Nach IFRS 8.23 sind die Segmenterträge jedoch auch dann anzugeben, wenn sie nicht in die Segmentergebnisgröße eingehen, aber Bestandteil der regelmäßigen Berichterstattung an den *chief operating decision maker* sind. Dementsprechend besteht zwar keine uneingeschränkte Verpflichtung zur Veröffentlichung dieser Segmentertragsgröße. Es ist jedoch davon auszugehen, dass dieser Posten regelmäßig bei der Ermittlung des Segmentergebnisses berücksichtigt oder an den *chief operating decision maker* berichtet wird und daher einer gesonderten Ausweispflicht unterliegt.

3.2.2.3.4 Segmentvermögen

Unter Anwendung des *management approach* ist analog zur Vorgehensweise in Bezug auf das Segmentergebnis die Größe als Segmentvermögen zu veröffentlichen, die der *chief operating decision maker* zur Beurteilung der Segmente heranzieht (SFAS 131.29, IFRS 8.25).[450] Das Segmentvermögen umfasst die dem Segment direkt oder über einen Verteilungsschlüssel anteilig zugeordneten materiellen und immateriellen Vermögenswerte. Eine symmetrische Zuordnung der Vermögenswerte in Abhängigkeit vom Segmentergebnis ist nicht erforderlich.[451] Verwendet der *chief operating decision maker* mehrere Vermögensgrößen, dann ist analog zum Segmentergebnis diejenige heranzuziehen, deren Ermittlungs-

---

[447] Denkbar sind hier bspw. der Umsatz, das Betriebsergebnis oder das Ergebnis vor Zinsen und Steuern (EBIT).
[448] Vgl. auch Kajüter/Barth (2007a), S. 432.
[449] Unter den Segmenterträgen werden in der Regel die Umsatzerlöse verstanden.
[450] Vgl. Epstein/Nach/Bragg (2005), S. 917.
[451] Vgl. Coenenberg (2005), S. 863.

grundsätze am ehesten mit denen im aggregierten Abschluss übereinstimmen (SFAS 131.30, IFRS 8.26).

Zusätzlich müssen Unternehmen noch die folgenden Angaben machen, sofern diese bei der Ermittlung der an den *chief operating decision maker* berichteten Segmentvermögenswerte berücksichtigt werden (SFAS 131.28, IFRS 8.24):[452]

- die Beteiligungsansätze der nach der Equity-Methode einbezogenen Unternehmen und
- die Segmentinvestitionen in langfristige Vermögenswerte außer in Finanzinstrumente, langfristige Geschäftsbeziehungen mit Finanzintermediären, Grundschulden und andere Rechte Dritter, abgegrenzte Vertragsabschlusskosten sowie aktive latente Steuern.

3.2.2.3.5 Segmentschulden

Bei der Angabepflicht von Segmentschulden unterscheiden sich SFAS 131 und IFRS 8. Während SFAS 131 die Angabe von Segmentschulden nicht vorsieht, sind diese nach IFRS 8 verpflichtend im Segmentbericht anzugeben, wenn sie regelmäßig an den *chief operating decision maker* berichtet werden (IFRS 8.23).[453] Auch hier ist im Sinne des *management approach* eine symmetrische Zuordnung von Segmentschulden und Segmentergebnis nicht erforderlich.

Der Entwurf zu SFAS 131 sah ebenfalls die Angabepflicht für Segmentschulden vor. Der FASB beugte sich jedoch der externen Kritik im Rahmen des Standardsetzungsprozesses. So wurde von Seiten der Unternehmen angeführt, dass die Unternehmensschulden in der Regel in den Zentralbereichen anfallen und nicht auf die Segmente verteilt würden. In der endgültigen Fassung des Standards wurde der Verzicht auf die Angabepflicht vom FASB damit begründet, dass Informationen über Segmentschulden für die Beurteilung der Segmente nicht

---

[452] Gemäß IFRS 8.24 müssen diese Segmentinformationen auch dann veröffentlicht werden, wenn sie nicht in das Segmentvermögen eingehen, aber regelmäßig an den *chief operating decision maker* berichtet werden.

[453] Auch der Entwurf zu IFRS 8 umfasste im Sinne der Konvergenz mit SFAS 131 keine Angabepflicht für Segmentschulden. Während der Kommentierungsfrist im Anschluss an die Veröffentlichung des Entwurfs sprach sich jedoch eine Reihe von Stellungnahmen für die Veröffentlichung von Segmentschulden aus. Der IASB entschied daraufhin, die Pflicht zur Veröffentlichung von Segmentschulden vorzusehen (IFRS 8BC36–BC38).

notwendig sind (SFAS 131.96). Der IASB kommt für IFRS 8 in diesem Zusammenhang allem Anschein nach zu einer anderen Beurteilung.

3.2.2.3.6 Sonstige Segmentangaben

Über die bereits erläuterten, verpflichtend als Segmentgrößen anzugebenden Posten hinaus müssen weitere Segmentinformationen für die *operating segments* veröffentlicht werden, sofern sie Bestandteil der vom *chief operating decision maker* überwachten Segmentergebnisgröße sind (SFAS 131.27, IFRS 8.23). Nach IFRS 8.23 müssen diese Segmentinformationen auch dann veröffentlicht werden, wenn sie nicht in die Segmentergebnisgröße eingehen, aber regelmäßig an den *chief operating decision maker* berichtet werden. Zu diesen Posten zählen

- Zinserträge,
- Zinsaufwendungen,
- Abschreibungen,
- ungewöhnliche Erträge und Aufwendungen i.S.v. APB 30.26 (SFAS 131.27) oder wesentliche Erträge und Aufwendungen i.S.v. IAS 1.86 (IFRS 8.23),
- Ergebnisbeiträge aus nach der Equity-Methode einbezogenen Unternehmen,
- Ertragsteuern,
- außerordentliche Erträge und Aufwendungen (nur unter SFAS 131) und
- wesentliche zahlungsunwirksame Erträge und Aufwendungen (außer Abschreibungen).

Sofern Zinserträge und Zinsaufwendungen in die Segmentergebnisgröße eingehen, sind sie gesondert auszuweisen, da sie über die Finanzierungsaktivitäten eines Segments informieren (SFAS 131.95). Vom Grundsatz des getrennten Ausweises von Zinserträgen und Zinsaufwendungen darf nur dann abgewichen werden, wenn die Erträge des Segments im Wesentlichen aus Zinserträgen bestehen. In einem solchen Fall ist es zulässig, lediglich das Zinsergebnis auszuweisen, wenn der *chief operating decision maker* auf der Basis des Zinsergebnisses die Leistung des Segments beurteilt und seine Allokationsentscheidungen trifft (SFAS 131.27, IFRS 8.23).[454]

[454] Hierdurch soll vermieden werden, dass im Finanzbereich operierende Segmente durch die Veröffentlichung der Zinsaufwendungen gegenüber anderen Segmenten benachteiligt werden, die nicht zur Veröffentlichung ihrer Umsatzkosten verpflichtet sind (SFAS 131.95).

Darüber hinaus sind die planmäßigen Abschreibungen gesondert auszuweisen, die bei der Ermittlung des Segmentergebnisses berücksichtigt wurden. Selbst wenn für Zwecke der internen Sementbeurteilung das Ergebnis vor Zinsen, Steuern und Abschreibungen (EBITDA) verwendet wird, sind die Abschreibungen in der externen Segmentberichterstattung zu veröffentlichen, sofern sie im Rahmen der internen Berichterstattung gesondert ausgewiesen werden (EITF D-70).[455] Da unter SFAS 131 und IFRS 8 kein Symmetrieerfordernis besteht,[456] ist es generell zulässig, Vermögenswerte und die auf diese entfallenden Abschreibungen unterschiedlichen Segmenten zuzurechnen.[457]

Bei den ungewöhnlichen Aufwendungen und Erträgen handelt es sich um Erfolgskomponenten, die hinsichtlich der normalen Geschäftstätigkeit des Unternehmens von ungewöhnlicher Natur sind oder sich unregelmäßig ereignen (APB 30.26).[458] Untypische Geschäftsvorfälle mit mangelndem Bezug zur normalen Geschäftstätigkeit des Unternehmens erfüllen generell das Kriterium der Ungewöhnlichkeit.[459] Das Kriterium der Unregelmäßigkeit ist hingegen erfüllt, wenn der Geschäftsvorfall in absehbarer Zukunft voraussichtlich nicht erneut auftritt.[460] Die nach IFRS 8.23 zu veröffentlichenden wesentlichen Erträge und Aufwendungen i.S.v. IAS 1.86 erlangen durch ihre Größe oder Art eine Bedeutung bei der Bereitstellung entscheidungsnützlicher Informationen und sind deshalb gesondert anzugeben.[461]

Auch die Ergebnisbeiträge aus nach der Equity-Methode einbezogenen Unternehmen und die Ertragsteuern sind nur dann gesondert auszuweisen, wenn diese Erfolge in das Segmenter-

455 SFAS 144.26d bestimmt zudem, dass bei der Vornahme außerplanmäßiger Abschreibungen auf langfristige Vermögenswerte die Segmente angegeben werden müssen, denen diese im Wert geminderten Vermögenswerte zugeordnet sind. IFRS-Anwender müssen gemäß IAS 36.129 Wertminderungen und Wertaufholungen auf Sachanlagen und immaterielle Vermögenswerte für die einzelnen Segmente gesondert aufführen. Insoweit erfolgt sowohl unter den US-GAAP als auch den IFRS ein segmentspezifischer Ausweis der außerplanmäßigen Abschreibungen. Diese gesondert anzugebenden außerplanmäßigen Abschreibungen umfassen auch die Wertminderungen eines den Segmenten zugeordneten Goodwill (SFAS 142.45).

456 Vgl. Hahn (2000), S. 680; Alvarez (2002), S. 2060; Fink/Ulbrich (2007), S. 1; Fink/Ulbrich (2007a), S. 35.

457 Vgl. Kirsch (2007), S. 66.

458 Vgl. Kieso/Weygandt/Warfield (2007), S. 139.

459 Bei der Beurteilung sind insbesondere die Branche, das geografische Betätigungsfeld, die Produktlinien und die Geschäftspolitik des Unternehmens zu berücksichtigen.

460 Die vergangene Entwicklung des Unternehmens ist bei der Einschätzung der Unregelmäßigkeit des Geschäftsvorfalls einzubeziehen. Vgl. Alvarez (2004), S. 152; KPMG (2006), S. 158.

461 Der IASB führt in IAS 1.87 mehrere Umstände an, die zu einem solchen gesonderten Ausweis führen können. Hierzu gehören bspw. außerplanmäßige Abschreibungen, Auflösungen von Restrukturierungsverpflichtungen, Veräußerungen von Finanzanlagen.

gebnis einbezogen werden.[462] Regelmäßig erfolgt die Steuerplanung jedoch auf Ebene des Gesamtunternehmens. Daher sind die Ertragsteuern nur dann Bestandteil der Segmentergebnisse, wenn es sich bei den Segmenten um rechtlich selbständige Unternehmen handelt. Die nach SFAS 131.27 bei einer Berücksichtigung im Segmentergebnis gesondert auszuweisenden außerordentlichen Erträge und Aufwendungen resultieren aus Geschäftsvorfällen, die das Kriterium der Ungewöhnlichkeit und das der Unregelmäßigkeit erfüllen (APB 30.30). Eine entsprechende Angabepflicht existiert unter IFRS 8 nicht. Letztlich sind sowohl nach SFAS 131 und IFRS 8 die in das Segmentergebnis eingehenden wesentlichen zahlungsunwirksamen Erträge und Aufwendungen (außer Abschreibungen) separat anzugeben. Diese Angabe soll es den Adressaten ermöglichen, das Cash-Generierungspotenzial und den Cash-Bedarf der operativen Segmente abzuschätzen (SFAS 131.94).[463]

Zusätzlich sind gemäß SFAS 142.45 auf der Segmentebene im Sinne einer Veränderungsrechnung Informationen zum Goodwill zu veröffentlichen. Zu den segmentiert auszuweisenden Informationen gehören der Buchwert des Goodwill, die Zugänge der Periode, die vorgenommenen Wertminderungen der Periode, der Anteil des Goodwill an etwaigen Veräußerungsergebnissen und etwaige Änderungen der Zuordnung des Goodwill auf die berichtspflichtigen Segmente.[464]

3.2.2.3.7 Segmentübergreifende Angaben

In Ergänzung zu den Segmentangaben sind Unternehmen, insbesondere Einsegmentunternehmen, nach SFAS 131.36 und IFRS 8.31 zur Veröffentlichung weiterer nicht segmentspezifischer Informationen verpflichtet. Es sind Angaben zu Produkten und Dienstleistungen,

---

[462] Nach IAS 14 sind die Ergebnisbeiträge aus nach der Equity-Methode einbezogenen Unternehmen auch dann gesondert auszuweisen, wenn sie nicht in das Segmentergebnis eingehen. Vgl. hierzu die Ausführungen in Kapitel 0.

[463] Das ursprüngliche Vorhaben des FASB, die Veröffentlichung operativer Cashflows auf Segmentebene zu verlangen, wurde aufgrund kritischer Kommentare nicht in den Standard übernommen. Dort wurde angeführt, dass bei einer Pflicht zur Veröffentlichung von Segmentcashflows diese Informationen ausschließlich für Zwecke der externen Berichterstattung generiert werden müssten (SFAS 131.94).

[464] Die Anforderungen von SFAS 131 und SFAS 142 können zu einer unterschiedlichen Zuordnung von Vermögenswerten auf die *operative segments* und die für Zwecke des Goodwill-Wertminderungstests gebildeten *reporting units* führen. Während sich die als Segmentvermögen ausgewiesene Größe entsprechend dem *management approach* an der internen Berichterstattung orientiert, enthält SFAS 142 konkrete Vorschriften zur Allokation der Vermögenswerte auf die *reporting units* (SFAS 142.B121).

geografische Angaben und Angaben zu wesentlichen Kunden vorgesehen.[465] Diese Informationspflichten bestehen unabhängig von der internen Organisationsstruktur und beziehen sich auf das gesamte Unternehmen.[466] Die produkt- und dienstleistungsorientierten Angaben beziehen sich lediglich auf die Erträge mit externen Kunden.[467] Gerade die Angabe produkt- und dienstleistungsorientierter Erträge kann bei der Beurteilung vergangener Leistungen und der Einschätzung zukünftiger Wachstumsmöglichkeiten hilfreich sein (SFAS 131.103). Diese Erträge sind für jedes Produkt und jede Dienstleistung oder für Gruppen ähnlicher Produkte und Dienstleistungen auszuweisen, außer wenn die Informationen nicht zur Verfügung stehen und die Beschaffung der Informationen unverhältnismäßig hohe Kosten verursachen würde.[468] Unterbleibt eine Veröffentlichung der Informationen aus diesen Gründen, dann ist dies anzugeben (SFAS 131.37, IFRS 8.32). In Abweichung von dem sonst konsequent anzuwendenden *management approach* sollen die produkt- und dienstleistungsorientierten Angaben auf Basis der Rechnungslegungsgrundsätze ermittelt werden, nach denen der Abschluss des Gesamtunternehmens erstellt wird (SFAS 131.37, IFRS 8.32).

Zudem ist eine Reihe geografischer Informationen bereitzustellen, außer wenn diese Informationen nicht zur Verfügung stehen und die Beschaffung der Informationen unverhältnismäßig hohe Kosten verursachen würde.[469] Analog zu den Angaben über Produkte und Dienstleistungen sollen auch die geografischen Informationen auf Basis der Rechnungslegungsgrundsätze des Gesamtunternehmens ermittelt werden. Zudem ist auch hier anzugeben, wenn diesen geografischen Berichterstattungspflichten aus Praktikabilitätsgründen nicht nachgekommen wird (SFAS 131.38, IFRS 8.33).[470] Zu den geografischen Informationen gehören gemäß SFAS 131.38 und IFRS 8.33:

- Erträge mit externen Kunden, aufgeteilt in Inland und Ausland. Hierbei sind die ausländischen Erträge gesondert darzustellen, die einen wesentlichen Anteil an den ge-

---

[465] Falls die geforderten Angaben bereits aus der Segmentberichterstattung hervorgehen, kann eine zusätzliche Berichterstattung unterbleiben (SFAS 131.36, IFRS 8.31).

[466] Durch die Pflicht zur Veröffentlichung dieser Informationen auf der Gesamtunternehmensebene und nicht auf Segmentebene soll übermäßiger Erstellungsaufwand bei den Unternehmen vermieden werden (SFAS 131.101).

[467] Vgl. Epstein/Nach/Bragg (2005), S. 918.

[468] SFAS 131.37 spricht in diesem Zusammenhang lediglich von „*impracticable*". Der Begriff „*impracticable*" wird jedoch in SFAS 131.23 in der in IFRS 8.32 angeführten Weise für den gesamten Standard konkretisiert.

[469] Vgl. Epstein/Nach/Bragg (2005), S. 918.

[470] Die geografischen Angaben zu den Umsätzen und den Vermögenswerten sollen die Abschlussadressaten dabei unterstützen, auf wirtschaftliche Rahmenbedingungen zurückzuführende Risikokonzentrationen zu erkennen (SFAS 131.104). Da in verschiedenen Ländern regelmäßig nicht die gleichen wirtschaftlichen Rahmenbedingungen vorliegen, ist es nach Ansicht des FASB sinnvoll, wenn die wesentlichen Länder gesondert dargestellt und nicht zusammengefasst werden (SFAS 131.105).

samten Erträgen des Unternehmens ausmachen. Zudem hat das Unternehmen die Grundsätze zu veröffentlichen, anhand derer die Verteilung der Erträge auf die einzelnen Länder erfolgt (beispielsweise nach Absatzmarkt oder Produktionsstandort).

- langfristige Vermögenswerte[471] außer Finanzinstrumenten und aktiven latenten Steuern.[472] Alle Angaben sind nach Inland und Ausland zu differenzieren. Analog zu den Berichtspflichten im Zusammenhang mit den Umsatzerlösen sind auch hier bedeutende Länder separat auszuweisen.

Überdies sind nach SFAS 131.39 und IFRS 8.34 Angaben zu wesentlichen Kunden verpflichtend,[473] um die Abhängigkeit des Unternehmens von diesen Kunden und die damit einhergehende Risikokonzentration einschätzen zu können (SFAS 131.108). Sobald die Erträge mit einem Kunden mindestens 10% der aggregierten Erträge betragen, müssen der Gesamtbetrag der mit diesem Kunden erzielten Erträge und die von den Erträgen betroffenen Segmente angegeben werden.[474] Nicht von der Berichtspflicht erfasst werden hingegen die Höhe der von diesen Kunden mit den einzelnen Segmenten erzielten Erträge und die Identität dieser Kunden.[475]

Ändert das Unternehmen die interne Organisationsstruktur und ergeben sich hierdurch Änderungen in Bezug auf die berichtspflichtigen Segmente, sind die Informationen vergangener Perioden anzupassen, außer wenn die Informationen nicht zur Verfügung stehen und die Beschaffung der Informationen unverhältnismäßig hohe Kosten verursachen würde. Diese Einschätzung ist für jeden Posten gesondert vorzunehmen. Es ist anzugeben, ob eine solche Anpassung vorgenommen wurde oder nicht (SFAS 131.34, IFRS 8.29). Können diese rückwirkenden Anpassungen nicht vorgenommen werden, dann sind die Segmentinformationen der aktuellen Periode sowohl auf Basis der alten als auch auf Basis der neuen Segmentierung zu veröffentlichen, außer wenn die Informationen nicht zur Verfügung stehen und die Beschaf-

---

[471] Die langfristigen Vermögenswerte umfassen unter IFRS 8 neben materiellen auch immaterielle Vermögenswerte. Im Unterschied dazu verpflichtet SFAS 131 nur zur Angabe der materiellen Vermögenswerte (IFRS 8.BC60a).

[472] Während der IASB gemäß IFRS 8.33 zusätzlich noch die Vermögenswerte im Zusammenhang mit Pensionszusagen ausschließt, sind nach SFAS 131.38 zusätzlich noch langfristige Geschäftsbeziehungen von Finanzintermediären, Grundschulden und andere Rechte Dritter und abgegrenzte Vertragsabschlusskosten von der Angabepflicht ausgenommen.

[473] Mehrere Unternehmen des gleichen Konzerns sind jeweils nur als ein Kunde zu behandeln. Regierungen und von diesen kontrollierte Unternehmen werden ebenfalls jeweils als ein Kunde angesehen (SFAS 131.39, IFRS 8.34).

[474] Vgl. Epstein/Nach/Bragg (2005), S. 918–919.

[475] Vgl. Zülch/Burghardt (2007), S. 23.

fung der Informationen unverhältnismäßig hohe Kosten verursachen würde (SFAS 131.35, IFRS 8.30).[476]

Neben diesen Angabepflichten gibt es noch eine Reihe weiterer Informationen, die Unternehmen im Zusammenhang mit der Segmentberichterstattung zu veröffentlichen haben. Diese bestehen gemäß SFAS 131.26 und IFRS 8.22 aus der

- Erläuterung der Kriterien auf deren Grundlage die berichtspflichtigen Segmente identifiziert werden sowie der internen Organisationsstruktur (z.B., ob die Segmente anhand von Produkten und Dienstleistungen, anhand geografischer Regionen oder einer Kombination dieser gebildet wurden) und der
- Darstellung der Produkte und Dienstleistungen mit denen die berichtspflichtigen Segmente ihre Erträge generieren.[477]

Da die Ermittlung der Segmentergebnisse und die Bewertung des Segmentvermögens und der Segmentschulden auf den Wertmaßstäben basieren, die intern für Zwecke der Verhaltenssteuerung verwendet werden, müssen diese Bewertungsgrundlagen zusätzlich erläutert werden. Folgende Angaben sind gemäß SFAS 131.31 und IFRS 8.27 verpflichtend:

- die Grundlagen der Ermittlung von Verrechnungspreisen bei intersegmentären Transaktionen, da diese wesentliche Auswirkungen auf die ausgewiesenen Segmentergebnisse haben;[478]
- die Erläuterung der Unterschiede zwischen den Segmentergebnissen und dem aggregierten Ergebnis vor Steuern und vor den Ergebnissen aus aufgegebenen Geschäftsbereichen. Gemäß SFAS 131.31 ist das aggregierte Ergebnis im Unterschied zu IFRS 8.27 zusätzlich noch vor den außerordentlichen Erträgen und Aufwendungen sowie den Ergebniswirkungen aus der Änderung von Bilanzierungs- und Bewertungsmethoden zu ermitteln. Die Unterschiede sind jedoch nur zu erläutern, sofern diese Informationen nicht schon aus der Überleitungsrechnung ersichtlich werden und sie für das Verständnis der veröffentlichten Segmentinformationen wichtig sind. Diese

---

[476] SFAS 131.34–35 spricht im Zusammenhang mit der einschränkenden Bedingung erneut nur von „*impracticable*". Der Begriff „*impracticable*" wird jedoch erneut in SFAS 131.23 in der in IFRS 8.29–30 angeführten Weise konkretisiert.

[477] Vgl. auch Epstein/Nach/Bragg (2005), S. 919.

[478] In der Praxis werden regelmäßig Marktpreise oder Kostendeckungspreise verwendet. Vgl. hierzu Haller (2000), S. 787.

Unterschiede können beispielsweise aus anderen Bilanzierungsmethoden oder aus den Aufteilungsgrundsätzen für zentral angefallene Aufwendungen resultieren;

- die Erläuterung der Unterschiede zwischen dem Segmentvermögen und dem aggregierten Vermögen. Analog zu den Unterschieden zwischen Segmentergebnis und konsolidiertem Ergebnis können Unterschiede aus anderen Bilanzierungsmethoden oder aus den Aufteilungsgrundsätzen für von mehreren Segmenten gemeinsam genutzte Vermögenswerte resultieren. Sie sind zu erläutern, wenn sich diese Informationen nicht schon aus der Überleitungsrechnung ableiten lassen und sie für das Verständnis der Segmentinformationen notwendig sind;
- die Art und die Erläuterung etwaiger Änderungen bei der Ermittlung des Segmentergebnisses und die betragsmäßigen Auswirkungen, die diese Änderungen auf das Segmentergebnis hatten;
- die Art und die betragsmäßigen Auswirkungen etwaiger asymmetrischer Verteilungen auf die Segmente;
- zusätzlich nach IFRS 8.27 – analog zu den Ausführungen in Bezug auf das Segmentvermögen – die Erläuterung der Unterschiede zwischen den Segmentschulden und den aggregierten Schulden.

3.2.2.4 Überleitung

Ähnlich den Vorschriften des IAS 14[479] verlangen auch SFAS 131 und IFRS 8 Überleitungsrechnungen für bestimmte Segmentdaten auf die korrespondierenden konsolidierten Werte des Gesamtunternehmens.[480] Folgende Informationen sind gemäß SFAS 131.32 und IFRS 8.28 in der Überleitungsrechnung zu veröffentlichen:

- Die Summe der Segmentergebnisse ist auf eine Ergebnisgröße des Gesamtunternehmens überzuleiten. Nach SFAS 131.23 ist diese Ergebnisgröße als das Ergebnis vor Ertragsteuern, außerordentlichen Posten, dem Ergebnis aus aufgegebenen Geschäftsbereichen und Änderungen aus Bilanzierungs- und Bewertungsmethoden definiert. IFRS 8.28 verlangt hingegen die Überleitung auf das Ergebnis vor Ertragsteuern und dem Ergebnis aus aufgegebenen Geschäftsbereichen.[481] Werden bestimmte Posten (wie beispielsweise die Ertragsteuern) den Segmenten zugeordnet, dann ist es sowohl

---

[479] Vgl. hierzu Kapitel 3.2.1.4.
[480] Vgl. Zülch/Burghardt (2007), S. 22.
[481] Der gesonderte Ausweis außerordentlicher Posten ist nach den IFRS nicht zulässig.

nach SFAS 131 als auch nach IFRS 8 zulässig, die Summe der Segmentergebnisse auf die aggregierte Ergebnisgröße nach diesen Posten überzuleiten.

- Die Summe der Segmenterträge ist auf die aggregierten Erträge des Gesamtunternehmens überzuleiten. Die sich ergebenden Unterschiede können aus der im Zuge einer Konsolidierung vorzunehmenden Zwischenergebniseliminierung resultieren.[482]
- Die Summe der Segmentvermögenswerte ist auf das aggregierte Gesamtvermögen des Unternehmens überzuleiten. Die im Zuge der Überleitungsrechnung zu erklärenden Differenzen ergeben sich hierbei im Wesentlichen aus Vermögenswerten (beispielsweise Goodwill), die nicht den Segmenten zugeteilt werden (SFAS 131.124).
- Die Summe der Segmentschulden ist auf die aggregierten Schulden des Unternehmens überzuleiten.[483] Analog zum Segmentvermögen ergeben sich bei den Segmentschulden die Differenzen durch nicht den Segmenten zugeordnete Schulden.
- Letztlich sind auch die Summen sonstiger wesentlicher Segmentdaten auf die korrespondierenden aggregierten Werte überzuleiten. Unter diesen Segmentdaten können alle gesondert ausgewiesenen wesentlichen Bestandteile des Segmentvermögens und des Segmentergebnisses fallen sowie wesentliche freiwillig ausgewiesene Segmentdaten.[484]

Durch die Veröffentlichung der Überleitungsrechnungen wird sichergestellt, dass der quantitative Zusammenhang von segmentierten und aggregierten Daten erkennbar ist. Insbesondere bei Unterschieden zwischen den Summen der segmentierten Daten und den korrespondierenden aggregierten Daten des Abschlusses trägt die Überleitungsrechnung einen wesentlichen Anteil am Informationsgehalt der Segmentberichterstattung. Die auftretenden Differenzen können sich aus Intersegmenttransaktionen, aus auf Gesamtunternehmensebene angefallenen und nicht den Segmenten zugeordneten Beträgen sowie aus unterschiedlichen Definitionen von segmentierten und aggregierten Daten ergeben.[485] Die Höhe der Überleitungsbeträge ist regelmäßig auch davon abhängig, inwieweit bei der Ermittlung der segmentierten Daten auf eine Übereinstimmung mit den US-GAAP geachtet wurde.[486] Es ist davon auszugehen, dass

---

[482] Vgl. Alvarez (2004), S. 156.

[483] Die generelle Pflicht zur Überleitung von Segmentschulden besteht nur nach IFRS 8.28. Jedoch sind auch gemäß SFAS 131.32 Segmentschulden auf die konsolidierten Schulden überzuleiten, wenn das Unternehmen die Segmentschulden freiwillig ausweist.

[484] Unter SFAS 131 ergibt sich hierdurch ggf. die Pflicht zum Ausweis der Überleitung von Segmentschulden auf die aggregierten Schulden.

[485] Vgl. Haller (2000), S. 783–784.

[486] Vgl. Alvarez (2004), S. 156.

die sich ergebenden Überleitungsbeträge einer Segmentberichterstattung auf Basis von SFAS 131 oder IFRS 8 jene nach IAS 14 regelmäßig übersteigen. Dies ist auf die konsequente Anwendung des *management approach* zurückzuführen. Der Überleitungsrechnung kommt insoweit unter SFAS 131 und IFRS 8 eine im Vergleich zu IAS 14 größere Bedeutung zu.

3.2.3 Segmentberichtspflichten im Rahmen der Zwischenberichterstattung

3.2.3.1 Anwendungsbereich

Während sich unter den US-GAAP die Vorschriften zur Veröffentlichung segmentierter Daten in Zwischenberichten analog zur Jahresberichterstattung aus SFAS 131 ergeben, sind für IFRS-Anwender hierzu die Vorschriften des IAS 34 einschlägig. Damit gilt für US-GAAP-Anwender grundsätzlich der gleiche Anwendungsbereich wie für die Segmentberichterstattung im Jahresabschluss. Im Unterschied zur Konkretisierung des Anwendungsbereichs der Segmentberichterstattungsvorschriften für die Jahresberichterstattung ergibt sich die Pflicht zur Publizität unterjähriger Segmentinformationen unter den IFRS weder aus IAS 14, IFRS 8 noch aus dem die Zwischenberichterstattung regelnden IAS 34. IAS 34 bestimmt lediglich die Ausgestaltung von Zwischenberichten für Unternehmen, die zur Zwischenberichterstattung verpflichtet sind. Die Pflicht zur Aufstellung von Zwischenberichten ergibt sich aus nationalen gesetzlichen Vorschriften oder Börsenzulassungsverordnungen.

In Deutschland ist beispielsweise am 20. Januar 2007 das Transparenzrichtlinie-Umsetzungsgesetz (TUG)[487] in Kraft getreten, das die Vorgaben der EU-Transparenzrichtlinie vom 15. Dezember 2004[488] in nationales Recht umsetzt.[489] Durch das TUG werden alle Inlandsemittenten von Aktien oder Schuldtiteln im Sinne des § 2 Abs. 1 Satz 1 WpHG verpflichtet, einen Halbjahresfinanzbericht zu erstellen (§ 37w Abs. 1 WpHG).[490] Darüber hinaus unterliegen Aktienemittenten des Prime Standard gemäß den §§ 63 und 78 BörsO der Pflicht

[487] Vgl. Gesetz zur Umsetzung der Richtlinie 2004/109/EG des Europäischen Parlaments und des Rates vom 15. Dezember 2004 zur Harmonisierung der Transparenzanforderungen in Bezug auf Informationen über Emittenten, deren Wertpapiere zum Handel auf einem geregelten Markt zugelassen sind, und zur Änderung der Richtlinie 2001/34/EG (Transparenzrichtlinie-Umsetzungsgesetz – TUG), BGBl. I 2007, S. 10–32.

[488] Vgl. Richtlinie 2004/109/EG des Europäischen Parlaments und des Rates vom 15. Dezember 2004 zur Harmonisierung der Transparenzanforderungen in Bezug auf Informationen über Emittenten, deren Wertpapiere zum Handel auf einem geregelten Markt zugelassen sind, und zur Änderung der Richtlinie 2001/34/EG, ABl. L 390 vom 31.12.2004, S. 38–57.

[489] Vgl. hierzu ausführlich Wiederhold/Pukallus (2007), S. 264–274.

[490] Gemäß § 2 Abs. 7 WpHG sind Inlandsemittenten deutsche und andere europäische Emittenten, deren Wertpapiere an einem organisierten Markt in Deutschland zugelassen sind. Europäische Emittenten sind nur verpflichtet, wenn ihre Wertpapiere in keinem anderen Land außer Deutschland gehandelt werden.

zur Quartalsberichterstattung.[491] Quartalsberichte sind für die ersten drei Quartale jedes Geschäftsjahrs aufzustellen (§ 63 Abs. 2 BörsO). Da die Segmentberichterstattung Bestandteil der unterjährigen Finanzberichterstattung ist, sind alle Inlandsemittenten im Halbjahresfinanzbericht und die Unternehmen des Prime Standard darüber hinaus in den Quartalsberichten zur Segmentberichterstattung verpflichtet.

3.2.3.2 Segmentangabepflichten

Da IAS 14 keine Segmentberichtspflichten für die Zwischenberichterstattung enthält, werden in dem die Zwischenberichterstattung für IFRS-Anwender normierenden IAS 34 bestimmte Segmentangaben für die Zwischenberichterstattung gefordert.[492] Diese umfassen die Segmenterträge mit externen Kunden und die Segmentergebnisse der Segmente der primären Berichtsebene (IAS 34.16g). Zudem geht ALVAREZ davon aus, dass die für die konsolidierten Daten geltende Pflicht zur Veröffentlichung von Vergleichsangaben auch für die Segmentdaten gilt. Insoweit sind zusätzlich zu dem aktuellen Zwischenberichtszeitraum Segmentdaten für den Zeitraum vom Beginn des aktuellen Geschäftsjahrs bis zum Ende der aktuellen Zwischenberichtsperiode sowie jeweils die Segmentdaten der beiden korrespondierenden Zeiträume des vorangegangenen Geschäftsjahrs zu veröffentlichen.[493]

Während sich die Segmentangabepflichten in der Zwischenberichterstattung unter den US-GAAP aus SFAS 131 ergeben,[494] kommt für Anwender von IFRS 8 auch IAS 34 zur Anwendung. Im Zuge der Verabschiedung von IFRS 8 wurde IAS 34 um eine Reihe von Vorschriften erweitert, um auch hier eine Übereinstimmung mit den US-GAAP herbeizuführen.[495] Diese durch die Verabschiedung von IFRS 8 für die IFRS-Anwender zusätzlich eingeführten Berichtspflichten treten erst zu dem Zeitpunkt in Kraft, zu dem IFRS 8 erstmalig angewendet wird. IFRS-Anwender, die weiterhin IAS 14 anwenden, sind von diesen Vorschriften nicht betroffen. Im Vergleich zur Segmentberichterstattung im Jahresabschluss verlangen

[491] Der Prime Standard ist ein besonderes Handelssegment des amtlichen und des geregelten Markts der Frankfurter Wertpapierbörse, für das verschärfte Transparenzanforderungen gelten, die in der Börsenordnung der Frankfurter Wertpapierbörse (BörsO) festgelegt sind und den Zugang zum internationalen Kapitalmarkt ebnen sollen. Vgl. Zielke/Kronner (2003), S. 46.
[492] Vgl. Hahn (2000), S. 685; Bohl (2006), Tz. 77.
[493] Vgl. Alvarez (2004), S. 146.
[494] Vgl. Hahn (2000), S. 685.
[495] Der erweiterte IAS 34 wird in der Folge als IAS 34 (revised) bezeichnet. IAS 34 (revised) ist nicht zu berücksichtigen, wenn ein Unternehmen IAS 14 anwendet.

SFAS 131 und IAS 34 (revised) deutlich weniger Segmentdaten für die Zwischenberichterstattung. Gemäß SFAS 131.33 und IAS 34.16 (revised) sind folgende Informationen für die berichtspflichtigen Segmente zu veröffentlichen:

- Umsatzerlöse mit externen Kunden, wenn sie in die Segmentergebnisse eingehen,
- Intersegmentumsätze, wenn sie in die Segmentergebnisse eingehen,
- Segmentergebnisse,
- Segmentvermögenswerte, wenn sich diese im Vergleich zum letzten Jahresabschluss wesentlich geändert haben,
- Beschreibung der Änderungen, die sich im Vergleich zum letzten Jahresabschluss in Bezug auf die Segmentierung und die Ermittlung der Segmentergebnisse ergeben haben,
- Überleitung der Summe der Segmentergebnisse auf das Ergebnis vor Ertragsteuern, außerordentlichen Posten, dem Ergebnis aus aufgegebenen Geschäftsbereichen[496] und Änderungen aus Bilanzierungs- und Bewertungsmethoden (SFAS 131.33f). Nach IAS 34.16g (revised) ist hingegen eine Überleitung auf das Ergebnis vor Ertragsteuern und dem Ergebnis aus aufgegebenen Geschäftsbereichen vorzunehmen. Werden bestimmte Posten (wie beispielsweise die Ertragsteuern) den Segmenten zugeordnet, dann ist es sowohl nach SFAS 131 als auch nach IAS 34 (revised) zulässig, die Summe der Segmentergebnisse auf die konsolidierte Ergebnisgröße nach diesen Posten überzuleiten.

3.3 Zusammenfassung

Segmentberichterstattungsvorschriften werden im wesentlichen durch die Regelungsbereiche des Anwendungsbereichs, der Bestimmung der berichtspflichtigen Segmente und der Segmentdaten bzw. Segmentangabepflichten konkretisiert. Hierbei ergeben sich aus konzeptioneller Sicht für jeden Regelungsbereich jeweils mehrere Ausgestaltungsmöglichkeiten, die von IASB und FASB teilweise unterschiedlich genutzt wurden. Obwohl durch die Verabschiedung eine vollständige Konvergenz der Segmentberichterstattungsvorschriften der IFRS mit denen der US-GAAP erreicht werden sollte, bleiben weiterhin Unterschiede zwischen SFAS 131 und IFRS 8 bestehen, die in Tabelle 1 aufgeführt werden. Da die Unterschiede

[496] Zur Behandlung von aufgegebener Geschäftsbereiche vgl. Böcking/Kiefer (2006) und Böcking/Dietz/Kiefer (2001), S. 373–387.

jedoch nicht konzeptioneller Natur sind, kann nicht von wesentlichen Unterschieden gesprochen werden. Das Ziel der Konvergenz der Segmentberichterstattungsvorschriften von IFRS und US-GAAP wurde insoweit grundsätzlich erreicht.[497]

	SFAS 131	**IFRS 8**
Matrix-organisation	*Operating segments* basieren auf Produkten und Dienstleistungen	*Operating segments* sind unter Berücksichtigung des *core principle* zu bestimmen
Segment-ergebnis	Pflicht zur Angabe der Bestandteile des Segmentergebnisses, die tatsächlich in die Segmentergebnisgröße eingegangen sind	Pflicht zur Angabe der tatsächlichen und potenziellen Bestandteile des Segmentergebnisses, die entweder in die Segmentergebnisgröße eingehen oder regelmäßig gesondert an den *chief operating decision maker* berichtet werden
	Angabe außerordentlicher Erträge und Aufwendungen	Keine Angabe außerordentlicher Erträge und Aufwendungen
Segment-vermögen	Angabe von Informationen zum Goodwill auf der Segmentebene im Sinne einer Veränderungsrechnung	Keine vergleichbare Angabepflicht
Segment-schulden	Keine Pflicht zur Angabe von Segmentschulden	Pflicht zur Angabe von Segmentschulden, wenn diese an *chief operating decision maker* berichtet werden
Geografische Angaben	Angabe von langfristigen Vermögenswerten betrifft materielles Vermögen	Angabe von langfristigen Vermögenswerten betrifft materielles und immaterielles Vermögen

Tabelle 1: Unterschiede zwischen SFAS 131 und IFRS 8

Während SFAS 131 und IFRS 8 keine konzeptionellen und damit aus Sicht der vorliegenden Untersuchung nur unwesentliche Unterschiede aufweisen, sind die Unterschiede zwischen IAS 14 und SFAS 131 in Bezug auf die Segmentierung und die Segmentdatenermittlung wesentlich. So greift IAS 14 auf die Konzeption des *risks and rewards approach* zurück, nach dem die Segmente entsprechend den Risiken und Chancen gebildet werden sollen sowie die Segmentdaten nach den Bilanzierungs- und Bewertungsmethoden ermittelt werden, die auch dem Jahres- bzw. Konzernabschluss zugrunde liegen. SFAS 131 und IFRS 8 hingegen liegt sowohl in Bezug auf die Segmentierung als auch die Segmentdatenermittlung der *management approach* zugrunde. Im Ergebnis kann dies zu deutlichen Unterschieden in der Segmentberichterstattung zwischen IAS 14 und SFAS 131 bzw. IFRS 8 führen. Tabelle 2 zeigt die wesentlichen konzeptionellen Unterschiede zwischen IAS 14 und SFAS 131/IFRS 8. Da in Bezug auf den Anwendungsbereich keine wesentlichen Unterschiede bestehen, beschränkt sich die Übersicht auf die Unterschiede bei der Bestimmung der berichtspflichtigen

[497] So auch Fink/Ulbrich (2007), S. 5.

Segmente und den Segmentangabepflichten. Diese Übersicht soll die Beurteilung der Segmentberichterstattungsvorschriften von IASB und FASB in der Folge erleichtern.

	IAS 14	SFAS 131/IFRS 8
Bestimmung der berichtspflichtigen Segmente	Verwendung des *risks and rewards approach* als Segmentierungskonzeption	Verwendung des *management approach* als Segmentierungskonzeption
	Ausweis von zwei Segmentierungsdimensionen (Geschäftssegmente und geografische Segmente)	Ausweis der *operating segments* als einzige Segmentierungsdimension (Segmentierungskriterien werden ausschließlich durch interne Organisationsstruktur vorgegeben)
Segmentangabepflichten	Verwendung des *risks and rewards approach* als Konzeption der Segmentdatenermittlung (Segmentdaten basieren auf den Rechnungslegungsgrundsätzen der IFRS)	Verwendung des *management approach* als Konzeption der Segmentdatenermittlung (Segmentdaten basieren auf den Grundsätzen der internen Unternehmensrechnung)
	Symmetrie von Bestands- und Stromgrößen wird gefordert	Symmetrie von Bestands- und Stromgrößen wird nicht gefordert
	Angabe von Segmentdaten für das primäre und das sekundäre Berichtsformat	Angabe von Segmentdaten für die *operating segments*

Tabelle 2: Wesentliche konzeptionelle Unterschiede zwischen IAS 14 und SFAS 131/IFRS 8

Das folgende Kapitel widmet sich dem Entscheidungsnutzen segmentierter Daten sowie den Eigenschaften einer entscheidungsnützlichen Segmentberichterstattung. Anhand theoretischer und empirischer Untersuchungen gilt es die Anforderungen an eine entscheidungsnützliche Segmentberichterstattung zu konkretisieren, um die Segmentberichterstattungsvorschriften von IASB und FASB aus Sicht der Eigenkapitalgeber würdigen zu können.

4 Entscheidungsnutzen der Segmentberichterstattung

4.1 Entscheidungsnützlichkeit aus theoretischer Sicht

4.1.1 Entscheidungstheoretischer Ansatz

Die Entscheidungsnützlichkeit, die auf die Bereitstellung von für Anlageentscheidungen nützliche Informationen abzielt, dient in dieser Arbeit als Beurteilungskriterium der externen Segmentberichterstattung per se aber auch der unterschiedlichen Konzeptionen der externen Segmentberichterstattung. Die Bindung an den *decision usefulness*-Maßstab erfolgt unter anderem aus dem Grund, dass FASB und IASB dieses Kriterium bei der Erarbeitung der Rechnungslegungsvorschriften zugrunde legen.[498] In den folgenden Abschnitten soll, abstrahierend von den beiden von IASB und FASB vorgegebenen konkretisierenden Kriterien der Entscheidungserheblichkeit (*relevance*) und der Zuverlässigkeit (*reliability*),[499] versucht werden, theoretisch und empirisch die grundsätzliche Eignung der Segmentberichterstattung zur Bereitstellung entscheidungsnützlicher Informationen zu belegen sowie die Anforderungen an eine entscheidungsnützliche Segmentberichterstattung abzuleiten.

Eine Möglichkeit, das Kriterium der Entscheidungsnützlichkeit (*decision usefulness*-Kriterium) zu operationalisieren, besteht darin, das aus dem Grundmodell der Entscheidungstheorie[500] ableitbare Entscheidungsproblem der Adressaten der externen Unternehmensrechnung[501] zu betrachten, um hieraus Rückschlüsse auf ihre Informationsbedürfnisse zu ziehen.[502] Das Grundmodell der Entscheidungstheorie besteht aus der Zielfunktion[503] und dem Entscheidungsfeld, welches wiederum aus der Menge der möglichen Aktionen bzw. Handlungsalternativen, den künftigen Umweltzuständen und den Ergebnissen besteht.[504] Um die Handlungsalternativen beurteilen zu können, werden diesen durch die Ergebnisfunktion abhängig von dem eingetretenen Umweltzustand Konsequenzen (Ergebnisse) zugeordnet. In

[498] Zum Vorrangstellung der Adressaten der externen Unternehmensrechnung bei der Entwicklung von Rechnungslegungsstandards vgl. Gaa (1986), S. 435–454.

[499] Eine Konkretisierung der Kriterien der *relevance* und der *reliabilty* finden sich bspw. in F.26–38.

[500] Zum Grundmodell der Entscheidungstheorie vgl. z.B. Laux (2005), S. 19–42; Wagenhofer/Ewert (2003), S. 56–59.

[501] Im Rahmen dieser Arbeit handelt es sich bei den Adressaten der externen Unternehmensrechnung stets um aktuelle und potenzielle Eigenkapitalgeber.

[502] Vgl. Kleine-Doepke (1981), S. 31; Moxter (2003), S. 6. Dieser Ansatz wird auch als *decision-model approach* bezeichnet. Vgl. hierzu Beaver/Demski (1974), S. 177.

[503] Die Zielvorstellungen eines Entscheidungsträgers können über eine Zielfunktion beschrieben werden. Diese wiederum ist die formale Darstellung einer aus Präferenzfunktion und Optimierungskriterium bestehenden Entscheidungsregel. Vgl. Laux (2005), S. 24–25.

[504] Vgl. Laux (2005), S. 19.

diesem Zusammenhang kommen nur die Größen als Konsequenzen zur Anwendung, die aus Sicht des Entscheidungsträgers von Bedeutung sind.[505]

Wird das Prinzip der ökonomischen Rationalität zugrunde gelegt, dann ist es möglich, das Verhalten des Entscheidungsträgers[506] bzw. die Entscheidungsregel über die Maximierung einer Präferenzfunktion abzubilden.[507] Werden den Konsequenzen Nutzenwerte zugeordnet, dann lässt sich die Präferenzfunktion unter Anwendung des Bernoulli-Prinzips[508] als Risikonutzenfunktion darstellen. Der Entscheidungsträger wählt dann die Aktion, die seinen erwarteten Nutzen maximiert. Die aus einer solchen Risikonutzenfunktion abgeleiteten Entscheidungen sind individueller Natur. Insbesondere die dem Modell zugrunde liegenden (subjektiven) Präferenzen des Entscheidungsträgers und seine (subjektiven) Einschätzungen der Eintrittswahrscheinlichkeiten der zukünftigen Umweltzustände machen dies deutlich.[509]

Werden ausschließlich die Eigenkapitalgeber betrachtet, dann lässt sich jedoch eine übergeordnete Entscheidungsregel definieren, indem als Ziel die Bedürfnisbefriedigung durch Konsum angenommen wird.[510] Jeder Eigenkapitalgeber stellt in einem Entscheidungsmodell über mehrere Perioden unter Berücksichtigung seiner finanziellen Grundausstattung den gegenwärtigen Konsum den möglichen Investitionsentscheidungen, folglich dem zukünftigen Konsum, gegenüber. Wird davon ausgegangen, dass Konsum nur durch Verwendung von Zahlungsmitteln möglich ist, dann ergibt sich die Maximierung des Barwerts der Zahlungsmittelüberschüsse als Entscheidungsregel für die Eigenkapitalgeber.[511] Demnach ist Entscheidungsnützlichkeit aus der entscheidungstheoretischen Perspektive dann gegeben, wenn Rechnungslegungsangaben mit den Informationsinteressen der aktuellen und potenziellen Eigenkapitalgeber korrespondieren und dementsprechend Informationen über Unsicherheit, Höhe und Zeitpunkt der Zahlungsmittelüberschüsse bereitstellen. Unter Berücksichtigung von In-

---

505 Ein Ergebnis ist in diesem Zusammenhang eine bestimmte Konstellation dieser Zielgrößenwerte. Vgl. Laux (2005), S. 21.

506 Zum Entscheidungsträger (*decision maker*) vgl. Feltham/Demski (1970), S. 623–624.

507 Die Präferenzfunktion lässt sich stets so definieren, dass ihre Maximierung sinnvoll ist. Vgl. Laux (2005), S. 30–31.

508 Für ausführliche Erläuterungen zum Bernoulli-Prinzip vgl. Laux (2005), S. 164–199.

509 Vgl. Hitz (2005), S. 143. Zur subjektiven Wahrscheinlichkeitsfunktion vgl. Christensen/Demski (2003), S. 104.

510 Vgl. Beaver/Demski (1974), S. 171; Wüstemann (2002), S. 55–58.

511 Eigenkapitalgeber können unter Berücksichtigung ihrer individuellen Risiko- und Zeitpräferenzen mit Informationen zu Höhe, Unsicherheit und zeitlichem Anfall der Zahlungen aus den Anlagealternativen subjektive Entscheidungswerte bilden. Vgl. z.B. Franke/Hax (2004), S. 311–314.

formationskosten kann grundsätzlich ein Vergleich verschiedener Rechnungslegungsalternativen erfolgen.

Konkrete Aussagen hinsichtlich der Eignung von Rechnungslegungsinstrumenten und -angaben sowie Empfehlungen zu ihrer Ausgestaltung lassen sich unter Anwendung des entscheidungstheoretischen Ansatzes jedoch nur schwer treffen. Durch die Beschränkung der Entscheidungsregel auf die Maximierung des Barwerts der Zahlungsmittelüberschüsse und durch die weitgehende Vernachlässigung individueller Entscheidungssituationen kann die Entscheidungstheorie nicht in ausreichendem Maße Erklärungen für die Wirkung von Rechnungslegungsinformationen auf die Erwartungen des einzelnen aktuellen oder potenziellen Eigenkapitalgebers bereitstellen. Die Informationsökonomik beschäftigt sich mit diesen Fragen und kann insofern eine zusätzliche Definition von Entscheidungsnützlichkeit liefern.[512]

4.1.2 Informationsökonomischer Ansatz

Im Rahmen der Informationsökonomik[513] werden Informationen[514] als ökonomisches Gut zur Verbesserung einer gegebenen Entscheidungssituation betrachtet. Es wird untersucht, inwieweit Informationen werthaltig sind bzw. einen Nutzen aufweisen und sich eine Nachfrage nach ihnen ergibt. Dementsprechend kann hier die Beschaffung und Verarbeitung von Informationen als Entscheidungsproblem formuliert werden.[515] Grundsätzlich sind Informationen Signale, die die Erwartungen der Entscheidungsträger über die Konsequenzen von Aktionen ändern[516] jedoch nicht zwangsläufig Entscheidungsänderungen nach sich ziehen. Folglich haben Informationen immer dann einen Nutzen, wenn sie dazu geeignet sind, die Aktionswahl des Entscheidungsträgers zu verbessern. Konkret weisen Informationen immer dann einen Nutzen auf, wenn Unsicherheit über die zukünftigen Umweltzustände vorliegt und der Entscheidungsträger diesen gemäß dem entscheidungstheoretischen Grundmodell subjektiv erwartete Eintrittswahrscheinlichkeiten zuordnet. Informationen sind dann Signale, die zu ge-

[512] Vgl. auch Hitz (2005), S. 147–148.

[513] Die Informationsökonomik geht im Wesentlichen auf die Arbeiten von MARSCHAK zurück. Vgl. hierzu Marschak (1954), S. 187–220. MILGROM bezeichnet die Informationsökonomik als die ökonomische Analyse von Situationen, in denen verschiedene Personen Zugang zu verschiedenen Informationen haben. Vgl. Milgrom (1981), S. 380.

[514] Informationen werden nach WITTMANN als „zweckorientiertes Wissen" definiert. Vgl. Wittmann (1959), S. 14. Informationen stellen dementsprechend Wissen dar, dass in ein Entscheidungsmodell eingeht und rationale Entscheidungen entweder erst ermöglicht oder verbessert. Vgl. Kiener (1990), S. 7.

[515] Vgl. Kiener (1990), S. 7; Wagenhofer/Ewert (2003), S. 59.

[516] Vgl. Ballwieser (1982), S. 780; Hepers (2005), S. 43.

änderten Erwartungen über die Wahrscheinlichkeitsverteilungen zukünftiger Umweltzustände führen.[517]

Die Unternehmensrechnung kann in diesem Zusammenhang als ein Informationssystem betrachtet werden, dessen Signale beim Adressaten der Unternehmensrechnung Auswirkungen auf erwartete Zielgrößen haben. Da im Rahmen dieser Arbeit der Eigenkapitalgeber der Adressat der Unternehmensrechnung ist, stellt die Optimierung des ungewissen Konsumstroms die Zielfunktion des Adressaten der Unternehmensrechnung dar. Die Ungewissheit des Konsumstroms führt dazu, dass diese Optimierung unter Berücksichtigung des Bernoulli-Prinzips erfolgt, d.h. „der Erwartungswert des Nutzens der ungewissen Konsumströme"[518] maximiert wird. Es gilt folglich zu untersuchen, wie Signale der Unternehmensrechnung die Erwartungen des Adressaten beeinflussen. Dies gelingt jedoch nur, wenn bedingte Wahrscheinlichkeiten (*a-posteriori*-Wahrscheinlichkeiten bzw. *likelihoods*) zwischen zu beobachtenden Signalen der Unternehmensrechnung und den eingetretenen Umweltzuständen bestehen, d.h. Signale und mögliche Zielgrößenzustände in einer systematischen Beziehung zueinander stehen.[519]

Liegt Unsicherheit lediglich in Bezug auf die eintretenden Umweltzustände vor, d.h. sind die Entscheidungsmodelle vollständig und richtig spezifiziert, können mit der Bayes-Analyse[520] die Auswirkungen von Informationen der Unternehmensrechnung auf die *ex ante* bestehenden Wahrscheinlichkeitsschätzungen untersucht werden.[521] Hiermit gelingt es, *a-priori*-Wahrscheinlichkeiten für unsichere Umweltzustände mit Hilfe von bedingten Wahrscheinlichkeiten für das beobachtete Datum in *a-posteriori*-Wahrscheinlichkeiten zu transformieren.[522] Die Änderung von Erwartungen durch Informationen lässt sich anhand einer Partitionierung des Zustandsraums konkretisieren. Signale grenzen die möglichen Zustände des Zustandsraums auf eine Teilmenge ein. Führt das Signal zu einer Erwartungsrevision und damit zu der Wahl einer anderen als der ursprünglich optimalen Aktion, dann hat das Signal Informationsgehalt.[523] Für den Individualkontext kann hierbei gezeigt werden, dass unter Ausklammerung von Informationskosten eine Informationsbeschaffung nie nachteilig sein

517 Vgl. Busse von Colbe (1993), S. 13; Ballwieser (2004), S. 60.
518 Ballwieser (1985a), S. 24.
519 Vgl. Wagenhofer/Ewert (2003), S. 60.
520 Vgl. hierzu insb. Demski (1980), S. 23–41.
521 Vgl. Ballwieser (1985a), S. 25.
522 Vgl. Ballwieser (1982), S. 781.
523 Vgl. Christensen/Demski (2003), S. 108.

kann.[524] Der Entscheidungsträger hat immer die Möglichkeit, die bereitgestellten Informationen zu ignorieren und die vor der Informationsbeschaffung optimale Entscheidung zu treffen.[525] Allein das Potenzial von Informationen, Entscheidungen zu verändern, führt dazu, dass den Informationen ein Wert beigemessen wird und der Entscheidungsträger somit bereit ist, für die Bereitstellung von Informationen durch das Informationssystem zu bezahlen.[526]

Mithilfe der Informationsökonomik können zum einen das Kriterium der Entscheidungsnützlichkeit konkretisiert sowie zum anderen verschiedene Informationssysteme mit Blick auf die Entscheidungsnützlichkeit miteinander verglichen werden. Es kann davon ausgegangen werden, dass sich ein Entscheidungsträger immer für das Informationssystem entscheidet, mit dem sich sein Erwartungsnutzen maximieren lässt. Da einer solchen Reihung von Informationssystemen jedoch immer die individuellen Nutzenfunktionen und subjektiven Wahrscheinlichkeitsschätzungen der Entscheidungsträger zugrunde liegen, kann diese Reihung nicht als Grundlage für die Auswahl bestimmter Systeme der Unternehmensrechnung dienen.[527] Als öffentlich verfügbares Informationsinstrument müssten für die Auswahl eines bestimmten Systems der Unternehmensrechnung die heterogenen Erwartungen und Präferenzen der Adressaten berücksichtigt werden.[528]

Aufgrund dieser Schwierigkeiten wurde versucht, präferenz- und entscheidungsfeldunabhängige Kriterien zur Auswahl von Informationssystemen zu konstruieren.[529] BLACKWELL entwickelte in diesem Zusammenhang aus einem Vergleich statistischer Experimente[530] das Kriterium der Feinheit (Feinheitstheorem). Das Feinheitstheorem besagt, dass ein betrachtetes Informationssystem feiner als ein zum Vergleich herangezogenes Informationssystem ist, wenn der Entscheidungsträger durch Anwendung des betrachteten Informationssystems mindestens so gut informiert ist, wie durch das Vergleichssystem.[531] Lassen sich Informationen kostenlos beschaffen, publizieren und verarbeiten, kann aus dem Feinheitstheorem eine generelle Vorteilhaftigkeit von feineren bzw. präziseren Informationen abgeleitet werden.[532] Die

---

[524] Vgl. Ballwieser (1985a), S. 26.
[525] Vgl. Wagenhofer/Ewert (2003), S. 68.
[526] Vgl. Hitz (2005), S. 149.
[527] Vgl. Wagenhofer (1993), S. 163.
[528] Vgl. Hitz (2005), S. 150.
[529] Vgl. Ballwieser (1985a), S. 30.
[530] Vgl. z.B. Blackwell/Girshick (1954), S. 331–332.
[531] Für eine formale Darstellung vgl. Marschak/Miyasawa (1968), S. 165–168. Für weitere Erläuterungen des Theorems vgl. Marschak (1974), S. 91–102.
[532] Vgl. Demski (1980), S. 37; Ballwieser (1991), S. 112; Zimmermann/Werner (2003), S. 7.

Ableitung konkreter Empfehlungen zur Ausgestaltung der Unternehmensrechnung aus dem Theorem ist jedoch problematisch, da es sich bei dem Kriterium der Feinheit nur um eines von vielen Ordnungskriterien handelt und zudem jegliche Informationskosten vernachlässigt werden.[533]

Da das Feinheitstheorem nur unter der Vernachlässigung von Informationskosten (Kosten der Informationsbeschaffung und -verarbeitung) gilt, bezieht es sich auf einen Bruttowert von Informationen. Informationskosten fallen jedoch in Abhängigkeit des herangezogenen Informationssystems an und können von Umweltzuständen und den Aktionen abhängig sein. Da sie den Nutzen von Handlungen mindern, müssen die Informationskosten bei der Entscheidung für oder gegen eine Informationsbeschaffung und -verarbeitung berücksichtigt werden. Insofern werden die Aussagen des Feinheitstheorems relativiert, wenn Informationskosten in die Überlegungen einbezogen werden.[534]

Die Unternehmensrechnung stellt vielen Entscheidungsträgern Daten zur Verfügung. Daher muss die Entscheidung für oder gegen ein Informationssystem zwangsläufig im Mehrpersonenkontext erfolgen. Bei heterogenen Erwartungen und Präferenzen der einzelnen Entscheidungsträger können keine allgemein gültigen Kriterien abgeleitet werden, die zur Beurteilung von Informationssystemen herangezogen werden können. Da selbst im Individualkontext eine Reihung von Informationssystemen über das Kriterium der Feinheit nur unter restriktiven Bedingungen vollständig möglich ist, überrascht es kaum, dass Informationssysteme sich auch im Mehrpersonenkontext bei unterschiedlichen Präferenzen nur schwer widerspruchsfrei ordnen lassen.[535] Aus dieser Beobachtung leitet DEMSKI ab, dass das für alle Entscheidungsträger optimale Informationssystem nicht existiert und es damit unmöglich ist, normative Anforderungen an die Unternehmensrechnung zu erarbeiten (sog. Unmöglichkeitstheorem).[536] Da die Entscheidung eines Regulierers für ein bestimmtes Informationssystem Verteilungseffekte[537] zwischen den Adressaten der Unternehmensrechnung auslöst, lässt sich theoretisch sogar eine Situation erkennen, in der sich jeder Adressat gegen zusätzliche Infor-

---

533 Vgl. Ballwieser (1982), S. 782; Ballwieser (1985a), S. 30; Ballwieser (2004), S. 60.

534 Vgl. Wagenhofer/Ewert (2003), S. 74–76.

535 Vgl. Ballwieser (1982), S. 782; Ballwieser (1993), S. 122; Wagenhofer (1993), S. 164.

536 Vgl. Demski (1973), S. 723; Mohr (1983), S. 41. BROMWICH betont, dass bei der Regulierung auf Interdependenzen zwischen den sich mit einzelnen Fragen der Rechnungslegung befassenden Standards zu achten ist. Vgl. Bromwich (1980), S. 299.

537 Das Kriterium der Paretooptimalität kommt in diesem Zusammenhang zur Anwendung.

mationen ausspricht, selbst wenn diese kostenlos zur Verfügung gestellt werden (sog. Informationsablehnungstheorem).[538]

Es zeigt sich dementsprechend, dass das von BLACKWELL entwickelte Kriterium der Feinheit zwar weder im Individual- noch im Mehrpersonenkontext zu einer vollständigen Ordnung verschiedener Informationssysteme führen kann. Dennoch können die aus dem Feinheitstheorem abgeleiteten Aussagen erste Hinweise auf die Vorteilhaftigkeit einzelner Informationssysteme geben und damit als Grundlage für empirische Untersuchungen dienen. Insoweit liegt die Informationsökonomik „deshalb ex- oder implizit [auch den; Anm. d. Verf.] Untersuchungen zugrunde, die sich mit dem Wert von segmentierten gegenüber nichtsegmentierten Jahresabschlussdaten beschäftigen"[539]. In Bezug auf die Segmentberichterstattung lässt sich bei Vernachlässigung der Informationsbeschaffungs- und Informationsverarbeitungskosten aus den Ergebnissen der Informationsökonomik eine generelle Vorteilhaftigkeit segmentierter im Vergleich zu aggregierten Daten ableiten.[540] Da die Segmentierung der Daten der Unternehmensrechnung jedoch nicht ohne Kosten zu realisieren ist,[541] kann der Nutzen segmentierter Daten nicht allein über das Kriterium der Feinheit begründet werden.[542]

4.1.3 Zwischenergebnis

Wie gezeigt werden konnte, bleiben die Antworten, die die ökonomischen Theorien auf die regulativen Fragen in Bezug auf eine entscheidungsnützliche Segmentberichterstattung geben, auf einer sehr allgemeinen Ebene. Während sich aus dem entscheidungstheoretischen Ansatz ein Interesse der Eigenkapitalgeber an Informationen zu den Zahlungsmittelüberschüssen aus den Investitionsalternativen ableiten lässt, zeigt die informationsökonomische Analyse, dass im Mehrpersonenkontext unter Einbeziehung von Informationskosten keine allgemeinen Aussagen zur Entscheidungsnützlichkeit von Informationen getroffen werden können. So kommt in Kapitel 4.1.2 zum Ausdruck, dass die Kenntnis des individuellen Entscheidungsproblems des Adressaten der Segmentberichterstattung zwingende Voraussetzung ist, um den Entschei-

---

538 Unter bestimmten Voraussetzungen ist der Adressat sogar bereit, dafür zu zahlen, dass diese Informationen nicht veröffentlicht werden. Vgl. Wagenhofer/Ewert (2003), S. 80–88. Zur Diskussion des Informationsablehnungstheorems vgl. bspw. Ewert (1989), S. 245–263.

539 Ballwieser (1985), S. 48.

540 Vgl. Cushing (1977), S. 317; Ballwieser (1985), S. 51.

541 Zu den Kosten der Segmentberichterstattung vgl. die Ausführungen in Kapitel 2.4.2.

542 Vgl. Mohr (1983), S. 41–42; Ballwieser (1985), S. 64–65.

dungsnutzen bestimmter Informationen zu überprüfen. Bei der Vielzahl der Eigenkapitalgeber bzw. Entscheidungsträger und ihrer Entscheidungsprobleme muss der Versuch, ein objektives Kriterium für Entscheidungsnützlichkeit zu ermitteln, zwangsläufig scheitern.[543] DEMSKI negiert sogar die Existenz eines objektiven Kriteriums zur Reihung verschiedener Informationssysteme (Unmöglichkeitstheorem) und lehnt deshalb jegliche sich am Entscheidungsnutzen orientierende normative Forschung im Bereich der Unternehmensrechnung ab. Zwar liegt mit dem Kriterium der Feinheit ein Beurteilungsmaßstab für den Systemvergleich der Unternehmensrechnung vor, jedoch kann dieser nur unter der Ausklammerung von Informationskosten zu einer Reihung verschiedener Informationssysteme führen und daher unter realistischeren Annahmen nur ein erstes Indiz für eine Vorteilhaftigkeit einzelner Informationssysteme bieten.

Gleichwohl gewährt dieses Kriterium eine Hilfestellung, wenn es darum geht zu beurteilen, ob bestimmte Informationen grundsätzlich von Vorteil sind. So kann trotz der mit der Segmentberichterstattung verbundenen direkten und indirekten Kosten von einer Vorteilhaftigkeit einer zusätzlich zu aggregierten Daten erfolgenden Veröffentlichung segmentierter Daten ausgegangen werden. Aussagen hinsichtlich der Ausgestaltung von Segmentberichterstattungsvorschriften lassen sich hingegen nur schwer aus den ökonomischen Theorien ableiten. Das Kriterium der Feinheit ist hier nur selten geeignet verschiedene Vorschriften im Sinne verschiedener Informationssysteme miteinander zu vergleichen.[544]

Um dennoch zu Aussagen hinsichtlich der Vorteilhaftigkeit bestimmter Abbildungsalternativen zu kommen, lässt sich mithilfe der Empirie beispielsweise die Wirkung der Publizität am Kapitalmarkt *ex post* beobachten.[545] Generell werden in diesen Untersuchungen zwei Hypothesen getestet, um zu zeigen, wie sich der Kapitalmarkt mit und ohne die zu testende Publizität entwickelt hätte.[546] Durch die Empirie sollen folglich die Wirkungen der Informationssys-

[543] Dies wird noch deutlicher, falls andere Gruppen (z.B. Fremdkapitalgeber) einbezogen werden.

[544] Eine solche Möglichkeit würde bspw. dann vorliegen, wenn unter Ausklammerung von Informationskosten Informationssysteme mit unterschiedlicher Anzahl verpflichtend auszuweisender Segmente miteinander verglichen werden.

[545] Vgl. hierzu die Ausführungen in Kapitel 4.2.4.

[546] Jedoch erlaubt dieses Vorgehen keine *ex ante* Rückschlüsse für den Regulierer. Deshalb ist der Standardsetter gezwungen, Plausibilitätsüberlegungen anzustellen und aus diesen versuchen abzuleiten, welche Informationen der Eigenkapitalgeber bzw. Entscheidungsträger benötigt. Vgl. Ballwieser (2005), S. 733.

teme konkret gemessen werden, um Rückschlüsse in Bezug auf die Güte der Rechnungslegungssysteme ableiten zu können.[547]

4.2 Entscheidungsnützlichkeit aus empirischer Sicht

4.2.1 Grundlagen und Bedeutung der empirischen Rechnungslegungsforschung

In den vergangenen Jahrzehnten wurden in großem Umfang empirische Untersuchungen zur Entscheidungsnützlichkeit der Unternehmensrechnung durchgeführt.[548] Der Boom der empirischen Rechnungslegungsforschung ist insbesondere auch auf einen im Jahr 1968 von BEAVER/KENELLY/VOSS veröffentlichten Beitrag zurückzuführen,[549] in welchem sie darauf hinweisen, dass „accounting controversies can be viewed as disputes over the relative merits of one measurement alternative versus another. The inadequacy of relying solely upon a priori arguments is generally recognized by the accounting profession. Several recent articles have drawn attention to this inadequacy and have called for more empirical research in accounting."[550]

Hinsichtlich der Eignung empirischer Erkenntnisse zur Beurteilung von Informationssystemen besteht in der Literatur jedoch Uneinigkeit. Eine kritische Einschätzung der Eignung der empirischen Forschung zur Beurteilung von Rechnungslegungsalternativen nimmt z.B. HITZ vor. Zwar gesteht er ihnen für die Zweckmäßigkeitsbeurteilung von Alternativen der Rechnungslegung durchaus eine Rolle zu, doch führt er an, dass „empirische Untersuchungen [...] allenfalls einen ergänzenden Beitrag zur konzeptionellen Eignungsanalyse von Rechnungslegungsvarianten leisten"[551] können. Anders beurteilt GEBHARDT, der der normativen Rechnungslegungsforschung jeglichen Beitrag zur Eignungsanalyse von Rechnungslegungsalternativen abspricht, die empirische Rechnungslegungsforschung. Seiner Ansicht nach ist die „Beurteilung der Relevanz von Rechnungslegungsalternativen [...] letztlich eine empirische Frage und damit *ex ante* – vor Einführung neuer Rechnungslegungsregeln – nicht möglich."[552] Da auch die Standardsetter die von ihnen verabschiedeten Vorschriften regelmäßig unter Hin-

---

547 Nach Ansicht von ZIMMERMANN/WERNER „kann [die Empirie; Anm. d. Verf.] nur zur Falsifizierung von Theorien dienen, niemals zu deren (endgültiger) Bestätigung." Zimmermann/Werner (2003), S. 10.

548 Insbesondere die angloamerikanische Rechnungslegungsforschung wendete sich mit Beginn der Sechzigerjahre des vergangenen Jahrhunderts empirischen Untersuchungen zu. Vgl. Wagner (1993), S. 6.

549 Vgl. Mattessich (1995), S. 159.

550 Beaver/Kenelly/Voss (1968), S. 678.

551 Hitz (2005), S. 169.

552 Gebhardt (2000), S. 71 (Hervorhebungen auch im Original).

zuziehung empirischer Untersuchungen rechtfertigen, wird im Rahmen dieser Untersuchung von einer grundsätzlichen Eignung der empirischen Forschung bei der Beurteilung von Alternativen der Unternehmensrechnung ausgegangen.

Auch die Segmentberichterstattung wurde bereits früh Gegenstand empirischer Untersuchungen. Deshalb soll die Empirie im Rahmen dieser Arbeit – aufgrund der oben aufgeführten Schwächen der normativen Rechnungslegungsforschung – Hinweise auf den Nutzen und die Ausgestaltung der Segmentberichterstattung liefern. Schwerpunktmäßig befasste sich die empirische Segmentberichterstattungsforschung der vergangenen Jahre mit der Vorteilhaftigkeit segmentierter gegenüber aggregierten Daten und daher mit dem Einfluss der durch die Segmentberichterstattung vermittelten Informationen auf den Adressaten. Untersuchungen, die sich mit der konkreten Ausgestaltung der Segmentberichterstattung auseinandersetzen, liegen nur in weit geringerem Umfang vor.

Grundsätzlich existieren im Rahmen der empirischen Rechnungslegungsforschung unterschiedliche Forschungsansätze, deren vollständige und widerspruchsfreie Systematisierung fast unmöglich ist. Für Zwecke dieser Arbeit erfolgt eine Unterscheidung in Untersuchungen zur Prognoseeignung von Rechnungslegungsdaten (*predictive approaches*, Kapitel 4.2.2), in verhaltensbezogene Untersuchungen (*behavioral accounting research*, Kapitel 4.2.3) und in Untersuchungen der kapitalmarktorientierten Rechnungslegungsforschung (*market based accounting research*, Kapitel 4.2.4), da ein wesentlicher Anteil der gesamten in Bezug auf die Segmentberichterstattung vorliegenden Empirie diesen Ansätzen zugeordnet werden kann.[553] In den folgenden Kapiteln werden die einzelnen Forschungsansätze jeweils kurz charakterisiert, bevor die Ergebnisse in Bezug auf die Segmentberichterstattung der diesen Ansätzen zuordenbaren Untersuchungen dargestellt werden.

4.2.2 Untersuchungen zur Prognoseeignung

4.2.2.1 Grundlagen

Im Rahmen der Untersuchungen zur Prognoseeignung (*predictive approaches*) werden Rechnungslegungsdaten auf ihre Prognoseeignung als Kriterium der Entscheidungsnützlichkeit überprüft. Dies lässt sich damit begründen, dass die von den Adressaten zu treffenden Ent-

---

[553] Zu den Gruppen der empirischen Forschungsansätze vgl. auch Ballwieser (1993), S. 132–133 m.w.N.

scheidungen immer auf Zukunftserwartungen basieren.[554] In Bezug auf den Gegenstand der Untersuchungen können grundsätzlich zwei Forschungsansätze unterschieden werden. Einerseits versuchen Untersuchungen zur Prognoseeignung den Zusammenhang von veröffentlichten Daten der Unternehmensrechnung und den für das entsprechende Unternehmen eingetretenen wirtschaftlichen Tatbeständen (z.B. Unternehmensergebnis) vorherzusagen und zu erklären. Andererseits befassen sie sich mit Fragen der Vorhersagbarkeit von Marktreaktionen auf bestimmte Daten der Unternehmensrechnung.[555] Insoweit gehen die Untersuchungen zur Prognoseeignung davon aus, dass die Daten „with the greatest predictive power with respect to a given event“[556] den größten Entscheidungsnutzen aufweisen.

Hinsichtlich der Methodik der den *predictive approaches* zuzuordnenden Untersuchungen lassen sich Studien der *time-series analysis* und der *financial distress analysis* differenzieren.[557] Während sich die Untersuchungen der *financial distress analysis* mit den Möglichkeiten befassen, Entwicklungen bzw. Krisen von Unternehmen aus Daten der Unternehmensrechnung abzuleiten, befassen sich die Untersuchungen der *time-series analysis* mit der Prognostizierbarkeit bestimmter Daten der Unternehmensrechnung auf der Grundlage von Vergangenheitsdaten.[558]

Um die Prognosefähigkeit segmentierter Daten im Vergleich zu nichtsegmentierten Daten zu untersuchen, wird ein Entscheidungsmodell benötigt. Zudem müssen die Adressaten der Segmentberichterstattung bestimmt werden. Im Allgemeinen wird unterstellt, dass die Adressaten Eigenkapitalgeber sind, die ein nutzenmaximales Portfolio zusammenstellen wollen. „Segmentierte Daten könnten sie unterstützen, die Erwartungen von Renditen aus Wertpapieranlagen, deren Varianzen und Kovarianzen zu verändern und in dem Sinne zu verbessern, dass Prognosefehler kleiner werden.“[559]

---

[554] Vgl. auch Revsine (1971), S. 480.
[555] Vgl. Riahi-Belkaoui (2000), S. 332.
[556] Beaver/Kenelly/Voss (1968), S. 675.
[557] Nach Riahi-Belkaoui gehören auch Untersuchungen hinsichtlich der Prognose von *bond premiums and bond ratings, corporate restructuring behavior, credit and bank lending decisions* zu den *predictive approaches.* Vgl. Riahi-Belkaoui (2000), S. 336–341 sowie insbesondere auch Beaver/Kenelly/Voss (1968), S. 675.
[558] Vgl. Haller (1994), S. 174–175.
[559] Ballwieser (1985), S. 52.

4.2.2.2 Untersuchungen mit Bezug zur Segmentberichterstattung

Eine Vielzahl von empirischen Untersuchungen im Zusammenhang mit der Segmentberichterstattung beschäftigt sich mit dem Einfluss von segmentierten Daten auf die Qualität von Umsatz- und Ergebnisprognosen, d.h., inwieweit sich diese Prognosen verbessern lassen, wenn zusätzlich zu den aggregierten Daten auch noch segmentierte Daten veröffentlicht werden.[560] Die Einführung der Segmentberichterstattungsvorschriften der SEC[561] führte zu einer ersten von KINNEY im Jahr 1971 veröffentlichten Untersuchung, die sich mit der potenziellen Prognoseverbesserung durch segmentierte Daten im Vergleich zu aggregierten Daten beschäftigte.[562] In dieser Untersuchung zeigt KINNEY anhand von Ergebnisprognosen von 24 Unternehmen der Jahre 1968 und 1969,[563] dass der durchschnittliche Prognosefehler statistisch signifikant abnimmt, wenn segmentierte Daten in die Analyse einbezogen werden. Obwohl durch die Beschränkung auf 24 Unternehmen und zwei Jahre nur wenig repräsentative Ergebnisse erzielt werden konnten,[564] zeigen die Ergebnisse von KINNEY, dass segmentierte Daten tendenziell bessere Ergebnisprognosen als aggregierte Daten ermöglichen.[565]

COLLINS erweiterte im Jahr 1976 die Untersuchung von KINNEY.[566] Gegenstand der Untersuchung waren die im Jahresabschluss für das Jahr 1970 publizierten Segmentumsätze und -ergebnisse der Jahre 1967 bis 1970 von 96 Unternehmen, die vor dem Inkrafttreten der SEC Segmentberichterstattungsvorschriften keine Segmentdaten veröffentlicht hatten.[567] Im Grundsatz wurden die Ergebnisse von KINNEY bestätigt.[568] Auch COLLINS konnte nachweisen, dass durch die Veröffentlichung von segmentierten Umsätzen und Ergebnissen im Vergleich zu auf aggregierten Daten basierenden Prognosen bessere Vorhersagen der Unternehmensumsätze und -ergebnisse ermöglicht werden. Es ließ sich sogar ein geringer Vorteil des

---

560 Vgl. Möckli (1996), S. 128.

561 Release No. 34–9000, veröffentlicht am 21. Oktober 1970. Diese Vorschrift trat erstmalig in Kraft für Geschäftsjahre, die am oder nach dem 31. Dezember 1970 endeten. Vor dieser Vorschrift zur Veröffentlichung segmentierter Daten in der Form 10-K waren Unternehmen durch das Release No. 33-4949, veröffentlicht im Februar 1969, dazu verpflichtet, in den Forms S-1, S-7 und 10, die im Zusammenhang mit der Ausgabe neuer Aktien bei der SEC einzureichen sind, bestimmte Segmentangaben zu veröffentlichen. Auf freiwilliger Basis veröffentlichte jedoch eine Reihe von Unternehmen auch schon vor 1970 Segmentinformationen in der Form 10-K.

562 Vgl. Mohr (1983), S. 49.

563 Diese Unternehmen publizierten bereits damals auf freiwilliger Basis segmentierte Umsätze und Ergebnisse. Vgl. Kinney (1971), S. 127.

564 Vgl. Bernards (1994), S. 60. Auch KINNEY weist auf die Schwächen des Untersuchungsaufbaus hin. Vgl. Kinney (1971), S. 136.

565 Vgl. Kinney (1971), S. 136.

566 Vgl. Mohr (1983), S. 49.

567 Vgl. Collins (1976), S. 164.

568 Vgl. Mohr (1983), S. 49; Bernards (1994), S. 66.

Modells mit segmentierten Umsätzen und Segmentergebnissen im Vergleich zu einem Modell mit ausschließlich Segmentumsätzen[569] und damit eine unterschiedliche Prognoseeignung verschiedener segmentierter Daten ermitteln.

Eine Vorteilhaftigkeit segmentierter Daten konnte auch von SILHAN in einer im Jahr 1983 veröffentlichten Untersuchung ermittelt werden.[570] Diese Studie stellt eine Erweiterung einer Studie aus dem Jahr 1982 dar. In dieser simulierte SILHAN unter Verwendung von Quartalsangaben des Zeitraums von 1967 bis 1977 den Zusammenschluss von sechzig ähnlich großen[571] Unternehmen, die jeweils in nur einem Geschäftsbereich tätig waren, in Konglomerate mit drei, fünf, sieben und zehn Segmenten.[572] Unter Anwendung zweier Modelle wurden mit den simulierten Segmentergebnissen die aggregierten Quartals- und Jahresergebnisse der Jahre 1976 und 1977 prognostiziert.[573] Eine generelle Vorteilhaftigkeit der Segmentergebnisse für Prognosezwecke, wie sie von KINNEY und COLLINS nachgewiesen wurden, konnte SILHAN dort nicht belegen.[574] Die Ergebnisprognosen auf Basis segmentierter Ergebnisse wiesen keine höhere statistische Signifikanz auf als die Prognosen auf der Grundlage konsolidierter Ergebnisgrößen.[575] In der Untersuchung aus dem Jahr 1983 prognostizierte Silhan dann mit fünf Modellen[576] aggregierte Quartals- und Jahresergebnisse der simulierten Konglomerate mit zwei bis zehn Segmenten.[577] Im Vergleich zu dem Modell mit ausschließlich aggregierten Daten konnte SILHAN nun eine statistisch signifikante Verbesserung der Jahresergebnisprognosen bei der Verwendung von segmentierten Daten feststellen. Eine Vorteilhaftigkeit segmentierter Gewinnmargen konnte jedoch nur für die kurzfristige Schätzung von Quartalsergebnissen ermittelt werden.[578] In Bezug auf die Prognose der Jahresergebnisse war dieser Vorteil nicht zu erkennen.[579]

---

569 Vgl. Collins (1976), S. 174–175.
570 Vgl. Silhan (1983), S. 341–347.
571 Gemessen in durchschnittlichen Ergebnissen.
572 Vgl. Silhan (1982), S. 257.
573 Vgl. Silhan (1982), S. 258.
574 Vgl. Mohr (1983), S. 51.
575 Vgl. Silhan (1982), S. 259–260. Zu einem vergleichbaren Ergebnis kamen auch HOPWOOD/NEWBOLD/SILHAN. Vgl. Hopwood/Newbold/Silhan (1982), S. 731.
576 Diese umfassten Umsätze, Gewinnmargen und Ergebnisse in verschiedenen Kombinationen. Vgl. Silhan (1983), S. 342.
577 Vgl. Silhan (1983), S. 342.
578 Vgl. Silhan (1983), S. 347.
579 Vgl. Silhan (1983), S. 346.

BALDWIN untersuchte in seinem im Jahr 1984 veröffentlichten Beitrag die Qualität der Prognosen von Finanzanalysten in Bezug auf die Kennzahl Ergebnis je Aktie von 188 zufällig ausgewählten Unternehmen.[580] Diese Unternehmen teilte er in drei Gruppen ein. Zwei Gruppen umfassten diversifizierte Unternehmen, die dritte bestand aus undiversifizierten Unternehmen mit nur einem Geschäftsbereich. Grundlage für die Einteilung der diversifizierten Unternehmen in die beiden Gruppen war ihr Publikationsverhalten im Hinblick auf Segmentdaten. Die Unternehmen, die erstmalig im Jahr 1971 Segmentdaten veröffentlichten, wurden in eine Gruppe eingeteilt, während die Unternehmen, die bereits vor dem Jahr 1971 auf freiwilliger Basis Segmentdaten veröffentlicht hatten, die andere Gruppe bildeten. In der dritten Gruppe erfasste BALDWIN die undiversifizierten Unternehmen, die vor und nach dem Jahr 1971 ausschließlich aggregierte Daten veröffentlichten.[581] Im Rahmen der Betrachtung der Jahre 1969 bis 1970 sowie der Jahre 1972 bis 1973[582] war zu beobachten, dass die Prognosefehler der Finanzanalysten bei den diversifizierten Unternehmen sowohl in Bezug auf das arithmetische Mittel als auch auf die Varianz zurückgingen.[583] Der größte Effekt konnte bei den Unternehmen ermittelt werden, die erstmalig für das Jahr 1971 segmentierte Daten veröffentlichten.[584] Für die dritte Gruppe der undiversifizierten Unternehmen konnte BALDWIN keine Änderung der Prognosequalität für die untersuchten Zeiträume feststellen. Er leitete hieraus die Vorteilhaftigkeit von segmentierten Daten für Prognosezwecke bei diversifizierten Unternehmen ab.[585] Die Eignung segmentierter Daten ist dabei umso höher, je länger der Prognosezeitraum ist.[586]

In Ergänzung zu den bereits besprochenen Untersuchungen, die sich ausschließlich mit nach Geschäftsbereichen segmentierten Daten beschäftigten, wurden auch Änderungen der Progno-

---

580 Daten der Unternehmen wurden aus der „Value Line Investment Survey“ entnommen, die tatsächliche und prognostische Informationen zu 1.600 Unternehmen umfasst. Vgl. Baldwin (1984), S. 382.

581 Vgl. Baldwin (1984), S. 382–383.

582 Segmentdaten nach der SEC Form 10-K wurden erstmalig im Frühjahr des Jahres 1971 veröffentlicht. Um eine Vermischung von Prognosen basierend auf segmentierten Daten und solchen auszuschließen, die noch ausschließlich auf der Basis aggregierter Daten erstellt wurden, schloss der Autor nur die Prognosen in seine Untersuchung ein, die jeweils zwei Jahre vor und zwei Jahre nach der Einführung der Segmentberichterstattungsvorschriften erarbeitet wurden. Vgl. Baldwin (1984), S. 381–382. Die SEC verpflichtete zur Veröffentlichung segmentierter Umsätze und Ergebnisse.

583 Vgl. Baldwin (1984), S. 387.

584 Die Verbesserung der Prognosen bei den Unternehmen, die bereits vor dem Jahr 1971 freiwillig Segmentdaten veröffentlicht hatten, führt Baldwin auf das von der SEC ab dem Jahr 1971 vorgeschriebene einheitliche Format und die daraus resultierende homogene Darstellung sowie auf die Bereitstellung von Segmentdaten über fünf Jahre zurück. Vgl. Baldwin (1984), S. 385.

585 Vgl. Baldwin (1984), S. 387.

586 Vgl. auch Bernards (1994), S. 70.

sequalität nach der Veröffentlichung von nach geografischen Kriterien segmentierten Größen[587] analysiert. ROBERTS befasste sich in einer Untersuchung aus dem Jahr 1989 mit der Frage, inwieweit geografisch segmentierte Umsatz- und Ergebnisdaten die Prognose der Ergebnisse von 78 Unternehmen mit Sitz in Großbritannien beeinflussen.[588] Die Ergebnisse lassen darauf schließen, dass im Vergleich zum Modell mit ausschließlich aggregierten Daten durch die Verwendung von geografisch segmentierten Umsätzen eine Verbesserung der Qualität der Ergebnisprognosen erreicht werden kann.[589] ROBERTS konnte weiterhin zeigen, dass sich mit der Offenlegung von Segmentumsätzen bessere Prognoseergebnisse erzielen lassen als mit der von Segmentergebnissen. Dies deutet darauf hin, dass bei einer Veröffentlichung von Segmentumsätzen durch die zusätzliche Publikation von Segmentergebnissen keine weitere Prognoseverbesserung zu erzielen ist. ROBERTS führt die geringere Eignung von Segmentergebnissen für die Prognose der Unternehmensergebnisse auf die Allokation von Kosten innerhalb des Unternehmens sowie die Verrechnungspreise zwischen den einzelnen Segmenten zurück.[590]

Auch HERRMANN widmete sich in seiner im Jahr 1996 veröffentlichten Untersuchung der Vorteilhaftigkeit einer geografischen Segmentierung. Hierbei verwendete er nicht die von multinationalen Unternehmen veröffentlichten segmentierten Daten, sondern aggregierte selbst die Daten unverbundener Unternehmen aus unterschiedlichen Ländern.[591] Hierfür fasste er 330 unverbundene Unternehmen zu 55 multinationalen Unternehmen zusammen, wobei jedes multinationale Unternehmen nach der fingierten Fusion aus drei europäischen, zwei nordamerikanischen und einem asiatischen Unternehmen bestand, die branchengleich waren und hinsichtlich ihres Umsatzes eine ähnliche Größe aufwiesen.[592] Daraufhin bestimmte er für die Geschäftsjahre 1988 bis 1992 die Umsätze, Bruttoergebnisse und Gewinne dieser fingier-

---

587 Durch SFAS 14 wurde eine Berichterstattung über geographische Segmente eingeführt. Der Standard war erstmalig für Geschäftsjahre anzuwenden, die nach dem 15. Dezember 1976 endeten.

588 Vgl. Roberts (1989), S. 133.

589 In einer Untersuchung der Umsatz- und Ergebnisprognosen von 89 Unternehmen der Jahre 1979 bis 1985 kamen BALAKRISHNAN/HARRIS/SEN zu dem Ergebnis, dass auch geografische Segmentangaben im Vergleich zu den aggregierten Daten die Qualität von Ergebnisprognosen verbessern. Zudem konnten sie auch eine höhere Prognosegenauigkeit, wenn auch in geringerem Umfang, für die Unternehmensumsätze ermitteln. Vgl. Balakrishnan/Harris/Sen (1990), S. 318–319. Zu einem vergleichbaren Ergebnis kam auch AHADIAT in einer im Jahr 1993 veröffentlichten Untersuchung. Vgl. Ahadiat (1993), S. 357–371.

590 Vgl. Roberts (1989), S. 147–148.

591 Vgl. Herrmann (1996), S. 52.

592 Während für die europäischen Unternehmen jeweils ein deutsches, ein französisches und ein britisches Unternehmen verwendet wurden, bildeten ein US-amerikanisches und ein kanadisches Unternehmen den nordamerikanischen Bestandteil. Für die asiatischen Unternehmen verwendete HERRMANN japanische Unternehmen. Vgl. Herrmann (1996), S. 55.

ten Unternehmen. Während HERRMANN als erste zu prüfende Hypothese festlegte, dass eine höhere Prognosegenauigkeit erreicht werden kann, wenn anstatt nach Kontinenten nach Ländern segmentiert wird, versuchte er mit der zweiten Hypothese zu überprüfen, ob in Bezug auf die Prognosegenauigkeit auf Kontinentebene segmentierte Daten den aggregierten und damit unsegmentierten Daten vorgezogen werden sollten. Hinsichtlich der Umsatz- und Bruttoergebnisprognosen waren die Untersuchungsergebnisse signifikant, sodass beide Hypothesen nicht verworfen werden konnten.[593] Für die Gewinnprognosen waren die Ergebnisse von HERRMANN jedoch kaum signifikant. Dies führte er darauf zurück, dass eine Aggregation von Gewinngrößen bei unterschiedlichen Rechnungslegungssystemen keine sinnvollen Ergebnisse ermöglicht.[594]

Eine im Jahr 2002 von BEHN/NICHOLS/STREET veröffentlichte Untersuchung befasst sich mit der Prognoseeignung der geografischen Informationen für Umsätze und Ergebnisse nach SFAS 131 im Vergleich zu SFAS 14. Während unter SFAS 14 Unternehmen dazu verpflichtet waren, unter anderem Erträge und Vermögenswerte für die geografischen Regionen zu veröffentlichen, in denen das Unternehmen tätig ist, sind nach SFAS 131 Informationen zum Inland und zum Ausland verpflichtend, wobei auf die wesentlichen Länder gesondert einzugehen ist.[595] Eine Zusammenfassung wesentlicher Länder zu geografischen Regionen ist nach SFAS 131 nicht zulässig. Die Autoren prüften, ob die Prognosen der jährlichen Umsatzdaten unter Berücksichtigung der geografischen Daten nach SFAS 131 genauer als unter Anwendung der Daten auf Basis von SFAS 14 erfolgen.[596] Die Stichprobe umfasste 172 Unternehmen, deren geografische Informationen für die Jahre 1997 und 1998 in die Untersuchung eingingen.[597] Anhand von drei Modellen zeigten BEHN/NICHOLS/STREET, dass die geografischen Daten nach SFAS 131 grundsätzlich besser für Prognosezwecke geeignet sind als die unter Anwendung von SFAS 14 ermittelten Daten.[598] Infolgedessen wurde untersucht, inwieweit

---

593 Vgl. Herrmann (1996), S. 65–67.

594 Vgl. Herrmann (1996), S. 70.

595 Das Kriterium der Wesentlichkeit wird jedoch hier im Unterschied zu der Identifikation der *reportable segments* nach SFAS 131 nicht definiert, sondern der Einschätzung des Managements überlassen.

596 Durch die Verpflichtung von SFAS 131 bei erstmaliger Anwendung für 1998 die geografischen Informationen der vorangegangenen zwei Jahre anzupassen, konnten die Jahre 1997 und 1996 für die Untersuchung herangezogen werden. Vgl. Behn/Nichols/Street (2002), S. 34.

597 Da in 55 Fällen die aggregierten nicht mit geografisch segmentierten Informationen übereinstimmten umfasste die Untersuchung jeweils 289 Beobachtungen (2*172-55) für SFAS 131 und für SFAS 14. Vgl. Behn/Nichols/Street (2002), S. 35.

598 Vgl. Behn/Nichols/Street (2002), S. 39–40. Eine generelle Vorteihaftigkeit der nach SFAS 14 segmentierten Daten gegenüber den davor verpflichtenden Angaben der SEC konnte von LOBO/KWON/NDUBIZU nachgewiesen werden. Vgl. Lobo/Kwon/Ndubizu (1998), S. 982.

diese Verbesserung auf die Segmentierung nach Inland, Ausland und einzelnen wesentlichen Ländern zurückzuführen ist. Dabei konnte eine Vorteilhaftigkeit dieser Art der Segmentierung gegenüber der Angabe von Informationen zu geografischen Regionen gezeigt werden.[599] BEHN/NICHOLS/STREET kamen zu dem Ergebnis, dass die für die einzelnen Länder nach SFAS 131 auszuweisenden Umsätze besser für Zwecke der Prognose der aggregierten Umsätze geeignet sind als die nach SFAS 14 für die geografischen Regionen anzugebenden Umsätze.[600]

Aus den geschilderten Untersuchungen,[601] deren Ergebnisse in Tabelle 3 überblicksartig zusammengefasst werden, lässt sich insgesamt eine grundsätzliche Eignung segmentierter Daten zur Steigerung der Prognosegenauigkeit zukünftiger Umsätze und Ergebnisse ableiten. Dies spiegelt sich auch in der abnehmenden Größe der Bandbreiten der Vorhersagen bei Vorhandensein von segmentierten Daten wider. Sowohl nach Geschäftstätigkeit als auch nach geografischen Regionen segmentierte Umsätze leisten einen positiven Beitrag zur Prognosequalität, sofern sie zusätzlich zu den aggregierten Daten veröffentlicht werden. Für segmentierte Ergebnisse konnte ebenfalls ein positiver Beitrag zur Prognosequalität, wenn auch in geringerem Umfang, ermittelt werden.[602] In Bezug auf die geografische Segmentierung lässt die Untersuchung von BEHN/NICHOLS/STREET darüber hinaus erwarten, dass eine Segmentierung, die insbesondere auf wesentliche Länder gesondert eingeht, für Prognosen besser geeignet ist, als eine Segmentierung nach möglicherweise intern sehr heterogenen geografischen Regionen. Insoweit gehen die Aussagen, die hinsichtlich der Ausgestaltung von Segmentberichterstattungsvorschriften auf der Grundlage der empirischen Untersuchungen zur Prognoseeignung getroffen werden können, nicht sonderlich weit, sondern enden bei der Empfehlung des Ausweises von Umsätzen und Ergebnissen für sektorale und regionale Segmente. Die Vorteilhaftigkeit einer auf Basis wesentlicher Länder erfolgenden und damit segmentintern

---

599 Vgl. Behn/Nichols/Street (2002), S. 41–42.

600 Vgl. Behn/Nichols/Street (2002), S. 43. HERRMANN/THOMAS gehen hingegen davon aus, dass durch hohe Anforderungen an das Kriterium der Wesentlichkeit diese potenziellen Vorteile gegenüber SFAS 14 regelmäßig nicht realisiert werden können. Vgl. Herrmann/Thomas (2000a), S. 13–14.

601 Zu weiteren Studien zur Prognoseeignung segmentierter Daten vgl. die umfangreiche Übersicht bei Hacker (2002), S. 130–133.

602 Vgl. Pacter (1993), S. 135–136. Hinsichtlich der Einflussfaktoren auf die Prognosegenauigkeit geht HACKER mit Verweis auf Hussain (1997) von einer möglichen Bedeutung der Abgrenzung und der Anzahl der Segmente aus. Vgl. hierzu Hacker (2002), S. 140.

homogenen geografischen Segmentierung lässt jedoch vermuten, dass auch in Bezug auf die Produkte und Dienstleistungen homogen sektoral segmentiert werden sollte.[603]

	Segmentierung	**Segmentdaten**
Kinney (1971)	Verbesserte Ergebnisprognosen durch Veröffentlichung segmentierter Daten	Segmentierte Umsätze und Ergebnisse tragen zur Verbesserung der Ergebnisprognosen bei
Collins (1976)	Verbesserte Umsatz- und Ergebnisprognosen durch Veröffentlichung segmentierter Daten	• Segmentierte Umsätze, Gewinnmargen und Ergebnisse tragen zur Verbesserung der Ergebnisprognosen bei • Geringer Vorteil des Modells mit Segmentumsätzen und -ergebnissen bei Ergebnisprognosen gegenüber Modell mit ausschließlich Segmentumsätzen
Silhan (1983)	• Verbesserte Ergebnisprognosen bei Verwendung segmentierter Daten • Ergebnisse jedoch nur signifikant in Bezug auf die kurzfristige Prognose von Quartalsergebnissen	Segmentierte Umsätze, Gewinnmargen und Ergebnisse tragen zur Verbesserung der Ergebnisprognosen bei
Baldwin (1984)	Verbesserte Ergebnisprognosen durch Veröffentlichung segmentierter Daten	Segmentierte Umsätze und Ergebnisse tragen zur Verbesserung der Ergebnisprognosen bei
Roberts (1989)	Verbesserte Ergebnisprognosen durch Veröffentlichung geografisch segmentierter Daten	• Geografisch segmentierte Umsätze verbessern Qualität der Ergebnisprognosen • Bessere Prognoseergebnisse durch Segmentumsätze im Vergleich zu Segmentergebnissen
Herrmann (1996)	• Höhere Prognosegenauigkeit im Vergleich zu aggregierten Daten bei Segmentierung nach Kontinenten • Höhere Prognosegenauigkeit im Vergleich zu Segmentierung nach Kontinenten bei Segmentierung nach Ländern	• Signifikate Ergebnisse in Bezug auf Umsatz- und Bruttoergebnisprognosen • Kaum signifikante Ergebnisse in Bezug auf Gewinnprognosen
Behn/Nichols/ Street (2002)	Höhere Prognosegenauigkeit für Umsätze und Ergebnisse bei Segmentierung nach Ländern im Vergleich zu Segmentierung nach geografischen Regionen	Segmentierte Umsätze wurden berücksichtigt

Tabelle 3: Ergebnisse prognoseorientierter Untersuchungen

603 STREET/NICHOLS/GRAY konnten in einer Untersuchung zeigen, dass im Vergleich zu SFAS 14 bei der Anwendung von SFAS 131 eine größere Anzahl von Segmenten ausgewiesen wird. Aufgrund dieser Beobachtung gehen sie von einer Vorteilhaftigkeit von SFAS 131 bei der Vermittlung von Informationen aus. Vgl. Street/Nichols/Grey (2000), S. 281. Zu einem vergleichbaren Ergebnis kamen auch ETTREDGE/ KWON/SMITH/ZAROWIN. Vgl. Ettredge u.a. (2005); S. 801. Dieser Rückschluss ist jedoch nicht zulässig, da von einem direkten Zusammenhang von Quantität und Qualität der bereitgestellten Informationen nicht zwangsläufig ausgegangen werden kann.

4.2.3 Verhaltensbezogene Untersuchungen

4.2.3.1 Grundlagen

Die den verhaltensbezogenen Untersuchungen (*behavioral accounting research*) zuzuordnenden empirischen Arbeiten versuchen, das menschliche Verhalten im Zusammenhang mit der Rechnungslegung zu erfassen. Einerseits bezweckt diese Forschungsrichtung durch die Erfassung der Realität einen Einblick in die Informationsverarbeitungsprozesse und in das rechnungslegungsbezogene Verhalten der an der Informationserfassung und -verarbeitung beteiligten Personen zu gewinnen.[604] Andererseits existieren Untersuchungen, die verschiedene Rechnungslegungsalternativen auf ihre Zweckmäßigkeit überprüfen, indem sie ergründen, inwieweit die praktizierte Rechnungslegung (als eine von mehreren Rechungslegungsoptionen) den Erwartungen der Adressaten gerecht wird. Grundsätzlich können in Anlehnung an die von RIAHI-BELKAOUI verwendete Klassifizierung folgende fünf Forschungsrichtungen der *behavioral accounting research* unterschieden werden:[605]

(1) Untersuchungen zur Angemessenheit des Veröffentlichungsumfangs,
(2) Untersuchungen zum Nutzen der Jahresabschlussinformationen,
(3) Untersuchungen zur Beurteilung der Rechnungslegungspraxis der Unternehmen durch die Adressaten,
(4) Untersuchungen zur Beurteilung der Wesentlichkeit und
(5) Untersuchungen zu den Auswirkungen verschiedener Rechnungslegungsmethoden auf die Entscheidungssituation der Adressaten.

Die Ergebnisse verhaltensbezogener Untersuchungen werden generell entweder aus Befragungen bestimmter ausgewählter Personengruppen, aus Feldstudien oder aus Experimenten unter Laborverhältnissen abgeleitet.[606] Während Wertpapieranalysten, Aktienhändler und Anlageberater regelmäßig den für die Untersuchungen präferierten Personenkreis darstellen, müssen die Forscher aus Gründen der Verfügbarkeit häufig dennoch auf Rechnungslegungsstudenten zurückgreifen.[607] Eine weitere Möglichkeit besteht darin, Wirtschaftsprüfer in die Untersuchungen einzubeziehen und deren Entscheidungsverhalten oder Beurteilung eines Unternehmens zu erfassen.[608] Im Unterschied zu anderen Untersuchungen der empirischen

---

[604] Vgl. Riahi-Belkaoui (2000), S. 302.
[605] Vgl. Riahi-Belkaoui (2000), S. 303.
[606] Vgl. Swieringa/Weick (1982), S. 57; Riahi-Belkaoui (2000), S. 302; Hacker (2002), S. 172.
[607] Die Einbeziehung von Studenten in die Untersuchungen wurde in der Literatur vielfach kritisiert. Vgl. hierzu Copeland/Francia/Strawser (1973), S. 365–372; Copeland/Francia/Strawser (1974), S. 534–537; Watson (1974), S. 530–533.
[608] Vgl. Haller (1994), S. 167.

Rechnungslegungsforschung befassen sich die verhaltensorientierten Untersuchungen ausschließlich mit Individuen (natürliche Personen oder Unternehmen), ohne dabei eventuelle Marktreaktionen im Zusammenhang mit dem Untersuchungsobjekt zu beachten. Die *behavioral accounting research* kann dabei grundsätzlich auf eine theoretische Fundierung verzichten. Es wird nicht versucht, deduktiv ermittelte Hypothesen zu überprüfen.[609] Die verhaltensorientierten Untersuchungen erfassen lediglich auf empirische Art und Weise die Rechnungslegungsrealität, um hieraus Schlüsse abzuleiten.[610]

Interpretationsprobleme ergeben sich bei den verhaltensorientierten Untersuchungen insbesondere dann, wenn die befragten Personen in der Realität keine Entscheidungen hinsichtlich der Ausgestaltung der Unternehmensrechnung treffen, wie es bei Studenten der Fall ist. Zudem lassen sich realistische Entscheidungssituationen im Laborexperiment nur bedingt nachbilden, sodass die Untersuchungsergebnisse nicht uneingeschränkt auf tatsächliche Entscheidungen übertragbar sind.[611] Den Problemen verhaltensbezogener Untersuchungen zum Trotz können aus der *behavioral accounting research* eingeschränkte Aussagen in Bezug auf die Praxis der Unternehmensrechnung sowie das Entscheidungsverhalten der Adressaten bzw. Entscheidungsträger abgeleitet werden. Insoweit ist zu erwarten, dass aus den verhaltensbezogenen Untersuchungen zur Segmentberichterstattung Aussagen hinsichtlich der grundsätzlichen Eignung von segmentierten Daten zur Vermittlung entscheidungsnützlicher Informationen sowie der Ausgestaltung einer entscheidungsnützlichen Segmentberichterstattung abgeleitet werden können.

---

609 Vgl. Riahi-Belkaoui (2000), S. 302. Dies unterscheidet die Untersuchungen von den in den Kapiteln 4.2.2 und 4.2.4 erläuterten Untersuchungen zur Prognoseeignung und kapitalmarktorientierten Untersuchungen.

610 Aufgrund des Mangels an theoretischer Fundierung ist die Interpretation der ermittelten Ergebnisse jedoch schwierig und deshalb werden die Ergebnisse der Untersuchungen in der Literatur regelmäßig nicht weiter aufgegriffen. Vgl. Haller (1994), S. 167.

611 Vgl. Dyckman/Gibbins/Swieringa (1978), S. 68. Dies wird auch dadurch deutlich, dass die direkten und indirekten Informationskosten in den Untersuchungen nicht berücksichtigt werden können. Zu den direkten und indirekten Kosten der Segmentberichterstattung vgl. die Ausführungen in Kapitel 2.4.2. Insoweit ist zu erwarten, dass bei Befragungen feiner Informationen stets gröberen vorgezogen werden. Vgl. Hacker (2002), S. 181.

4.2.3.2 Untersuchungen mit Bezug zur Segmentberichterstattung

Die ersten Ergebnisse verhaltensorientierter Untersuchungen mit Bezug zur Segmentberichterstattung[612] gehen aus der Untersuchung von BRADISH hervor. Einer von den befragten Finanzanalysten am häufigsten genannten Mängel bezog sich auf die veröffentlichten Umsatz- und Ergebnisgrößen, sowie die hieraus resultierenden Schwierigkeiten, sektoral und regional diversifizierte Unternehmen zu beurteilen. Insofern schlugen die Finanzanalysten vor, nach Tätigkeitsbereichen segmentierte Umsatzgrößen zu veröffentlichen. Hinsichtlich segmentierter Ergebnisgrößen und regional sowie nach Kundengruppen segmentierten Umsatzgrößen zeigten sie hingegen teilweise für die häufig von den zur Berichterstattung verpflichteten Unternehmen geäußerten Einwände Verständnis, dass diese Informationen Wettbewerbsnachteile im Sinne indirekter Kosten nach sich ziehen könnten.[613]

In einer im Jahr 1969 veröffentlichten Untersuchung versuchte STALLMAN zu ermitteln, ob zusätzlich zu aggregierten Daten veröffentlichte sektorale Segmentinformationen Auswirkungen auf die Beurteilung diversifizierter Unternehmen durch Finanzanalysten haben. Für diesen Zweck wurden die Jahresabschlüsse von zwei fiktiven Unternehmen[614] an zufällig ausgewählte Analysten[615] versendet. Die eine Hälfte der aufbereiteten Jahresabschlüsse enthielt umfangreiche Segmentdaten, während die andere Hälfte lediglich aggregierte Daten umfasste. Um zudem den Einfluss von Aktienkursen auf die Analystenerwartungen beurteilen zu können, wurden zusätzlich noch zu hohe und zu niedrige Aktienkurse an die Analysten weitergeleitet.[616] Diese wurden daraufhin gebeten, auf Grundlage der ihnen zugegangenen Daten Beurteilungen der Unternehmen vorzunehmen. STALLMAN kam zu dem Ergebnis, dass seg-

---

[612] Werden die verhaltensorientierten Untersuchungen mit direktem Bezug zur Segmentberichterstattung hinsichtlich der angewendeten Methodik betrachtet, lässt sich feststellen, dass neben direkten Befragungen der Adressaten und Ersteller der Segmentberichterstattung auch in größerer Anzahl Ergebnisse vorliegen, die aus experimentellen Untersuchungen gewonnen wurden. Während im Rahmen der Befragungen der Adressaten die grundsätzliche Nachfrage nach Segmentinformationen und ihre Ausgestaltung (beispielsweise die Art der Segmentierung, sektoral und/oder regional) ermittelt wird, versuchen die experimentellen Untersuchungen festzustellen, inwieweit es Finanzanalysten gelingt, das Unternehmen auf der Grundlage segmentierter Informationen besser einzuschätzen als auf der Basis aggregierter Informationen. Die Eignung segmentierter Informationen zur Einschätzung des Unternehmens ergibt sich hierbei durch die Eignung der Segmentinformationen für Prognosezwecke, für Zwecke der Aktienkursbeurteilung und für Zwecke der Risikoschätzung. Vgl. Hacker (2002), S. 172. Als Beispiel für eine experimentelle Untersuchung vgl. die in Kapitel 4.2.2.2 erläuterte Studie von BALDWIN. Vgl. Baldwin (1984), S. 376–389.

[613] Vgl. Bradish (1965), S. 760.

[614] Diese Unternehmen wurden gebildet, indem mehrere Einproduktunternehmen zu zwei diversifizierten Unternehmen zusammengefasst wurden. Vgl. Stallman (1969), S. 34.

[615] Von den 1.068 angeschriebenen Finanzanalysten konnten 121 verwertbare Antworten in die Untersuchung einbezogen werden. Vgl. Stallman (1969), S. 35–36.

[616] Vgl. Stallman (1969), S. 34–35.

mentierte Daten Einfluss auf die Beurteilung von Unternehmen haben. Jedoch waren die Ergebnisse nur signifikant, wenn zusätzlich zu den Segmentdaten auch noch niedrige Aktienkurse kamen.[617] Weil den Analysten zusätzlich zu den Jahresabschlüssen auch Daten über die Aktienkurse zugingen, konnten die Auswirkungen der segmentierten Daten auf die Beurteilung nicht von den Auswirkungen durch die Aktienkurse getrennt werden.[618]

Diesen Nachteil der Untersuchung von STALLMAN versuchte ORTMAN mit seiner im Jahr 1975 veröffentlichten Untersuchung zu bereinigen, indem den Analysten keine Aktienkurse zur Verfügung gestellt wurden, sondern die Unternehmen als kurz vor dem Börsengang befindlich beschrieben wurden.[619] Die zwei von den Finanzanalysten zu beurteilenden Unternehmen wurden aus zwei gegenläufigen Tätigkeitsbereichen (jeweils Autoteile und Computer) zusammengesetzt. Den 303 in die Untersuchung einbezogenen Finanzanalysten wurden zur einen Hälfte ausschließlich die aggregierten (*control group*) und zur anderen Hälfte die nach den beiden Tätigkeitsbereichen segmentierten Informationen der beiden Unternehmen (*experimental group*)[620] zur Verfügung gestellt.[621] ORTMAN konnte mit diesem Untersuchungsaufbau zum einen Auswirkungen der Segmentdaten auf die generelle Beurteilung der Unternehmen als auch hinsichtlich der Berechnung eines Börseneinführungspreises durch die Analysten ermitteln.[622]

Die generelle Vorteilhaftigkeit von segmentierten gegenüber aggregierten Daten voraussetzend thematisieren MAINES/MCDANIEL/HARRIS in ihrer im Jahr 1997 veröffentlichten Untersuchung die FASB und IASC Segmentierungskonzeptionen des *management approach* und des *risks and rewards approach*. Sie versuchten zu klären, inwieweit die angewendeten Segmentierungskonzeptionen Auswirkungen auf die Einschätzungen der Finanzanalysten hinsichtlich der Zuverlässigkeit der veröffentlichten Segmentdaten, hinsichtlich der Vertrauenswürdigkeit ihrer Ergebnisprognosen und Aktienbewertungen sowie hinsichtlich ihrer Kauf- oder Verkaufsempfehlungen haben.[623] Die Stichprobe der Untersuchung umfasste 56 Finanz-

---

[617] Vgl. Stallman (1969), S. 41–42. Dieses Ergebnis wurde von DASCHER/COPELAND in einer späteren Studie gestützt. Vgl. Dascher/Copeland (1971), S. 37 sowie zusammenfassend Dyckman/Gibbins/Swieringa (1978), S. 71.

[618] Vgl. Mohr (1983), S. 45.

[619] Vgl. Mohr (1983), S. 45.

[620] Während für die *experimental group* letztlich 41 verwertbare Antworten zur Verfügung standen, lagen für die *control group* nur 31 Antworten vor. Vgl. Ortman (1975), S. 300.

[621] Vgl. Ortman (1975), S. 298–299; Dyckman/Gibbins/Swieringa (1978), S. 71.

[622] Vgl. Ortman (1975), S. 304.

[623] Vgl. Maines/McDaniel/Harris (1997), S. 2.

analysten, deren Aufgabe es war, ein fiktives Unternehmen mit zwei externen Segmenten und drei internen Geschäftsbereichen zu beurteilen. Anhand von zwei Dimensionen wurden vier verschiedene Fälle unterschieden. Die erste Dimension umfasste den Grad der Kongruenz der externen Segmentierung mit der internen Berichtsstruktur. Als zweite Dimension wurde der Untersuchung der Grad der Homogenität der Risiken und Chancen der in einem Segment zusammengefassten Geschäftsbereiche zugrunde gelegt. Folgende vier Kombinationen ließen sich differenzieren: homogen-kongruent, homogen-inkongruent, heterogen-kongruent und heterogen-inkongruent.[624] Durch die Befragungen konnte gezeigt werden, dass Finanzanalysten Segmentdaten im Vergleich zu den übrigen Fällen dann eine höhere Zuverlässigkeit beimessen, wenn die externe Segmentierung mit der internen Berichtsstruktur übereinstimmt und hinsichtlich der Risiken und Chancen homogene Produkte in einem Segment zusammengefasst werden.[625] Ein vergleichbar signifikantes Ergebnis konnte in Bezug auf das Vertrauen der Finanzanalysten in ihre Prognosen und in ihre Handelsempfehlungen nicht nachgewiesen werden. Generell verbessert sich das Vertrauen der Finanzanalysten bei einer Kongruenz von interner Berichterstattung und externer Segmentierung, ohne dass die Homogenität der Risiken und Chancen der zu einem Segment zusammengefassten Geschäftsbereiche hierauf wesentliche Auswirkungen hat. Eine Verbesserung des Vertrauens bei einer Inkongruenz konnte jedoch nur erzielt werden, wenn die Segmente ausschließlich aus homogenen Aktivitäten bestanden.[626] Da die Vorschriften des SFAS 131 eine Kongruenz von interner und externer Segmentierung und die Vorschriften von IAS 14 die Bildung von Segmenten auf der Grundlage homogener Risiken und Chancen vorsehen, leiten MAINES/MCDANIEL/HARRIS aus ihren Ergebnissen eine Vorteilhaftigkeit von SFAS 131 und IAS 14 gegenüber SFAS 14 ab.[627]

---

[624] Vgl. Maines/McDaniel/Harris (1997), S. 4–5.
[625] Vgl. Maines/McDaniel/Harris (1997), S. 2, 13–14.
[626] Vgl. Maines/McDaniel/Harris (1997), S. 3, 19–20.
[627] Vgl. Maines/McDaniel/Harris (1997), S. 22.

	Segmentierung	Segmentdaten
Bradish (1965)	• Segmentierung nach Tätigkeitsbereichen wünschenswert • Keine Segmentierung nach geografischen Regionen oder Kundengruppen	• Veröffentlichung segmentierter Umsatzgrößen • Keine Veröffentlichung segmentierter Ergebnisgrößen
Stallman (1969)	Sektorale Segmentierung hat Einfluss auf die Beurteilung im Sinne der Kursentwicklung von Unternehmen	Segmentierte Gewinn- und Verlustrechnungen tragen zur Verbesserung der Beurteilungen bei
Ortman (1975)	Sektorale Segmentierung hat Einfluss auf die generelle Beurteilung der Unternehmen und auf die Berechnung des Börseneinführungspreises	Segmentierte Umsatz- und Ergebnisgrößen tragen zur Verbesserung der Beurteilungen bei
Maines/ McDaniel/ Harris (1997)	• Signifikant höheres Vertrauen in Prognosen bei Konvergenz von interner und externer Segmentierung sowie hinsichtlich der Risiken und Chancen homogener Segmente • Höheres Vertrauen in Prognosen bei einer ausschließlichen Konvergenz von interner und externer Segmentierung • Höheres Vertrauen in Prognosen bei ausschließlich hinsichtlich der Risiken und Chancen homogenen Segmenten	Segmentierte Umsätze, Ergebnisse, Vermögenswerte sowie Abschreibungs- und Investitionsaufwendungen wurden bereitgestellt

Tabelle 4: Ergebnisse verhaltensorientierter Untersuchungen

Ähnlich zu den in Kapitel 4.2.2.2 erläuterten Untersuchungen zur Prognoseeignung segmentierter Daten lassen auch die in Tabelle 4 zusammengefassten verhaltensbezogenen Untersuchungen[628] lediglich eingeschränkte Aussagen hinsichtlich der Bereitstellung entscheidungsnützlicher Informationen durch eine Segmentberichterstattung zu. Zwar kann aus den Untersuchungen von BRADISH, STALLMAN und ORTMAN eine Vorteilhaftigkeit von segmentierten im Vergleich zu aggregierten Daten in Bezug auf die Entscheidungsnützlichkeit abgeleitet werden.[629] Empfehlungen hinsichtlich der Ausgestaltung einer Segmentberichterstattung können jedoch nicht getroffen werden. Die Untersuchung von MAINES/MCDANIEL/HARRIS setzt hingegen die Entscheidungsnützlichkeit segmentierter Daten voraus und zeigt, dass die An-

[628] Zu weiteren verhaltensorientierten Studien über segmentierte Daten vgl. die umfangreiche Übersicht bei Hacker (2002), S. 177–181.

[629] BAREFIELD veröffentlichte im Jahr 1972 eine Laborstudie, in der er eine Entscheidungssituation mit aggregierten und nicht aggregierten Daten untersuchte. Hierbei wurden 28 Studenten in vier Gruppen eingeteilt und mussten in vierzig Fällen Entscheidungen zu fiktiven Fragen der Personalauslastung treffen. Als Ergebnis der Studie wurde ermittelt, dass die nicht aggregierten Daten nicht zu signifikant besseren Ergebnissen als die aggregierten Daten führen. Vgl. Barefield (1972), S. 229–242. Eine weitere nicht direkt auf die Segmentberichterstattung bezogene Untersuchung wurde von ABDEL-KHALIK im Jahr 1973 veröffentlicht. Anhand der Qualität von Kreditentscheidungen in Abhängigkeit von Abschlussinformationen verschiedener Aggregationsgrade konnte auch er eine Vorteilhaftigkeit nicht aggregierter gegenüber aggregierten Daten nicht uneingeschränkt nachweisen. Vgl. Abdel-Khalik (1973), S. 104–138.

wendung des *management approach* und/oder des *risks and rewards approach* gegenüber einer Segmentierung nach SFAS 14 Vorteile aufweisen dürfte.

4.2.4 Kapitalmarktorientierte Untersuchungen

4.2.4.1 Grundlagen

Der Informationsgehalt bzw. die Entscheidungsnützlichkeit von Daten der Unternehmensrechnung soll im Rahmen der kapitalmarktorientierten Rechnungslegungsforschung (*market based accounting research*) durch einen Vergleich einer hypothetischen Kapitalmarktreaktion ohne Information und der tatsächlichen Kapitalmarktreaktion mit Information ermittelt werden.[630] Es kommt folglich nicht auf die Reaktion von Individuen, sondern auf das Marktverhalten an, das sich in den Änderungen der Aktienkurse widerspiegelt. Bereitgestellte Daten werden dann als entscheidungsnützlich eingestuft, wenn sie die Kurse nachweislich beeinflusst haben.[631] Im Rahmen der kapitalmarktorientierten Rechnungslegungsforschung muss zwischen dem Kapitalmarkt auf der einen Seite und dem einzelnen Eigenkapitalgeber auf der anderen Seite differenziert werden. Unternehmensdaten sollen zum einen bezogen auf den Gesamtmarkt helfen, die Aktienkurse zu bestimmen, mit denen ein Marktgleichgewicht, d.h. die optimale Allokation auf dem Kapitalmarkt, erreicht werden kann. Zum anderen sollen die Daten dem einzelnen Eigenkapitalgeber bei gegebenen Kursen bei der Gestaltung des optimalen Wertpapierportfolios helfen.[632]

Die kapitalmarktorientierte Rechnungslegungsforschung basiert auf induktiven und deskriptiven Arbeiten, die jeweils auf Annahmen der Finanzierungstheorie zurückgreifen.[633] Hierzu gehören in der Regel die Informationseffizienzhypothese und die Preisbildungshypothese.[634] Generell besagt die Informationseffizienzhypothese, dass sich eine bestimmte verfügbare Informationsmenge direkt in der Bewertung eines Unternehmens und damit im Aktienkurs niederschlägt[635] und es deshalb nicht möglich ist, „durch Auswertung derartiger Informatio-

---

630 Vgl. Lev/Ohlson (1982), S. 258.

631 Vgl. Coenenberg u.a. (1978), S. 499; Haller (1994), S. 177; Riahi-Belkaoui (2000), S. 343.

632 Vgl. Beaver (1972), S. 408. Hierbei kommt es sowohl auf die absolute (des einzelnen Wertpapiers) als auch auf die relative (im Vergleich zu anderen Wertpapieren) Preisermittlung an. Vgl. Foster (1986), S. 300.

633 Vgl. Lev/Ohlson (1982), S. 283. Diese Annahmen werden benötigt, um die empirischen Ergebnisse in Aussagen überleiten zu können. Vgl. Haller (1994), S. 178.

634 Vgl. Hacker (2002), S. 145. Die von HACKER zusätzlich genannte Informationsverarbeitungshypothese wird im Zuge der Erläuterung der *event studies* in Kapitel 4.2.4.3.1 behandelt.

635 Vgl. Wagenhofer/Ewert (2003), S. 104.

nen Überrenditen aus Transaktionen auf dem Kapitalmarkt zu erzielen."[636] Nach FAMA ist es die Eigenschaft eines effizienten Markts, dass die Marktpreise vollständig alle verfügbaren Informationen reflektieren und neue Informationen sofortige Preisanpassungen zur Folge haben. Wird dieser Definition von Informationseffizienz gefolgt, lassen sich in Bezug auf die am Kapitalmarkt verfügbare Informationsmenge die schwache, die halbstrenge und die strenge Informationseffizienz unterscheiden.[637] Obwohl die Empirie die generelle Gültigkeit der im folgenden Abschnitt erläuterten halbstrengen Informationseffizienz nicht bestätigen kann,[638] setzen die Forschungsarbeiten der kapitalmarktorientierten Rechnungslegungsforschung sie im Allgemeinen voraus.[639] Die halbstrenge Informationseffizienz wird benötigt, um den Bezug zwischen der veröffentlichten Rechnungslegungsinformation und dem Aktienkurs herzustellen.[640]

Unter der Annahme der halbstrengen Informationseffizienz werden Informationen im Marktpreis verarbeitet, sobald sie öffentlich verfügbar sind.[641] Es ist demnach unmöglich, durch Auswertung öffentlich verfügbarer Informationen Überrenditen zu erzielen. Diese Form der Informationseffizienz ist insbesondere aus Sicht der Rechnungslegungsforschung interessant, da die Rechnungslegung einen wesentlichen Teil der öffentlich verfügbaren Unternehmensinformationen ausmacht.[642] Bei Gültigkeit der halbstrengen Informationseffizienz ist die Form der Publikation oder die Stelle der Veröffentlichung im Jahresabschluss unerheblich. Es spielt dementsprechend keine Rolle, ob eine Information in Bilanz, Gewinn- und Verlustrechnung

---

636 Schildbach (1986), S. 10.

637 Bei der schwachen Informationseffizienz bezieht sich die verfügbare Informationsmenge lediglich auf vergangene Marktpreise und Handelsvolumina. Arbitrage kann durch Auswertung dieser vergangenheitsbezogenen Informationen nicht erfolgen. Im Rahmen der strengen Informationseffizienz reflektieren die Kurse im Marktgleichgewicht alle verfügbaren Informationen. Dieses schließt neben den öffentlich verfügbaren Informationen auch alle anderen Informationsquellen mit ein. Es ist demnach unmöglich, mithilfe jeder Art von Information (Insiderinformationen eingeschlossen) Überrenditen zu erzielen. Vgl. Fama (1970), S. 383; Riahi-Belkaoui (2000), S. 344-345; Bode (2006), S. 54. Von der Gültigkeit der strengen Informationseffizienz kann selbst nach Ansicht von FAMA nicht ausgegangen werden. Vgl. Fama (1991), S. 1575.

638 Neben irrationalem Verhalten der Eigenkapitalgeber beeinflusst zudem auch noch eine nicht ausreichende Ad-hoc-Publizität der Unternehmen und damit eine unvollständige externe Datenverfügbarkeit die Aktienkurse. Vgl. Coenenberg/Salfeld (2003), S. 53.

639 Vgl. Lev/Ohlson (1982), S. 249; Auer (1999), S. 176.

640 Vgl. Haller (1994), S. 178.

641 Vgl. Fama (1970), S. 383.

642 In diesem Zusammenhang wurde in der Vergangenheit insbesondere die Geschwindigkeit untersucht, mit der sich die Marktpreise nach der Veröffentlichung bestimmter Informationen an den geänderten Informationsstand angepasst haben. Insbesondere die Bekanntgabe von erzielten Jahresergebnissen, von Änderungen des Zinssatzes und der Dividendenzahlungen sowie die Bekanntgabe von Kapitalerhöhungen waren Gegenstand der Untersuchung. Vgl. Riahi-Belkaoui (2000), S. 345.

oder im Anhang zum Jahresabschluss veröffentlicht wird. Der Marktpreis reflektiert die Informationen im Zeitpunkt der Veröffentlichung.[643]

Neben der halbstrengen Informationseffizienz nehmen die kapitalmarktorientierten Untersuchungen weiterhin an, dass der Preis, der sich für ein bestimmtes Wertpapier im Kapitalmarktgleichgewicht einstellt, die Risiko- und Ertragserwartung widerspiegelt (Preisbildungshypothese). Der Preis einer Aktie hängt nicht ausschließlich von den veröffentlichten Informationen ab. Deshalb müssen mittels eines Preisbildungsmodells (beispielsweise das Marktmodell nach SHARPE) die anderen Einflüsse aus dem Preis der Aktie eliminiert werden.[644] Bei Gültigkeit der halbstrengen Informationseffizienz können Preisänderungen dementsprechend auf Erwartungsänderungen hinsichtlich der mit dem Wertpapier verbundenen Erträge und möglichen Risiken zurückgeführt werden. Um jedoch beurteilen zu können, ob die Preisänderung in vollem Umfang auf die Veröffentlichung von bestimmten Daten zurückzuführen ist, muss der Kurs des Wertpapiers ermittelt werden, der sich ohne die Veröffentlichung der Informationen ergeben hätte.[645] Mit den hierbei verwendeten Modellen lassen sich sogenannte Normalrenditen ermitteln; die Renditen, die sich erwartungsgemäß ohne die betrachteten Rechnungslegungsdaten ergeben hätten. Tritt eine Differenz zwischen der Normalrendite und der am Markt zu beobachtenden Rendite nach Veröffentlichung der Rechnungslegungsdaten auf, dann ist dies ein Indiz dafür, dass die bereitgestellten Daten die Erwartungshaltung der Marktteilnehmer und damit auch das Entscheidungsverhalten geändert haben.[646]

In diesem Zusammenhang kommt in den meisten Fällen das Capital Asset Pricing Model (CAPM) zur Anwendung.[647] Die erwartete Rendite eines Wertpapiers über den Planungszeitraum einer Periode lässt sich nach dem CAPM mit folgender Gleichung ermitteln

$$E(R_{it}) = R_{ft} + \beta_i\left[E(R_{mt}) - R_{ft}\right],$$

[643] Vgl. Wagenhofer/Ewert (2003), S. 110.
[644] Vgl. Hacker (2002), S. 146.
[645] Vgl. Haller (1994), S. 179
[646] Vgl. Haller (1994), S. 179.
[647] Das CAPM geht im Wesentlichen auf Beiträge von SHARPE, LINTNER und MOSSIN zurück. Vgl. Sharpe (1964), S. 425–442; Lintner (1965), S. 13–37; Mossin (1966), S. 768–783. Zur Darstellung des CAPM vgl. auch Brown (1994), S. 16–18; Haugen (2001), S. 201–235; Nowak (2003), S. 63–72; Schultze (2003), S. 271–276; Bank/Gerke (2005), S. 239–249.

wobei $E(R_{it})$ die erwartete Rendite des Wertpapiers i im Zeitpunkt t, R_{ft} den risikolosen Zinssatz im Zeitpunkt t, β_i den Regressionskoeffizienten, der sogenannte „Betafaktor“ bzw. das „systematische Risiko“[648] und $E(R_{mt})$ die erwartete Rendite des Marktportfolios bezeichnet.[649] Das CAPM geht folglich von einer linearen Beziehung zwischen der erwarteten Rendite eines Wertpapiers und der Marktrendite aus. Aufgrund von Problemen bei der Ermittlung des Marktportfolios approximiert die empirische Rechnungslegungsforschung dieses regelmäßig über einen Marktindex.[650] Insoweit wird das CAPM „zum Zwecke der empirischen Rechnungslegungsforschung in das Marktmodell [...] überführt“[651], das sich mit a_i als absolutem Glied der linearen Beziehung von R_{it} und R_{mt} wie folgt darstellt:[652]

$$E(R_{it}) = a_i + \beta_i E(R_{mt}).$$

Die Rendite des Wertpapiers ist entsprechend dem Regressionskoeffizienten β_i von den Schwankungen der erwarteten Marktrendite abhängig. Sollte die tatsächliche Rendite eines Wertpapiers von der für dieses Wertpapier erwarteten Rendite abweichen, dann kann dieses, dadurch dass Marktbeeinflussungen bereits im Modell berücksichtigt sind, auf eine geänderte Risikobeurteilung oder auf eine geänderte spezifische Ertragserwartung für dieses Wertpapier zurückgeführt werden. Formal lässt sich dies wie folgt darstellen:

$$u_{it} = R_{it} - E(R_{it}).$$

Hieraus folgt

$$u_{it} = R_{it} - a_i - \beta_i R_{mt},$$

648 Zum Betafaktor vgl auch Böcking/Nowak (2000), S. 23.

649 Vgl. Riahi-Belkaoui (2000), S. 345; Hommel/Braun (2002), S. 11–12. Die Differenz zwischen der erwarteten Rendite des Marktportfolios und dem risikolosen Zinssatz wird als Marktrisikoprämie bezeichnet.

650 Vgl. Bromwich (1992), S. 209. Betafaktoren und das zugrunde liegende CAPM sind theoretisch und empirisch nur schwach fundiert. Konkrete Auswirkungen von Änderungen von Betafaktoren ließen sich noch nicht nachweisen. Es konnte bspw. von FAMA/FRENCH empirisch gezeigt werden, dass sich Renditeunterschiede verschiedener Aktien nicht durch die unterschiedlichen Betafaktoren erklären lassen. Vgl. Fama/French (1992), S. 427–465.

651 Haller (1994), S. 179–180. Vgl. auch Bromwich (1992), S. 222.

652 Vgl. Bromwich (1992), S. 210; Haller (1994), S. 180. Zum Marktmodell vgl. auch Möller (1983), S. 291–293.

wobei u_{it} die Änderung der Wertpapierrendite, die nicht auf Einflussfaktoren des allgemeinen Kursniveaus zurückzuführen ist, R_{it} die tatsächliche Rendite des Wertpapiers im Zeitpunkt t und R_{mt} die Rendite des Marktportfolios bezeichnet.[653]

Die kapitalmarktorientierte Rechnungslegungsforschung prüft nun, inwieweit bestimmte Daten der Unternehmensrechnung Änderungen der Risikobeurteilung oder der spezifischen Ertragserwartungen einzelner Wertpapiere bewirken und damit zu einer Änderung der erwarteten Rendite bzw. des Kurses führen.[654] Danach müssen mit Informationsmaßen Annahmen über Richtung und Ausmaß der Erwartungsänderungen der Eigenkapitalgeber und damit über die Auswirkungen der veröffentlichten Informationen auf den Aktienkurs getroffen werden.[655]

4.2.4.2 Konzepte der Kapitalmarktrelevanz

Aufgrund der großen Anzahl empirischer Untersuchungen zur Kapitalmarktrelevanz von Rechnungslegungsdaten wird in Anlehnung an die von LO/LYS getroffene Abgrenzung der Konzepte im Rahmen dieser Arbeit zwischen Untersuchungen zum Informationsgehalt, zur Bewertungsrelevanz und zur Wertrelevanz unterschieden.[656] Untersuchungen zum Informationsgehalt der Rechnungslegung (*information content studies*) beziehen sich grundsätzlich auf eine öffentlich verfügbare Informationsmenge. Sie analysieren beispielsweise den Informationsgehalt von Jahresabschlüssen, indem die Auswirkungen von zwischen $t-1$ und t neu veröffentlichten Informationen auf Aktienkurse beobachtet werden.[657] Informationen wird immer dann ein Informationsgehalt zugeschrieben, wenn die tatsächlich in t zu beobachtenden Kurse von den erwarteten Kursen abweichen. Die Richtung der Kursabweichung ist unerheblich. Ist M_t die öffentlich verfügbare Informationsmenge im Zeitpunkt t und P_{jt} der Preis bzw. Kurs der Aktie j im Zeitpunkt t, spiegelt der Preis P_{jt} unter der Annahme der halbstrengen Informationseffizienz alle in t öffentlich verfügbaren Informationen M_t wider. Insoweit ist ΔM_t der Teil der öffentlich verfügbaren Informationsmenge M_t, der im Zeitpunkt t im Vergleich zu $t-1$ zusätzlich zur Verfügung steht. Die zusätzliche Information ΔM_t hat

[653] Vgl. Haller (1994), S. 180.
[654] Wird der Einfluss auf die Risikobeurteilung untersucht, dann ist der Regressionskoeffizient β Gegenstand der Untersuchung.
[655] Vgl. Hacker (2002), S. 146.
[656] Vgl. Lo/Lys (2000), S. 1–2. Eine einheitliche Verwendung der Begriffe, die den Vergleich der Untersuchungsergebnisse ermöglichen würde, hat sich in der Literatur noch nicht durchgesetzt.
[657] Vgl. Barth (2000), S. 17; Holthausen/Watts (2001), S. 6.

Informationsgehalt, wenn der in t beobachtbare Preis P_{jt} der Aktie j von dem aufgrund der Informationsmenge M_{t-1} erwarteten Preis $E(P_{jt})$ abweicht. In der formalen Darstellung ergibt sich:[658]

$$P_{jt} \neq E(P_{jt}|M_{t-1}).$$

Indem die zwischen zwei Zeitpunkten veröffentlichten Informationen in die Untersuchungen eingehen, liegt bei den *information content studies* eine Zeitraum- und keine Zeitpunktbetrachtung vor.[659]

Im Unterschied zu den *information content studies*, welche die gesamte Informationsmengen in die Untersuchungen einbeziehen, befassen sich die Studien zur Bewertungsrelevanz (*valuation relevance studies*) mit einzelnen Rechnungslegungsdaten (beispielsweise dem Jahresüberschuss).[660] Auch hier liegt regelmäßig eine Zeitraumbetrachtung vor. Gegenstand der Studien ist der Zusammenhang zwischen Abweichungen der tatsächlichen von den erwarteten Rechnungslegungslegungsdaten und der Abweichung des tatsächlichen vom erwarteten Preis für eine Aktie. Bezeichnet I_{jt} die Rechnungslegungsinformation und μ_{jt} eine Störvariable für die Aktie j, ist I_{jt} dementsprechend immer dann bewertungsrelevant, wenn die Funktion $f(\cdot)$ in

$$P_{jt} - E(P_{jt}|M_{t-1}) = f[I_{jt} - E(I_{jt}|M_{t-1})] + \mu_{jt}$$

nicht trivial ist.[661] Dies ist gewährleistet, wenn der Koeffizient von $I_{jt} - E(I_{jt}|M_{t-1})$ ungleich null ist. Neben der Richtung der Preisänderung geht auch das Ausmaß der Abweichung der tatsächlichen Rechnungslegungsinformation von der erwarteten in die Beurteilung der Bewertungsrelevanz der Information ein.[662]

658 Vgl. Lo/Lys (2000), S. 3–4.
659 Vgl. Lindemann (2004), S. 109.
660 Vgl. Lo/Lys (2000), S. 5.
661 Vgl. Lo/Lys (2000), S. 5–6.
662 Vgl. Lindemann (2004), S. 108.

Die Studien zur Wertrelevanz (*value relevance studies*) untersuchen den Zusammenhang zwischen einzelnen Rechnungslegungsdaten und Aktienkursen,[663] ohne – wie bei den *valuation relevance studies* – die Abweichungen der tatsächlichen von den erwarteten Rechnungslegungslegungsdaten zu berücksichtigen. Zudem wird mittels dieser Studien versucht, die tatsächlichen Aktienkurse und nicht die Abweichungen der tatsächlichen von den erwarteten Aktienkursen zu begründen. Formal lässt sich der Ansatz dieser Studien dementsprechend wie folgt darstellen:

$$P_{jt} = g(I_{jt}) + \pi_{jt}.$$[664]

Die Rechnungslegungsinformation ist immer dann wertrelevant, wenn die Funktion $g(\cdot)$ nicht trivial ist.[665] Im Unterschied zu den *valuation relevance studies* können diese Untersuchungen jedoch auch dann Aktienkurse erklären, wenn die tatsächlichen die erwarteten Rechnungslegungsdaten bestätigen. Weiterhin wird im Rahmen der *value relevance studies* eine Zeitpunktbetrachtung vorgenommen, die zeigen kann, welche Rechungslegungsdaten unter Umständen zu dem Niveau des Aktienkurses in t geführt haben. Eine kursbeeinflussende Reaktion durch die Veröffentlichung der wertrelevanten Information kann und soll hingegen nicht nachgewiesen werden.[666]

Neben den Studien zum Informationsgehalt, zur Bewertungsrelevanz und zur Wertrelevanz von Daten der Unternehmensrechnung liegen weiterhin Studien vor, die sich mit den Auswirkungen von Rechnungslegungsdaten auf die Risikoparameter von Aktien befassen.[667] Generell versuchen diese Untersuchungen zu zeigen, inwieweit sich ein bestimmter Risikoparameter durch die Veröffentlichung bestimmter Rechnungslegungsdaten verändert. Die Untersuchungen, die die Varianz von Renditen und abnormalen Renditen zum Gegenstand haben, befassen sich mit der Varianzänderung durch die Rechnungslegungsdaten, indem Quotienten mit der Varianz vor und nach der Veröffentlichung der Rechnungslegungsdaten gebildet wer-

---

663 Vgl. Barth (2000), S. 16. Nach Ansicht von BARTH/BEAVER/LANDSMAN lassen sich aus *value relevance studies* durchaus Empfehlungen für Rechnungslegungsvorschriften ableiten. Vgl. Barth/Beaver/Landsman (2001), S. 78. Es ist davon auszugehen, dass dieses Ergebnis auf die anderen Konzepte der Kapitalmarktrelevanz übertragbar ist.

664 Der Term π_{jt} bezeichnet wiederum eine Störvariable.

665 Vgl. Lo/Lys (2000), S. 7.

666 Vgl. Lo/Lys (2000), S. 12.

667 Unter den Risikoparametern werden generell das systematische Risiko (Betafaktor), die Varianz von Aktienrenditen sowie die Varianz der abnormalen Aktienrenditen erfasst. Vgl. Auer (1999), S. 209.

den (*variance ratio test*). Sollen die Auswirkungen neuer Rechnungslegungsdaten auf das systematische Risiko untersucht werden, kommen Regressionsanalysen zur Anwendung.[668]

4.2.4.3 Untersuchungsmethoden

4.2.4.3.1 Event Studies

Die bei der Messung der Kapitalmarktrelevanz üblicherweise angewendeten Untersuchungsmethoden sind die Ereignisstudien (*event studies*) und die *association studies*. *Event studies* befassen sich mit den Auswirkungen bestimmter Ereignisse auf den Kapitalmarkt. Vor allem bei den *information content studies* und den *valuation relevance studies* kommen Ereignisstudien zur Anwendung.[669] Im Zusammenhang mit der Rechnungslegung untersuchen *event studies*, inwieweit die Veröffentlichung bestimmter Rechnungslegungsinformationen Änderungen von Aktienkursen bewirkt. Die Messung dieser unerwarteten Kursänderungen erfolgt hier in einem engen Zeitfenster zur Veröffentlichung der betrachteten Rechnungslegungsdaten (*short term window*).[670] Um den Zusammenhang von Rechnungslegungsinformationen und Aktienkursen untersuchen zu können, basieren *event studies* auf den Annahmen eines halbstreng informationseffizienten Markts sowie der Existenz von Gleichgewichtspreisen, die die vorhandene Informationsmenge vollständig widerspiegeln.[671]

Bei den im Rahmen von *event studies* untersuchten Ereignissen kann es sich beispielsweise um die Veröffentlichung von Jahresabschlüssen, Zwischenberichten, einzelnen Ergebnisgrößen oder eben Segmentberichten handeln. Es muss jedoch bei der Definition des Ereignisses darauf geachtet werden, dass die Informationen nicht bereits im Markt vorhanden sind. Deshalb stellen Studien, die Aktienkursreaktionen im Zusammenhang mit der Veröffentlichung von Ergebnisgrößen untersuchen, regelmäßig auf die Abweichungen von den von Analysten im Vorfeld geäußerten Ergebniserwartungen ab.[672] Zusätzlich ist die Ereignisperiode zu definieren, in dem die abnormalen Kursreaktionen gemessen werden. Sie umfasst den Ereigniszeitpunkt und beginnt damit regelmäßig vor dem Zeitpunkt der Veröffentlichung der Daten. Hierdurch wird erreicht, dass eine Kursreaktion, die sich beispielsweise durch Er-

---

[668] Zu den Analysemodellen vgl. ausführlich Auer (1999), S. 209–211.

[669] In Bezug auf die *information content studies* vgl. Holthausen/Watts (2001), S. 6 und Lindemann (2006), S. 971.

[670] Vgl. Kothari (2001), S. 116.

[671] Vgl. Auer (1999), S. 185.

[672] Vgl. Lindemann (2004), S. 111.

wartungen vor der offiziellen Veröffentlichung der Daten ergeben hat, auch mit in die Untersuchung einfließt. Nur so ist sichergestellt, dass die aus den veröffentlichten Daten resultierende Kursreaktion vollständig erfasst wird. Das Ende der Ereignisperiode liegt grundsätzlich nach dem Zeitpunkt der Veröffentlichung der Daten, da sich neue Informationen erst nach einer gewissen Zeit und nicht unmittelbar in den Kursen widerspiegeln.[673]

Mittels eines Preisbildungsmodells wird unter Zugrundelegung einer von den untersuchten Rechnungslegungsdaten unbeeinflussten Schätzperiode eine Normalrendite für diesen Zeitraum ermittelt, die unverändert in die Ereignisperiode übertragen wird.[674] Zur Beurteilung der Auswirkungen der Rechnungslegungsinformation werden dann die abnormalen Aktienrenditen ermittelt, indem die tatsächlichen mit den Normalrenditen verglichen werden.[675] Um für Analysezwecke herangezogen werden zu können, sind die abnormalen Renditen einzelner Aktien zusammenzufassen.[676] Hierzu werden regelmäßig die Informationsmaße *abnormal performance index* (API) und *cumulative average residual* (CAR) verwendet.[677] Bei der Ermittlung des *cumulative average residual* werden die auf Tagesbasis ermittelten abnormalen Renditen über die einzelnen Aktien und die Ereignisperiode aggregiert, um hieraus im Anschluss die durchschnittliche abnormale Rendite über alle Aktien berechnen zu können.[678] Im Gegensatz zur Addition der Renditen beim CAR werden die einzelnen Renditen beim *abnormal performance index* multiplikativ miteinander verknüpft.[679]

4.2.4.3.2 Association Studies

Die insbesondere bei *value relevance studies* angewendeten *association studies* sind im Unterschied zu den *event studies* auf einen langen Zeitraum (*long term window*) ausgerichtet und untersuchen, ob eine positive Korrelation zwischen bestimmten Rechnungslegungsdaten und Aktienrenditen nachgewiesen werden kann.[680] Hierbei kommen Regressionsanalysen zur Anwendung. Ein ursächlicher Zusammenhang zwischen der Veröffentlichung einer Rech-

673 Vgl. MacKinlay (1997), S. 15.
674 Vgl. Lindemann (2004), S. 113. Die Normalrendite lässt sich über verschiedene Methoden (*mean adjusted returns, market adjusted returns, market and risk adjusted returns*) ermitteln, die u.a. von AUER dargestellt und gewürdigt werden. Vgl. hierzu Auer (1999), S. 187–190.
675 Vgl. Lindemann (2004), S. 115.
676 Vgl. MacKinlay (1997), S. 21.
677 Vgl. Hacker (2002), S. 146.
678 Vgl. MacKinlay (1997), S. 21; Auer (1999), S. 190; Riahi-Belkaoui (2000), S. 349.
679 Vgl. Ball/Brown (1968), S. 168; Bromwich (1992), S. 223.
680 Vgl. Kothari (2001), S. 116.

nungslegungsinformation und einer Kursreaktion wird nicht vorausgesetzt. So befassen sich *association studies* beispielsweise mit dem unterschiedlichen Erklärungsgehalt von Cashflows und von Gewinnen für die Aktienrenditen sowie mit dem zusätzlichen Informationsgehalt einzelner (z.B. Gewinn, Eigenkapital) im Vergleich zu den übrigen Rechnungslegungsdaten.[681]

Die folgenden drei Ansätze werden im Rahmen der *association studies* genutzt: *balance sheet model*, *earnings model* und *Ohlson model*. Im *balance sheet model* wird der Marktwert des Eigenkapitals über die Differenz zwischen dem Marktwert der Vermögenswerte und dem Marktwert der Schulden ermittelt. Das *balance sheet model* wird angewendet, wenn die Wertrelevanz zusätzlicher Bilanzposten untersucht werden soll.[682] Für die in den Untersuchungen verwendeten Regressionsgleichungen wird jedoch in der Regel auf die Buchwerte der Vermögenswerte und Schulden zurückgegriffen, wenn die Marktwerte nicht zur Verfügung stehen.[683]

Das *earnings model* untersucht mittels Regressionsanalysen den Zusammenhang von Aktienkursen bzw. Aktienrenditen auf der einen Seite und von Gewinnen bzw. Gewinnänderungen auf der anderen Seite. Die Informationen über Gewinne bzw. Gewinnänderungen sind im Rahmen des *earnings model* immer dann wert- oder bewertungsrelevant, wenn sich ihre Regressionskoeffizienten signifikant von null unterscheiden.[684]

Im *Ohlson model*[685] wird der Zusammenhang von Eigenkapital und Rechnungslegungsinformationen sowie anderen Informationen thematisiert. Zur formalen Darstellung seines Modells greift OHLSON auf das *dividend discount model*,[686] die *clean surplus relation*[687] und die Annahme der linearen Informationsdynamik zurück.[688] Durch das *dividend discount model* und die *clean surplus relation* gelingt es, den Marktwert des Eigenkapitals als Summe aus dem

---

681 Vgl. Lindemann (2004), S. 117; Lindemann (2006), S. 971.
682 Vgl. Kothari (2001), S. 173.
683 Vgl. Lindemann (2004), S. 119.
684 Vgl. Lindemann (2004), S. 124.
685 Zur historischen Entwicklung des Modells vgl. Stromann (2003), S. 25–27.
686 Unter dem *dividend discount model* ergibt sich der Aktienkurs aus dem durch Diskontierung mit einem risikoangepassten Zins ermittelten Barwert der erwarteten zukünftigen Dividenden. Die formale Darstellung des *dividend discount model* findet sich u.a. bei Kothari (2001), S. 174.
687 Nach der *clean surplus relation* werden sämliche Eigenkapitaländerungen, die nicht aus direkten Transaktionen zwischen den Eigenkapitalgebern und dem Unternehmen resultieren, erfolgswirksam erfasst.
688 Vgl. Ohlson (1995), S. 663–664.

Eigenkapital zum Buchwert und den diskontierten abnormalen Gewinnen darzustellen.[689] Mit der linearen Informationsdynamik wird die Entwicklung der abnormalen Gewinne im Zeitablauf unter Zugrundelegung eines stochastischen Prozesses beschrieben. Der abnormale Gewinn der Periode $t + 1$ ergibt sich aus dem abnormalen Gewinn der vorangegangenen Periode t sowie den in t bereits bekannten wertbeeinflussenden Informationen, die sich jedoch noch nicht im abnormalen Gewinn der Periode t widerspiegeln.[690] Die Regressionskoeffizienten des *Ohlson model* zeigen dementsprechend, wie sich die abnormalen Gewinne und andere Rechnungslegungsinformationen oder sonstige Informationen auf den Marktwert des Eigenkapitals auswirken.[691]

4.2.4.4 Untersuchungen mit Bezug zur Segmentberichterstattung

4.2.4.4.1 Auswirkungen auf Aktienkurse

Über die bereits in den Kapiteln 4.2.2 und 4.2.3 erläuterten Untersuchungen hinaus existieren im Zusammenhang mit der Segmentberichterstattung auch kapitalmarktorientierte Untersuchungen, die sich mit den Auswirkungen segmentierter Daten auf Aktienkurse und auf die Prognose der Aktienkurse sowie den Auswirkungen auf das Risiko einer Aktie befassen.[692] Hintergrund der Untersuchungen, die sich mit den Auswirkungen segmentierter Daten auf die Aktienkurse befassen, ist, dass der Nachweis dieser Auswirkungen ein Hinweis auf die Relevanz dieser veröffentlichten segmentierten Daten für die Beurteilung des Unternehmens am Kapitalmarkt sein könnte. Sollte ein solcher Nachweis nicht geführt werden können, dann wäre davon auszugehen, dass die durch die Segmentberichterstattung zusätzlich bereit gestellten Daten dem Kapitalmarkt bereits durch andere Informationsquellen zugegangen sind. In einem solchen Fall wäre den Segmentdaten der Entscheidungsnutzen abzusprechen.

KOCHANEK versuchte in seiner im Jahr 1974 veröffentlichten Studie zur Wertrelevanz segmentierter Daten mittels einer *association study* nachzuweisen, dass durch die Veröffentlichung von Segmentdaten bessere Ergebnisprognosen ermöglicht werden.[693] Für diesen Zweck teilte er 37 diversifizierte Unternehmen mit freiwilliger Segmentberichterstattung für

---

689 Vgl. Ohlson (1995), S. 661–662.
690 Vgl. Ohlson (1995), S. 664.
691 Vgl. Kothari (2001), S. 176.
692 Vgl. Hacker (2002), S. 145.
693 Vgl. Bernards (1994), S. 60.

die Jahre 1966 bis 1969 in zwei Gruppen ein.[694] Die erste Gruppe umfasste die Unternehmen mit einer guten, detaillierten Segmentberichterstattung (*good reporters*) und die zweite Gruppe die Unternehmen, deren Segmentangaben als schlecht eingestuft wurden (*poor reporters*).[695] In der Folge untersuchte KOCHANEK die Korrelation der Veränderungen der Ergebnisse je Aktie (*earnings per share*) und der Aktienkursänderungen als Maß für die Prognoseeignung (*earnings model*).[696] Für die Gruppe der *good reporters* ermittelte er einen signifikanten Zusammenhang zwischen frühen Aktienkursänderungen und den zu einem späteren Zeitpunkt veröffentlichten Änderungen der Ergebnisse je Aktie.[697] Einen vergleichbar signifikanten Zusammenhang konnte KOCHANEK bei der Gruppe der *poor reporters* nur für die Ergebnisänderungen je Aktie und die Kursänderungen, die unmittelbar vor der Veröffentlichung dieser Informationen aufgetreten waren, ermitteln.[698] Diese Beobachtungen führten zu dem Ergebnis, dass es Eigenkapitalgebern durch eine gute Segmentberichterstattung ermöglicht wird, Ergebnisänderungen frühzeitig zu prognostizieren.[699]

Die Pflicht zur Offenlegung segmentierter Daten in der Form 10-K beginnend im Jahr 1971 wurde von RONEN/LIVNAT als Ausgangspunkt ihrer im Jahr 1981 veröffentlichten Untersuchung gewählt. Sie bildeten hierbei in Abhängigkeit der erstmaligen Veröffentlichung segmentierter Daten vier Gruppen aus 75 Unternehmen.[700] Für die Jahre 1968 bis 1977 wurden in einem zweiten Schritt die Segmentergebnisse ermittelt. Während die segmentierten Ergebnisse der Jahre 1968 bis 1970 der *prediction period* zugeordnet wurden, waren die Segmenter-

---

694 Vgl. Kochanek (1974), S. 247.

695 Grundlage der Einstufung in die beiden Gruppen war ein Punktesystem, in dem den Unternehmen entsprechend eines Katalogs unterschiedlicher möglicher Segmentinformationen Punkte für ihr Publikationsverhalten zugeordnet wurden. Bepunktet wurden Beschreibungen der Segmente, Angaben zu den Segmentumsätzen, -ergebnissen und -vermögenswerten sowie die Veröffentlichung von Vergleichsinformationen über mehrere Jahre. Eine Einstufung in die Gruppe der guten Segmentberichterstatter erfolgte, wenn das Unternehmen mindestens eine Beschreibung der Segmente und die Angaben zu den Segmentumsätzen für die Jahre 1966 bis 1969 veröffentlicht hatte. Vgl. Kochanek (1974), S. 248–250.

696 Vgl. Kochanek (1974), S. 251.

697 Vgl. auch Pejic (1998), S. 35.

698 Vgl. Kochanek (1974), S. 257. Zu einem vergleichbaren Ergebnis vgl. Foster (1975), S. 283–295. Andere Untersuchungen konnten einen Zusammenhang von Segmentberichterstattung und Aktienkursreaktion nicht nachweisen. Vgl. stellvertretend Ajinkya (1980), S. 343–361.

699 Vgl. Kochanek (1974), S. 258. BAREFIELD/COMISKEY bauten mit ihrer im Jahr 1975 publizierten Studie auf der kapitalmarktorientierten Untersuchung von KOCHANEK auf. Anhand der Stichprobe von Kochanek wurde für 26 Unternehmen die Prognosegenauigkeit in Abhängigkeit der Qualität der Segmentberichterstattung ermittelt. Für diesen Zweck griffen BAREFIELD/COMISKEY auf Ergebnisprognosen des STANDARD AND POORS „Earnings Forecaster" zurück und konnten einen Zusammenhang von Prognosequalität und Qualität der der Segmentberichterstattung nachweisen. Vgl. Barefield/Comiskey (1975), S. 818–821.

700 Es wurden jeweils die Unternehmen in einer Gruppe zusammengefasst, die in den Jahren 1968 bis 1970, in den Jahren 1969 und 1970, nur im Jahr 1970 oder erst ab dem Jahr 1971 segmentierte Daten offenlegten. Vgl. Ronen/Livnat (1981), S. 473.

gebnisse der Jahre 1971 bis 1977 Bestandteil der *estimation period*. Über die jährlichen Aktienkursänderungen jedes einzelnen der in die Untersuchung einbezogenen Unternehmen, konnte für die Unternehmen, die segmentierte Daten offenlegten, eine signifikante positive Kursreaktion nachgewiesen werden.[701]

Im Jahr 1991 veröffentlichte SWAMINATHAN eine *information content study*, die sich mit der Variabilität von Aktienkursen kurz vor und kurz nach der Veröffentlichung von segmentierten Daten in der Form 10-K[702] sowie mit der Streuung der Ergebnisprognosen von Analysten[703] befasste (*event study*).[704] Auch hier wurde die Pflicht zur Offenlegung segmentierter Daten in der Form 10-K als Ausgangspunkt der Studie gewählt. In einem ersten Schritt bildete er zwei Gruppen von Unternehmen, von denen die erste 160 Unternehmen umfasste, die vor dem Jahr 1970 in ihrer Form 10-K entweder noch keine Segmentinformationen veröffentlicht oder für das Jahr 1969 nur Segmentumsätze angegeben hatten (*experimental group*). Die zweite Gruppe, die für Kontrollzwecke gebildet wurde, bestand aus 101 Unternehmen, die auch schon vor Einführung der Segmentberichterstattungspflicht durch die SEC im Jahr 1970 Segmentumsätze und -ergebnisse veröffentlicht hatten (*control group*).[705] Im nächsten Schritt wurden dann die Aktienkursvariabilitäten der Unternehmen der *experimental group* für den Tag der Veröffentlichung der Form 10-K sowie für jeweils zwei Tage vor und nach diesem Termin ermittelt und mit denen der Unternehmen der *control group* verglichen.[706] Danach wurden Ergebnisprognosen von Analysten für die Unternehmen beider Gruppen der Jahre 1969 und 1970 gesammelt. Es konnte gezeigt werden, dass die Aktienkursvariabilitäten im Zusammenhang mit der Veröffentlichung der Form 10-K für das Jahr 1970 der Unternehmen der *experimental group* signifikant anstiegen im Vergleich zu denen bei der Veröffentlichung der Informationen für das Jahr 1969. Für die Unternehmen der *control group* konnte keine ver-

701 Vgl. Ronen/Livnat (1981), S. 474.

702 Ein Zusammenhang zwischen präzisen Informationen und hohen Aktienkursvariabilitäten konnte in anderen Untersuchungen nachgewiesen werden. Vgl. bspw. Choi/Salamon (1995), S. 85–110.

703 In empirischen Untersuchungen konnte gezeigt werden, dass die Veröffentlichung präziser Unternehmensinformationen die Unsicherheit in Bezug auf zukünftige Ergebnisse reduziert und damit auch die Streuung der Ergebnisprognosen abnimmt. Vgl. exemplarisch Ajinkya/Gift (1985), S. 1353–1365; Brown/Richardson/Schwager (1987), S. 49–67.

704 Auch HOLTHAUSEN/VERRECCHIA befassen sich in ihrer im Jahr 1990 veröffentlichten Untersuchung mit den Auswirkungen der Genauigkeit veröffentlichter Informationen auf die Aktienkursvariabilität und die Bandbreite der Analystenerwartungen. Sie konnten zeigen, dass eine Steigerung der Genauigkeit der veröffentlichten Informationen zu einer Steigerung der Aktienkursvariabilität und zu einer geringeren Bandbreite der Ergebnisprognosen führt. Vgl. hierzu Holthausen/Verrecchia (1990), S. 204–205.

705 Vgl. Swaminathan (1991), S. 29–30.

706 Vgl. Swaminathan (1991), S. 29.

gleichbare Beobachtung gemacht werden.[707] Im Zusammenhang mit den Analystenprognosen zeigte SWAMINATHAN zudem, dass die Bandbreite der Ergebnisprognosen von Jahr 1970 auf Jahr 1971 deutlich zurückging, jedoch wiederum nur für die Unternehmen der *experimental group*.[708] In einer Erweiterung der Untersuchung wurde ersichtlich, dass die Anzahl der veröffentlichten Segmente die Untersuchungsergebnisse beeinflusst und Auswirkungen auf die Aktienkursvariabilität und die Bandbreite der Ergebnisprognosen hat. Je größer die Anzahl der veröffentlichten Segmente, desto deutlicher waren die Auswirkungen auf die Aktienkursvariabilität und die Bandbreite der Ergebnisprognosen. Aus diesen Ergebnissen leitete SWAMINATHAN einen positiven Beitrag der Segmentberichterstattung im Hinblick auf die Ergebnisprognosen ab.[709] SWAMINATHAN wird zugute gehalten, dass er mit seiner Untersuchung eine Verringerung der Bandbreiten der Analystenerwartungen durch segmentierte Daten nachweist. Jedoch wird kritisiert, dass er nicht untersucht, ob durch die segmentierten Informationen eine Reduktion der Prognosefehler erfolgt. Eine Gegenüberstellung mit den tatsächlichen Ergebnissen erfolgt in seiner Untersuchung nicht.[710]

In einer im Jahr 2000 veröffentlichten Untersuchung befasste sich THOMAS mit der Frage, inwieweit durch die Einführung von SFAS 131 und damit durch die Aufhebung der Pflicht des SFAS 14 zur Veröffentlichung geografisch segmentierter Daten[711] wertrelevante Informationen dem Kapitalmarkt nicht mehr zur Verfügung gestellt werden.[712] Hierzu verwendete er 1.912 Beobachtungen im Zeitraum der Jahre 1984 bis 1994 jeweils über einen Zeitraum von einem Jahr.[713] Es gelang THOMAS durch Anwendung von Regressionsmodellen mit geografisch segmentierten Ergebnissen mehrerer Perioden zu zeigen, dass die Ergebnisse der geografischen Segmente wertrelevant sind. Diese Ergebnisse bestätigen damit weitere Untersu-

707 Vgl. auch Bernards (1994), S. 71; Pejic (1998), S. 37.
708 Vgl. Swaminathan (1991), S. 40.
709 Vgl. Swaminathan (1991), S. 39–40.
710 Vgl. Bernards (1994), S. 71.
711 Nach SFAS 131 sind Daten ausschließlich für die *operating segments* zu veröffentlichen. Vgl. hierzu die Ausführungen in Kapitel 3.2.2.2.2. HERRMANN/THOMAS beobachteten nach Inkrafttreten von SFAS 131 einen signifikanten Rückgang in der Anzahl von Unternehmen, die geografisch segmentierte Ergebnisse veröffentlichten. Vgl. Herrmann/Thomas (2000), S. 300–301.
712 BOATSMAN/BEHN/PATZ konnten in ihrer im Jahr 1993 veröffentlichten Ereignisstudie (*event study*) keinen signifikanten Einfluss von geografischen Segmentergebnissen auf Aktienkurse beobachten. Nur bei stark abnormalen Segmentergebnissen war ein Einfluss erkennbar. Vgl. Boatsman/Behn/Patz (1993), S. 63. Einzelne methodische Schwächen der Untersuchung von BOATSMAN/BEHN/PATZ, die die Aussagekraft und Übertragbarkeit der Ergebnisse möglicherweise beeinträchtigt haben (bspw. Beobachtungszeitraum von nur 16 Tagen), versucht THOMAS zu umgehen. Vgl. Thomas (2000), S. 139.
713 Vgl. Thomas (2000), S. 138.

chungen, die die Vorteilhaftigkeit geografisch segmentierter Daten zeigen.[714] THOMAS geht davon aus, dass durch die von SFAS 131 vorgeschriebene Berichterstattung über *operating segments*,[715] wertrelevante Informationen nicht mehr zur Verfügung gestellt werden.[716]

	Segmentierung	**Segmentdaten**
Kochanek (1974)	• Bei guter Segmentberichterstattung liegt ein signifikanter Zusammenhang zwischen frühen Aktienkursänderungen und den zu einem späteren Zeitpunkt veröffentlichten Änderungen der Ergebnisse je Aktie vor • Gute Segmentberichterstattung ermöglicht, Ergebnisänderungen frühzeitig zu prognostizieren	Beschreibung der Segmente und segmentierte Umsätze wurden in die Untersuchung einbezogen
Ronen/Livnat (1981)	Offenlegung segmentierter Daten führt zu signifikanter positiver Kursreaktion	Segmentierte Ergebnisse wurden in die Untersuchung einbezogen
Swaminathan (1991)	• Positiver Beitrag der Segmentberichterstattung im Hinblick auf die Ergebnisprognosen • Korrelation zwischen Anzahl der veröffentlichten Segmente und Auswirkungen auf die Aktienkursvariabilität sowie Bandbreite der Ergebnisprognosen	Segmentierte Umsätze und Ergebnisse wurden in die Untersuchung einbezogen
Thomas (2000)	Nachweis der Wertrelevanz geografisch segmentierter Daten	Segmentierte Ergebnisse wurden in die Untersuchung einbezogen

Tabelle 5: Untersuchungsergebnisse zu den Auswirkungen auf Aktienkurse

Wie die Übersicht in Tabelle 5 verdeutlicht, weisen die Studien zu den Auswirkungen auf Aktienkurse[717] grundsätzlich einen Zusammenhang von Aktienkursen und sektoral und geografisch segmentierten Daten auf unterschiedliche Arten nach. Hierbei kann dieser Zusammenhang sowohl für segmentierte Umsätze als auch für segmentierte Ergebnisse bestätigt werden. Ähnlich den Studien zur Prognoseeignung segmentierter Daten ist zu vermuten, dass segmentierte Ergebnisse Aktienkurse nicht besser erklären können als segmentierte Umsätze.[718]

---

[714] Vgl. bspw. Conover/Wallace (1995), S. 101–112.
[715] Die *operating segments* werden in der Praxis regelmäßig sektoral gebildet.
[716] Vgl. Thomas (2000), S. 152.
[717] Zu weiteren Studien zu den Auswirkungen segmentierter Daten auf Aktienkurse vgl. die umfangreiche Übersicht bei Hacker (2002), S. 153–157.
[718] Vgl. Hacker (2002), S. 153.

4.2.4.4.2 Auswirkungen auf Risikoparameter

Neben den bereits angesprochenen Studien zum Zusammenhang von segmentierten Daten und Aktienkursen gibt es auch eine Reihe von kapitalmarktorientierten Untersuchungen zum Einfluss von Segmentdaten auf das systematische Risiko.[719] Dieses ist Gegenstand der Publizitätsforschung, weil es sich nicht wie das unsystematische Risiko durch Portfoliodiversifikation vermeiden lässt. Die in diesem Zusammenhang durchgeführten Studien lassen sich im Wesentlichen in zwei Gruppen einteilen. Zum einen wird untersucht, inwieweit die erstmalige Veröffentlichung von Segmentinformationen zur Änderung von Betafaktoren führt. Damit wird der Annahme nachgegangen, dass Segmentdaten die Einschätzung der Risiken durch die Eigenkapitalgeber ändern können. Zum anderen werden Studien durchgeführt, die sich mit der Korrelation von Betafaktoren und den im Rahmen einer Segmentberichterstattung veröffentlichten Daten beschäftigen.[720] Diese Untersuchungen basieren auf der Annahme, dass sich aus den Segmentdaten Informationen über die spezifischen Unternehmensrisiken ableiten lassen.[721]

Im Jahr 1977 veröffentlichten HORWITZ/KOLODNY eine der ersten Studien, die sich mit den Auswirkungen segmentierter Daten auf die Risikoparameter befassen. Ausgangspunkt der Untersuchung war erneut die ab dem Jahr 1971 geltende Pflicht zur Veröffentlichung sektoral segmentierter Daten in der Form 10-K. Die Stichprobe umfasste 100 Unternehmen, von denen 50 im Jahr 1971 erstmalig segmentierte Daten offenlegen mussten (Experimentiergruppe). Die zweite Gruppe mit 50 Unternehmen musste in 1971 lediglich aggregierte Daten offenlegen. Diese Unternehmen wurden als Kontrollgruppe herangezogen.[722] Im nächsten Schritt wurden monatliche Kursinformationen der Jahre 1965 bis 1973 für die 100 Unternehmen der Stichprobe ermittelt. Danach wurden über eine Regressionsanalyse die Betafaktoren für beide Unternehmensgruppen für die Jahre vor und nach der erstmaligen Offenlegung der segmentierten Daten bestimmt. HORWITZ/KOLODNY konnten hierbei keine signifikanten Änderungen der Betafaktoren nach der erstmaligen Veröffentlichung von Segmentergebnissen in der Experimentiergruppe feststellen.[723] Eine Vorteilhaftigkeit segmentierter Daten ist ihrer Ansicht nach folglich nicht zwangsläufig gegeben.

---

719 Zum systematischen Risiko vgl. die Ausführungen zum CAPM in Kapitel 4.2.4.1.
720 Vgl. Pacter (1993), S. 159.
721 Vgl. auch Pejic (1998), S. 40.
722 Vgl. Horwitz/Kolodny (1977), S. 237.
723 Vgl. Horwitz/Kolodny (1977), S. 247.

In einer im Jahr 1979 veröffentlichten Untersuchung, die auf der Untersuchung von HORWITZ/KOLODNY aufbaute, beschäftigten sich auch COLLINS/SIMONDS mit den Auswirkungen erstmalig publizierter Segmentergebnisse auf die Betafaktoren diversifizierter Unternehmen, die damit der ersten Gruppe von Studien zuzuordnen ist. Hierzu wurden vier Gruppen von Unternehmen gebildet, zwei Experimentiergruppen und zwei Kontrollgruppen. In der ersten Experimentiergruppe fassten COLLINS/SIMONDS 52 diversifizierte Unternehmen zusammen, die vor dem Jahr 1970 bereits segmentierte Umsätze und danach zusätzlich noch die Segmentergebnisse veröffentlicht hatten. Die zweite Experimentiergruppe bestand aus 26 diversifizierten Unternehmen, die vor dem Jahr 1970 keine Segmentinformationen publiziert und erst mit der Form 10-K für das Jahr 1970 segmentierte Umsätze und Ergebnisse offengelegt hatten.[724] Für Kontrollzwecke wurden zwei weitere Gruppen gebildet, von denen die erste siebzig diversifizierte Unternehmen umfasste, die vor und nach dem Jahr 1970 Segmentumsätze und -ergebnisse veröffentlicht hatten.[725] In die zweite Kontrollgruppe wurden 67 nicht diversifizierte Unternehmen aufgenommen, die weder vor noch nach Inkrafttreten der Segmentberichterstattungsvorschriften Segmentdaten veröffentlichen mussten.[726] COLLINS/SIMONDS konnten für die beiden Experimentiergruppen signifikante negative Änderungen der Betafaktoren beobachten. Eine vergleichbare Änderung der Betafaktoren trat bei den Kontrollgruppen nicht auf. Am deutlichsten war der Effekt bei der Gruppe der Unternehmen, die erstmals in ihrer Form 10-K für 1970 Segmentdaten zu veröffentlichen hatten.[727] Als Ergebnis wurde abgeleitet, dass Unternehmen ohne oder mit geringen Segmentangaben beim Übergang auf eine Segmentberichterstattung mit sinkenden Betafaktoren rechnen können.[728]

In einer im Jahr 1986 veröffentlichten Untersuchung beschäftigte sich PRODHAN mit der Frage, inwieweit geografisch segmentierte Daten Auswirkungen auf das systematische Risiko multinationaler britischer Unternehmen haben.[729] Die Stichprobe der Unternehmen umfasste 36 Unternehmen im Zeitraum der Jahre 1973 bis 1982. Als Experimentiergruppe (*treatment group*) wurden 21 Unternehmen der Stichprobe klassifiziert, die erst ab Dezember 1977 geografisch segmentierte Daten offengelegt hatten. Die übrigen 15 Unternehmen der Stichprobe hatten bereits vor diesem Zeitpunkt geografische Segmentinformationen veröffentlicht und

---

724 Vgl. Collins/Simonds (1979), S. 360.
725 Vgl. auch Pejic (1998), S. 41.
726 Vgl. Collins/Simonds (1979), S. 359–360.
727 Vgl. Collins/Simonds (1979), S. 373.
728 Vgl. Collins/Simonds (1979), S. 380.
729 Vgl. Prodhan (1986), S. 15.

wurden deshalb als Kontrollgruppe (*control group*) herangezogen.[730] Um das systematische Risiko der Unternehmen der Stichprobe zu ermitteln, wurden für jedes Unternehmen der Experimentiergruppe und der Kontrollgruppe die Betafaktoren im Zeitablauf ermittelt, um sie im nächsten Schritt auf ihre Stabilität zu überprüfen.[731] Im Rahmen dieser Untersuchung konnte PRODHAN eine signifikante Verringerung des systematischen Risikos bei den Unternehmen der Experimentiergruppe, d.h. bei Veröffentlichung geografisch segmentierter Daten feststellen.[732] Eine vergleichbare Änderung konnte bei den Unternehmen der Kontrollgruppe nicht festgestellt werden.[733]

	Segmentierung	**Segmentdaten**
Horwitz/ Kolodny (1977)	Offenlegung segmentierter Daten hat keine Auswirkungen auf die Betafaktoren	Segmentierte Umsätze und segmentierte Ergebnisse wurden einbezogen
Collins/Simonds (1979)	Segmentberichterstattung führt zu sinkenden Betafaktoren	Segmentierte Umsätze und segmentierte Ergebnisse wurden einbezogen
Prodhan (1986)	Signifikante Verringerung des systematischen Risikos bei Veröffentlichung geografisch segmentierter Daten	

Tabelle 6: Untersuchungsergebnisse zu den Auswirkungen auf Risikoparameter

Unter Ausklammerung der Untersuchung von HORWITZ/KOLODNY, die Auswirkungen segmentierter Daten auf die Betafaktoren nicht uneingeschränkt nachweisen konnte, kann aus den erläuterten und in Tabelle 6 dargestellten Untersuchungen ein genereller Zusammenhang zwischen sektoral und geografisch segmentierten Daten sowie dem systematischen Risiko abgeleitet werden.[734] Mit wenigen Ausnahmen zeigen die kapitalmarktorientierten Studien zur Segmentberichterstattung damit, dass durch die Veröffentlichung von nach Geschäftsbereichen und nach geografischen Regionen segmentierten Daten entscheidungsnützliche Informationen bereitgestellt werden. Erneut lassen sich jedoch nur sehr eingeschränkt Aussagen in

730 Vgl. Prodhan (1986), S. 17.

731 Vgl. auch Hacker (2002), S. 160.

732 Der Rückgang des systematischen Risikos kann grundsätzlich zum einen aus einem veränderten Investitionsverhalten des Managements des betrachteten Unternehmens resultieren, welches aufgrund der umfangreicheren Publizitätspflichten Investitionen mit hohen Risiken vermeidet. Zum anderen könnte die durch die Segmentinformationen verbesserte Prognosequalität ursächlich für den Rückgang der Betafaktoren sein. Vgl. Pejic (1998), S. 44.

733 Vgl. Prodhan (1986), S. 27. Im Jahr 1989 publizierten PRODHAN/HARRIS eine vergleichbare Untersuchung mit multinationalen US-amerikanischen Unternehmen. Auch hier konnte für die Unternehmen der Experimentiergruppe, die erstmals Ende des Jahres 1977 geografisch segmentierte Daten veröffentlichten, eine signifikante Verringerung des systematischen Risikos ermittelt werden. Vgl. Prodhan/Harris (1989), S. 467–492.

734 Zu weiteren Studien zu den Auswirkungen segmentierter Daten auf Risikoparameter vgl. die umfangreiche Übersicht bei Hacker (2002), S. 163–165.

Bezug auf die aus Sicht der Entscheidungsnützlichkeit optimale Ausgestaltung der Segmentberichterstattung ableiten.

4.2.5 Exkurs: Bilanzierung versus Ausweis (*recognition versus disclosure*)

Wird, wie auch in Kapitel 4.2.4.1 erläutert, von einer halbstrengen Informationseffizienz des Kapitalmarkts ausgegangen, spiegeln sich alle öffentlich verfügbaren Informationen im Aktienkurs eines Unternehmens wider. Daher müsste in Bezug auf Unternehmensinformationen von einer Irrelevanz der Darstellungsform ausgegangen werden.[735] Der Informationsgehalt von Unternehmensdaten würde sich ausschließlich aus der Eignung der Daten hinsichtlich der Informationsvermittlung oder der Partitionierung des Zustandsraums ergeben. Eine bilanzielle Rechnungslegung ließe sich dementsprechend nicht zwangsläufig gegenüber einer anderen Art der Offenlegung rechtfertigen. In den vergangenen Jahren wurde eine Reihe empirischer Studien veröffentlicht, die sich mit der Entscheidungsnützlichkeit von Daten in der bilanziellen im Vergleich zu Daten der außerbilanziellen Berichterstattung befassen. Mit dem Ziel, Aussagen in Bezug auf die Ausgestaltung einer entscheidungsnützlichen Segmentberichterstattung zu treffen, werden ausgewählte Studien in der Folge dargestellt und erläutert.

ABOODY konnte in einer im Jahr 1996 veröffentlichten kapitalmarktorientierten Untersuchung über Abschreibungen in der Öl- und Gasindustrie in Abhängigkeit von der Art der Veröffentlichung der Daten unterschiedliche Kapitalmarktreaktionen nachweisen. Für Unternehmen, die im Zusammenhang mit einem Rückgang der Ölpreise eine Abschreibung auf ihre Öl- und Gasvorkommen vornahmen, konnte „a significant negative market reaction“[736] beobachtet werden. Ein vergleichbarer Rückgang im Aktienkurs konnte bei der Angabe des Wertminderungsbedarfs im Anhang, ohne dass die Vorkommen tatsächlich abgeschrieben wurden, nicht gezeigt werden. Trotz der Fokussierung der Untersuchung auf die Öl- und Gasindustrie vertritt ABOODY die Auffassung, dass Aktienkurse bei der Erfassung von Abschreibungsaufwand negativ reagieren und sich damit deutlich von einer Angabe des Wertminderungsaufwands im Anhang ohne Abschreibung unterscheiden.[737]

---

735 Vgl. Barth/Clinch/Shibano (2003), S. 582.
736 Aboody (1996), S. 22.
737 Vgl. Aboody (1996), S. 30.

In einem im Jahr 1999 veröffentlichten Beitrag befassten sich DAVIS-FRIDAY UND ANDERE mit den Auswirkungen von Angaben zu *postretirement benefits other than pensions* auf den Aktienkurs von Unternehmen. Anlass der Untersuchung war die Verabschiedung von SFAS 106 „Employers' Accounting for Postretirement Benefits Other Than Pensions" im Jahr 1990, der im Unterschied zu dem bis dahin gültigen SFAS 81 „Disclosure of Postretirement Health Care and Life Insurance Benefits" eine Pflicht zur bilanziellen Erfassung der Verpflichtungen aus *postretirement benefits other than pensions* vorsah. Unter SFAS 81 mussten lediglich Anhangangaben zu diesen Verpflichtungen gemacht werden.[738] SFAS 106, der für die erstmalige Anwendung ein Wahlrecht zwischen einer vollständigen und einer anteiligen bilanziellen Erfassung der Verpflichtung vorsah, trat erstmals für Geschäftsjahre in Kraft, die nach dem 15. Dezember 1992 begannen. Eine frühere Anwendung des Standards war jedoch zulässig.[739] Mit dieser Ausgangssituation versuchten DAVIS-FRIDAY UND ANDERE mittels einer Regressionsanalyse zu überprüfen, ob grundsätzlich ein Zusammenhang zwischen der Angabe der Verpflichtung und dem Aktienkurs eines Unternehmens besteht und ob sich dieser Zusammenhang durch die bilanzielle Erfassung signifikant ändert. Anhand einer 229 Unternehmen umfassenden Stichprobe[740] konnten die Autoren zeigen, dass ein Zusammenhang zwischen den Verpflichtungen und den Aktienkursen von Unternehmen besteht. Dieser Zusammenhang war deutlicher ausgeprägt, wenn die Verpflichtungen in der Bilanz ausgewiesen wurden.[741] Insoweit kann dieses Ergebnis als Indiz für Unterschiede in der Entscheidungsnützlichkeit zwischen einer Anhangangabe und einem Bilanzausweis herangezogen werden.[742]

Eine von AHMED/KILIC/LOBO im Jahr 2006 veröffentlichte kapitelmarktorientierte Untersuchung befasst sich mit der Frage, ob *fair values* von Derivaten eine größere Relevanz aufweisen, wenn sie anstatt einer reinen Offenlegung bilanziell ausgewiesen werden. Anlass für ihre Untersuchung ist die nach der Verabschiedung von SFAS 133 bestehende Verpflichtung für Kreditinstitute, bestimmte Derivate bilanziell ausweisen. Die Stichprobe ihrer *value relevance*

[738] Diese umfassten bspw. die Angabe der Höhe der im Geschäftsjahr angefallenen Auszahlungen aus *postretirement benefits other than pensions*.
[739] Vgl. Davis-Friday u.a. (1999), S. 406.
[740] Von den 229 Unternehmen wendeten 83 Unternehmen SFAS 106 erstmals in 1993 an. Vgl. Davis-Friday u.a. (1999), S. 410.
[741] Vgl. Davis-Friday u.a. (1999), S. 421.
[742] Auch AMIR konnte in einer im Jahr 1993 veröffentlichten Studie eine Wertrelevanz der bilanziellen Angabe der Verpflichtung zeigen. Vgl. Amir (1993), S. 703–724.

study umfasste 146 Unternehmen im Zeitraum der Jahre 1995 bis 2000.[743] In diesem Zeitraum vor dem Inkrafttreten von SFAS 133 waren die *fair values* von Derivaten nach SFAS 107 und SFAS 119 ausschließlich außerbilanziell offenzulegen. Zusätzlich zu den geforderten Angaben wiesen 58 dieser Unternehmen Derivate bereits in diesem Zeitraum bilanziell aus. Die übrigen 88 Unternehmen beschränkten sich auf die Offenlegung der Informationen.[744] Die Untersuchungsergebnisse lassen darauf schließen, dass der bilanzielle Ausweis von zu Marktwerten bewerteten Derivaten einen im Unterschied zur reinen Offenlegung signifikanten Erklärungsgehalt für die Kapitalmarktbewertung der Kreditinstitute hat.[745] Durch einen zweiten Test, der den Zeitraum der Jahre 2001 bis 2004 und 82 Unternehmen aus der Gruppe umfasste, die vor Inkrafttreten des SFAS 133 Derivate nicht bilanziell ausgewiesen hatte, konnte das erste Untersuchungsergebnis gestützt werden.[746] Die Autoren lehnen deshalb die Gleichwertigkeit von *recognition* und *disclosure* ab.[747]

Eine im Jahr 1996 veröffentlichte kapitalmarktorientierte Untersuchung von BEATTY/ CHAMBERLAIN/MAGLIOLO befasst sich mit den Kapitalmarktreaktionen bei Kreditinstituten und Versicherungsunternehmen auf Ankündigungen im Zusammenhang mit der Entwicklung von SFAS 115.[748] Der im Jahr 1993 verabschiedete Standard, verpflichtet Unternehmen zum bilanziellen Ausweis von zum *fair value* bewerteten Wertpapieren. Die bis dahin bestehende Pflicht zur Angabe dieser Informationen außerhalb der Bilanz wurde damit erweitert. Die Stichprobe umfasste 260 Kreditinstitute und 96 Versicherungsunternehmen im Zeitraum der Jahre 1990 bis 1993.[749] Sie konnten anhand der Kapitalmarktreaktionen auf die unterschiedlichen Ankündigungen zeigen, dass die Pflicht zum bilanziellen Ausweis von *fair values* für die Kreditinstitute signifikante negative Kapitalmarkteffekte bewirkte, während eine vergleichbare Reaktion bei Versicherungsunternehmen nicht beobachtet werden konnte.[750] Dennoch kann auch aus dieser Untersuchung ein unterschiedlicher Stellenwert von *recognition* und *disclosure* abgeleitet werden.

---

[743] Die Unternehmen der Stichprobe nutzten Derivate für Sicherungszwecke, waren börsennotiert, veröffentlichten Berichte der Form 10-K und waren im betrachteten Zeitraum in der *Bank Regulatory Database* geführt. Vgl. Ahmed/Kilic/Lobo (2006), S. 574.

[744] Vgl. Ahmed/Kilic/Lobo (2006), S. 574–575.

[745] Vgl. Ahmed/Kilic/Lobo (2006), S. 578.

[746] Vgl. Ahmed/Kilic/Lobo (2006), S. 580.

[747] Vgl. Ahmed/Kilic/Lobo (2006), S. 585.

[748] Vgl. Beatty/Chamberlain/Magliolo (1996), S. 51–52.

[749] Vgl. Beatty/Chamberlain/Magliolo (1996), S. 61.

[750] Die Ursache dieser unterschiedlichen Reaktionen führten die Autoren auf die Auswirkungen für die Bankenaufsicht zurück. Vgl. Beatty/Chamberlain/Magliolo (1996), S. 76.

Schließlich führten HIRST/HOPKINS/WAHLEN in einer im Jahr 2004 veröffentlichten verhaltensorientierten Untersuchung eine Befragung von 56 Analysten zu ihrer Risikobeurteilung von Kreditinstituten durch.[751] Dabei konnten sie feststellen, dass die Risikobeurteilung und damit die Unternehmensbewertung deutlich voneinander abwichen, je nachdem ob die Wertänderungen von mit *fair values* bewerteten finanziellen Vermögenswerten und Schulden vollständig oder nur teilweise in die Gewinngröße eingingen (*full-fair-value* versus *piecemeal-fair-value*).[752] Auch diese Untersuchung bestätigt damit den bereits in den anderen Beiträgen ermittelten Mangel an Gleichwertigkeit von bilanziellem und nichtbilanziellem Ausweis.

	Bilanzierung versus Ausweis
Aboody (1996)	• Aktienkurse reagieren bei der Erfassung von Abschreibungsaufwand signifikant • Damit unterscheidet sich die Reaktion deutlich von einer Angabe des Wertminderungsaufwands im Anhang ohne Abschreibung
Davis-Friday u.a. (1999)	• Nachweis eines Zusammenhangs zwischen Verpflichtungen aus *postretirement benefits other than pensions* und Aktienkursen • Zusammenhang war im Vergleich zu einer Angabe im Anhang signifikanter ausgeprägt, wenn die Verpflichtungen in der Bilanz ausgewiesen wurden
Ahmed/Kilic/Lobo (2006)	Bilanzieller Ausweis von zu Marktwerten bewerteten Derivaten hat einen im Unterschied zur reinen Offenlegung signifikanten Erklärungsgehalt für die Kapitalmarktbewertung von Kreditinstituten
Beatty/ Chamberlain/ Magliolo (1996)	• Pflicht zum bilanziellen Ausweis von *fair values* hat für Kreditinstitute signifikante negative Kapitalmarkteffekte zur Auswirkung • Eine vergleichbare Reaktion kann bei Versicherungsunternehmen nicht beobachtet werden
Hirst/Hopkins/ Wahlen (2004)	• Befragung von Analysten zu ihrer Risikobeurteilung von Kreditinstituten • Risikobeurteilungen weichen deutlich von einander ab, je nachdem ob die Wertänderungen von mit *fair values* bewerteten finanziellen Vermögenswerten und Schulden vollständig oder nur teilweise in die Gewinngröße eingehen

Tabelle 7: Untersuchungsergebnisse zu Bilanzierung versus Ausweis

Obwohl bei Gültigkeit der halbstrengen Informationseffizienz von einer Irrelevanz der Art der Veröffentlichung von Informationen ausgegangen werden muss, lässt sich aus den erläuterten und in Tabelle 7 dargestellten Untersuchungen ein unterschiedlicher Stellenwert von bilanziellem und außerbilanziellem Ausweis feststellen. Insbesondere im Zusammenhang mit Informationen über *fair values* muss durch den empirischen Befund gestützt von einer Relevanz der bilanziellen Bewertung einzelner Bilanzposten mit dem *fair value* ausgegangen werden. Insoweit ist zu erwarten, dass auch die „bilanzielle" Segmentberichterstattung im Sinne des

---

751 Vgl. Hirst/Hopkins/Wahlen (2004), S. 459–460.

752 Vgl. Hirst/Hopkins/Wahlen (2004), S. 469–470.

Ausweises segmentierter Größen der Bilanz und der GuV (z.B. Segmentumsatz, Segmentvermögen) regelmäßig eine höhere Entscheidungsnützlichkeit aufweist als die außerbilanzielle Segmentberichterstattung im Sinne zusätzlicher Angaben (z. B. Produkte und Dienstleistungen der berichtspflichtigen Segmente). Den Vorschriften zur Ermittlung der „bilanziellen" Segmentdaten kann daher eine wesentliche Bedeutung zukommen.

4.3 Zusammenfassung

Eine entscheidungsnützliche externe Unternehmensrechnung ist zwingende Voraussetzung für die Funktionsfähigkeit bestimmter Governance-Mechanismen.[753] Folglich galt es in Kapitel 4 zu untersuchen, inwieweit eine Segmentberichterstattung durch die Bereitstellung von entscheidungsnützlichen Informationen zur Minimierung von Prinzipal-Agenten-Konflikten beitragen kann. Auf Basis der modelltheoretischen Analysen und der empirischen Rechnungslegungsforschung sollten die generelle Eignung von segmentierten Daten sowie die aus Sicht der Entscheidungsnützlichkeit optimale Ausgestaltung einer Segmentberichterstattung untersucht werden. Jedoch ermöglichen die modelltheoretischen Analysen nur wenige Aussagen zu den regulativen Fragen im Zusammenhang mit der Segmentberichterstattung. Auch mithilfe der Empirie konnten kaum Empfehlungen in Bezug auf die Ausgestaltung der Segmentberichterstattung abgeleitet werden. Zwar können die modelltheoretischen Analysen über das Kriterium der Feinheit einen ersten Hinweis auf die potenzielle Vorteilhaftigkeit segmentierter gegenüber aggregierten Daten geben, doch ermöglichen sie nur selten den direkten Vergleich verschiedener Segmentberichterstattungsvorschriften im Sinne unterschiedlicher Informationssysteme. Auch die empirischen Studien vermögen die in diesem Zusammenhang in sie gesetzten Hoffnungen nicht vollständig zu erfüllen.

Generell lässt sich aus den verschiedenen empirischen Studien zur Segmentberichterstattung ableiten, dass durch die Publikation von sektoral und nach geografischen Regionen segmentierten Umsätzen und Ergebnissen die Genauigkeit von Umsatz- und Ergebnisprognosen gesteigert werden kann, wenn sie zusätzlich zu den aggregierten Daten veröffentlicht werden. Darüber hinaus konnte in Bezug auf die geografische Segmentierung gezeigt werden, dass insbesondere auch durch den Ausweis von hinsichtlich der Risiken und Chancen homogenen Segmenten ein positiver Beitrag zur Prognosefähigkeit der Daten geleistet werden kann. Eine

[753] Vgl. hierzu auch die Ausführungen in Kapitel 2.3.2.2.

Übertragbarkeit dieser Ergebnisse auf die sektorale Segmentierung ist zu erwarten. Die kapitalmarktorientierten Untersuchungen konnten darüber hinaus einen direkten Einfluss von Segmentdaten auf die Beurteilung von Aktienkursen nachweisen. Da nicht öffentlich zugängliche Segmentdaten keine Berücksichtigung in den Aktienkursen finden, muss die Veröffentlichung von segmentierten Daten gefordert werden. Auch die Untersuchungen zu den Auswirkungen segmentierter Daten auf die Risikobeurteilung von Unternehmen lassen vermuten, dass die Veröffentlichung von Segmentdaten auf Basis von Produkten und Dienstleistungen sowie von geografischen Regionen Auswirkungen auf das systematische Risiko hat. Einige Studien konnten sogar eine Reduktion des Betafaktors bzw. des systematischen Risikos in der Folge der erstmaligen Veröffentlichung von Segmentdaten beobachten.

In Bezug auf die Fragen der Ausgestaltung der Segmentberichterstattung sind die erzielten Ergebnisse jedoch nicht zufriedenstellend. Zwar können aus den vorliegenden Untersuchungen Empfehlungen hinsichtlich Definition und Abgrenzung der berichtspflichtigen Segmente sowie der auszuweisenden Segmentgrößen gegeben werden, dennoch fehlen insbesondere Studien, die sich mit der Ermittlung der Segmentdaten befassen. Wie in Kapitel 4.2.5 gezeigt werden konnte, weist die bilanzielle Berichterstattung regelmäßig Vorteile im Vergleich zu einer außerbilanziellen Berichterstattung auf. Vereinzelte in der Literatur vorgebrachte Vorschläge zur Erweiterung der „außerbilanziellen“ Segmentberichterstattung im Sinne umfangreicher zusätzlicher Angaben zu den Segmenten eines Unternehmens können deshalb potenzielle Schwächen der „bilanziellen“ Segmentberichterstattung wohl nicht vollständig beheben. Neben Fragen der Definition und Abgrenzung von berichtspflichtigen Segmenten gilt es dementsprechend insbesondere die Konzeptionen der Segmentdatenermittlung auf Vor- und Nachteile bei der Bereitstellung entscheidungsnützlicher Informationen zu untersuchen.

Im Ergebnis kann davon ausgegangen werden, dass die Segmentberichterstattung den Eigenkapitalgebern grundsätzlich entscheidungsnützliche Informationen zur Verfügung stellen kann. Insbesondere für diversifizierte Unternehmen sind segmentierte Daten unerlässlich. Hinsichtlich der Ausgestaltung des Berichtsinstruments der Segmentberichterstattung müssen jedoch weitere Diskussionen erfolgen. Durch die Verabschiedung von IFRS 8 hat sich zwar der *management approach* als Segmentierungskonzeption und als Konzept der Segmentdatenermittlung in der internationalen kapitalmarktorientierten Unternehmensrechnung durchgesetzt. Speziell in Bezug auf die Segmentdatenermittlung konnte eine Vorteilhaftigkeit des *management approach* gegenüber anderen Konzeptionen bei der Bereitstellung entscheidungsnützlicher Informationen bisher jedoch weder theoretisch noch empirisch nachgewiesen werden. Im folgenden Kapitel soll deshalb anhand der Diskussion zur Harmonisierung von interner und externer Unternehmensrechnung untersucht werden, inwieweit die Konzeption des *management approach* und damit eine Harmonisierung von interner und externer Segmentberichterstattung vorteilhaft ist.

5 Harmonisierung der internen und externen Segmentberichterstattung

5.1 Konvergenz von interner und externer Unternehmensrechnung

5.1.1 Vorbemerkungen

Ungeachtet der Diskussion der vergangenen Jahre zu einer Harmonisierung von interner und externer Unternehmensrechnung hat sich innerhalb der externen Unternehmensberichterstattung nach IFRS und US-GAAP mit der Segmentberichterstattung ein Berichtsinstrument etabliert, bei dem durch die Anwendung des *management approach* eine solche Harmonisierung bereits in unterschiedlicher Ausprägung erfolgt.[754] Während nach IAS 14 der *management approach* lediglich bei der Bestimmung der berichtspflichtigen Segmente angewendet wird, kommt dieser Konzeption unter SFAS 131 und IFRS 8 auch bei der Segmentdatenermittlung eine wesentliche Bedeutung zu. Durch die Verabschiedung von IFRS 8 hat sich der IASB für eine im Vergleich zu IAS 14 stärkere Ausprägung des *management approach* in der Segmentberichterstattung ausgesprochen. Obwohl die umfangreiche Anwendung des *management approach* und damit die Entscheidung zur Übernahme des Konzepts von SFAS 131 in IFRS 8 in der Literatur auf Zustimmung gestoßen ist,[755] gilt es zu untersuchen, ob eine nach SFAS 131 und IFRS 8 aufgestellte Segmentberichterstattung dem Eigenkapitalgeber entscheidungsnützliche Informationen bereitstellt, wenn die in die externe Segmentberichterstattung zu übertragenden Daten der internen Segmentberichterstattung so ermittelt werden, dass sie für Steuerungszwecke optimal geeignet sind.[756]

Seit Anfang der Neunzigerjahre wird in Deutschland über die Vereinheitlichung von interner und externer Unternehmensrechnung diskutiert.[757] Die zunehmende Finanzierung der Unternehmen über den Kapitalmarkt führte aufgrund der Informationsanforderungen zwangsläufig

---

[754] Vgl. hierzu die Ausführungen in Kapitel 3.2. MELCHER weist der Segmentberichterstattung sogar eine zentrale Bedeutung in einer konvergenten internen und externen Unternehmensrechnung zu. Vgl. hierzu Melcher (2002), S. 49.

[755] Vgl. exemplarisch Husmann (1998), S. 823; Alvarez (2004), S. 58. Dies ist verwunderlich, da in der Literatur die Vorteilhaftigkeit des *management approach* gegenüber anderen Konzeptionen nicht nachgewiesen werden konnte.

[756] Rückwirkungen auf die interne Segmentberichterstattung durch die Veröffentlichung interner Daten im Rahmen der externen Segmentberichterstattung werden hier nicht weiter untersucht.

[757] Vgl. Weißenberger (2006), S. 50. In Deutschland hatte die Diskussion ihren Ausgangspunkt in einem von ZIEGLER auf der Schmalenbach-Tagung im April 1993 gehaltenen Vortrag zur Neuorientierung des Rechnungswesens bei Siemens. Durch die Verwendung der auf dem Umsatzkostenverfahren basierenden externen Ergebnisrechnung für interne Steuerungszwecke bei Siemens musste die Frage nach der Bedeutung einer eigenständigen internen Ergebnisrechnung zwangsläufig gestellt werden. Vgl. zur Neuorientierung des Rechnungswesens bei Siemens Ziegler (1994), S. 175–188. Im Jahr 2000 hatten bereits ca. 40% der Unternehmen des DAX 100 ein vereinheitlichtes internes und externes Rechnungswesen. Vgl. Pellens/Tomaszewski (2000), S. 1830.

zu einer Ausrichtung der externen Unternehmensrechnung an den IFRS und den US-GAAP. Die Veränderungen betrafen jedoch nicht nur das externe Rechnungswesen, sondern erfassten auch das interne Rechnungswesen, indem eine Vielzahl von Unternehmen wertorientierte Unternehmensführungskonzepte einführte.[758] Einerseits mussten für die externe Unternehmensrechnung Informationsinstrumente geschaffen werden, die den Informationsbedürfnissen der Eigenkapitalgeber gerecht wurden. Andererseits benötigten die Unternehmen ein internes Führungsinstrumentarium, das es der Unternehmensleitung ermöglichte, die Unternehmensziele intern durchzusetzen.[759] Die im Vergleich zu den Rechnungslegungsvorschriften des HGB stärkere Ausrichtung der IFRS und US-GAAP an betriebswirtschaftlichen Konzepten führte dazu, dass Unternehmen nicht zuletzt aus Kostengründen eine Vereinheitlichung der internen und externen Instrumente der Unternehmensrechnung anstrebten.

Im Zusammenhang mit der Harmonisierung von interner und externer Unternehmensrechnung können generell in Anlehnung an KÜTING/LORSON die drei Dimensionen Gegenstand, Grad und Richtung der Anpassung unterschieden werden,[760] welche die Art der Konvergenz im Wesentlichen charakterisieren. Die Dimension Gegenstand der Anpassung klärt, welche Instrumente der Unternehmensrechnung harmonisiert werden. Grundsätzlich können entweder alle oder nur ausgewählte Instrumente der Unternehmensrechnung in die Harmonisierung einbezogen werden. Der Umfang, in dem die zur Konvergenz ausgewählten Rechnungen in Übereinstimmung gebracht werden müssen, ist hingegen Bestandteil der Dimension Grad der Anpassung.[761] Hierbei kann zwischen einer vollständigen[762] und einer partiellen Konvergenz unterschieden werden. Bei der Dimension Richtung der Anpassung ist schließlich zu klären, ob das externe oder das interne Rechnungswesen bei der Harmonisierung der Daten und Methoden dominiert. Wie Abbildung 5 verdeutlicht, können einerseits Informationen des internen Rechnungswesens unmittelbar (*management approach*) oder mittelbar in die externe Berichterstattung eingehen.[763] Andererseits können für Zwecke der Harmonisierung auch

758 Vgl. Bärtl (2001), S. 6; Hoke (2001), S. 2. Empirische Ergebnisse zum aktuellen Stand der Harmonisierung in Deutschland und Österreich finden sich bei Haring/Prantner (2005), S. 147–154.

759 Vgl. Bärtl (2001), S. 2.

760 Vgl. im Folgenden Küting/Lorson (1998), S. 487.

761 Stellvertretend kann auch von der Intensität der Anpassung gesprochen werden. Vgl. Küting/Lorson (1998), S. 487; Müller, M. (2006), S. 37; Weißenberger/AKCI (2006), S. 615.

762 Kennzeichnend für eine vollständige Konvergenz ist, dass Inhalt und Struktur der ausgewählten Rechnungen übereinstimmen. Vgl. Franz/Winkler (2006), S. 59.

763 Vgl. auch Grieshop/Weber (2007), S. 309. Das interne Rechnungswesen ist bspw. bei der Ermittlung der Herstellungskosten, ber der Ermittlung der Auftragserlöse und -kosten langfristiger Fertigungsaufträge sowie bei Wertminderungstests von Vermögenswerten Lieferant von Methoden und Daten an das externe Rechnungswesen. Vgl. hierzu Kerkhoff/Diehm (2007), S. 317.

Daten und Methoden der externen Unternehmensrechnung in der internen Unternehmensrechnung für Steuerungszwecke herangezogen werden.[764]

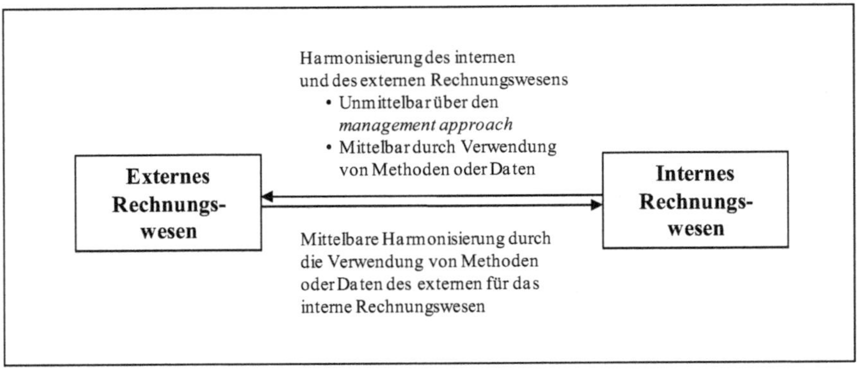

Abbildung 5: Richtung der Harmonisierung des externen und internen Rechnungswesens[765]

Bei dem Versuch, die Harmonisierungsmöglichkeiten zu konkretisieren, lässt sich schnell feststellen, dass es in Bezug auf den Gegenstand der Anpassung nicht gelingt, mithilfe eines Einheitsrechnungswesens die heterogenen Aufgaben der internen und externen Unternehmensrechnung zu erfüllen.[766] Eine vollständige Harmonisierung des Rechnungswesens wird daher in der Literatur regelmäßig abgelehnt.[767] Hingegen heben mehrere Beiträge die Annäherung von interner Steuerungsrechnung und externer kapitalmarktorientierter Rechnungslegung hervor[768] und befassen sich im Wesentlichen mit der Frage, „inwieweit der Aufbau einer steuerungsorientierten Kontrollrechnung auf Basis externer (Konzern-)Rechnungslegungsnormen möglich und sinnvoll erscheint"[769]. In Bezug auf die Richtung der Anpassung wird damit die Dominanz der externen Unternehmensrechnung zugrunde gelegt.[770]

---

764 Nach Ansicht von KLEIN ist die Richtung der Harmonisierung im Wesentlichen vom Zeithorizont abhängig. Aufgrund der Normierung der externen Rechnungslegung ist kurzfristig lediglich die Anpassung der internen an die externe Unternehmensrechnung möglich. Mittel- bis langfristig erscheint jedoch die Anpassung der externen an die interne Unternehmensrechnung über Änderungen der Rechnungslegungsnormen ebenso möglich. Vgl. Klein (1999), S. 23–24.

765 Quelle: In Anlehnung an Wagenhofer (2006), S. 3.

766 Vgl. Schneider (1997), S. 33.

767 Vgl. Küpper (1999), S. 8; Bruns (1999), S. 595; Weißenberger/AKCI (2006), S. 619; Günther (2007), S. 335.

768 Vgl. Küting/Lorson (1999), S. 49; Klein (1999a), S. 69; Bruns (1999), S. 596; Müller, M. (2006), S. 36 sowie ausführlich Coenenberg (1995), S. 2077–2083.

769 Klein (1999a), S. 69.

770 Vgl. Franz/Winkler (2006), S. 63–64.

Im Unterschied zu den Beiträgen, die sich allgemein mit den Möglichkeiten zur Harmonisierung des Rechnungswesens befassen, beschränkt sich diese Arbeit auf die Segmentberichterstattung als Gegenstand der Harmonisierung.[771] Durch die Anwendung des *management approach* in der Segmentberichterstattung ist auch die zu untersuchende Richtung der Harmonisierung vorgegeben, selbst wenn sich das Ausmaß der Berücksichtigung dieser Konzeption zwischen IAS 14 auf der einen und SFAS 131 und IFRS 8 auf der anderen Seite unterscheidet. Deshalb gilt es die Anwendung des *management approach* in SFAS 131 und IFRS 8 im Sinne einer vollständigen Konvergenz der Segmentdaten in interner und externer Segmentberichterstattung zu analysieren.

Hierfür ist es sinnvoll, in einem ersten Schritt anhand der in der Literatur veröffentlichten Ergebnisse eine generelle Bewertung eines harmonisierten internen und externen Rechnungswesens vorzunehmen, um hieraus Rückschlüsse auf etwaige Vor- und Nachteile einer konvergenten Segmentberichterstattung zu ziehen. Da ein Großteil der Beiträge die Eignung der externen Unternehmensrechnung für die unternehmensinterne Steuerung zum Gegenstand hat, ist zu erwarten, dass die Ergebnisse der Untersuchungen nicht vollständig auf die hier zu untersuchende Fragestellung übertragbar sind. Deshalb gilt es in einem zweiten Schritt anhand der konkreten Eigenschaften einer entscheidungsnützlichen externen Segmentberichterstattung und einer für Steuerungszwecke geeigneten internen Segmentberichterstattung den *management approach* und damit die Vorschriften von SFAS 131 und IFRS 8 zu würdigen.

5.1.2 Motive einer Harmonisierung

Ausgangspunkt der Diskussion über eine Harmonisierung der internen und externen Unternehmensrechnung war die Einschätzung, dass die vorhandenen Instrumente der Unternehmensrechnung in ihrer Ausgestaltung die Anforderungen, die an sie gestellt werden, nicht mehr zufriedenstellend erfüllen. Da die Ausgestaltung der Unternehmensrechnungsinstrumente bzw. des Rechnungswesens grundsätzlich von wirtschaftlichen, sozialen und rechtlichen Rahmenbedingungen abhängig ist, kann davon ausgegangen werden, dass der Grund der

[771] Nach Ansicht von MELCHER führt die Anwendung des *management approach* jedoch „zu einer wesentlichen Behinderung der Konvergenz im Rechnungswesen, da die Unternehmen die Segmentdaten aus ihren internen Reportingstrukturen gewinnen können, auch wenn diese nicht in allen Punkten US GAAP [oder IFRS; Anm. d. Verf.] entsprechen." Melcher (2002), S. 52.

neuen Herausforderungen an das Rechnungswesen in den Veränderungen des unternehmerischen Kontexts liegt.[772]

So ist bereits seit längerem eine starke Internationalisierung der Geschäftstätigkeit und der Finanzierung der Unternehmen festzustellen. Da die Unternehmen vermehrt über Direktinvestitionen[773] sowie Kunden bzw. Lieferanten auf verschiedenen regionalen Märkten aktiv sind, wirken sich die wirtschaftlichen, politischen und rechtlichen Umfelder, in denen sie sich bewegen, zwangsläufig auch auf das Rechnungswesen der Unternehmen aus. Die unterschiedlichen nationalen Anforderungen an die Instrumente der Unternehmensrechnung erhöhen insoweit regelmäßig die Komplexität des Rechnungswesens. Deshalb gilt es, das externe Rechnungswesen im Unternehmensverbund zu harmonisieren und ein internes Rechnungswesen zu schaffen, das zur Steuerung ausländischer Einheiten herangezogen werden kann.[774]

Über die Harmonisierung des externen Rechnungswesens im Unternehmensverbund hinaus, gilt es jedoch weiterhin auch den gestiegenen Informationsbedarf der externen Adressaten der Unternehmensrechnung über eine international einheitliche und verständliche Rechnungslegung zu bedienen. Einerseits muss die externe Unternehmensrechnung hierbei Informationen bereitstellen, die es den Kunden bzw. Lieferanten ermöglichen, durch Bonitätsbeurteilungen die Risiken langfristiger Verträge abzuschätzen.[775] Andererseits muss sie auch den Informationsinteressen der Kapitalgeber gerecht werden, da die Unternehmen zur Deckung ihres Kapitalbedarfs vermehrt sowohl für Eigen- als auch für Fremdkapital die internationalen Kapitalmärkte in Anspruch nehmen.[776] Dadurch gewinnt die Anwendung international einheitlicher und vergleichbarer Rechnungslegungsvorschriften im gesamten Unternehmensverbund wesentlich an Bedeutung.[777] Die Internationalisierung der Geschäftstätigkeit hängt mit der Öffnung der internationalen Märkte zusammen, die eine Intensivierung des Wettbewerbs bewirkt. Da Wettbewerbsvorteile nur selten dauerhaft aufrecht erhalten werden können, kommt Effizienzsteigerungsprogrammen bei der Erreichung der Renditeziele des Unternehmens eine immer größere Bedeutung zu. Internes und externes Rechnungswesen müssen des-

---

772 Vgl. Klein (1999), S. 34.
773 Vgl. hierzu die Ausführungen bei Glaum/Mandler (1996), S. 39–43.
774 Vgl. auch Klein (1999), S. 42–43.
775 Vgl. Küting/Lorson (1998b), S. 2303.
776 Vgl. Menn (1999), S. 632; Bärtl (2001), S. 3.
777 Vgl. Hebeler (2003), S. 34.

halb möglichst effizient und zeitnah Informationen bereitstellen, die die zukünftigen Erfolgspotenziale aufzeigen sowie eine Kontrolle der Unternehmensaktivitäten ermöglichen.[778]

Insbesondere in großen Unternehmen lässt sich zur Reduktion der Komplexität in der Unternehmensführung eine Entwicklung zu dezentralen und eigenverantwortlich geführten Organisationseinheiten beobachten. Diese Dezentralisierung soll die Markt- und Kundenorientierung stärken, indem sie es den einzelnen Organisationseinheiten ermöglicht, flexibel auf die an sie gestellten Anforderungen zu reagieren.[779] Die sich durch die dezentrale Unternehmensführung ergebenden Prinzipal-Agenten-Probleme haben direkte Auswirkungen auf das Rechnungswesen der Unternehmen. Zum einen muss die interne Unternehmensrechnung den Verantwortlichen für die dezentralen Einheiten Informationen zur Führung der Geschäfte bereitstellen.[780] Zum anderen muss das Rechnungswesen eine aus Sicht der Gesamtunternehmensleitung verlässliche und manipulationsfreie Informationsbasis bieten, um die Kontrolle der Organisationseinheiten zu ermöglichen. Schließlich kommt dem Rechnungswesen noch die Aufgabe zu, Daten für Anreizsysteme zur Verfügung zu stellen, die zur Minderung der Prinzipal-Agenten-Probleme beitragen können.[781]

Neue Anforderungen an die interne und externe Unternehmensrechnung ergaben sich darüber hinaus durch Änderungen bei der Unternehmensfinanzierung. Während deutsche Unternehmen in der Vergangenheit ihre Finanzierung vorwiegend über Hausbanken sicherstellten, decken sie ihren gestiegenen Kapitalbedarf inzwischen vermehrt über den Kapitalmarkt.[782] Diese Kapitalmarktorientierung der Unternehmen hat aufgrund der Informationsinteressen der (potenziellen) Kapitalgeber wesentliche Auswirkungen auf die Berichterstattung der Unternehmen.[783] Nicht zuletzt durch die gestiegenen Transparenzanforderungen hat der Einfluss internationaler Rechnungslegungsstandards (IFRS und US-GAAP) und wertorientierter Unternehmensführungskonzepte zugenommen.[784] Die unter dem Stichwort Shareholder-Value

---

[778] Vgl. Klein (1999), S. 35–36; Melcher (2002), S. 10.
[779] Zu weiteren Vorteilen einer Dezentralisation vgl. Baetge/Siefke (1999), S. 680.
[780] KÜTING/LORSON führten im Jahr 1998 „die herausragende Bedeutung der Daten des internen Rechnungswesens für die praktizierte Steuerungsrechnung [auf das; Anm. d. Verf.] Fehlen einer tief gegliederten Segmentrechnung nach den Grundsätzen des externen Rechnungswesens“ zurück. Küting/Lorson (1998a), S. 2253.
[781] Vgl. Klein (1999), S. 37.
[782] Vgl. Glaum/Mandler (1996), S. 53–55; Weißenberger (2003), S. 184.
[783] Vgl. Ewert/Wagenhofer (2005), S. 6.
[784] Vgl. Bärtl (2001), S. 2; Hebeler (2003), S. 39.

geführten Ansätze sehen vor,[785] dass die Aktivitäten von Unternehmen auf die Steigerung des Unternehmenswerts ausgerichtet werden, um die Zahlungsmittelrückflüsse an die Eigenkapitalgeber zu maximieren.[786] Um diese Anforderungen erfüllen zu können, muss die externe Unternehmensrechnung vermehrt entscheidungsnützliche Informationen vermitteln und das Rechnungswesen intern Informationen bereitstellen, die für Steuerungszwecke geeignet sind.[787]

Zudem haben sich die in den Unternehmen zum Einsatz kommenden Informations- und Kommunikationstechnologien weiterentwickelt. Sie sind hinsichtlich der Informationsbeschaffung und -aufbereitung wesentlich leistungsfähiger als in der Vergangenheit und schaffen dadurch einen möglichst unternehmensweit standardisierten Datenpool, der eine einheitliche und schnelle Informationsaufbereitung sicherstellen kann.[788] Zudem können durch die technologische Entwicklung weite Adressatenkreise innerhalb des Unternehmens mit individuellen, ihren Anforderungen entsprechenden Unternehmensinformationen versorgt werden.[789]

Letztlich hat auch IAS 14 über die Verpflichtung zur Veröffentlichung von Informationen zu den geographischen und den Geschäftssegmenten eines Unternehmens in der Vergangenheit als Treiber der Harmonisierung der internen und externen Berichtssysteme gewirkt. Nur bei einer Übereinstimmung der der internen und der externen Segmentberichterstattung zugrunde liegenden Unternehmensstruktur lassen sich die nach beiden Segmentierungsdimensionen extern zu veröffentlichenden Informationen effizient und zeitnah bereitstellen. Durch den *management approach* des IFRS 8 und die damit ohnehin einhergehende Übernahme der internen Berichtsstruktur in die externe Segmentberichterstattung können die externen Segmentberichterstattungsvorschriften nicht mehr als Treiber der Harmonisierung herangezogen werden.[790]

---

785 Vgl. hierzu auch die Ausführungen in Kapitel 2.1.1.
786 Vgl. Ballwieser (1994), S. 1380; Busse von Colbe (1995), S. 714; Müller (1998), S. 124; Nicolai/Thomas (2004), S. 453.
787 Zu den Aufgaben der internen und der externen Unternehmensrechnung vgl. die Ausführungen in Kapitel 2.3.2.
788 Vgl. Müller, M. (2006), S. 43.
789 So auch Klein (1999), S. 39.
790 Vgl. Weißenberger (2007), S. 328.

Im Ergebnis lässt sich festhalten, dass sich in den vergangenen Jahren wesentliche Änderungen der Rahmenbedingungen der Geschäftstätigkeit deutscher Unternehmen ergeben haben, die direkte Auswirkungen auf die Anforderungen an die interne und externe Unternehmensrechnung und damit an die Ausgestaltung des Rechnungswesens haben. Die Harmonisierung der internen und externen Unternehmensrechnung stellt hierbei eine Möglichkeit dar, die Komplexität der verschiedenen Berichtsinstrumente zu reduzieren und hierdurch eine den gestiegenen Anforderungen Rechnung tragende Unternehmensberichterstattung zu ermöglichen. Als Instrument der internen und der externen Unternehmensrechnung ist auch die Segmentberichterstattung von diesen Änderungen unmittelbar betroffen.

5.1.3 Konzeptionelle Bewertung

Die angesprochenen Änderungen der Rahmenbedingungen und daraus folgend des Rechnungswesens haben dazu geführt, dass die Forschung auf dem Gebiet der Konvergenz von interner und externer Unternehmensrechnung in der jüngeren Vergangenheit verstärkt wurde. Dies führte zu einer Reihe von Untersuchungen mit teilweise sehr unterschiedlichen Ergebnissen, die eindeutige Aussagen zu einem Übergewicht der Vor- oder Nachteile der Konvergenz nur schwer ermöglichen. Da im Zusammenhang mit der Segmentberichterstattung der *management approach* und damit die Übernahme von Daten der internen in die externe Unternehmensrechnung Gegenstand der Untersuchung sind, beschränken sich die folgenden Ausführungen auf diese Richtung der Harmonisierung. Folgende Vor- und Nachteile werden in diesem Zusammenhang in der Literatur angeführt.

Wie bereits angesprochen, agieren Unternehmen vielfach nicht mehr ausschließlich in einem regionalen Markt, sondern sind vermehrt über Auslandsniederlassungen in verschiedenen regionalen Märkten aktiv. Dies führt regelmäßig auch zu einer Internationalisierung des Managements. Während die Zweiteilung des Rechnungswesens in Deutschland heute noch die Regel ist, sind im Ausland das interne und das externe Rechnungswesen oft sehr stark vereinheitlicht. Insofern rufen die hierzulande üblichen verschiedenen Datenbasen Akzeptanz- und Verständnisprobleme im Ausland hervor. Zudem können Schwierigkeiten bei der Interpretation und Kommunikation der Informationen auftreten, wenn die Daten des internen und des externen Rechnungswesens erheblich voneinander abweichen und Manager des Unternehmens nicht mit den Details der Informationssysteme vertraut sind.[791] Ein Vorteil der Vereinheitlichung von internem und externem Rechungswesen kann insofern darin liegen, dass unternehmensinterne Kommunikationsprobleme vermieden werden.[792] Insbesondere in Bezug auf die Segmentberichterstattung, die regelmäßig für Zwecke der Steuerung herangezogen wird, kann dieser Vorteil wesentlich sein.

Ein weiterer sich aus der Kapitalmarktorientierung der Unternehmen ergebender Aspekt ist die zeitliche Verfügbarkeit der bereitzustellenden Informationen.[793] Es ist davon auszugehen, dass dem Wunsch des Kapitalmarkts nach zeitnah verfügbaren Informationen durch ein harmonisiertes Rechnungswesen besser entsprochen werden kann, da bestimmte Abstimmungsrechnungen zwischen dem internen und dem externen Rechnungswesen aufgrund der einheitlichen Datenbasis entfallen.[794] Zudem gelingt es bei Änderungen, die die Organisation oder Abläufe des Unternehmens betreffen, das einheitliche Rechnungswesen schneller anzupassen und damit die gewünschten Informationen zeitnah bereitzustellen.[795]

Durch die der internen Unternehmensrechnung inhärenten Flexibilität können Anpassungen an ein geändertes Unternehmensumfeld regelmäßig zeitnah erfolgen. Folglich können sich diese Veränderungen des Unternehmensumfelds bei einer konvergenten internen und externen Unternehmensrechnung regelmäßig schneller in der externen Unternehmensrechnung widerspiegeln. Die Vorschriften der externen Unternehmensrechnung können sich aufgrund der Standardsetzungs- oder Gesetzgebungsprozesse nicht vergleichbar zeitnah an die geänderten Rahmenbedingungen anpassen. Die Übernahme der Daten der internen Unternehmensrechnung in die externe Berichterstattung kann insoweit unter Umständen zu einer verbesserten Abbildung der tatsächlichen Unternehmenslage führen.

Darüber hinaus bieten die in Unternehmen zur Anwendung kommenden Informations- und Kommunikationstechnologien bei einem konvergenten Rechnungswesen die Möglichkeit, die

---

[791] Vgl. Küting/Lorson (1998b), S. 2303; Kahle (2003), S. 784; Ewert/Wagenhofer (2005), S. 6; Müller, M. (2006), S. 40–41; Kerkhoff/Diehm (2007), S. 317.

[792] Vgl. auch Müller/Ordemann/Pampel (2005), S. 2121; Grieshop/Weber (2007), S. 308; Weißenberger (2007), S. 328. Die Kommunikationsprobleme können sich auch auf die Bemessungsgrundlage für die erfolgsabhängige Vergütung beziehen. Vgl. hierzu Volkmann (2005), S. 15.

[793] Vgl. Menn (2000), S. 208; Kahle (2003), S. 784.

[794] Unterschiedliche Erfolgskonzeptionen zwischen interner und externer Unternehmensrechnnung verursachen nach Ansicht von MÄNNEL neben Abstimmungsproblemen auch auch Probleme im Zusammenhang mit dem Ergebniscontrolling. Vgl. hierzu Männel (1999), S. 14; Troßmann/Baumeister (2005), S. 636.

[795] Vgl. Müller, M. (2006), S. 43–44.

Instrumente der internen und der externen Unternehmensrechnung auf Basis einheitlicher Daten aufzustellen. Die dadurch entfallende Notwendigkeit der Aufrechterhaltung mehrerer Rechnungskreise trägt zu einer Reduzierung der Kosten des Rechnungswesens und damit der Kosten der Informationsbereitstellung bei.[796] Die Höhe der möglichen Kosteneinsparungen ist dabei regelmäßig von dem Gegenstand und Grad der Konvergenz abhängig.[797]

Jedoch ist die Harmonisierung von interner und externer Unternehmensrechnung grundsätzlich auch mit Nachteilen verbunden. So bestehen, wie oben erläutert, bei einem konvergenten Rechnungswesen zwar Möglichkeiten Kosteneinsparungen zu realisieren, dennoch muss davon ausgegangen werden, dass im Rahmen des Harmonisierungsprozesses in Abhängigkeit von dem Gegenstand und Grad der Konvergenz bei weiteren Anpassungen des Rechnungswesens zwangsläufig Umstellungskosten anfallen. Ob die Kosteneinsparungen im laufenden Betrieb oder die Umstellungskosten überwiegen, ist vom Einzelfall abhängig und kann nicht pauschal beurteilt werden.

Weiterhin ist davon auszugehen, dass Unternehmen für Zwecke der internen Steuerung auf sehr detaillierte Daten zurückgreifen. Werden diese detaillierten Daten in die externe Unternehmensrechnung übernommen, besteht stets die Gefahr, dass Konkurrenzunternehmen hierdurch einen zu großen Einblick in die Geschäftstätigkeit des Unternehmens bekommen und diesem dadurch Wettbewerbsnachteile im Sinne indirekter Kosten entstehen.[798] Wiederum können die potenziellen Nachteile nicht unternehmensübergreifend beurteilt werden. Erneut ist das Gefahrenpotenzial in diesem Zusammenhang von der unternehmensindividuellen Situation sowie von Gegenstand und Grad der angestrebten Harmonisierung abhängig.

Der oben erläuterte Vorteil eines konvergenten Rechnungswesens, dass zeitnah Anpassungen an ein geändertes Unternehmensumfeld erfolgen können, lässt sich aus Sicht der externen Unternehmensrechnung auch als Nachteil interpretieren. Bei häufigen Änderungen der Marktbedingungen und den daraus resultierenden Anpassungen des konvergenten Rechnungswesens

---

[796] Vgl. Menn (2000), S. 212; Heyd (2001), S. 206.

[797] Weitere in der Literatur angesprochene Vorteile eines harmonisierten Rechnungswesens werden hier nicht erläutert, da sie sich im Wesentlichen auf die Übernahme von Daten der externen in die interne Unternehmensrechnung beziehen (z.B. Verwendung von Daten der externen Unternehmensrechnung in Konzepten der wertorientierten Unternehmensführung oder Objektivierung der internen Unternehmensrechnung durch die Anwendung der Normen der externen Unternehmensrechnung). Vgl. hierzu Haller (1997), S. 125; Küting/Lorson (1998b), S. 2306 und ausführlich Müller, M. (2006), S. 40, 42–43.

[798] Zu den indirekten Kosten der Segmentberichterstattung vgl. auch Kapitel 2.4.2.

lässt sich die Stetigkeit der Darstellung in der externen Unternehmensrechnung zwangsläufig nicht sicherstellen. Die Vergleichbarkeit der bereitgestellten Daten im Zeitablauf leidet insofern unter der Abbildung der tatsächlichen Unternehmenslage.

Darüber hinaus besteht die Gefahr eines Zirkularitätseffekts, wenn Unternehmen ihre internen Berichtssysteme so ausgestalten, dass sie den Erfordernissen der externen Berichterstattung gerecht werden, jedoch aus der Sicht der Unternehmenssteuerung nicht mehr die Informationen bereitstellen, die für eine den unternehmenswertmaximierende Unternehmensführung notwendig sind. Obwohl die so ausgestalteten Informationssysteme den Eigenkapitalgebern grundsätzlich die Informationen zur Verfügung stellen, die sie zur Beurteilung ihrer Investitionsentscheidungen benötigen, wird ihren Interessen durch diese Vorgehensweise geschadet.[799]

Letztlich besteht jedoch aus Sicht der Eigenkapitalgeber die größte Gefahr einer auf Basis des internen Rechnungswesens harmonisierten Unternehmensrechnung darin, dass die Daten, die unternehmensintern für Steuerungszwecke geeignet bzw. anreizverträglich sind, keine entscheidungsnützlichen Informationen darstellen.[800] Da dieser potenzielle Nachteil für die Beurteilung eines konvergenten Rechnungswesens bzw. einer harmonisierten Segmentberichterstattung zentral ist, erfolgt im kommenden Kapitel eine ausführliche Analyse dieses Aspekts.

5.1.4 Anreiznützlichkeit und Entscheidungsnützlichkeit

Eine generelle Eigenschaft von für Steuerungszwecke geeigneten Informationen ist ihre Anreiznützlichkeit.[801] Dementsprechend ist die Voraussetzung für eine Konvergenz von interner und externer Unternehmensrechnung, „dass die Informationen, die zur internen Steuerung eines Unternehmens als nützlich und relevant erkannt werden, in aggregierter Form auch für die externe Unternehmensbeurteilung von Nutzen sind.“[802] Wird davon ausgegangen, dass die interne Unternehmensrechnung anreiznützliche Informationen bereitstellt, ist im Zusammenhang mit dem Harmonisierungspotenzial zu prüfen, ob diese anreiznützlichen Informationen auch die Entscheidungsnützlichkeit aufweisen. Dieser Frage wird in der Literatur

---

[799] Zum Zirkularitätseffekt vgl. Pfaff/Bärtl (1998), S. 771; Weißenberger (2007), S. 326.
[800] Vgl. auch Weißenberger (2007), S. 326-327.
[801] Vgl. hierzu die Ausführungen in Kapitel 2.3.2.3.
[802] Kahle (2003), S. 775–776.

aus verschiedenen Perspektiven aufgegriffen. Während eine Reihe von Beiträgen die Vorteile einer konvergenten Unternehmensrechnung betont,[803] heben andere die Nachteile einer Harmonisierung hervor.

KLEIN, der sich mit der Eignung der IAS für die Unternehmenssteuerung befasst, kommt beispielsweise zu dem Ergebnis, dass „eine weitreichende Unternehmenssteuerung auf Basis der internationalen Rechnungslegungsvorschriften sinnvoll bzw. möglich“[804] ist. Zu dieser Ansicht gelangt er durch die Überprüfung der Rechnungslegungsgrundsätze sowie einzelner Vorschriften der IAS auf ihre Eignung für Steuerungszwecke anhand eines an interne Steuerungsrechnungen zu stellenden Anforderungskatalogs. Dieser umfasste die Kriterien der Analysefähigkeit, Anreiznützlichkeit, Kommunikationsfähigkeit und Wirtschaftlichkeit.[805] Zwar geht er in seiner Untersuchung hinsichtlich der Richtung der Harmonisierung von einer Dominanz der externen Unternehmensrechnung aus,[806] doch lässt sich aus seinem Ergebnis ableiten, dass er von der Existenz eines Informationssystems ausgeht, das sowohl entscheidungsnützliche als auch anreiznützliche Informationen bereitstellt.

Zu einer hiervon abweichenden Einschätzung kommt HEBELER, der ausführt, dass „eine zielkonforme Unternehmenssteuerung ausschließlich auf der Basis internationaler Rechnungslegungsgrundsätze nur unzureichend möglich ist“[807]. Zu diesem Ergebnis gelangt er durch eine theoretische Untersuchung der Leistungsfähigkeit der US-GAAP. Hierbei prüft HEBELER die Eignung der externen Unternehmensrechnung nach US-GAAP für Steuerungszwecke und zeigt anhand der Kriterien Validität, pragmatische Relevanz, Anreiznützlichkeit, Anpassungsfähigkeit und Wirtschaftlichkeit,[808] dass eine erfolgreiche Unternehmenssteuerung durch dieses Informationsinstrument nicht sichergestellt werden kann.[809] Diese Einschätzung untermauert er ferner durch eine empirisch deskriptive Bestandsaufnahme der Praxis der internen und externen Unternehmensrechnung in den USA, mit der er nachweist, „dass auch in den USA keine multifunktionale Einheitsrechnung verbreitet ist, die ausschließlich auf den Systemen der externen Rechnungslegung basiert.“[810] Die Argumentation, dass durch eine Um-

[803] Vgl. exemplarisch Gleich u.a. (2002), S. 344.
[804] Klein (1999), S. 206.
[805] Zur Erläuterung anhand von Subkriterien vgl. Klein (1999), S. 64–71.
[806] Vgl. Klein (1999), S. 25.
[807] Hebeler (2003), S. 281. Obwohl die Untersuchung von HEBELER auf den US-GAAP basiert, gelten die Ergebnisse analog auch für die IFRS.
[808] Zu den Kriterien vgl. Hebeler (2003), S. 117–121.
[809] Vgl. Hebeler (2003), S. 206.
[810] Hebeler (2003), S. 268.

stellung der Rechnungslegung auf IFRS oder US-GAAP eine konvergente Unternehmensrechnung erreicht werden kann, greift insofern nicht.

Ähnlich argumentiert KAHLE, der die Anreiznützlichkeit der IFRS und US-GAAP anhand der Periodisierungsregeln dieser internationalen Rechnungslegungsvorschriften prüft und diese den Vorschriften des HGB gegenüberstellt. Ausgehend von der Feststellung, dass insbesondere in den USA eine weitgehende Übereinstimmung zwischen der internen und der externen Erfolgsrechnung vorliegt, versucht er zu ermitteln, inwieweit die IFRS und die US-GAAP als Treiber der Harmonisierung von internem und externem Rechnungswesen herangezogen werden können. Dies wäre seiner Ansicht nach sichergestellt, wenn eine Unternehmenssteuerung auf der Basis von Erfolgsgrößen der IFRS und der US-GAAP bessere Wirkung entfaltet als eine auf Basis der Erfolgsgrößen des HGB.[811] Die bessere Eignung der Erfolgsgrößen nach IFRS und US-GAAP wäre dann nachgewiesen, wenn im Vergleich zu den Vorschriften des HGB innerhalb der IFRS und der US-GAAP unter anderem das Vorsichts- und das Imparitätsprinzip weniger deutlich ausgeprägt wären, die periodenbezogene Gegenüberstellung von Aufwendungen und Erträgen (*matching principle*), beispielsweise über eine weitreichendere Anwendung der Bewertung mit Zeitwerten, besser gewährleistet wäre sowie Bilanzierungs- und Bewertungswahlrechte in geringerem Umfang vorliegen würden.[812] Im Ergebnis kann KAHLE zwar Kostenvorteile einer Konvergenz von interner und externer Unternehmensrechnung erkennen,[813] doch eignen sich die IFRS und US-GAAP aufgrund der ihnen zugrunde liegenden Periodisierungsregeln kaum besser für Zwecke der Steuerung als eine Rechnungslegung auf Basis des HGB. Auch die IFRS und die US-GAAP eröffnen über die Periodisierungsvorschriften Möglichkeiten der Beeinflussung der periodischen Erfolgsgrößen, zur Bildung stiller Reserven sowie zur imparitätischen Bewertung und erfüllen damit nicht die Anforderungen, die an eine für Steuerungszwecke geeignete Unternehmensrechnung gestellt werden.[814] Insoweit muss davon ausgegangen werden, dass der zunehmende Einfluss internationaler Rechnungslegungsvorschriften nicht generell ein Treiber einer konvergenten Unternehmensrechnung ist.[815]

---

[811] Vgl. Kahle (2003), S. 776.
[812] Vgl. Kahle (2003), S. 782.
[813] Diese Vorteile erkennt er bei der Informationsbereitstellung und -verarbeitung an. Vgl. Kahle (2003), S. 784.
[814] Vgl. Kahle (2003), S. 783.
[815] Vgl. hierzu auch Weißenberger (2003), S. 302. Jedoch führt WEIßENBERGER mit dem IAS 14 auch ein Beispiel an, in dem die IFRS in Bezug auf die Segmentberichterstattung durchaus eine konvergente Unternehmensrechnung fördern. Vgl. Weißenberger (2007), S. 328.

Darüber hinaus veröffentlichte GJESDAL bereits im Jahr 1981 eine Untersuchung, die zwar zeigte, dass Informationssysteme sowohl im Hinblick auf ihre Steuerungsfunktion als auch im Hinblick auf die Vermittlung entscheidungsnützlicher Informationen entsprechend dem Theorem von BLACKWELL auf Basis des Feinheitstheorems geordnet werden können.[816] Die dabei erzielten Ordnungen der Informationssysteme deckten sich jedoch nur zufällig.[817] GJESDAL leitete hieraus das Ergebnis ab, dass sich die Steuerungsfunktion und die Funktion der Bereitstellung entscheidungsnützlicher Informationen nicht zwangsläufig durch ein bestimmtes Informationssystem gleich gut erfüllen lassen. Aussagen in Bezug auf die Vorteilhaftigkeit einzelner Abbildungsmöglichkeiten in der internen und externen Unternehmensrechnung können jedoch aufgrund des der Untersuchung zugrunde liegenden Abstraktionsniveaus nicht getroffen werden.[818]

Auch die in Kapitel 4.1.2 erläuterten Ergebnisse von DEMSKI können auf Informationssysteme zur Verhaltenssteuerung problemlos angewendet werden. Er führt aus, dass das Unmöglichkeitstheorem auch „to ex post performance evaluation systems as well, where the measurements are designed to motivate subordinate decision makers“[819] übertragen werden kann. Danach existiert kein Informationssystem, das ohne Zugrundelegung einer konkreten Nutzenfunktion und eines bestimmten Informationsstands für Zwecke der Verhaltenssteuerung optimale Informationen bereitstellt (sog. Unmöglichkeitstheorem). Konkrete und allgemein gültige Anforderungen an für Steuerungszwecke zu verwendende Informationssysteme lassen sich dementsprechend nicht erarbeiten. Wird dies auf die Segmentberichterstattung und ihre Verwendung für interne Steuerungszwecke bezogen, dann kann insbesondere in Bezug auf die Steuerungsaufgabe der Unternehmensleitung keine pauschale Aussage hinsichtlich der Vorteilhaftigkeit von Segmentangaben gegenüber aggregierten Daten und der Ausgestaltung einer Segmentberichterstattung getroffen werden.[820]

Auch nach Ansicht von WEIßENBERGER kann allgemein gezeigt werden, dass eine entscheidungsnützliche externe Unternehmensrechnung nicht zwangsläufig für Steuerungszwecke geeignet ist, da die objektivierten Informationen der externen Berichterstattung nicht zwangsläufig die aus Unternehmenssteuerungssicht gewünschten Anreize setzen. Wird beispiels-

---

816 Vgl. Gjesdal (1981), S. 217. Vgl. auch die Ausführungen in Kapitel 4.1.2.
817 Vgl. Gjesdal (1981), S. 223.
818 Vgl. Gjesdal (1981), S. 224.
819 Demski (1973), S. 721.
820 Vgl. Hacker (2002), S. 95.

weise in der externen Unternehmensrechnung eine Ergebnisgröße verwendet, die die exogenen Risiken widerspiegelt, denen ein Unternehmen ausgesetzt ist, dann kann diese Ergebnisgröße nicht bei der Steuerung risikoaverser Manager angewendet werden, sofern diese Risiken nicht aus der Ergebnisgröße eliminiert werden.[821] Zudem besteht die Gefahr bei langfristiger Auftragsfertigung und der damit einhergehenden Anwendung der *percentage of completion*-Methode im Unternehmen, dass Manager, sofern sie auf der Basis realisierter Teilgewinne beurteilt werden, zum Periodenende einen möglichst hohen Fertigstellungsgrad und ein möglichst geringes Erfüllungsrisiko angeben, um ihre Vergütung zu maximieren.[822] Darüber hinaus sind auch interne Controllingdaten nicht zwangsläufig für eine entscheidungsnützliche externe Unternehmensrechnung geeignet. Werden beispielsweise für Anreizzwecke unternehmensintern hohe Umsatz- und niedrige Kostenziele geplant, um die Motivation der Mitarbeiter zu fördern, sind solche Daten nicht für Zwecke der Ermittlung eines Wertminderungsbedarfs von Vermögenswerten über den *management approach* geeignet.[823] WEIßENBERGER zeigt damit, dass sowohl die Daten der internen als auch die der externen Unternehmensrechnung nicht zwangsläufig zur Übernahme in das jeweils andere Rechnungssystem geeignet sind. Die Daten müssen stets genau auf ihre Eignung zur Erfüllung der Funktion des Rechnungssystems untersucht werden, in das sie übernommen werden sollen.

Zusammengefasst muss generell von unterschiedlichen Eigenschaften von entscheidungsnützlichen und für Steuerungszwecke geeigneten Informationen ausgegangen werden,[824] sodass ANTLE/DEMSKI sogar von einem „lack of any compelling logical relationship“[825] zwischen diesen beiden Funktionen der Unternehmensrechnung sprechen. Da in den vorangegangenen Ausführungen die These, dass das *decision usefulness*-Kriterium erfüllende Informationen auch für Zwecke der Unternehmenssteuerung herangezogen werden können, nicht bestätigt werden konnte, wird in der Folge untersucht, ob eine *fair value*-Bilanzierung in der internen und externen Unternehmensrechnung eine Konvergenz dieser beiden Informationssysteme ermöglichen würde. Die Ergebnisse aus der Analyse der *fair value*-Bilanzierung sind dann

---

[821] Bei einer Eliminierung der exogenen Einflüsse entsteht jedoch wiederum das bereits in Kapitel 5.1.3 erläuterte Zirkularitätsproblem. Vgl. Weißenberger (2006), S. 70–71; Weißenberger (2007), S. 327.

[822] Vgl. Weißenberger (2006), S. 70.

[823] Vgl. Weißenberger (2007), S. 327.

[824] Vgl. auch Demski u.a. (2002), S. 161; Weißenberger (2005), S. 197 und Paul (1992), S. 497 in Bezug auf aktienorientierte Vergütung.

[825] Antle/Demski (1989), S. 443.

zusammengenommen mit den Erkenntnissen dieses Abschnitts auf die „bilanzielle" Segmentberichterstattung[826] zu übertragen.

5.2 Harmonisierung auf der Grundlage der *fair value*-Bewertung

5.2.1 Bewertungstendenzen in der internationalen Rechnungslegung

Seit einiger Zeit lässt sich im Rahmen der IFRS und der US-GAAP die Tendenz zu einer *fair value*-Bilanzierung beobachten.[827] Diese Entwicklung erstreckt sich inzwischen über die Bewertung von Finanzinstrumenten auch auf die Bewertung nicht-finanzieller Positionen. Hierdurch wird ersichtlich, dass die internationalen Standardisierungsgremien in der festen Überzeugung der Vorteilhaftigkeit der *fair value*-Bewertung im Vergleich zur Bewertung mit anderen Wertmaßstäben diesen Prozess bewusst vorantreiben.[828] Die Vorteilhaftigkeit in Bezug auf den Zweck der Informationsvermittlung begründen sie mit der Annahme der Entscheidungsrelevanz des *fair value* zusammen mit einem diesem Wertmaßstab zugrunde liegenden Mindestmaß an Objektivierung. Die kapitalmarktorientierte Rechnungslegung verabschiedet sich insofern von ihrer traditionell dynamischen Prägung (*revenue-expense approach*) und wendet sich einer statischen Interpretation zu. Erfolg wird nunmehr als Vermögensänderung (*asset-liability approach*) definiert.[829]

Obwohl der *fair value* von den Standardisierungsgremien als Wertmaßstab grundsätzlich bevorzugt wird,[830] zeichnet sich die kapitalmarktorientierte Rechnungslegung durch die Verwendung unterschiedlichster Wertmaßstäbe aus. Es sind zwar Tendenzen zu einem *full fair value accounting* für Vermögenswerte und Schulden[831] beobachtbar,[832] dennoch herrscht

---

[826] Die „bilanzielle" Segmentberichterstattung bezeichnet die auf Segmentebene ausgewiesenen Bilanz- und Erfolgsgrößen des Unternehmens.

[827] Vgl. Schildbach (1998), S. 580; Ballhaus/Futterlieb (2003), S. 564; Ruhnke/Schmidt (2003), S. 1037; in Bezug auf die US-GAAP auch Siegel (1997), S. 85. Zur Verwendung des *fair value* im Rahmen der IFRS vgl. die Übersicht bei Wagenhofer (2006a), S. 32.

[828] Vgl. Ballwieser/Küting/Schildbach (2004), S. 544–545.

[829] Vgl. Hitz (2005a), S. 1017–1018; Pfaff/Kukule (2006), S. 542.

[830] Zum Wertmaßstab *fair value* vgl. ausführlich Böcking/Lopatta/Rausch (2005), Tz. 169–204.

[831] Unter einem *full fair value accounting* werden alle Vermögenswerte und Schulden mit dem *fair value* bewertet. Vgl. Baetge/Zülch (2001), S. 546–547; Gleich/Kieninger/Kämmler (2005), S. 662–663.

[832] BAETGE/ZÜLCH/MATENA äußern Zweifel hinsichtlich der Durchsetzbarkeit eines *full fair value accounting*. Vgl. Baetge/Zülch/Matena (2002a), S. 422.

heute noch ein *mixed measurement model* vor.[833] Zudem sind die Bewertungsvorschriften hinsichtlich des *fair value* insbesondere im Rahmen der IFRS inkonsistent und auf unterschiedliche Rechnungslegungsstandards verteilt. Mindestanforderungen an die Objektivierung sowie eine einheitliche und konsequente Bewertungshierarchie liegen nicht vor.

Mit dem Ziel, diese mit der Anwendung des *fair value* verbundenen Probleme zu beseitigen, wurden von den Standardisierungsgremien Projekte ins Leben gerufen. Im September 2006 veröffentlichte der FASB zum Beispiel SFAS 157 „Fair Value Measurements" der sich mit den konkreten Ermittlungsproblemen des *fair value* auseinandersetzt.[834] Im Zuge des Konvergenzprojekts mit dem FASB veröffentlichte der IASB am 30. November 2006 das Diskussionspapier „Fair Value Measurements", das die Inhalte von SFAS 157 aufgreift und zur Diskussion stellt.[835] Die generelle Übertragbarkeit der Regelungen des SFAS 157 auf die Ermittlung von *fair values* unter IFRS wird dementsprechend vom IASB angenommen.

Der FASB definiert in SFAS 157.5 den *fair value* als „the price that would be received to sell an asset or paid to transfer a liability in an orderly transaction between market participants at the measurement date" und versteht damit durch den Transaktionsbezug unter diesem Wertmaßstab einen hypothetischen Marktpreis. Aktuell verwendet der IASB eine hiervon abweichende Definition, der gemäß den Ausführungen in verschiedenen Standards unter dem *fair value* „the amount for which an asset could be exchanged, or a liability settled, between knowledgeable, willing parties in an arm's length transaction" versteht.[836] Obwohl es der Definition des FASB nicht direkt zu entnehmen ist, ist davon auszugehen, dass der *fair value* auch unter SFAS 157 vergleichbar der Definition des IASB über eine zu marktüblichen Konditionen unter sachverständigen und voneinander unabhängigen Geschäftspartnern durchgeführte Transaktion konkretisiert wird.[837] Da der *fair value* keinen eigenständigen Wertbegriff

---

[833] Als *mixed measurement model* wird eine Situation bezeichnet, in der verschiedene Wertmaßstäbe (z.B. historische Anschaffungs-/Herstellungskosten, *fair values*) zur Anwendung kommen. Vgl. Kümpel (2003), S. 221–222. Nach Ansicht von BALLWIESER/KÜTING/SCHILBACH sollen durch die schrittweise Annäherung an ein *full fair value accounting* Vorbehalte gegen die Anwendung dieses Wertmaßstabs abgebaut werden. Vgl. Ballwieser/Küting/Schildbach (2004), S. 530.

[834] Bereits im Februar 2000 wurde mit dem Statement of Financial Accounting Concepts (SFAC) 7 „Using Cash Flow Information and Present Value in Accounting Measurements" die Ermittlung von Barwerten in der Rechnungslegung auf konzeptioneller Ebene geregelt. Vgl. hierzu Hitz/Kuhner (2000), S. 889–902; Meeting/Luecke/Garceau (2001), S. 57–67; Starbatty (2001), S. 543–558; Freidank/Winkler (2005), S. 37–56.

[835] Zum Diskussionspapier „Fair Value Measurements" vgl. ausführlich Hitz (2007), S. 361–367.

[836] Vgl. auch Böcking (2004), S. 32; Lorson (2005), S. 16. Definition exemplarisch in IAS 18.7 und IAS 39.9.

[837] Von der Unternehmensfortführung (*going concern*) wird ausgegangen. Vgl. hierzu auch Baetge/Zülch/Matena (2002), S. 366.

darstellt, lässt sich dieser konzeptionell über die Wertmaßstäbe *value in use*, *entry value* und *exit value* präzisieren.[838] Während der *entry value* und der *exit value* stets marktbezogen zu ermitteln sind, handelt es sich beim *value in use* um den unternehmensspezifischen Barwert der zuordenbaren Cashflows.[839] Hinsichtlich der Ermittlung des *fair value* ist zwischen den Methoden *mark to market* und *mark to model* zu differenzieren. Während *mark to market* die Ermittlung des *fair value* über beobachtbare Marktpreise bezeichnet, kommen bei *mark to model* Bewertungsverfahren zur Anwendung.

In den folgenden Abschnitten gilt es einerseits zu zeigen, dass dem Wertmaßstab *fair value* eine Vorteilhaftigkeit im Sinne eines gegenüber anderen Wertmaßstäben höheren Entscheidungsnutzens bescheinigt werden kann. Andererseits muss, damit eine Harmonisierung von interner und externer Unternehmensrechnung auf der Basis dieses Wertmaßstabs möglich ist, in der Folge der Nachweis erbracht werden, dass *fair values* auch für interne Steuerungszwecke verwendet werden können und in diesem Zusammenhang gegenüber anderen Wertmaßstäben bevorzugt werden sollten.

5.2.2 Entscheidungsnutzen von *fair values*

Wie bereits bei der Analyse der Entscheidungsnützlichkeit der Segmentberichterstattung bieten sich auch hier mehrere Ansätze zur Prüfung des Wertmaßstabs *fair value* hinsichtlich der Bereitstellung entscheidungsnützlicher Informationen an. Eine in der Literatur weitverbreitete Möglichkeit besteht darin, den Entscheidungsnutzen über die Subkriterien Entscheidungsrelevanz und Verlässlichkeit zu konkretisieren.[840] Hierbei wird regelmäßig von einer im Vergleich zu historischen Anschaffungs-/Herstellungskosten größeren Entscheidungsrelevanz von *fair values* ausgegangen. Dies wird damit begründet, dass sich der informationelle Vorteil einer Bewertung mit *fair values* primär aus der Zeit- und Marktnähe dieses Wertmaßstabs er-

---

[838] Vgl. Küting/Dawo (2003), S. 229. Im Rahmen der Modellwelt der Neoklassik ist der *fair value* jedoch eindeutig definiert. Wie in Kapitel 2.1.1 erläutert, kann dort unter der Annahme vollständiger und vollkommener Märkte auch die Bereitstellung von Informationen im Rahmen der Corporate Governance nicht begründet werden. Vgl. auch Ballwieser/Küting/Schildbach (2004), S. 530–531.

[839] Generell sind die Cashflows mit projekt- bzw. positionsbezogenen Kapitalkosten zu diskontieren. Vgl. Hitz (2005), S. 61.

[840] Relevanz und Verlässlichkeit werden auch von IASB und FASB als Anforderungen an Rechnungslegungsinformationen festgelegt. Vgl. Streim/Bieker/Esser (2003), S. 458. Generell wird von einem Konflikt zwischen den Kriterien der Relevanz und der Verlässlichkeit ausgegangen. Vgl. exemplarisch Kessler (2005), S. 64 sowie die weiteren Ausführungen zum *fair value*.

gibt.[841] Bei einer *fair value*-Bewertung könnte es dementsprechend besser gelingen, ein den tatsächlichen Verhältnissen entsprechendes Bild der Vermögens-, Finanz- und Ertragslage widerzuspiegeln.[842]

Häufig wird in der Literatur als Argument gegen den *fair value* vorgebracht, dass eine auf Basis dieses Wertmaßstabs ermittelte Ergebnisgröße aufgrund ihrer exogen verursachten Volatilität es den Eigenkapitalgebern nicht ermöglicht, die zukünftigen durch das Unternehmen generierten Überschüsse zu prognostizieren. Diese Volatilität ist jedoch nicht zwangsläufig schädlich.[843] Während sich eine starke Volatilität der Ergebnisgröße bei einer selektiven *fair value*-Bilanzierung empirisch bestätigen lässt, kompensieren sich die Ergebniseffekte, wenn sowohl Vermögenswerte als auch Schulden gleichermaßen mit *fair values* bewertet werden (*full fair value accounting*).[844] Verbleibende Schwankungen der Ergebnisgröße sind dementsprechend nicht rechnungsweseninduziert, sondern vom Markt verursacht. Insofern kann eine *fair value*-Bilanzierung die Risiken, denen ein Unternehmen ausgesetzt ist, sowie Änderungen relevanter Umweltparameter besser aufzeigen und Aufschluss über das Unternehmensumfeld geben als eine Bilanzierung zu historischen Anschaffungs-/Herstellungskosten oder im *mixed measurement model*.[845] Da die Volatilität der Ergebnisgröße marktinduziert ist, kann von den Schwankungen weiterhin auf die Fähigkeit der Unternehmensleitung geschlossen werden, Marktänderungen zu antizipieren sowie eine angemessene Investitionspolitik durchzuführen.

Der Vorwurf, dass *fair values* im Offenlegungszeitpunkt bereits nicht mehr die aktuellen Gegebenheiten widerspiegeln, kann nicht als Argument gegen eine *fair value*-Bilanzierung gebracht werden.[846] Stattdessen sollte dies zum Anlass genommen werden über Möglichkeiten einer schnelleren Offenlegung zu diskutieren. Generell muss von einer Vorteilhaftigkeit eines

---

[841] Vgl. hierzu auch Staubus (2004), S. 266 und Böcking/Lopatta/Rausch (2005a), S. 100–101.

[842] Vgl. bspw. Willis (1998), S. 854. Dies kann auch in Bezug auf die Goodwill-Bilanzierung gezeigt werden. Vgl. hierzu Siener/Gröner (2005), S. 350.

[843] Vgl. CFA Institute (2005), S. 12.

[844] Vgl. in Bezug auf finanzielle Vermögenswerte und Schulden Bieker (2006), S. 195.

[845] Vgl. CFA Institute (2005), S. 12. Zur Vorteilhaftigkeit eines *full fair value accounting* im Sinne der Offenlegung aller stillen Reserven im Rahmen der organischen Bilanztheorie vgl. bereits Schmidt (1929), S. 111. Zu den Unterschieden des *mixed measurement model* der IFRS und der Organik von SCHMIDT vgl. Hommel (2005a), S. 302–305.

[846] Vgl. auch Lüßmann (2004), S. 255.

full fair value accounting im Vergleich zu anderen Bewertungskonzeptionen aus Sicht der Entscheidungsrelevanz ausgegangen werden.[847]

Das zweite in der Literatur vorgebrachte und den Entscheidungsnutzen determinierende Subkriterium ist die Verlässlichkeit. Da dieses Kriterium insbesondere von *fair values* erfüllt wird, die über einen aktiven Markt ermittelt werden können, muss auch von einem Entscheidungsnutzen dieser Marktpreise ausgegangen werden.[848] Ist ein solcher aktiver Markt für die zu bewertende Position nicht vorhanden und müssen die *fair values* über Vergleichsobjekte oder Bewertungsmodelle ermittelt werden, wird den *fair values* in der Literatur regelmäßig die Verlässlichkeit abgesprochen.[849] Die bei der Ermittlung auf der zweiten oder dritten Stufe der *fair value*-Hierarchie bestehenden Ermessensspielräume schränken die Verlässlichkeit nach herrschender Literaturmeinung deutlich ein.[850] Jedoch muss berücksichtigt werden, dass, auch wenn die Ermittlung von *fair values* ohne Rückgriff auf einen aktiven Markt erschwert sein könnte, die Ermittlung der Wertansätze durch ihre intersubjektive Nachprüfbarkeit dem Kriterium der Verlässlichkeit gerecht wird.[851] Eine angemessene Dokumentation der Wertermittlung auf der zweiten und dritten Stufe der *fair value*-Hierarchie ermöglicht in diesen Fällen Plausibilitätskontrollen durch Dritte.[852] Zudem lassen die zahlreichen Ermessens- und Beurteilungsspielräume bei der Ermittlung fortgeführter Anschaffungs-/Herstellungskosten keine im Vergleich zu *fair values* größere Verlässlichkeit erwarten.

Wird von den Kriterien der Entscheidungsrelevanz und der Verlässlichkeit abstrahiert und sich den entscheidungstheoretischen und informationsökonomischen Ansätzen zugewendet, können die oben erläuterten allgemeinen Zusammenhänge bestätigt werden. Wie bereits in Kapitel 4.1.1 ausgeführt, weisen Daten der Unternehmensrechnung aus entscheidungstheoretischer Sicht in Anknüpfung an das Kriterium der Entscheidungsrelevanz einen Entscheidungsnutzen auf, wenn sie den Informationsinteressen der Eigenkapitalgeber dienlich sind. Dies ist immer dann gewährleistet, wenn die bereitgestellten Daten auch Informationen über Unsicherheit, Höhe und Zeitpunkt der Cashflows liefern. Wird davon ausgegangen, dass es sich bei dem *fair value* um den Barwert der zukünftigen Zahlungsmittelüberschüsse handelt,

---

847 So auch Streim/Bieker/Esser (2003), S. 472.

848 Vgl. Bieker (2006), S. 194.

849 Vgl. bspw. Pfaff/Kukule (2006), S. 548.

850 KÜTING spricht in diesem Zusammenhang von „einer Entobjektivierung der Bilanz“. Küting (2007), S. 20.

851 Vgl. auch Lüßmann (2004), S. 259.

852 Zur Prüfung von *fair values* vgl. Ruhnke/Schmidt (2003), S. 1037–1051 und Menelaides/Graham/Fischbach (2003), S. 73–76.

dann lässt sich aus entscheidungstheoretischer Sicht eine Vorteilhaftigkeit der Bewertung bilanzieller Posten mit dem *fair value* feststellen. Einer solchen Bilanz gelingt es in höherem Maße den Wert eines Unternehmens zu erklären und somit die Prognoseproblematik zu reduzieren.[853]

Auch aus informationsökonomischer Sicht lässt sich ein Entscheidungsnutzen von *fair values* rekonstruieren. Diesen ist stets dann Informationsgehalt zuzuschreiben, wenn sie zu einer Revision der Erwartungen des Entscheidungsträgers beitragen.[854] Eine solche Revision kann erwartet werden, wenn dieser Wertmaßstab Informationen transportiert, die auf andere Art und Weise nicht öffentlich verfügbar sind.[855] Wird der *fair value* als Marktpreis im Sinne eines *mark to market* verstanden, dann ist aufgrund der ohnehin bestehenden Verfügbarkeit von keinem zusätzlichen Informationsgehalt von *fair values* in der Unternehmensrechnung auszugehen. Erfolgt die Ermittlung des Wertmaßstabs hingegen über Bewertungsmodelle im Sinne eines *mark to model* und werden dadurch Informationen des Managements über das Zahlungsstromprofil bekannt gegeben, dann vermögen *fair values* durchaus zu Erwartungsrevisionen beizutragen.[856] Darüber hinaus kann jedoch auch Marktpreisen aus informationsökonomischer Sicht ein Entscheidungsnutzen beigemessen werden, wenn sie Daten so aggregieren, dass sie für die Entscheidungsträger in Bezug auf die Kosten der Informationsbeschaffung und -verarbeitung vorteilhaft sind. Gleichfalls kann das Kostenargument bei der Bereitstellung von über Bewertungsmodelle ermittelten *fair values* herangezogen werden.[857]

Weiterhin lässt sich der Entscheidungsnutzen von *fair values* auch empirisch bestätigen.[858] BARTH/CLINCH befassten sich zum Beispiel in ihrer im Jahr 1998 veröffentlichten kapitalmarktorientierten Untersuchung[859] mit vorgenommenen Neubewertungen bei immateriellen

---

853 Vgl. Hitz (2005), S. 269.

854 Vgl. Zimmermann/Werner (2003), S. 7.

855 Neben der öffentlichen Verfügbarkeit kann auch über die Aggregation Informationsgehalt geschaffen werden. Vgl. Hitz (2005), S. 191.

856 Vgl. Hitz (2005), S. 192.

857 Werden *fair values* stark aggregiert, besteht die Gefahr, dass sie nur sehr eingeschränkt den Rückschluss auf die Wertansätze der einzelnen Vermögenswerte und Schulden ermöglichen. Darüber hinaus werden u.U. verschiedene, sich aus unterschiedlichen Ermittlungsmethoden für *fair values* ergebende Wertansätze innerhalb einzelner aggregierter Posten gemeinsam ausgewiesen. Dies verschärft das ohnehin beim *mixed measurement model* bestehende Problem der Vermischung unterschiedlicher Wertansätze (z.B. historische oder fortgeführte Anschaffungs-/Herstellungskosten oder aktuelle Zeitwerte) innerhalb der bilanziellen Rechnungslegung. Vgl. Hitz (2005), S. 259.

858 Vgl. Barlev/Haddad (2003), S. 384; Zimmermann/Werner (2003), S. 16.

859 Die Stichprobe dieser *association study* umfasste 350 börsennotierte Unternehmen im Zeitraum der Jahre 1991 bis 1995. Vgl. Barth/Clinch (1998), S. 201.

und materiellen Vermögenswerten sowie Finanzanlagen[860] und deren Zusammenhang mit den Aktienkursen der Unternehmen.[861] Es gelang ihnen hierbei, eine Korrelation zwischen zum *fair value* bewerteten immateriellen Vermögenswerten und Finanzanlagen auf der einen Seite und den Aktienkursen der Unternehmen auf der anderen Seite nachzuweisen. Für Sachanlagen konnte ein vergleichbarer Zusammenhang nicht uneingeschränkt festgestellt werden.[862] In Bezug auf die Ermittlung der *fair values* konnten sie zudem zeigen, dass die Korrelation im Vergleich zu einer durch das Management eines Unternehmens durchgeführten Ermittlung des Wertmaßstabs bei einer Ermittlung durch externe Gutachter nicht stärker ausgeprägt ist.[863]

Ähnlich gehen ABOODY/BARTH/KASZNIK in ihrer Studie aus dem Jahr 1999 vor, in der sie die Korrelation von mit *fair values* neubewerteten langfristigen Vermögenswerten und der zukünftigen Performance[864] von Unternehmen untersuchen.[865] Zu diesem Zweck untersuchten sie den Zusammenhang von Neubewertungen im Zeitraum der Jahre 1983 bis 1995 sowie die in den darauf folgenden ein bis drei Jahren auftretenden Änderungen der Performance der Unternehmen. Dabei konnten ABOODY/BARTH/KASZNIK einen Zusammenhang der Neubewertungen und der zukünftigen Unternehmensperformance feststellen.[866]

Im Ergebnis ist – theoretisch und empirisch gestützt – davon auszugehen, dass durch eine *fair value*-Bilanzierung entscheidungsnützliche Informationen bereitgestellt werden. Dementsprechend gilt es im Rahmen dieser Untersuchung, die Möglichkeiten zur Konvergenz der internen und externen Unternehmensrechnung durch den Einsatz von *fair values* im internen Rechnungswesen für Zwecke der Verhaltenssteuerung zu analysieren. Hierfür werden in der Folge Untersuchungen erläutert, die sich aus anreiztheoretischer Sicht mit der Eignung von *fair values* befassen. Sollte die Eignung von *fair values* im Rahmen der Verhaltenssteuerung

860 Unter australischen Rechnungslegungsvorschriften ist die Vornahme von Neubewertungen bei allen langfristigen Vermögenswerten zulässig.

861 Weitere Studien, die sich mit der Korrelation von *fair values* und Aktienkursen befassen, sind Easton/Eddey/Harris (1993), S. 1–38 und Amir/Harris/Venuti (1993), S. 230–264.

862 Vgl. Barth/Clinch (1998), S. 230.

863 Vgl. Barth/Clinch (1998), S. 201, 230–231.

864 Die Performance der Unternehmen wird in dem Beitrag entweder als operativer Cashflow (*operating cash flows*) oder als operatives Ergebnis (*operating accounting income, before depreciation, amortization, and gains on asset disposals*) definiert. Vgl. Aboody/Barth/Kasznik (1999), S. 151.

865 Vgl. Aboody/Barth/Kasznik (1999), S. 150.

866 Darüber hinaus konnten sie auch eine signifikante Korrelation zwischen den Neubewertungsbeträgen und den Aktienkursen der Unternehmen nachweisen. Vgl. Aboody/Barth/Kasznik (1999), S. 151. Zu weiteren Untersuchungen zum Entscheidungsnutzen von *fair values* vgl. Brown/Izan/Loh (1992), S. 36–57, Whittred/Chan (1992), S. 58–74 und Lin/Peasnell (2000), S. 359–394.

nachgewiesen werden können, ergäbe sich in Bezug auf die Bewertung auch die Möglichkeit zur Harmonisierung der internen und externen Unternehmensrechnung.[867]

5.2.3 Steuerung auf der Basis von Zeitwerten

5.2.3.1 Zielkongruenz und *fair values*

5.2.3.1.1 Schwache Zielkongruenz

Der Einsatz von *fair values* für Zwecke der Verhaltenssteuerung wird in der Literatur überwiegend kritisch beurteilt. Im Rahmen der Steuerungsfunktion der internen Unternehmensrechnung müssen die bereitgestellten Daten Anreize für Entscheidungen setzen und die Kontrolle der Umsetzung ermöglichen. Für diese Zwecke müssen Daten verwendet werden, die Informationen über die tatsächliche Entwicklung bereitstellen und die Konsequenzen von Entscheidungen verdeutlichen unter der Annahme, dass sich die Rahmenbedingungen nicht ändern.[868] Da ein Vorteil der Verwendung von *fair values* gegenüber Anschaffungs-/Herstellungskosten für Steuerungszwecke auf allgemeiner theoretischer Ebene nicht nachgewiesen werden kann, wird in der Folge durch die Erläuterung von Untersuchungen, die sich aus anreiztheoretischer Sicht mit der Eignung von *fair values* befassen, der Versuch eines Nachweises dieser Vorteilhaftigkeit unternommen.

Im Rahmen der Prinzipal-Agenten-Modelle zur Steuerung auf der Basis von Zeitwerten wird generell das Kriterium der Zielkongruenz verwendet,[869] um die Zweckmäßigkeit verschiedener Anreizsysteme zu beurteilen. Die Zielsetzung der Eigenkapitalgeber in ihrer Funktion als Prinzipal ist regelmäßig die Maximierung des Barwerts der Cashflows bzw. des Kapitalwerts des Unternehmens. Eine Kongruenz der Ziele der Eigenkapitalgeber und des Managements eines Unternehmens ist dementsprechend dann gewährleistet, wenn die Verfolgung einer kapitalwertmaximierenden Unternehmenspolitik durch das Management zur Erfüllung seiner Zielsetzung im Sinne der Maximierung des Barwerts der Entlohnung führt.[870]

---

[867] Zur Richtung der Harmonisierung vgl. die Ausführungen in Kapitel 5.1.1.

[868] Dem Wertmaßstab der Anschaffungs-/Herstellungskosten kommt nach Ansicht von DIEDRICH/ROHDE in diesem Zusammenhang ein deutlicher Vorteil gegenüber *fair values* zu. *Fair values* spiegeln solche Informationen grundsätzlich nicht wider und sind daher für Zwecke der Steuerung regelmäßig nicht geeignet. Vgl. Diedrich/Rohde (2005), S. 710.

[869] Über die normative Prinzipal-Agenten-Theorie können Anreiz- und Kontrollmechanismen beurteilt werden. Vgl. Breid (1995), S. 821.

[870] Vgl. Ewert (2006a), S. 181–182. Zur Verhaltenssteuerung über das Instrument der Periodenerfolgsrechnung vgl. auch Gillenkirch/Schabel (2001), S. 216–245.

In einer im Jahr 2006 veröffentlichten Untersuchung sprechen VELTHUIS/WESNER/SCHABEL *fair values* bei der Verhaltenssteuerung von Entscheidungsträgern eines Unternehmens eine Bedeutung zu.[871] Jedoch basiert ihre Empfehlung auf einer Reihe restriktiver Annahmen. Als Grundvoraussetzung müssen die für Steuerungszwecke herangezogenen Ergebnisgrößen die Gesamtkapitalkosten berücksichtigen (Residualgewinne)[872] und die *clean surplus*-Bedingung muss gelten.[873] Zudem müssen interne Steuerungsgrößen regelmäßig die Kriterien der Entscheidungsverbundenheit und der Manipulationsfreiheit erfüllen.[874] Ausgehend von den Zeitpräferenzen und den Zeithorizonten der Eigenkapitalgeber und Manager stellen VELTHUIS/WESNER/SCHABEL die Eignung von *fair values* für Zwecke der Verhaltenssteuerung dar. Stimmen die Zeitpräferenzen und Zeithorizonte der Eigenkapitalgeber und Manager überein und sind diese risikoneutral,[875] kann unter der zusätzlichen Annahme einer ausreichenden Qualifikation und Motivation des Managers gezeigt werden, dass das „Steuerungsproblem [...] perfekt gelöst [wird; Anm. d. Verf.], wenn der Manager linear, mit einem im Zeitablauf konstanten Prämiensatz an Cash-flows oder Residualgewinnen beteiligt wird."[876] Durch den Einsatz von *fair values* lassen sich unter diesen Annahmen folglich weder Vor- noch Nachteile realisieren.[877] Unter diesen theoretischen Optimalbedingungen verlieren jedoch auch die Prinzipien der Entscheidungsverbundenheit und Manipulationsfreiheit ihre Bedeutung.[878]

5.2.3.1.2 Starke Zielkongruenz

Wird ein realistischeres Szenario gewählt, in dem die Zeitpräferenzen und Zeithorizonte der Eigenkapitalgeber und Manager nicht identisch sind, führt die Zeitwertbewertung unter be-

---

871 Vgl. Velthuis/Wesner/Schabel (2006), S. 466; Velthuis/Wesner/Schabel (2006a), S. 878.

872 Vgl. hierzu grundlegend Preinreich (1937), S. 209–226; Lücke (1955), S. 310–324.

873 Vgl. Velthuis/Wesner/Schabel (2006a), S. 876. Werden Zeitwertänderungen erfolgsneutral erfasst, verletzt dies das *clean surplus*-Prinzip. Bei der Ermittlung von Residualgewinnen für Zwecke der Steuerung kann dies zu Problemen führen, wenn hierbei auf Ergebnis- und Kapitalgrößen zurückgegriffen wird, die durch die Verletzung des *clean surplus*-Prinzip entstanden sind. Dies kann dazu führen, dass bestimmte aus Gesamtunternehmenssicht vorteilhafte Investitionsprojekte nicht durchgeführt werden. Vgl. Weißenberger (2006), S. 71.

874 Vgl. Laux (2006a), S. 89–90.

875 Prinzipal und Manager verwenden für die Diskontierung künftiger Überschüsse insoweit einen einheitlichen Zinssatz. Diese Situation wird als schwache Zielkongruenz bezeichnet, da sie nur wenige Anforderungen an eine zielkongruente Performancegröße stellt. Zum Unterschied zwischen schwacher und starker Zielkongruenz vgl. Baldenius/Fuhrmann/Reichelstein (1999), S. 54–55.

876 Velthuis/Wesner/Schabel (2006), S. 462.

877 Vgl. auch Ewert (2006a), S. 184–186, 202.

878 Vgl. Velthuis/Wesner/Schabel (2006), S. 462.

stimmten Annahmen zu günstigen (Des-)Investitionsanreizen. Einerseits zeigen Zeitwerte aus Investitionssicht den Barwert der künftigen Plancashflows in der Periode der Investitionsentscheidung und setzen andererseits auch die richtigen Desinvestitionsanreize, indem sie die Opportunitätskosten des Haltens des Vermögens erfassen. Das Problem unterschiedlicher Zeitpräferenzen lässt sich generell durch im Zeitablauf steigende Prämiensätze minimieren. Die aufgrund der regelmäßig auftretenden höheren Zeitpräferenz des Managers im Vergleich zum Eigenkapitalgeber[879] gestörte Anreizkompatibilität kann so wieder hergestellt werden. VELTHUIS/WESNER/SCHABEL erläutern, dass eine Entlohnung auf der Grundlage von Cashflows unter diesen Bedingungen zu einem Unterinvestitionsproblem führt. Werden Residualgewinne als Bemessungsgrundlage eingesetzt, kann dieses Unterinvestitionsproblem minimiert werden. Der frühe Erfolgsausweis stärkt insoweit das Prinzip der Entscheidungsverbundenheit. Allerdings könnten haftungsbeschränkte Manager in diesem Szenario Anreize haben, durch Beeinflussung der Residualgewinne Erfolge möglichst frühzeitig auszuweisen, da hierdurch verursachte spätere Verluste sie nicht (vollständig) treffen. Das Prinzip der Manipulationsfreiheit wäre daher verletzt.[880] Der Einsatz von Zeitwerten für die Steuerung kann nach Ansicht von VELTHUIS/WESNER/SCHABEL eine Vorteilhaftigkeit deshalb nur entfalten, wenn die Möglichkeiten zur Manipulation eingeschränkt werden können.[881]

Zu einem hiervon abweichenden Ergebnis kommt EWERT, der unter der Annahme starker Zielkongruenz zeigt, dass sich im Vergleich zu einer Bewertung mit *fair values* durch die Verwendung fortgeführter Anschaffungskosten dem *matching*-Prinzip entsprechend bessere Ergebnisse aus Sicht des Prinzipals in Bezug auf die Investitionssteuerung erzielen lassen. Wird das Management auf der Basis des Residualgewinns entlohnt, kann anhand der Investition in ein einzelnes Projekt gezeigt werden, dass das Management unter bestimmten Bedingungen nur dann in ein Projekt investiert, wenn dieses einen positiven Kapitalwert aufweist.[882] Indem für das Projekt die Abschreibung bei gegebener Investitionsauszahlung bestimmt wird, können Rückschlüsse auf die Bewertung des Projekts erfolgen. Es kann gezeigt werden, dass ein *matching* der Investitionskosten mit den Cashflows aus dem Projekt (relatives Beitragsverfahren) sinnvoll ist und damit die Bewertung zu fortgeführten Anschaffungs-

879 In diesem Zusammenhang wird regelmäßig vom Problem des „ungeduldigen" Managers gesprochen. Vgl. hierzu Laux (2006a), S. 291–326 und Pfeiffer (2003), S. 44 m.w.N.

880 Vgl. Velthuis/Wesner/Schabel (2006), S. 463; Velthuis/Wesner/Schabel (2006a), S. 877.

881 Vgl. Velthuis/Wesner/Schabel (2006), S. 466.

882 Vgl. Ewert (2006a), S. 187–188.

kosten erfolgen muss.[883] Weiterhin können die durch die Anwendung des relativen Beitragsverfahrens erzielten Vorteile weder durch Marktpreise noch durch Bewertungsverfahren ermittelte *fair values* erreicht werden.[884] Von einer Eignung von *fair values* zur Investitionssteuerung kann insoweit nicht ausgegangen werden.[885]

5.2.3.2 Volatilität und *fair values*

Weiterhin konnte EWERT zeigen, dass Zeitwerte für Steuerungszwecke generell schlechter als Anschaffungskosten geeignet sind, wenn die Beurteilung der Performance des Managements ausschließlich auf den *fair values* basiert.[886] Die von ihm durchgeführte Analyse basiert auf einem zweiperiodigen LEN-Szenario[887] mit einem risikoneutralen Prinzipal und einem für die operativen Entscheidungen verantwortlichen risikoaversen Manager.[888] Als Ursache für die schlechte Eignung von *fair values* identifiziert EWERT die Volatilität der Zeitwerte, die höhere Risikoprämien für das Management eines Unternehmens zur Folge haben.[889] Zudem verschlechtern die Spielräume, die im Zusammenhang mit der *fair value*-Bewertung bestehen, die Eignung der Zeitwerte für Zwecke der Verhaltenssteuerung noch weiter.[890]

Zu einem anderen Ergebnis kommt EWERT, wenn Zeitwerte zusätzlich zu traditionellen Gewinngrößen bei der Performancemessung verwendet werden.[891] Hier kann ein positiver Effekt der *fair values* nachgewiesen werden. Die *fair values* werden nicht bei der Ermittlung der Gewinngröße herangezogen, sondern stellen eine von der als Basisperformancegröße verwendeten Gewinngröße unabhängige zusätzliche Information dar. Werden zusätzliche *fair value*-Informationen in das Anreizsystem eingebunden, kann es gelingen, das der Basisperfor-

---

[883] Vgl. Ewert (2006a), S. 188.

[884] Vgl. Ewert (2006a), S. 189–190.

[885] Auch im Zusammenhang mit Investitionen in Forschung und Entwicklung kann keine Empfehlung für eine *fair value*-Bewertung ausgesprochen werden. Vgl. hierzu Dutta/Reichelstein (2005), S. 540–543. Bereits im Jahr 1979 äußerte MAGEE Zweifel an der Eignung von *fair values* für Zwecke der Verhaltenssteuerung. Vgl. Magee (1978), S. 157.

[886] Vgl. Ewert (2006), S. 44.

[887] In LEN-Szenarien werden lineare Entlohnungskontrakte (L), exponentielle Nutzenfunktionen (E) und normalverteilte Zufallsvariablen kombiniert (N). Die hieraus resultierenden Prinzipal-Agenten-Modelle lassen sich in Bezug auf die Parameter der Entlohnungsfunktion sowie des Nutzens von Prinzipal und Agent explizit lösen. Vgl. hierzu bspw. Wagenhofer (2001), S. 442 und Heide (2001), S. 138–140 m.w.N.

[888] Vgl. Ewert (2006), S. 31.

[889] Vgl. Ewert (2006), S. 37.

[890] Vgl. Ewert (2006), S. 41, 44.

[891] Vgl. Ewert (2006), S. 38. Es ist davon auszugehen, dass zusätzliche Informationen über die Arbeitsleistung des Managements grundsätzlich vorteilhaft sind. Vgl. hierzu Holmström (1979), S. 89.

mancegröße inhärente Risiko aufzuzeigen, um daraufhin die an das Management zu zahlende Risikoprämie zu mindern.[892] Eine Harmonisierung des externen Rechnungswesens und des steuerungsrelevanten internen Rechnungswesens auf Basis einer *fair value*-Bewertung ist daher nicht möglich. Für Zwecke des internen Rechnungswesens sollten *fair value*-Informationen nicht ausschließlich, sondern vielmehr zusätzlich ermittelt werden.[893]

5.2.3.3 Gestaltungsspielräume und *fair values*

Beim Einsatz von *fair values* im Rechnungswesen wird oftmals deren Eigenschaft kritisiert, vielfältige Gestaltungsspielräume zu eröffnen.[894] In dem hier betrachteten Zusammenhang der Eignung von *fair values* für Zwecke der Verhaltenssteuerung erscheint es prinzipiell kritisch, wenn das Management die für seine Beurteilung herangezogenen Performancemaße selbst bilanzpolitisch gestalten kann.[895] Aus anreiztheoretischer Sicht lassen sich Gestaltungsspielräumen bei Performancegrößen nicht abschließend beurteilen.[896] In Abhängigkeit von der Modellstruktur können sowohl Vor- als auch Nachteile solcher Manipulationsspielräume bei Performancegrößen nachgewiesen werden.[897] Unter bestimmten Annahmen ist es möglicherweise vorteilhaft, dem Management bestimmte Wahlrechte einzuräumen.[898]

Die sich bei einer Bewertung mit *fair values* ergebenden Gestaltungsspielräume werden von EWERT in Bezug auf eine mögliche Beeinflussung der Steuerungsfunktion untersucht. Zur Beurteilung dieser Gestaltungsspielräume erweitert EWERT das bereits im Zusammenhang mit der Volatilität verwendete LEN-Modell um die Möglichkeit zur Bilanzpolitik. Hierdurch gelingt es ihm zu zeigen, dass sich die Eignung eines Performancemaßes für Steuerungszwecke zu der oben beschriebenen Situation weiter verschlechtert, wenn diese auf *fair values* basierende Größe das einzige Performancemaß darstellt. Werden Zeitwerte zusätzlich zu traditionellen Gewinngrößen für Steuerungszwecke herangezogen, kann weiterhin eine Vorteil-

---

892 Vgl. Ewert (2006a), S. 200.
893 Vgl. Ewert (2006), S. 44–45.
894 Auch bei einer Bilanzierung mit fortgeführten Anschaffungs-/Herstellungskosten kann regelmäßig von Gestaltungsspielräumen ausgegangen werden.
895 Zur Einflussnahme des Managements auf die Unternehmensrechnung vgl. auch Herold (2006), S. 28–47.
896 Vgl. Ewert (2006a), S. 201.
897 Nachteile der Einräumung von Gestaltungsspielräumen konnten bspw. von Pfaff/Stefani (2003), S. 65–68 nachgewiesen werden.
898 Vgl. exemplarisch Demski/Patell/Wolfson (1984), S. 16–34; Verrecchia (1986), S. 175–195; Demski (1998), S. 261–285; Demski/Frimor/Sappington (2004), S. 31–49.

haftigkeit nachgewiesen werden, die jedoch im Vergleich zur Situation ohne Gestaltungsspielräume abnimmt.[899]

5.2.4 Schlussfolgerungen

Es konnte in den vorangegangenen Kapiteln gezeigt werden, dass Informationen, die die Eigenkapitalgeber bei ihren Entscheidungen unterstützen, nicht zwangsläufig dafür geeignet sind, das Verhalten des Managements eines Unternehmens im Sinne der Eigenkapitalgeber zu beeinflussen. Werden die Rechnungslegungsvorschriften in der Weise gestaltet, dass sie die Informationsbedürfnisse der Eigenkapitalgeber optimal befriedigen, dann muss davon ausgegangen werden, dass sich dies nachteilig auf die Anreize des Managements auswirkt. Deshalb scheint es geboten, für die internen Steuerungszwecke unabhängige Beurteilungsgrößen von der externen Berichterstattung zu entwickeln, um den konfligierenden Informationseigenschaften gerecht zu werden. Am Kapitalmarkt wird das Management in der Regel an der Steigerung des Marktwerts des Unternehmens beurteilt. Deshalb kann sich hieraus ein erhöhter Kommunikationsbedarf ergeben, wenn für die Steuerung des Managements, und damit die Vergütung, andere Größen als die Marktwertsteigerung des Unternehmens herangezogen werden.[900]

Auch die *fair value*-Bewertung stellt „keinen entscheidenden Durchbruch für eine Harmonisierung von externem und internem Rechnungswesen“[901] dar.[902] Es ist sogar davon auszugehen, dass die Tendenz zur *fair value*-Bewertung die Konvergenz von interner und externer Unternehmensrechnung behindert.[903] Insoweit können die konzeptionellen Ausführungen zu einer möglichen Konvergenz von interner und externer Unternehmensrechnung gestützt werden. Zwar gelingt es mit anreiztheoretischen Ansätzen die steuerungsrelevanten Probleme zu thematisieren. Jedoch ist die Ableitung eindeutiger Gestaltungsempfehlungen aus der bisheri-

---

[899] Vgl. Ewert (2006), S. 40, 43, 45.

[900] Vgl. Wagenhofer (2001), S. 453.

[901] Troßmann/Baumeister (2005), S. 647.

[902] WEIßENBERGER sieht die Gefahr einer auf Basis einer *fair value*-Bilanzierung harmonisierten internen und externen Unternehmensrechnung darin, dass insbesondere bei der Ermittlung der *fair values* über Marktpreise zufällige Bewertungskomponenten in die Beurteilung der Managementleistung eingehen. Vgl. Weißenberger (2007), S. 329.

[903] Vgl. Kley (2001), S. 2261; Hebeler (2003), S. 304 sowie Ewert (2006a), S. 203. Auch KERKHOFF/DIEHM erläutern, dass eine auf einer umfangreichen *fair value*-Bilanzierung aufbauenden Erfolgsgröße für Steuerungszwecke wenig relevant ist, und befürchten, dass sich durch die aktuellen Entwicklungen „das externe Rechnungswesen […] wieder vom internen Rechnungswesen entfernt.“ Kerkhoff/Diehm (2007), S. 320.

gen Forschung nahezu unmöglich. Die erzielten Ergebnisse sind stark kontextbezogen und empfindlich in Bezug auf Änderungen der ihnen zugrunde liegenden Annahmen. Eine Verallgemeinerung der Ergebnisse und eine Übertragung auf ähnliche Probleme ist deshalb regelmäßig nur eingeschränkt möglich. Dennoch werden die in den vorangegangenen Abschnitten dargestellten Untersuchungsergebnisse auf die Segmentberichterstattung übertragen, um die an sie gestellten Anforderungen zu konkretisieren. Etwaige in diesem Zusammenhang auftretende Probleme werden dabei bewusst in Kauf genommen.

Aus Sicht der Unternehmen bietet die Harmonisierung des internen und des externen Rechnungswesens durchaus Vorteile, die hier nicht vernachlässigt werden sollen. Der zur Proklamierung des *management approach* getroffenen Aussage, dass für interne Steuerungszwecke generierte Daten einen maximalen Entscheidungsnutzen für die externen Adressaten der Rechnungslegung aufweisen, muss jedoch sowohl aus theoretischer als auch empirischer Sicht deutlich widersprochen werden. Die optimale Gewährleistung beider Funktionen der Unternehmensrechnung kann mit einer einheitlichen Informationsbasis nicht erreicht werden.

In der Folge gilt es, aus den in den vorausgegangenen Kapiteln erläuterten Eigenschaften einer entscheidungsnützlichen externen und einer anreiznützlichen internen Segmentberichterstattung, Empfehlungen in Bezug auf die Ausgestaltung der Segmentberichterstattung abzuleiten. Obwohl die Untersuchungen zur Entscheidungsnützlichkeit von Informationen und ihrer Eignung für Steuerungszwecke regelmäßig auf einer sehr allgemeinen Ebene bleiben, lassen sich dennoch einzelne Aussagen hinsichtlich der Ausgestaltung der Parameter der Segmentberichterstattung treffen, die getrennt nach interner und externer Segmentberichterstattung erläutert werden.

5.3 Kompatibilität der Segmentberichterstattungsnormen mit den Anforderungen an die interne und externe Segmentberichterstattung

5.3.1 Allgemeine Kriterien

Damit die externe Segmentberichterstattung als Governance-Mechanismus dienen kann, muss sie, wie bereits ausführlich erläutert, entscheidungsnützliche Informationen bereitstellen. Unternehmensintern müssen die segmentierten Daten hingegen eine Anreiznützlichkeit aufweisen, damit sie für Steuerungszwecke herangezogen werden können. Da Informationen jedoch regelmäßig nicht beide Eigenschaften aufweisen, werden in der Folge – soweit möglich – die

Anforderungen an eine entscheidungsnützliche externe und eine anreiznützliche interne Segmentberichterstattung dargestellt sowie auf eine Kompatibilität mit den Segmentberichterstattungsvorschriften von IASB und FASB geprüft. Über die Kriterien des Entscheidungsnutzens und der Anreiznützlichkeit hinaus werden dabei auch die Kriterien der Kommunikationsfähigkeit und Wirtschaftlichkeit einbezogen.[904]

Entsprechend der obigen Ausführungen sind Segmentdaten entscheidungsnützlich, wenn sie den Eigenkapitalgebern Informationen zur Verfügung stellen, die sie bei ihren Entscheidungen unterstützen.[905] Anreiznützliche Segmentdaten hingegen bringen die Interessen der einzelnen am Unternehmen beteiligten Personen (Eigenkapitalgeber und Management) in Übereinstimmung, damit Handlungsspielräume von den Managern unternehmenszielkonform ausgenutzt werden. Dies ist gewährleistet, wenn die Ziele der einzelnen Personen mit dem Unternehmensziel kongruent sind und die dem Anreizmechanismus zugrunde liegenden Informationen ermessensunabhängig bestimmt werden können.[906] Zudem müssen sowohl die interne als auch die externe Segmentberichterstattung kommunikationsfähig sein. Um diese Voraussetzung zu erfüllen, müssen Informationen verständlich und analysefähig sein. Die Adressaten müssen die bereitgestellten Informationen nachvollziehen sowie Ursache- und Wirkungsbeziehungen erkennen können. Schließlich dürfen die vom Informationssystem verursachten direkten und indirekten Kosten ihren Nutzen nicht übersteigen, um das Kriterium der Wirtschaftlichkeit zu erfüllen.[907]

In den folgenden Kapiteln werden diese hier nur allgemein definierten Kriterien zusammen mit den konkreten Ergebnissen der vorangegangenen Kapitel auf die Ausgestaltungskriterien der Segmentberichterstattung (Anwendungsbereich, Segmentkonzeption, Segmentbildung und Segmentdaten) angewendet. Durch die Prüfung auf Kompatibilität mit den Segmentberichterstattungsvorschriften von IASB und FASB kann eine Beurteilung der aktuellen Rechnungslegungsstandards erfolgen.

---

[904] Vgl. zu den Kriterien auch Haller (2006), S. 145.
[905] Vgl. hierzu die Ausführungen in Kapitel 2.3.2.2.
[906] Weitere Erläuterungen zum Kriterium der Anreiznützlichkeit und zur Funktion der Verhaltenssteuerung in Kapitel 2.3.2.3.
[907] Vgl. Haller (2006), S. 146.

5.3.2 Anwendungsbereich der Segmentberichterstattungsvorschriften

Sowohl aus Sicht der internen als auch aus Sicht der externen Funktionen der Segmentberichterstattung gilt es durch segmentierte Daten die informationelle Vergleichbarkeit von diversifizierten und nicht diversifizierten Unternehmen sicherzustellen. Nur durch die Bereitstellung segmentierter Daten können diversifizierte Unternehmen der Gefahr von Informationsdefiziten bei ausschließlicher Veröffentlichung aggregierter Daten begegnen. Die externe Segmentberichterstattung stellt daher einen Governance-Mechanismus dar, der grundsätzlich bei diversifizierten Unternehmen zur Anwendung kommen muss. Darüber hinaus kann der Anwendungsbereich der Segmentberichterstattung, wie in Kapitel 3.1.1 ausgeführt, auf verschiedene Arten weiter konkretisiert werden. In Abweichung von der in den Standards von IASB und FASB festgelegten Kapitalmarktorientierung als Kriterium der Pflicht zur Veröffentlichung einer Segmentberichterstattung[908] sollten in Anlehnung an die vom IASB im Projekt „Small and Medium-sized Entities" vorgeschlagene Definition der *small and medium-sized entities* die Unternehmen zu einer Segmentberichterstattung verpflichtet werden, die die Definition dieser kleinen und mittelgroßen Unternehmen nicht erfüllen.[909] Durch die Kombination der Kriterien der Börsennotierung und der volkswirtschaftlichen Bedeutung würden nur die Unternehmen zur Segmentberichterstattung verpflichtet, bei denen ein besonderer Bedarf nach externen Governance-Mechanismen besteht.[910]

Aus Sicht der internen Segmentberichterstattung ist zu erwarten, dass Unternehmen insbesondere dann einen Bedarf für intern segmentierte Daten haben, wenn es in Bezug auf Produkte und Dienstleistungen sektoral und/oder regional untergliedert ist, d.h. die Geschäftstätigkeiten eines Unternehmens unterschiedliche Risiken und Chancen aufweisen, und die Verantwortlichkeit für die verschiedenen Segmente auf mehrere Personen verteilt ist. Damit sind die Diversifikation sowie die interne Organisation die dominierenden Kriterien hinsichtlich des Anwendungsbereichs der internen Segmentberichterstattung. Werden diese Empfehlungen in Bezug auf die interne und die externe Segmentberichterstattung nun miteinander verglichen, zeigt sich, dass für die interne im Vergleich zur externen Segmentberichterstattung generell

---

908 Vgl. hierzu die Ausführungen in den Kapiteln 3.2.1.1 und 3.2.2.1.

909 *Small and medium-sized entities* sind nach Ansicht des IASB Unternehmen ohne öffentliche Rechenschaftspflicht (*public accountability*). Von dieser ist bei kapitalmarktorientierten Unternehmen und Unternehmen, die Vermögenswerte für eine größere Anzahl von Unternehmensexternen (bspw. Banken oder Versicherungen) treuhänderisch verwalten, auszugehen (ED of a Proposed IFRS for Small and Medium-sized Entities, Tz. 1.2).

910 Dies umfasst börsennotierte Unternehmen, Unternehmen, die eine Börsennotierung anstreben, und Unternehmen, die Vermögenswerte für eine größere Anzahl von Unternehmensexternen (bspw. Banken oder Versicherungen) treuhänderisch verwalten.

ein größerer Anwendungsbereich empfehlenswert wäre. Insoweit ist davon auszugehen, dass grundsätzlich eine größere Anzahl von Unternehmen intern segmentierte Daten nutzt als die Anzahl an Unternehmen, die bereits zur Veröffentlichung segmentierter Daten verpflichtet ist oder aufgrund der oben angeführten erweiterten Empfehlung verpflichtet wäre.

Werden diese Erkenntnisse auf die Vorschriften von IASB und FASB zur Segmentberichterstattung übertragen, lässt sich erkennen, dass durch die in IAS 14, SFAS 131 und IFRS 8 vorgesehene Pflicht zur Segmentberichterstattung von kapitalmarktorientierten Unternehmen eine grundsätzliche Übereinstimmung mit der Empfehlung zur externen Veröffentlichung segmentierter Daten für alle Unternehmen besteht, die nicht die Definition von *small and medium-sized entities* erfüllen. Lediglich Unternehmen, die, obwohl sie nicht kapitalmarktorientiert sind, eine öffentliche Rechenschaftspflicht aufweisen, werden entgegen der obigen Empfehlung nicht von der Segmentberichterstattungspflicht erfasst. Dies würde beispielsweise auf nicht kapitalmarktorientierte Banken und Versicherungen zutreffen, die in größerem Umfang Vermögenswerte treuhänderisch verwalten. In Bezug auf die interne Segmentberichterstattung sind die Vorschriften der Rechnungslegungsstandards selbst als Orientierung nicht geeignet. Diversifizierte Unternehmen mit personenbezogenen verschiedenen Verantwortungsbereichen auf Segmentebene sollten stets segmentierte Daten für interne Steuerungszwecke bereitstellen. Deshalb ist zu erwarten, dass die Unternehmen, die entsprechend der obigen Empfehlung von einer Erweiterung des Anwendungsbereichs der externen Segmentberichterstattung betroffen wären, bereits heute für interne Zwecke segmentierte Daten ermitteln.

5.3.3 Bestimmung der berichtspflichtigen Segmente

Grundsätzlich existieren, wie in Kapitel 3.1.2.1 bereits erläutert, mit dem *management approach* und dem *risks and rewards approach* zwei Segmentierungskonzeptionen. Während im Rahmen der externen Segmentberichterstattung beide Segmentierungskonzeptionen zur Anwendung kommen können, kann in der internen Segmentberichterstattung nur der *risks and rewards approach* Auswirkungen auf die Abgrenzung der Segmente haben, da der *management approach* die Verwendung von im Rahmen des Controllings für interne Steuerungszwecke bereitgestellten Informationen in der externen Berichterstattung bezeichnet. Hinsichtlich der Segmentierungskriterien müssen aus unternehmensinterner Sicht die gewählt werden, die der internen Organisationsstruktur und den personenbezogenen Verantwortungsbereichen auf Segmentebene zugrunde liegen und damit aus Steuerungssicht geeignet sind, zur Erfüllung der Unternehmensziele beizutragen. Aus unternehmensexterner Sicht sind die Kriterien zu wählen, die den Eigenkapitalgebern die Informationen bereitstellen, die sie bei ihren Investitionsentscheidungen benötigen. Generell kommt in diesem Zusammenhang eine Vielzahl von unterschiedlichen Möglichkeiten zur Abgrenzung der Segmente in Frage.[911]

In Bezug auf die interne Segmentberichterstattung und ihrer Aufgabe, Informationen für Steuerungszwecke bereitzustellen, kann von einer Vorteilhaftigkeit der Bildung von Segmenten und personenbezogenen Verantwortungsbereichen mit homogenem Risiko- und Chancenprofil, d.h. der Anwendung des *risks and rewards approach*, ausgegangen werden. Werden die Segmente in Abhängigkeit von den mit der Geschäftstätigkeit verbundenen Risiken und Chancen gebildet, lassen sich die zur Anwendung kommenden Segmentierungskriterien unter der Annahme, dass die Risiken und Chancen der Segmente direkt mit der Leistungserstellung des Unternehmens und dem Marktumfeld zusammenhängen, auf die sektorale, die regionale und die kunden- bzw.- lieferantenbezogene Segmentierung einschränken.[912] Unter der Annahme, dass die einzelnen Geschäftsfelder von Unternehmen stets aus Kombinationen von Produkten und Märkten bestehen, bietet sich aus Sicht der Zuordnung der Verantwortungsbereiche und folglich der Anforderungen an die interne Segmentberichterstattung eine kombinative Segmentierung des Unternehmens an, die die Abbildung von zwei Dimensionen umfasst.[913] Jedoch würden aufgrund der Komplexität der Organisationsstruktur die Kommunikationsfähigkeit und die Wirtschaftlichkeit der bereitgestellten Informationen leiden. Um nicht auf Informationen zu verzichten, bietet es sich an, zwei Segmentierungsebenen einzuführen und getrennt (im Sinne einer primären und einer sekundären Segmentierungsebene) Daten für diese zu erfassen.[914] Aus Sicht der Anreiznützlichkeit muss jedoch unabhängig von der Art der Segmentierung darauf geachtet werden, dass insbesondere bei den primären Segmenten jeweils einzelnen Personen die Verantwortung übertragen wird, um diese im Sinne des Unternehmensziels zu führen.[915]

In Bezug auf die externe Segmentberichterstattung lassen sich mehrere Aussagen hinsichtlich der Segmentbildung zur Bereitstellung entscheidungsnützlicher Informationen ableiten.

911 Vgl. hierzu die Ausführungen in Kapitel 3.1.2.2.
912 Vgl. Haller (2006), S. 148.
913 Vgl. Coenenberg/Salfeld (2003), S. 250–251.
914 Vgl. Haller (2006), S. 149.
915 Vgl. Coenenberg/Salfeld (2003), S. 247.

Neben einer aus theoretischer Sicht generellen Vorteilhaftigkeit segmentierter im Vergleich zu aggregierten Daten unter Ausklammerung der Kosten der Bereitstellung segmentierter Daten konnte durch empirische Studien gezeigt werden, dass insbesondere nach der Geschäftstätigkeit als auch nach geografischen Regionen segmentierte Daten einen Entscheidungsnutzen aufweisen.[916] Hierbei muss im Sinne des *risks and rewards approach* darauf geachtet werden, dass die einzelnen Segmente in Bezug auf die Risiko- und Chancenstruktur in sich homogen und gegenüber anderen Segmenten heterogen sind.[917] Zwar konnte auch durch eine Gegenüberstellung von SFAS 14 und SFAS 131 eine Vorteilhaftigkeit des *management approach* bei der Segmentierung ermittelt werden, doch bezog sich diese im Wesentlichen auf eine durch den *management approach* eingetretene größere Anzahl extern veröffentlichter Segmente. Insoweit ist zu schlussfolgern, dass zur Sicherstellung des Entscheidungsnutzens sowohl homogen sektoral als auch homogen regional segmentiert werden muss. Dementsprechend kann sowohl für die interne als auch die externe Segmentberichterstattung von einer Vorteilhaftigkeit der Segmentierungskonzeption des *risks and rewards approach* ausgegangen werden und muss deshalb bei der externen Segmentberichterstattung dem *management approach* vorgezogen werden.

Wird die Frage nach den berichtspflichtigen Segmenten aus der Sicht der Kommunikationsfähigkeit und der Wirtschaftlichkeit betrachtet, muss bei der Segmentbildung zuerst der Grundsatz der Wesentlichkeit beachtet werden. Weiterhin kann auch eine Konvergenz von interner und externer Segmentierung zur Erfüllung dieser Kriterien beitragen. Eine vollständige Übereinstimmung der internen und externen Segmentierung ist zwangläufig sichergestellt, wenn die externe Segmentberichterstattungsnorm den *management approach* für die Segmentbildung vorsieht und damit die für die interne Berichterstattung gewählte Segmentierung in die externe Segmentberichterstattung übertragen wird. Sehen die Vorschriften zur externen Segmentberichterstattung jedoch eine Segmentierung vor, die von der für interne Zwecke gewählten Segmentierung abweicht, darf eine Angleichung der internen Berichterstattung aus Gründen der Wirtschaftlichkeit und Kommunikationsfähigkeit nicht unter allen Umständen erfolgen. Die Segmentierungsoptionen müssen in einem solchen Fall vor dem Hintergrund der Anforderungen an die interne Segmentberichterstattung gegeneinander abgewogen werden.[918] Der Bildung von internen nach Risiken und Chancen homogenen Seg-

[916] Vgl. hierzu Kapitel 4.2.
[917] Vgl. auch AKEU (1997), S. 154.
[918] So auch Haller (2006), S. 150

menten, die die personenbezogenen Verantwortungsbereiche widerspiegeln, ist im Zweifelsfall das größte Gewicht beizumessen.

Durch den *management approach* in der Segmentbildung kommt es bei Anwendung von SFAS 131 und IFRS 8 zu einer Übereinstimmung der für interne Zwecke gebildeten Segmente und der in der externen Segmentberichterstattung ausgewiesenen Segmente. Hierdurch besteht generell die Gefahr, dass die Segmentierung die Risiken und Chancen, denen ein Unternehmen ausgesetzt ist, nicht in angemessener Weise widerspiegelt. Dieses kann zum einen historisch und zum anderen durch die Führungsstruktur eines Unternehmens verursacht sein. Darüber hinaus ist eine Vergleichbarkeit der Segmente im Zeitablauf unter Umständen nicht sichergestellt, da die interne Segmentierung nicht dem Stetigkeitsgebot unterliegt.[919] Da jedoch auch in Bezug auf die interne Segmentierung von einer Vorteilhaftigkeit des *risks and rewards approach* ausgegangen werden muss, ist zu erwarten, dass auch die internen Segmente regelmäßig entsprechend der Risiko- und Chancenstruktur des Unternehmens gebildet werden. Damit erfüllen die Vorschriften von SFAS 131 und IFRS 8 generell die Anforderungen, die aus Sicht des Entscheidungsnutzens an die Bestimmung der berichtspflichtigen Segmente gestellt werden.

Auch der in IAS 14 zur Anwendung kommende *management approach with a risks and rewards safety net* stellt grundsätzlich eine mit der internen Segmentierung übereinstimmende Segmentierung im Rahmen der externen Segmentberichterstattung sicher. Durch die Pflicht zur Veröffentlichung sektoraler und geografischer Segmente kann es jedoch zu einer Abweichung von diesem Grundsatz kommen, wenn für interne Zwecke andere Segmentierungskriterien verwendet werden. In einem solchen Fall ist davon auszugehen, dass bei den Unternehmen zusätzliche Kosten der Informationsbereitstellung anfallen und die Qualität der segmentierten Daten leidet.[920] Generell ist jedoch auch durch IAS 14 eine intern und extern konvergente Segmentierung entsprechend den Risiken und Chancen sichergestellt, die auch die Kriterien der Kommunikationsfähigkeit und der Wirtschaftlichkeit erfüllt, und damit eine in Bezug auf die Segmentierung entscheidungsnützliche Berichterstattung gewährleistet.

---

919 Vgl. Kahle (2002), S. 103.
920 Vgl. Haller (2006), S. 157–158.

5.3.4 Ermittlung der Segmentdaten

5.3.4.1 Konzeptionen der Segmentdatenermittlung

Wie bereits ausgeführt, können auch bei der Segmentdatenermittlung verschiedene Konzeptionen angewendet werden. Neben dem *management approach* und dem *risks and rewards approach*, die sich auf das Verhältnis zwischen den internen und den externen Segmentdaten beziehen und damit Konzeptionen der externen Segmentdatenermittlung sind, sind insbesondere der *disaggregation approach* und der *autonomous entity approach* in diesem Zusammenhang wesentlich. Diese beschreiben das Verhältnis zwischen aggregierten und segmentierten Daten und definieren insoweit den Rahmen für die Ermittlung der Segmentdaten und die spätere Interpretation der ausgewiesenen Segmentinformationen. In dieser Funktion kommen der *disaggregation approach* und der *autonomous entity approach* sowohl bei der internen als auch der externen Segmentdatenermittlung zur Anwendung. Während es das Ziel des Ansatzes autonomer Einheiten (*autonomous entity approach*) ist, die Segmente als wirtschaftlich selbständige Einheiten darzustellen,[921] werden beim Disaggregationsansatz die Segmente als Bestandteil des gesamten Unternehmens dargestellt[922] und die Segmentdaten über eine Disaggregation der aggregierten Daten des gesamten Unternehmens ermittelt.[923] Hingegen zeigen die nach dem Ansatz autonomer Einheiten ermittelten Segmentinformationen die Segmente als eigenständige und nicht diversifizierte Unternehmen.[924]

Insoweit kann der management approach sowohl durch den *disaggregation approach* als auch durch den *autonomous entity approach* konkretisiert werden, da die Segmentdaten unter dem *management approach* nicht auf der Basis der externen Bilanzierungsvorschriften zu ermitteln sind, sondern lediglich die intern segmentierten Daten in die externe Segmentberichterstattung übertragen werden. Im Unterschied dazu sind, wie bereits in Kapitel 3.1.3.1.2 erläutert, beim *risks and rewards approach* die Segmentdaten unter Anwendung der allgemeinen Rechnungslegungsvorschriften zu ermitteln. Deshalb liegt dem *risks and rewards approach* ausschließlich der *disaggregation approach* zugrunde, der eine Übereinstimmung der Segmentdaten mit den externen Bilanzierungsvorschriften sicherstellt.

Bei der Ermittlung der Segmentdaten kann aus organisatorischer Sicht zwischen den Methoden des *bottom-up-approach* und des *top-down-approach* unterschieden werden. Wird dem

---

921 Vgl. Husmann (1997), S. 353; Böcking/Orth (2003), S. 771.
922 Vgl. Haller (2000), S. 767.
923 Vgl. Haller/Park (1994a), S. 511.
924 Vgl. Fröhling (2000), S. 14.

bottom-up-approach gefolgt, der grundsätzlich unter dem *autonomous entity approach* angewendet wird, ergeben sich die Segmentdaten durch eine schrittweise Aggregation der Daten,[925] beginnend mit der untersten Ebene des Unternehmens. Beim *top-down-approach* wird in umgekehrter Richtung vorgegangen. Die aggregierten Daten werden auf die einzelnen Segmente aufgegliedert. Damit ist der *top-down-approach* eng mit der Segmentberichterstattungskonzeption des *disaggregation approach* verbunden.[926] Im Idealfall gelingt bei Anwendung des *top-down-approach* eine vollständige direkte Zuordnung der aggregierten Daten auf die Segmente des Unternehmens.[927] Dieses gelingt immer dann, wenn alle Vermögenswerte und Schulden des Unternehmens sowie die in einer Periode angefallenen Aufwendungen und Erträge jeweils nur von einem Segment genutzt bzw. bei einem Segment angefallen sind. Ist dieses nicht der Fall und werden Vermögenswerte und Schulden von mehreren Segmenten gemeinschaftlich beansprucht und Aufwendungen und Erträge von mehreren Segmenten verursacht oder erzielt, dann müssen die aggregierten Daten über geeignete Verteilungsschlüssel auf die Segmente aufgeteilt werden.[928] Insbesondere bei einem hohen Verflechtungsgrad und einer zentralen Steuerung der Segmente muss bei der Aufgliederung der aggregierten Daten darauf geachtet werden, dass die zusammengehörigen Bestands- und Stromgrößen symmetrisch auf die einzelnen Segmente geschlüsselt werden. Nur bei einer symmetrischen Aufgliederung der Bestands- und Stromgrößen wird die Verzinsung des in den einzelnen Segmenten eingesetzten Kapitals ersichtlich und damit entscheidungsnützliche und für Steuerungszwecke geeignete Informationen bereitgestellt.

Wesentlichen Auswirkungen auf die konzeptionelle Ausrichtung der internen Segmentberichterstattung haben das vom Unternehmen verfolgte Führungskonzept, das sich entweder in einer zentralen oder dezentralen Geschäftsführung widerspiegelt, und der wirtschaftliche Verflechtungsgrad der Segmente des Unternehmens. Insoweit lassen sich grundsätzlich aus Sicht der Anforderungen an die interne Segmentberichterstattung Argumente für die Anwendung sowohl des *disaggregation approach* als auch des *autonomous entity approach* finden. Insbesondere in Bezug auf die Anreiznützlichkeit aus Sicht des Gesamtunternehmens überwiegen die Vorteile des *disaggregation approach* gegenüber dem *autonomous entity*

---

[925] Für die Besonderheiten in Bezug auf die Konsolidierung von Segmentdaten vgl. Haase (1996), S. 26–29.

[926] Vgl. Alvarez (2004), S. 61.

[927] Vgl. Bernards (1994), S. 289.

[928] Vgl. Bernards (1994), S. 290–291; Haase (1996), S. 22. Lässt sich für bestimmte Vermögenswerte und Schulden sowie Aufwendungen und Erträge kein geeigneter Verteilungsschlüssel ermitteln, sind diese einer Sammelposition zuzuordnen.

approach.[929] Obwohl die personenbezogenen Verantwortlichkeiten regelmäßig auf einzelne Segmente bezogen werden, sind diese dennoch im Sinne und als Bestandteil des Gesamtunternehmens zu führen. Der Gesamtunternehmensebene zuzuordnende Posten müssen insoweit auf die einzelnen Segmente verteilt werden, um eine dem Gesamtunternehmen zuträgliche Unternehmensführung auf Segmentebene zu gewährleisten. Bei der Anwendung des *disaggregation approach* ist dann darauf zu achten, dass die über die internen Bilanzierungs- und Bewertungsmethoden ermittelten aggregierten Daten, die eine Anreiznützlichkeit sicherstellen, möglichst vollständig den Segmenten des Unternehmens direkt zugeordnet werden. Werden Vermögenswerte und Schulden von mehreren Segmenten genutzt und können die in einer Periode angefallenen Aufwendungen und Erträge nicht eindeutig einem Segment zugeordnet werden, sind die Daten über einen angemessenen Verteilungsschlüssel den Segmenten zuzuordnen.[930] Bei der Anwendung eines solchen Verteilungsschlüssels muss darüber hinaus sichergestellt sein, dass die zusammengehörigen Bestands- und Stromgrößen symmetrisch auf die einzelnen Segmente verteilt werden, um die Bereitstellung von anreiznützlichen Informationen zu sichern. Da in der internen Segmentberichterstattung der Anreiznützlichkeit gegenüber der Entscheidungsnützlichkeit der Vorzug zu geben ist, sind hier auch die auf Gesamtunternehmensebene anfallenden Posten, die von den einzelnen Segmenten nicht beeinflusst werden können aber dem Verbund dienlich sind, den Segmenten direkt oder über einen angemessenen Verteilungsschlüssel zuzurechnen. Es kann gezeigt werden, dass eine Zurechnung dieser auf Gesamtunternehmensebene anfallenden Posten dazu beiträgt, dass die Segmentverantwortlichen den Nutzen dieser zentralen Ressourcen wahrheitsgemäß an die Gesamtunternehmensleitung kommunizieren.[931] Insoweit werden durch die Zurechnung dieser Posten auf die Segmente die gewünschten Anreize gesetzt.

Im Gegensatz zur internen Segmentberichterstattung, in deren Zusammenhang insbesondere die Konzeptionen des *disaggregation approach* und des *autonomous entity approach* zu beurteilen sind, sind aus Sicht der externen Segmentberichterstattung der *management approach* und der *risks and rewards approach* zu würdigen. Hier konnte in der vorangegangenen Analyse der in der Literatur verbreitete Zuspruch für den *management approach* weder theoretisch noch empirisch gestützt werden. Zwar weist dieser aus Sicht der Unternehmen Effi-

---

929 So auch Haller (2006), S. 147.
930 Vgl. Bernards (1994), S. 290–291.
931 Vgl. Pfaff (1993), S. 137; Weißenberger (2006), S. 71-72.

zienzvorteile gegenüber dem *risks and rewards approach* auf,[932] doch lassen sich weitere Vorteile nur schwer ermitteln. Wird davon ausgegangen, dass die segmentierten Daten unternehmensintern so ermittelt werden, dass sie über den *disaggregation approach* als Konzeption der Segmentdatenermittlung hinaus eine vollkommene Anreiznützlichkeit sicherstellen, dann weisen diese Daten regelmäßig keinen oder nur einen begrenzten Entscheidungsnutzen auf.[933] Daher ist für die externe Segmentberichterstattung in der Regel der *risks and rewards approach* mit der Konkretisierung über den *disaggregation approach* dem *management approach* vorzuziehen. Auch hier ist der Symmetriegrundsatz zu beachten. Lediglich auf Gesamtunternehmensebene zu verantwortende Posten, die von den einzelnen Segmenten in keiner Weise beeinflusst werden können, sind den Segmenten nicht zuzurechenen, sondern auf Gesamtunternehmensebene auszuweisen. Der *risks and rewards approach* stellt somit einerseits über die Anwendung der allgemeinen Rechnungslegungsvorschriften in der Segmentberichterstattung eine Vergleichbarkeit der Segmente eines Unternehmens untereinander sowie gegenüber den Segmenten anderer Unternehmen sicher. Andererseits werden unter der Annahme, dass durch die Anwendung der allgemeinen Rechnungslegungsvorschriften entscheidungsnützliche Informationen auf Gesamtunternehmensebene bereitgestellt werden, durch den *risks and rewards approach* Informationen, die diese Eigenschaft erfüllen, auch für die externe Segmentberichterstattung ermittelt.

SFAS 131 und IFRS 8 sehen bei der Segmentdatenermittlung den *management approach* vor und können daher unter der Annahme vollkommen anreiznützlicher Informationen selbst bei Anwendung des *disaggregation approach* in der internen Segmentberichterstattung nur schwer zu einer entscheidungsnützlichen externen Segmentberichterstattung beitragen. Obwohl in der Regel von einer Symmetrie der Bestands- und Stromgrößen auf Ebene der Segmente ausgegangen werden kann, ist zu erwarten, dass die unternehmensintern für Steuerungszwecke ermittelten Daten auf Bilanzierungs- und Bewertungsmethoden basieren, die nicht die Anforderungen erfüllen, die an entscheidungsnützliche Informationen gestellt werden. Dem *management approach* muss insoweit als Konzeption der Segmentdatenermittlung unter SFAS 131 und IFRS 8 die generelle Eignung zur Vermittlung entscheidungsnützlicher Informationen abgesprochen werden.

---

932 Vgl. Fink/Ulbrich (2007b), S. 985.
933 Vgl. hierzu die Ausführungen in Kapitel 5.1.4.

Im Unterschied zu SFAS 131 und IFRS 8 unterstellt IAS 14 als Konzeption der Segmentdatenermittlung den *risks and rewards approach*, der durch die Anwendung der allgemeinen Rechnungslegungsvorschriften auf Segmentebene zum einen eine Vergleichbarkeit der Segmentinformationen sicherstellt sowie andererseits grundsätzlich entscheidungsnützliche Informationen bereitstellt. Voraussetzung hierfür ist, dass die auf aggregierter Ebene geltenden Rechnungslegungsvorschriften die Bereitstellung entscheidungsnützlicher Informationen für das Gesamtunternehmen gewährleisten. Auch der Symmetriegrundsatz ist in der Regel durch die Vorschriften von IAS 14 mit der Verteilung auf einer angemessenen Grundlage (*reasonable basis*) gesichert.[934] Die Vorteile des *risks and rewards approach* gegenüber der Konzeption des *management approach* von SFAS 131 und IFRS 8 bei der Bereitstellung entscheidungsnützlicher Informationen in der externen Segmentberichterstattung sind insoweit offensichtlich. Die Abkehr des IASB vom *risks and rewards approach* ist aus rein theoretischen Gründen nicht nachvollziehbar.

5.3.4.2 Segmentierungsobjekte

Auch an die aufzunehmenden Segmentdaten sind bestimmte Anforderungen zu stellen, damit sie die Kriterien des Entscheidungsnutzens, der Anreiznützlichkeit, der Kommunikationsfähigkeit und der Wirtschaftlichkeit erfüllen. Während die in der externen Segmentberichterstattung offengelegten Daten den Eigenkapitalgebern Informationen zur Verfügung stellen müssen, die sie bei ihren Investitionsentscheidungen unterstützen, müssen die internen Segmentdaten für Steuerungszwecke geeignet sein. In Abhängigkeit von der Verwendung werden deshalb an die Segmentdaten unterschiedliche Anforderungen gestellt.

Im Rahmen der internen Segmentberichterstattung benötigt die Unternehmensleitung auf übergeordneter Ebene Informationen, anhand derer sie die vergangene Segmentleistung und das zukünftige Segmentpotenzial vor dem Hintergrund des vorgegebenen Unternehmensziels

[934] Gehen jedoch beispielsweise, wie von IAS 14 vorgesehen, auf Gesamtunternehmensebene für die einzelnen Segmente anfallende Aufwendungen aufgrund von Problemen bei der Zurechnung entsprechend der *reasonable basis* nicht in das Segmentergebnis ein, kann dies im Zusammenhang mit der Bereitstellung entscheidungsnützlicher Informationen zu ungewünschten Effekten führen. Es konnte in diesem Zusammenhang bspw. gezeigt werden, dass die Zurechnung dieser Aufwendungen auf die Segmente in Bezug auf die wahrheitsgemäße Berichterstattung der Segmentverantwortlichen von Bedeutung ist. Nur bei einer Zurechnung wird der Nutzen dieser Ressourcen wahrheitsgemäß kommuniziert. Vgl. Pfaff (1993), S. 137-160. Für die grundsätzliche Eignung zur Bereitstellung entscheidungsnützlicher Segmentdaten über die Konzeption des *risks and rewards approach* ist dies jedoch nicht schädlich.

zuverlässig beurteilen kann. Hierzu müssen Informationen zur Erfolgssituation der Segmente bereitgestellt werden. Deshalb ist es notwendig, die Daten zu erfassen, die die aktuellen und zukünftigen Erfolge der Segmente determinieren. Neben einer Segmenterfolgsgröße sind hierzu insbesondere quantitative Informationen zum betriebsnotwendigen Vermögen, den Kapitalkosten sowie den Cashflows zu generieren.[935]

Die bei der Steuerung der Segmente verwendeten Daten müssen segmentspezifisch sein. Während die Bereitstellung segmentspezifischer Ergebnisse und Cashflows regelmäßig unproblematisch sein dürfte, ergeben sich im Zusammenhang mit der Ermittlung segmentspezifischer Kapitalkosten und Steueraufwendungen Probleme. Da Finanzierungsentscheidungen für die Segmentaktivitäten oftmals zentral auf Ebene des Gesamtunternehmens getroffen werden, sind die Kapitalkosten segmentspezifisch nur schwer zu ermitteln. Die Refinanzierungskonditionen des Gesamtunternehmens geben hierbei nur begrenzt Aufschluss über die Kapitalkosten der einzelnen Segmente. Anpassungen sind insoweit zwingend erforderlich.[936] Vergleichbare Probleme ergeben sich bei den segmentspezifischen Steueraufwendungen. Auch hier ist in der Regel das Gesamtunternehmen das Steuersubjekt. Die auf die Segmente entfallenden Steueraufwendungen lassen sich folglich nur in einem *top-down-approach* über einen geeigneten Verteilungsschlüssel den Segmenten zurechnen.

Generell müssen sowohl periodisierte als auch zahlungsbasierte Größen auf Segmentebene ermittelt werden.[937] Auf diese Weise ist sichergestellt, dass die für Entscheidungen und Steuerung benötigten Informationen zur Verfügung stehen. Um darüber hinaus die Wirtschaftlichkeit der Geschäftstätigkeit der einzelnen Segmente überprüfen zu können, hat die Beurteilung des Segmenterfolgs anhand des im Segment eingesetzten Kapitals zu erfolgen. Zwingende Voraussetzung hierfür ist, dass die Ermittlung der Segmentergebnis- und Segmentkapitalgröße symmetrisch erfolgt. Gehen beispielsweise bestimmte Zinsaufwendungen in

---

935 So auch Haller (2006), S. 151.

936 Zur Ermittlung segmentspezifischer Eigenkapitalkosten vgl. ausführlich Alvarez (2004), S. 230–247.

937 Während Aufwendungen und Erträge sich als theoretisches Konstrukt nicht beobachten lassen, sind Cashflows mess- und beobachtbare reale Größen. Insoweit könnte es empfehlenswert sein, die Leistung des Managements eines Unternehmens auf Basis der erzielten Cashflows einer Periode zu beurteilen. Vorteil einer solchen Beurteilungsbasis könnte die Unabhängigkeit von einer bilanzpolitisch beeinflussbaren Gewinngröße sein. Jedoch lassen sich Zahlungen vom Management mindestens in gleicher Weise steuern, wie dies den Rechnungslegungsgrößen nachgesagt wird. Von einer generellen Vorteilhaftigkeit von Cashflows kann in diesem Zusammenhang also nicht ausgegangen werden. Vgl. hierzu Wagenhofer (2001), S. 453–454. REICHELSTEIN zeigt zudem, dass unter bestimmten Voraussetzungen die Entlohnung des Agenten auf Basis des jeweiligen Residualgewinns günstiger ist als auf Basis von Cashflows. Vgl. Reichelstein (2000), S. 243–269.

das Segmentergebnis ein, sind auch die dazugehörigen verzinslichen Schulden dem Segment zuzurechnen. Symmetrie muss sowohl in Bezug auf den Umfang der einbezogenen Daten als auch hinsichtlich der Bewertung der Segmentdaten gelten.[938]

Ähnlich den anderen die Ausgestaltung der Segmentberichterstattung bestimmenden Faktoren, liefern auch die ökonomischen Theorien und empirischen Studien hinsichtlich der in der externen Segmentberichterstattung zu veröffentlichenden Daten nur wenige Hinweise. So konnte durch die Ausführungen in Kapitel 4.2.5 beispielsweise gezeigt werden, dass insbesondere der „bilanziellen" Segmentberichterstattung bei der Vermittlung entscheidungsnützlicher Informationen eine wesentliche Bedeutung zukommt. Speziell den segmentierten Umsätzen und Ergebnissen kommt ein Entscheidungsnutzen zu.[939] Darüber hinaus ist zu erwarten, dass Informationen zum Segmentvermögen, zu den Segmentschulden sowie zu den Segmentcashflows die Eigenkapitalgeber bei ihren Entscheidungen unterstützen. Um die Wirtschaftlichkeit und Kommunikationsfähigkeit der Segmentberichterstattung zu gewährleisten, ist zudem der Grundsatz der Wesentlichkeit bei den Segmentdaten zu beachten.

Hinsichtlich der für das primäre Berichtsformat bzw. die operativen Segmente offenzulegenden Daten weisen IAS 14 bzw. SFAS 131 und IFRS 8 nur geringe Unterschiede auf. Zudem lassen sich aufgrund der begrenzten Aussagen aus Theorie und Empirie die Angabepflichten nur sehr eingeschränkt würdigen. Neben der in den Standards vorgeschriebenen Pflicht zur Veröffentlichung von Segmentergebnis, Segmenterträgen, Segmentvermögen sowie Segmentschulden[940] ist zu erwarten, dass Segmentcashflows einen zusätzlichen Entscheidungsnutzen aufweisen.

5.3.5 Segmentberichtspflichten im Rahmen der Zwischenberichterstattung

Durch die Fortschreibung vorangegangener Perioden über das Instrument der Zwischenberichterstattung wird die Entwicklung eines Unternehmens unterjährig ersichtlich. Während im Rahmen der internen Berichterstattung im Aufsichtsrat-Modell der Unternehmensverfassung der „Follow up-Berichterstattung" des Vorstands gegenüber dem Aufsichtsrat (§ 90 Abs. 1 Satz 1 Nr. 1 AktG) die Aktualisierungsfunktion zukommt, muss die unterjährige Fortschrei-

[938] Vgl. Haller (2006), S. 153.
[939] Vgl. hierzu die Ausführungen in den Kapiteln 4.2.5 und 4.3.
[940] Lediglich unter SFAS 131 besteht keine Angabepflicht für Segmentschulden.

bung segmentierter Daten in der Zwischenberichterstattung erfolgen.[941] Dementsprechend muss die Ausgestaltung der Segmentberichterstattung grundsätzlich auf den Rechnungslegungsgrundsätzen basieren, die auch für die Jahressegmentberichterstattung angewendet werden. Insofern ist aus Sicht der Aufgaben der externen Unternehmensrechnung eine unterjährige Segmentberichterstattung grundsätzlich positiv zu beurteilen. Den umfangreicheren Anforderungen von SFAS 131 und IFRS 8 i.V.m. IAS 34 ist im Vergleich zu IAS 14 i.V.m. IAS 34 der Vorzug zu geben.

5.4 Ableitung weiterer Forschungsfragen

Das Ziel der vorliegenden Untersuchung bestand im Wesentlichen darin, anhand theoretischer und empirischer Ergebnisse die Eigenschaften einer entscheidungsnützlichen und anreiznützlichen Segmentberichterstattung zu analysieren und eine Beurteilung der Segmentberichterstattungsvorschriften von IASB und FASB vorzunehmen. Jedoch ließen sich bereits die Eigenschaften einer für Entscheidungszwecke geeigneten Segmentberichterstattung nur auf einem sehr hohen Abstraktionsniveau ermitteln. Zudem konnte durch Hinzuziehung von Forschungsergebnissen im Zusammenhang mit den Möglichkeiten einer Harmonisierung von interner und externer Unternehmensrechnung gezeigt werden, dass eine Konvergenz von interner und externer Segmentberichterstattung nicht unter Sicherstellung der optimalen Erfüllung von Entscheidungs- und Steuerungsfunktion möglich ist. Zwar kann von einer generellen Vorteilhaftigkeit der Segmentberichterstattung ausgegangen werden, jedoch wirft die Ausgestaltung der Segmentberichterstattung weiterhin Fragen auf. Die aktuellen Normen der Segmentberichterstattung werden den an sie gestellten Anforderungen nicht vollständig gerecht.

Hinsichtlich des Anwendungsbereichs der Segmentberichterstattung und in Bezug auf die berichtspflichtigen Segmente lassen sich zwar Aussagen aus Sicht der Entscheidungsnützlichkeit treffen, jedoch besteht weiterhin eine erhebliche Unsicherheit in Bezug auf die übrigen die Vorschriften bestimmenden Faktoren. Es konnte in den vorangegangenen Kapiteln der Arbeit gezeigt werden, dass insbesondere bezüglich der bereitzustellenden segmentierten Daten, der Datenermittlung sowie der Möglichkeiten der Harmonisierung von interner und ex-

941 Vgl. hierzu auch Wiederhold/Pukallus (2007), S. 272.

terner Segmentberichterstattung unter Sicherstellung sowohl der Funktion der Entscheidungsunterstützung als auch Verhaltenssteuerung weiterer Forschungsbedarf besteht.

Als Forschungsansätze können in diesem Zusammenhang entweder normative oder empirische Ansätze zur Anwendung kommen. Es konnte gezeigt werden, dass beide Ansätze grundsätzlich zur Lösung von Fragen der Unternehmensrechnung beitragen können. Insbesondere der Übergang der IFRS-Anwender von IAS 14 auf IFRS 8 bietet neue Anknüpfungspunkte für die verschiedenen Arten der empirischen Rechnungslegungsforschung. Da die umfassende Anwendung des *management approach* nicht zwangsläufig zur Vermittlung entscheidungsnützlicher Informationen beiträgt,[942] müssen andere Motive (z.B. die Konvergenz der Rechnungslegungsvorschriften von IASB und FASB) bei der Verabschiedung von IFRS 8 ausschlaggebend gewesen sein.

[942] Der im Rahmen des Übernahme-Verfahrens in das EU-Parlament eingebrachte Entschließungsantrag bestätigt dies. Vgl. hierzu auch die Ausführungen in Fn. 5.

6 Thesenförmige Zusammenfassung

(1) In der Modellwelt der Neuen Institutionenökonomik besteht aufgrund von Marktunvollkommenheiten ein Bedarf an Governance-Mechanismen. Dieser leitet sich unter der Annahme von Informationsasymmetrien und divergierenden Interessen aus der Trennung von Eigentum und Verfügungsmacht im Verhältnis von Eigenkapitalgeber zum Management eines Unternehmens ab. Doch auch unternehmensintern besteht aufgrund von Prinzipal-Agenten-Problemen zwischen dem Top- und dem Bereichsmanagement eine Notwendigkeit für Governance-Mechanismen.

(2) Ungeachtet der Unterschiede der zur Anwendung kommenden Corporate Governance-Systeme in Bezug auf die Ausgestaltung der externen Unternehmensüberwachung kommt Unternehmensinformationen im Rahmen der Corporate Governance eine wesentliche Bedeutung zu. Sie tragen zum einen zur Funktionsfähigkeit der Governance-Mechanismen bei und stellen zum anderen als interne und externe Unternehmensrechnung selbst einen Governance-Mechanismus dar, über den Informationsasymmetrien reduziert werden können. Darüber hinaus basieren Anreizsysteme, die zur Steuerung von Top- und Bereichsmanagement herangezogen werden, regelmäßig auf den bereitgestellten Unternehmensinformationen.

(3) Die Unternehmensrechnung lässt sich in eine interne und eine externe Unternehmensrechnung differenzieren, denen grundsätzlich verschiedene Aufgaben zukommen. Während die externe Unternehmensrechnung den Eigenkapitalgebern entscheidungsnützliche Informationen zur Verfügung stellen muss, dient die interne Unternehmensrechnung der Verhaltenssteuerung. Diese Aufgaben werden im Wesentlichen durch die kapitalmarktorientierte externe Rechnungslegung und die wertorientierte interne Unternehmensrechnung erfüllt. Die Segmentberichterstattung ist ein Instrument beider Systeme der Unternehmensrechnung und trägt insoweit zum Abbau von Informationsasymmetrien im Innenverhältnis sowie zwischen der Unternehmensleitung und den externen Adressaten der Rechnungslegung bei.

(4) Insbesondere bei diversifizierten Unternehmen ist die Segmentberichterstattung ein bedeutendes Instrument der Unternehmensrechnung, das Informationen zu den Segmenten eines Unternehmens bereitstellt und damit sowohl zur Reduzierung von In-

formationsasymmetrien dient als auch im Zusammenhang mit Anreizsystemen zur Anwendung kommt. Da diversifizierte Unternehmen sich durch verschiedene Produkt-Markt-Bereiche auszeichnen, ergeben sich durch aggregierte Informationen auf Gesamtunternehmensebene zwangsläufig Informationsdefizite, die zwar durch segmentierte Informationen reduziert werden können. Segmentierte Informationen lassen sich jedoch nicht ohne zusätzliche Kosten realisieren.

(5) Hinsichtlich der Ausgestaltung einer Segmentberichterstattung gibt es unterschiedliche Möglichkeiten, die im Wesentlichen durch die Regelungsbereiche Anwendungsbereich, Segmentierung, Segmentdaten und Offenlegungsumfang determiniert werden. Ende November 2006 verabschiedete der IASB mit IFRS 8 einen neuen Standard zur Segmentberichterstattung, mit dem eine nahezu vollständige Übereinstimmung mit SFAS 131, den Segmentberichterstattungsvorschriften der US-GAAP, erreicht wird. Der letztmalig auf Ende 2008 beginnende Geschäftsjahre anwendbare IAS 14 weist noch deutliche Unterschiede zu SFAS 131 auf, die sich insbesondere auf die Segmentierung und die Segmentdaten beziehen.

(6) IAS 14 legt der Ermittlung der berichtspflichtigen Segmente den *risks and rewards approach* zugrunde, nach dem in Bezug auf die Risiken und Chancen homogene sektorale und regionale Segmente gebildet werden müssen. Diese sind dann als gesonderte Segmentierungsdimensionen im Sinne von Geschäftssegmenten und geografischen Segmenten als primäres und sekundäres Berichtsformat auszuweisen, wenn sie bestimmte Größenkriterien erfüllen. Bei der Ermittlung der berichtspflichtigen Segmente nach SFAS 131 und IFRS 8 ist auf den *management approach* zurückzugreifen. Die für Zwecke der externen Segmentberichterstattung vorzunehmende Segmentierung basiert auf der internen Organisationsstruktur des Unternehmens und damit auf den Segmenten, die in die regelmäßige Berichterstattung an den *chief operating decision maker* des Unternehmens einbezogen werden. Aus Gründen der Wesentlichkeit sind jedoch nur die als *operating segments* bezeichneten Segmente auszuweisen, die bestimmte Größenkriterien erfüllen.

(7) Konzeptionell greift IAS 14 bei der Ermittlung der Segmentdaten auf den *risks and rewards approach* zurück, der die Anwendung der allgemeinen Rechnungslegungsvorschriften auch in den Segmenten vorsieht. Da das Segment als Teil des Gesamtun-

ternehmens betrachtet wird, werden die Segmentdaten durch Disaggregation der aggregierten Daten des Gesamtunternehmens auf das primäre und das sekundäre Berichtsformat ermittelt. Im Unterschied dazu liegt der Segmentdatenermittlung unter SFAS 131 und IFRS 8 der *management approach* zugrunde. Grundsätzlich sind deshalb die Segmentdaten in die externe Segmentberichterstattung aufzunehmen, die regelmäßig an den *chief operating decision maker* berichtet werden. Dementsprechend sind der Ermittlung der Segmentdaten die Grundsätze zugrunde zu legen, die auch intern verwendet werden.

(8) Da aus Sicht der Corporate Governance entscheidungsnützliche Informationen notwendig sind, ist die Beurteilung der Vorschriften zur Segmentberichterstattung anhand des Kriteriums des Entscheidungsnutzens angemessen. Die Ableitung von Eigenschaften entscheidungsnützlicher Informationen kann aus theoretischer Sicht entweder über die Entscheidungstheorie oder die Informationsökonomik erfolgen. Durch die Beschränkung auf die Maximierung des Barwerts der Zahlungsmittelüberschüsse und die Vernachlässigung der individuellen Entscheidungssituationen, lassen sich konkrete Empfehlungen zur Ausgestaltung von Rechnungslegungsinstrumenten aus der Entscheidungstheorie jedoch nicht ableiten.

(9) Auch die Informationsökonomik lässt nur wenige Aussagen hinsichtlich der Eigenschaften entscheidungsnützlicher Informationen zu. Lediglich im Individualkontext und unter Ausklammerung von Informationskosten kann eine Informationsbeschaffung niemals nachteilig sein. Liegen mehrere Informationssysteme vor, kann eine Reihung entsprechend dem Kriterium der Feinheit erfolgen. Im Mehrpersonenkontext ist eine widerspruchsfreie Ordnung nur schwer zu realisieren. Dennoch ist in Bezug auf die Segmentberichterstattung zu erwarten, dass segmentierte Daten im Vergleich zu aggregierten Daten regelmäßig feiner und damit vorteilhaft sind. Empfehlungen zur Ausgestaltung der Segmentberichterstattung lassen sich aus den ökonomischen Theorien hingegen kaum ableiten.

(10) Die empirische Forschung befasst sich im Zusammenhang mit der Segmentberichterstattung im Wesentlichen mit der Vorteilhaftigkeit von zusätzlich zu aggregierten Daten veröffentlichten segmentierten Daten und weniger mit der konkreten Ausgestaltung der Segmentberichterstattung. Im Einzelnen existieren Untersuchungen zur Prog-

noseeignung, verhaltensbezogene Untersuchungen und kapitalmarktorientierte Untersuchungen. Aus den Untersuchungen zur Prognoseeignung lässt sich ein positiver Beitrag von nach Geschäftsbereichen und geografischen Regionen segmentierten Umsätzen und Ergebnissen zur Prognosequalität ableiten. Hierbei ist sowohl bei der sektoralen als auch bei der regionalen Segmentierung die Bildung homogener Segmente erforderlich.

(11) Auch die verhaltensbezogenen Untersuchungen lassen eine Vorteilhaftigkeit segmentierter im Vergleich zu aggregierten Daten erkennen. Im Rahmen der kapitalmarktorientierten Untersuchungen ergibt sich ein vergleichbares Bild. Sowohl die Untersuchungen, die die Auswirkungen segmentierter Daten auf die Aktienkurse thematisieren, als auch die, die sich mit den Auswirkungen auf Risikoparameter befassen, zeigen, dass segmentierten Daten ein Beitrag zum Entscheidungsnutzen zukommt. Die Ergebnisse in Bezug auf die Ausgestaltung (im Wesentlichen hinsichtlich der Vorteilhaftigkeit von Umsatz- und Ergebnisgrößen) konnten nicht abschließend bestätigt werden. Insoweit ist davon auszugehen, dass sowohl segmentierte Umsätze als auch segmentierte Ergebnisse für sektorale und regionale Segmente entscheidungsnützlich sind.

(12) Andere empirische Untersuchungen konnten darüber hinaus einen unterschiedlichen Stellenwert von bilanziellem und außerbilanziellem Ausweis ermitteln. Im Zusammenhang mit der Segmentberichterstattung ist zu erwarten, dass der „bilanziellen" Segmentberichterstattung im Vergleich zur „außerbilanziellen" Segmentberichterstattung eine höhere Entscheidungsnützlichkeit zukommt. Dennoch sind die erzielten Ergebnisse in Bezug auf die Ausgestaltung der Segmentberichterstattung auch hier nicht zufriedenstellend. Die vereinzelt in der Literatur vorgebrachten Vorschläge zur Erweiterung der „außerbilanziellen" Segmentberichterstattung im Sinne zusätzlicher Angaben können vor dem Hintergrund der Vorteile einer „bilanziellen" Segmentberichterstattung nicht überzeugen.

(13) In den vergangenen Jahren wurde zunehmend eine teils wissenschaftliche teils sehr praxisnahe Diskussion zur Harmonisierung von interner und externer Unternehmensrechnung geführt. In der Segmentberichterstattung ist durch die Anwendung des *management approach* die Konvergenz des internen und externen Rechnungswesens

bereits in unterschiedlicher Ausprägung realisiert. Mehrere Motive können diesen Harmonisierungsbestrebungen zugrunde liegen. Neben der Internationalisierung der Geschäftstätigkeit, der Dezentralisierung der Unternehmensführung, der zunehmenden Kapitalmarktorientierung der Unternehmen ist insbesondere die Entwicklung in der Informations- und Kommunikationstechnologie als Ursache anzuführen. Eine generelle Vorteilhaftigkeit eines harmonisierten Rechnungswesens lässt sich konzeptionell jedoch nicht nachweisen.

(14) Hinsichtlich der Anforderungen an eine harmonisierte Unternehmensrechnung wäre von einer Möglichkeit zur Harmonisierung auszugehen, wenn die Kriterien Anreiznützlichkeit und Entscheidungsnützlichkeit gleichermaßen erfüllt würden. Es konnte jedoch gezeigt werden, dass sich anreiznützliche und entscheidungsnützliche Informationen in ihren Eigenschaften grundsätzlich unterscheiden. Daher kann auf einer allgemeinen Ebene nicht von einer Möglichkeit zu einem konvergenten Rechnungswesen ausgegangen werden. Die auf dem Entscheidungsnutzen von *fair value*-Informationen basierende zunehmende Verbreitung dieses Wertmaßstabs kann für eine weitergehende Analyse der Harmonisierungsmöglichkeiten herangezogen werden. Sowohl aus theoretischer als auch aus empirischer Sicht muss grundsätzlich von der Entscheidungsnützlichkeit von *fair value*-Informationen ausgegangen werden.

(15) Hinsichtlich der Steuerungsfunktion der internen Unternehmensrechnung zeigt sich ein anderes Bild. Untersuchungen, die auf Prinzipal-Agenten-Modellen basieren, können unter der Annahme einer schwachen Zielkongruenz eine Irrelevanz der Bewertung nachweisen. Unter der Annahme einer starken Zielkongruenz sind die Ergebnisse nicht eindeutig und lassen eine Eignung von *fair values* für Zwecke der Steuerung nicht erwarten. Lediglich wenn diese Informationen zusätzlich zu einer Basisperformancegröße bereitgestellt werden, lässt sich eine Vorteilhaftigkeit ermitteln. Die Prinzipal-Agenten-Modelle zeigen, dass die Entscheidungsnützlichkeit von *fair value*-Informationen die ohnehin als problematisch eingeschätzten Harmonisierungsmöglichkeiten von interner und externer Unternehmensrechnung weiter gefährden.

(16) Weder IAS 14 noch SFAS 131 und IFRS 8 stellen eine Segmentberichterstattung sicher, die sowohl entscheidungsnützliche als auch anreiznützliche Informationen bereitstellt. Durch die umfassende Anwendung des *management approach* – wie in

(17) SFAS 131 und IFRS 8 vorgesehen – wird lediglich die Bereitstellung segmentierter Daten sichergestellt, die intern für Steuerungszwecke verwendet werden und daher (im Idealfall) anreiznützlich sind. Die Bereitstellung entscheidungsnützlicher Informationen können SFAS 131 und IFRS 8 jedoch nicht gewährleisten. Sofern die den IFRS zugrunde liegenden Rechnungslegungsgrundsätze die Vermittlung entscheidungsnützlicher Informationen sicherstellen, ist zu erwarten, dass auch eine Segmentberichterstattung auf Basis von IAS 14 entsprechende Informationen vermittelt. Von einer Anreiznützlichkeit der segmentierten Daten könnte in einem solchen Fall jedoch nicht ausgegangen werden.

(18) Abschließend ist festzuhalten, dass trotz anderer Behauptungen keines der Segmentberichterstattungskonzepte die Bereitstellung gleichermaßen entscheidungsnützlicher und anreiznützlicher Informationen ermöglicht. Da die externe Unternehmensrechnung im Rahmen der Corporate Governance im Wesentlichen entscheidungsnützliche Informationen vermitteln soll, muss dieses über die Rechnungslegungsstandards sichergestellt werden. Die Vorteile, die die umfassende Anwendung des *management approach* aus Sicht der Unternehmen hat, lassen sich nicht auf die Eigenkapitalgeber im Sinne der Adressaten der externen Segmentberichterstattung übertragen. Weitere Forschung ist in diesem Zusammenhang zwingend erforderlich.

Literaturverzeichnis

Abdel-Khalik, A. Rashad (1973): The Effect of Aggregating Accounting Reports on the Quality of the Lending Decision: An Empirical Investigation, in: Journal of Accounting Research, Vol. 11 (1973), Empirical Research in Accounting: Selected Studies, S. 104–138.

Aboody, David (1996): Recognition versus Disclosure in the Oil and Gas Industry, in: Journal of Accounting Research, Vol. 34 (1996), S. 21–32.

Aboody, David/Barth, Mary E./Kasznik, Ron (1999): Revaluations of fixed assets and future firm performance: Evidence from the UK, in: Journal of Accounting and Economics, Vol. 26 (1999), S. 149–178.

ADS International (2002): Segmentberichterstattung (Segment Reporting), in: Adler, Hans/Düring, Walter/Schmaltz, Kurt (Hrsg.): Rechnungslegung nach Internationalen Standards, bearb. von Gelhausen, Hans Friedrich/Pape, Jochen/Schruff, Wienand/ Stolberg, Klaus, Stuttgart 2002.

Ahadiat, Nasrollah (1993): Geographic Segment Disclosure and the Predictive Ability of the Earnings Data, in: Journal of International Business Studies, Vol. 24 (1993), S. 357–371.

Ahmed, Anwer S./Kilic, Emre/Lobo, Gerald J. (2006): Does Recognition versus Disclosure Matter? Evidence from Value-Relevance of Banks' Recognized and Disclosed Derivative Financial Instruments, in: The Accounting Review, Vol. 81 (2006), S. 567–588.

AICPA (1994): Improving Business Reporting – A Customer Focus, Meeting the Information Needs of Investors and Creditors, A Comprehensive Report of the Special Committee on Financial Reporting, New York 1994.

Ajinkya, Bipin B. (1980): An Empirical Evaluation of Line-of-Business Reporting, in: Journal of Accounting Research, Vol. 18 (1980), S. 343–361.

Ajinkya, Bipin B./Gift, Michael J. (1985): Dispersion of Financial Analysts' Earnings Forecasts and the (Option Model) Implied Standard Deviations of Stock Returns, in: The Journal of Finance, Vol. 40 (1985), S. 1353–1365.

Akerlof, George A. (1970): The Market for "Lemons": Quality Uncertainty and the Market Mechanism, in: The Quarterly Journal of Economics, Vol. 84 (1970), S. 488–500.

AKEU (1997): Segmentberichterstattung, in: Busse von Colbe, Walther/Seeberg, Thomas (Hrsg.), Vereinbarkeit internationaler Konzernrechnungslegung mit handelsrechtlichen Grundsätzen: Empfehlungen des Arbeitskreises „Externe Unternehmensrechnung“ der Schmalenbach-Gesellschaft, Zeitschrift für betriebswirtschaftliche Forschung, 49. Jg. (1997), Sonderheft.

AKEU (2002): Grundsätze für das Value Reporting, in: Der Betrieb, 55. Jg. (2002), S. 2337–2340.

Albach, Horst (1979): Zur Verlegung von Produktionsstätten ins Ausland, in: Zeitschrift für Betriebswirtschaft, 49. Jg. (1979), S. 945–952.

Albrecht, W. David/Chipalkatti, Niranjan (1998): New Segment Reporting, in: The CPA Journal (1998), S. 46–52.

Alvarez, Manuel (2002): Segmentberichterstattung nach DRS 3 – Vergleich zu IAS 14 und SFAS 131, in: Der Betrieb, 55. Jg. (2002), S. 2057–2063.

Alvarez, Manuel (2004): Segmentberichterstattung und Segmentanalyse, Wiesbaden 2004.

Alvarez, Manuel (2004a): Finanzielle und strategische Segmentanalyse – Kernelement einer kapitalmarktorientierten Unternehmensanalyse, in: Finanz Betrieb, 6. Jg. (2004), S. 649–663.

Alvarez, Manuel/Büttner, Manuel (2006): ED 8 Operating Segments – Der neue Standardentwurf des IASB zur Segmentberichterstattung im Kontext des „Short-term Convergence Project" von IASB und FASB, in: Zeitschrift für internationale und kapitalmarktorientierte Rechnungslegung, 6. Jg. (2006), S. 307–318.

Alvarez, Manuel/Fink, Christian (2003): Qualität der Segmentberichterstattung in Deutschland – Eine empirische Analyse der Unternehmen des DAX100 und NEMAX50, in: Zeitschrift für internationale und kapitalmarktorientierte Rechnungslegung, 3. Jg. (2003), S. 275–288.

Amir, Eli (1993): The Market Valuation of Accounting Information: The Case of Postretirement Benefits other than Pensions, in: The Accounting Review, Vol. 68 (1993), S. 703–724.

Amir, Eli/Harris, Trevor S./Venuti, Elizabeth K. (1993): Comparison of the Value-Relevance of U.S. Versus Non-U.S. GAAP Accounting Measures Using Form 20-F Reconciliations, in: Journal of Accounting Research, Vol. 31 (1993), Studies on International Accounting, S. 230–264.

Ansoff, Igor H. (1957): Strategies for Diversification, in: Harvard Business Review, September – October 1957, S. 113–124.

Antle, Rick/Demski, Joel S. (1989): Revenue Recognition, in: Contemporary Accounting Research, Vol. 5 (1989), S. 423–451.

Arrow, Kenneth J. (1985): The Economics of Agency, in: Pratt, John W./Zeckhauser, Richard J. (Hrsg.): Principals and Agents: The Structure of Business, Boston 1985, S. 37–51.

Audretsch, David B./Weigand, Jürgen (2001): Corporate Governance, in: Jost, Peter J. (Hrsg.): Die Spieltheorie in der Betriebswirtschaftslehre, Stuttgart 2001, S. 83–134.

Auer, Kurt V. (1999): International harmonisierte Rechnungslegungsstandards aus Sicht der Aktionäre: Vergleich von EG-Richtlinien, US-GAAP und IAS, 2., überarb. und erw. Aufl., Wiesbaden 1999.

Bärtl, Oliver (2001): Wertorientierte Unternehmenssteuerung – Zum Zusammenhang von Kapitalmarkt, externer und interner Rechnungslegung, Frankfurt am Main u.a. 2001.

Baetge, Jörg/Siefke, Michael (1999): Läßt sich die offenzulegende Rechnungslegung so gestalten, daß sie eine zielkonforme Konzernsteuerung ermöglicht?, in: Altenburger, Otto A./Janschek, Otto/Müller, Heinrich (Hrsg.): Fortschritte im Rechnungswesen – Vorschläge für Weiterentwicklungen im Dienste der Unternehmens- und Konzernsteuerung durch Unternehmensorgane und Eigentümer, Festschrift zum 60. Geburtstag von Gerhard Seicht, Wiesbaden 1999, S. 675–704.

Baetge, Jörg/Zülch, Henning (2001): Fair Value-Accounting, in: Betriebswirtschaftliche Forschung und Praxis, 53. Jg. (2001), S. 543–562.

Baetge, Jörg/Zülch, Henning (2003): Abschlusskennzahlen als Instrument zur Unterstützung der Überwachungsfunktion des Aufsichtsrates, in: Werder, Axel von u.a. (Hrsg.): Internationalisierung der Rechnungslegung und Corporate Governance Festschrift für Professor Dr. Klaus Pohle, Stuttgart 2003, S. 221–245.

Baetge, Jörg/Zülch, Henning/Matena, Sonja (2002): Fair Value-Accounting – Ein Paradigmenwechsel auch in der kontinentaleuropäischen Rechnungslegung? (Teil A), in: Steuern und Bilanzen, 4. Jg. (2002), S. 365–372.

Baetge, Jörg/Zülch, Henning/Matena, Sonja (2002a): Fair Value-Accounting – Ein Paradigmenwechsel auch in der kontinentaleuropäischen Rechnungslegung? (Teil B), in: Steuern und Bilanzen, 4. Jg. (2002), S. 417–422.

Baiman, Stanley (1982): Agency Research in Managerial Accounting: A Survey, in: Journal of Accounting Literature, Vol. 1 (1982), S. 154–213.

Baker, Richard C./Wallage, Philip (2000): The Future of Financial Reporting in Europe: Its Role in Corporate Governance, in: The International Journal of Accounting, Vol. 35 (2000), S. 173–187.

Balakrishnan, Ramji/Harris, Trevor S./Sen, Pradyot K. (1990): The Predictive Ability of Geographic Segment Disclosures, in: Journal of Accounting Research, Vol. 28 (1990), S. 305–325.

Baldenius, Tim/Fuhrmann, Gregor/Reichelstein, Stefan (1999): Zurück zu EVA, in: Betriebswirtschaftliche Forschung und Praxis, 51. Jg. (1999), S. 53–65.

Baldwin, Bruce A. (1984): Segments Earnings Disclosure and the Ability of Security Analysts to Forecast Earnings Per Share, in: The Accounting Review, Vol. 59 (1984), S. 376–389.

Ball, Ray/Brown, Philip (1968): An Empirical Evaluation of Accounting Income Numbers, in: Journal of Accounting Research, Vol. 6 (1968), S. 159–178.

Ballhaus, Werner/Futterlieb, Christian (2003): Fair Value Accounting auf Basis diskontierter Cash-flows gemäß Concept Statement No. 7, in: Zeitschrift für internationale und kapitalmarktorientierte Rechnungslegung, 3. Jg. (2003), S. 564-574.

Ballwieser, Wolfgang (1982): Zur Begründbarkeit informationsorientierter Jahresabschlussverbesserungen, in: Zeitschrift für betriebswirtschaftliche Forschung, 34. Jg. (1982), S. 772–793.

Ballwieser, Wolfgang (1985): Informationsökonomie, Rechnungslegungstheorie und Bilanzrichtlinie-Gesetz, in: Zeitschrift für betriebswirtschaftliche Forschung, 37. Jg. (1985), S. 47–66.

Ballwieser, Wolfgang (1985a): Ergebnisse der Informationsökonomie zur Informationsfunktion der Rechnungslegung, in: Stöppler, Siegmar (Hrsg.): Information und Produktion – Beiträge zur Unternehmenstheorie und Unternehmensplanung: Festschrift zum 60. Geburtstag von Waldemar Wittmann, Stuttgart 1985, S. 21–40.

Ballwieser, Wolfgang (1991): Das Rechnungswesen im Lichte ökonomischer Theorie, in: Ordelheide, Dieter/Rudolph, Bernd/Büsselmann, Elke (Hrsg.): Betriebswirtschaftslehre und Ökonomische Theorie, Stuttgart 1991, S. 97–124.

Ballwieser, Wolfgang (1993): Die Entwicklung der Theorie der Rechnungslegung in den USA, in: Wagner, Franz W. (Hrsg.): Ökonomische Analyse des Bilanzrechts: Entwicklungslinien und Perspektiven, Zeitschrift für betriebswirtschaftliche Forschung, 45. Jg. (1993), Sonderheft, S. 107–138.

Ballwieser, Wolfgang (1994): Adolf Moxter und der Shareholder Value-Ansatz, in: Ballwieser, Wolfgang u.a. (Hrsg.): Bilanzrecht und Kapitalmarkt – Festschrift zum 65. Geburtstag von Professor Dr. Dr. h.c. Dr. h.c. Adolf Moxter, Düsseldorf 1994, S. 1377–1405.

Ballwieser, Wolfgang (2000): Wertorientierte Unternehmensführung: Grundlagen, in: Zeitschrift für betriebswirtschaftliche Forschung, 52. Jg. (2000), S. 160–166.

Ballwieser, Wolfgang (2001): Anforderungen des Kapitalmarkts an Bilanzansatz- und Bilanzbewertungsregeln, in: Zeitschrift für internationale und kapitalmarktorientierte Rechnungslegung, 1. Jg. (2001), S. 160–164.

Ballwieser, Wolfgang (2004): The Limitations of Financial Reporting, in: Leuz, Christian/ Pfaff, Dieter/Hopwood, Anthony (Hrsg.): The Economics and Politics of Accounting – International Perspective on Research Trends, Policy, and Practice, Oxford 2004, S. 58–77.

Ballwieser, Wolfgang (2005): Die Konzeptionslosigkeit des International Accounting Standards Board (IASB), in: Crezelius, Georg/Hirte, Heribert/Vieweg, Klaus (Hrsg.): Festschrift für Volker Röhricht zum 65. Geburtstag: Gesellschaftsrecht, Rechnungslegung, Sportrecht, Köln 2005, S. 727–745.

Ballwieser, Wolfgang (2006): IFRS für nicht kapitalmarktorientierte Unternehmen?, in: Zeitschrift für Internationale Rechnungslegung, 1. Jg. (2006), S. 23–30.

Ballwieser, Wolfgang/Küting, Karlheinz/Schildbach, Thomas (2004): Fair Value – erstrebenswerter Wertansatz im Rahmen einer Reform der handelsrechtlichen Rechnungslegung?, in: Betriebswirtschaftliche Forschung und Praxis, 56. Jg. (2004), S. 529–549.

Bank, Matthias/Gerke, Wolfgang (2005): Finanzierung II – Grundlegende Theorien, Modelle und Konzepte der neoklassischen Finanzierungstheorie, Stuttgart 2005.

Barefield, Russell M. (1972): The Effect of Aggregation on Decision Making Success: A Laboratory Study, in: Journal of Accounting Research, Vol. 10 (1972), S. 229–242.

Barefield, Russel M./Comiskey, Eugene E. (1975): Segmental Financial Disclosure by Diversified Firms and Security Prices: A Comment, in: The Accounting Review, Vol. 50 (1975), S. 818–821.

Barlev, Benzion/Haddad, Joshua Rene (2003): Fair Value Accounting and the Management of the Firm, in: Critical Perspectives on Accounting, Vol. 14 (2003), S. 383–415.

Barth, Mary E. (2000): Valuation-based accounting research: Implications for financial reporting and opportunities for future research, in: Accounting and Finance, Vol. 40 (2000), S. 7–31.

Barth, Mary E./Beaver, William H./Landsman, Wayne R. (2001): The relevance of the value relevance literature for financial accounting standard setting: another view, in: Journal of Accounting and Economics, Vol. 31 (2001), S. 77–104.

Barth, Mary E./Clinch, Greg (1998): Revalued Financial, Tangible, and Intangible Assets: Associations with Share Prices and Non-Market-Based Value Estimates, in: Journal of Accounting Research, Vol. 36 (1998), Studies on Enhancing the Financial Reporting Model, S. 199–233.

Barth, Mary E./Clinch, Greg/Shibano, Toshi (2003): Market Effects of Recognition and Disclosure, in: Journal of Accounting Research, Vol. 41 (2003), S. 581–609.

Baumann, Karl-Hermann (1987): Die Segment-Berichterstattung im Rahmen der externen Finanzpublizität, in: Havermann, Hans (Hrsg.): Bilanz- und Konzernrecht, Festschrift für Reinhard Goerdeler, Düsseldorf 1987, S. 1–23.

Beatty, Anne/Chamberlain, Sandra/Magliolo, Joseph (1996): An empirical analysis of the economic implications of fair value accounting for investment securities, in: Journal of Accounting and Economics, Vol. 22 (1996), S. 43–77.

Beaver, William H. (1972): The Behavior of Security Prices and Its Implications for Accounting Research (Methods), in: The Accounting Review, Vol. 47 (1972), Committee Reports: Supplement to Volume XLVII of The Accounting Review, S. 407–437.

Beaver, William H./Demski, Joel S. (1974): The Nature of Financial Accounting Objectives: A Summary and Synthesis, in: Journal of Accounting Research, Vol. 12 (1974), Studies on Financial Accounting Objectives, S. 170–187.

Beaver, William H./Kennelly, John W./Voss, William M. (1968): Predictive Ability as a Criterion for the Evaluation of Accounting Data, in: The Accounting Review, Vol. 43 (1968), S. 675–683.

Behn, Bruce K./Nichols, Nancy B./Street, Donna L. (2002): The Predictive Ability of Geographic Segment Disclosures by U.S. Companies: SFAS No. 131 vs. SFAS No. 14, in: Journal of International Accounting Research, Vol. 1 (2002), S. 31–44.

Benecke, Birka (2000): Internationale Rechnungslegung und Management Approach – Bilanzierung derivativer Finanzinstrumente und Segmentberichterstattung, Wiesbaden 2000.

Bernards, Oliver (1994): Segmentberichterstattung diversifizierter Unternehmen: theoretische und empirische Analyse, Bergisch Gladbach 1994.

Bernards, Oliver (1995): Segmentberichterstattung in den Geschäftsberichten deutscher Unternehmen – theoretische und empirische Ergebnisse, in: Deutsches Steuerrecht, 33. Jg. (1995), S. 1363–1368.

Bernards, Oliver (1995a): Zur Bilanzanalyse diversifizierter Unternehmen, in: Betriebs-Berater, 50. Jg. (1995), S. 1283–1287.

Berndt, Thomas (2003): Informationelle Rechnungslegung – Zur Ausweitung des Informationsumfangs am Beispiel von Intellectual Property Statements, in: Der Konzern, 1. Jg. (2003), S. 823–834.

Berndt, Thomas/Hommel, Michael (2005): Konzernrechnungslegung zwischen Konvergenz und Wettbewerb – US-GAAP, IFRS oder Euro-IFRS?, in: Betriebswirtschaftliche Forschung und Praxis, 57. Jg. (2005), S. 407–423.

Bieker, Marcus (2006): Ökonomische Analyse des Fair Value Accounting, Frankfurt am Main 2006.

Blackwell, David/Girshick, M. A. (1954): Theory of Games and Statistical Decisions, New York/London 1954.

Bleicher, Knut/Leberl, Diethard/Paul, Herbert (1989): Unternehmensverfassung und Spitzenorganisation – Führung und Überwachung von Aktiengesellschaften im internationalen Vergleich, Wiesbaden 1989.

Boatsman, James R./Behn, Bruce K./Patz, Dennis H. (1992): A Test of the Use of Geographical Segment Disclosures, in: Journal of Accounting Research, Vol. 31 (1993), Studies on International Accounting, S. 46–64.

Bode, Christoph (2006): Anlegerschutz und Neuer Markt – eine empirische Untersuchung des Publizitätsverhaltens ausgewählter Unternehmen des Neuen Marktes, Jena 2006.

Böcking, Hans-Joachim (1998): Zum Verhältnis von Rechnungslegung und Kapitalmarkt: Vom „financial accounting" zum „business reporting", in: Zeitschrift für betriebswirtschaftliche Forschung, 50. Jg. (1998), Sonderheft, S. 17–53.

Böcking, Hans-Joachim (1999): Segmentberichterstattung – Ein Baustein zur Kontrolle und Transparenz im Unternehmensbereich, in: Dörner, Dietrich/Menold, Dieter/Pfitzer, Norbert (1999): Reform des Aktienrechts, der Rechnungslegung und Prüfung: KonTraG – KapAEG – EuroEG – StückAG, Stuttgart 1999, S. 509–538.

Böcking, Hans-Joachim (2002): IAS/IFRS und Corporate Governance, in: Küting, Karlheinz/Weber, Claus-Peter (Hrsg.): Vom Financial Accounting zum Business Reporting – Kapitalmarktorientierte Rechnungslegung und integrierte Unternehmenssteuerung, Stuttgart 2002, S. 423–443.

Böcking, Hans-Joachim (2003): Corporate Governance und Transparenz – Zur Notwendigkeit der Transparenz für eine wirksame Unternehmensüberwachung, in: Werder, Axel von u.a. (Hrsg.): Internationalisierung der Rechnungslegung und Corporate Governance, Festschrift für Professor Dr. Klaus Pohle, Stuttgart 2003, S. 247–277.

Böcking, Hans-Joachim (2004): Fair Value als Wertmaßstab im Rahmen der IAS/IFRS – Grenzen und praktische Anwendbarkeit, in: Küting, Karlheinz/Pfitzer, Norbert/Weber, Claus-Peter (Hrsg.): Herausforderungen und Chancen durch weltweite Rechnungslegungsstandards, Stuttgart 2004, S. 29–42.

Böcking, Hans-Joachim (2005): Zum Verhältnis von neuem Lagebericht, Anhang und IFRS, in: Betriebs-Berater, 60. Jg. (2005), Beilage 3, Aktuelle Entwicklungen in der Rechnungslegungs-, Steuer- und Prüfungspraxis, S. 5–8.

Böcking, Hans-Joachim/Benecke, Birka (1998): Neue Vorschriften zur Segmentberichterstattung nach IAS und US-GAAP unter dem Aspekt des Business Reporting, in: Die Wirtschaftsprüfung, 51. Jg. (1998), S. 92–107.

Böcking, Hans-Joachim/Benecke, Birka (1999): Der Entwurf des DRSC zur Segmentberichterstattung „E-DRS 3" – Eine Orientierung an dem Standard SFAS 131 des FASB und/oder an dem Standard IAS 14 revised des IASC?, in: Die Wirtschaftsprüfung, 52. Jg. (1999), S. 839–845.

Böcking, Hans-Joachim/Dietz, Stephanie/Kiefer, Marcus (2001): Discontinuing Operations – Ein Vergleich der Behandlung einzustellender Geschäftsbereiche im Jahresabschluss nach IAS und US-GAAP, in: Die Wirtschaftsprüfung, 54. Jg. (2001), S. 373–387.

Böcking, Hans-Joachim/Dutzi, Andreas (2003): Corporate Governance und Value Reporting – Verbesserung der Corporate Governance durch wertorientierte Unternehmensrechnung?, in: Seicht, Gerhard (Hrsg.): Jahrbuch für Controlling und Rechnungswesen 2003, Wien 2003, S. 213–239.

Böcking, Hans-Joachim/Kiefer, Marcus (2006): IFRS 5 Zur Veräußerung gehaltene langfristige Vermögenswerte und aufgegebene Geschäftsbereiche (Non-current Assets Held for Sale and Discontinued Operations), in: Baetge, Jörg u.a. (Hrsg.): Rechnungslegung nach IFRS – Kommentar auf der Grundlage des deutschen Bilanzrechts, 2. Aufl., Stuttgart 2003, Stand: Dezember 2006.

Böcking, Hans-Joachim/Lopatta, Kerstin/Rausch, Benjamin (2005): Wertkategorien der IAS/IFRS, in: Castan, Edgar u.a. (Hrsg.): Beck'sches Handbuch der Rechnungslegung, Abschnitt B165, 26. Auflage, München 2007, Stand: Januar 2007.

Böcking, Hans-Joachim/Lopatta, Kerstin/Rausch, Benjamin (2005a): Fair Value-Bewertung versus Anschaffungskostenprinzip – ein Paradigmenwechsel in der Rechnungslegung?, in: Bieg, Hartmut/Heyd, Reinhard (Hrsg.): Fair Value – Bewertung in Rechnungswesen, Controlling und Finanzwirtschaft, München 2005, S. 83–105.

Böcking, Hans-Joachim/Nowak, Karsten (2000): Die Bedeutung des Börsenkurses bei Unternehmensbewertungen, in: Finanz Betrieb, 2. Jg. (2000), S. 17–24.

Böcking, Hans-Joachim/Orth, Christian (2003): Segmentberichterstattung – Ein Baustein zur Beurteilung der Lage des Konzerns durch Dritte, in: Dörner, Dietrich u.a. (Hrsg.), Reform des Aktienrechts, der Rechnungslegung und der Prüfung: KonTraG – Corporate Governance – TransPuG, 2. Aufl., Stuttgart 2003, S. 761–794.

Böcking, Hans-Joachim/Stein, Thomas (2006): Der Konzernlagebericht als ein Instrument einer wertorientierten Unternehmensberichterstattung – Neue Anforderungen für Vorstände, Aufsichtsräte und Abschlussprüfer im Sinne einer gesetzlichen Konkretisierung der Corporate Governance, in: Der Konzern, 4. Jg. (2006), S. 753–762.

Böcking, Hans-Joachim/Wesner, Peter (2004): Value Reporting und Corporate Governance – Anreizkompatible Vergütung, Performancemessung und Unternehmensüberwachung, in: Die Wirtschaftsprüfung, 57. Jg. (2004), Sonderheft, Wirtschaftsprüfung und Zeitgeist – Prof. Dr. Dr. h.c. mult. Adolf Moxter zum 75. Geburtstag, S. 98–107.

Boersema, John M./Van Weelden, Susan J. (1992): Financial Reporting for Segments, Toronto 1992.

Bohl, Werner (2006): Segmentberichterstattung, in: Bohl, Werner/Riese, Joachim/Schlüter, Jörg (Hrsg.): Beck'sches IFRS-Handbuch – Kommentierung der IFRS/IAS, 2., vollst. überarb. und erw. Aufl., München u.a. 2006, S. 539–556.

Botosan, Christine A. (1997): Disclosure Level and the Cost of Equity Capital, in: The Accounting Review, Vol. 72 (1997), S. 323–349.

Botosan, Christine A./Stanford, Mary (2005): Managers' Motives to Withhold Segment Disclosures and the Effect of SFAS No. 131 on Analysts' Information Environment, in: The Accounting Review, Vol. 80 (2005), S. 751–771.

Bradish, Richard D. (1965): Corporate Reporting and the Financial Analyst, in: The Accounting Review, Vol. 40 (1965), S. 757–766.

Breid, Volker (1995): Aussagefähigkeit agencytheoretischer Ansätze im Hinblick auf die Verhaltenssteuerung von Entscheidungsträgern, in: Zeitschrift für betriebswirtschaftliche Forschung, 47. Jg. (1995), S. 821–854.

Bromwich, Michael (1980): The Possibility of Partial Accounting Standards, in: The Accounting Review, Vol. 55 (1980), S. 288–300.

Bromwich, Michael (1992): Financial Reporting, Information and Capital Markets, London 1992.

Brown, Philip (1994): Capital Markets-Based Research in Accounting: An Introduction, Blackburn 1994.

Brown, Lawrence D./Richardson, Gordon D./Schwager, Steven J. (1987): An Information Interpretation of Financial Analyst Superiority in Forecasting Earnings, in: Journal of Accounting Research, Vol. 25 (1987), S. 49–67.

Brown, Philip/Izan, H.Y./Loh, Alfred L. (1992): Fixed Asset Revaluations and Managerial Incentives, in: Abacus, Vol. 28 (1992), S. 36–57.

Bruns, Hans-Georg (1999): Harmonisierung des externen und internen Rechnungswesens auf Basis internationaler Bilanzierungsvorschriften, in: Küting, Karlheinz/ Langenbucher, Günther (Hrsg.): Internationale Rechnungslegung – Festschrift für Professor Dr. Claus-Peter Weber zum 60. Geburtstag, Stuttgart 1999, S. 585–603.

Buchheim, Regine/Gröner, Susanne/Kühne, Mareike (2004): Übernahme von IAS/IFRS in Europa: Ablauf und Wirkung des Komitologieverfahrens auf die Rechnungslegung, in: Betriebs-Berater, 59. Jg. (2004), S. 1783–1788.

Bühner, Rolf (1985): Rendite- und Risikovorteile der Auslandsdiversifikation, in: Zeitschrift für betriebswirtschaftliche Forschung, 37. Jg. (1985), S. 1019–1029.

Bühner, Rolf (1990): Der Jahresabschlußerfolg von Unternehmenszusammenschlüssen, in: Zeitschrift für Betriebswirtschaft, 60. Jg. (1990), S. 1275–1294.

Bühner, Rolf (1993): Strategie und Organisation – Analyse und Planung der Unternehmensdiversifikation mit Fallbeispielen, 2. überarb. und erw. Aufl., Wiesbaden 1993.

Burger, Anton/Fröhlich, Jürgen/Ulbrich, Philipp R. (2006): Kapitalmarktorientierung in Deutschland – Aktualisierung der Studien aus den Jahren 2003 und 2004 vor dem Hintergrund der Änderungen der Rechnungslegung von Emittenten, in: Zeitschrift für internationale und kapitalmarktorientierte Rechnungslegung, 6. Jg. (2006), S. 113–122.

Bushman, Robert M./Smith, Abbie J. (2001): Financial accounting information and corporate governance, in: Journal of Accounting and Economics, Vol. 32 (2001), S. 237–333.

Bushman, Robert M./Smith, Abbie J. (2003): Transparency, Financial Accounting Information, and Corporate Governance, in: Economic Policy Review, Vol. 9, (2003), S. 65–87.

Busse von Colbe, Walther (1993): Die Entwicklung des Jahresabschlusses als Informationsinstrument, in: Zeitschrift für betriebswirtschaftliche Forschung, 45. Jg. (1993), Sonderheft, S. 11–29.

Busse von Colbe, Walther (1995): Das Rechnungswesen im Dienste einer kapitalmarktorientierten Unternehmensführung, in: Die Wirtschaftsprüfung, 48. Jg. (1995), S. 713–720.

Busse von Colbe, Walther (2002): Entwicklungsperspektiven der Rechnungslegung in Deutschland – Die deutsche Rechnungslegung vor einem Paradigmawechsel, in: Zeitschrift für betriebswirtschaftliche Forschung, 54. Jg. (2002), S. 159–172.

CFA Institute (2005): A Comprehensive Business Reporting Model – Financial Reporting for Investors, Oktober 2005, Internet: http://cfapubs.org/ap/issues/v2005n4/pdf/v2005n4.pdf, Stand: 24.10.2005, Abfrage: 31.10.2005, 11.30 Uhr.

Chmielewicz, Klaus (1993): Segmentierte Erfolgsrechnung, in: Chmielewicz, Klaus/ Schweitzer, Marcell (Hrsg.): Handwörterbuch des Rechnungswesens, 3., völlig neu gest. und erg. Aufl., Stuttgart 1993, Sp. 1790–1801.

Choi, Sung K./Salamon, Gerald L. (1995): External Reporting and Capital Asset Prices, in: Advances in Quantitative Analysis of Finance and Accounting, Vol. 3 (1995), S. 85–110.

Christensen, John A. (2002): Agency Theory, in: Küpper, Hans-Ulrich u. a. (Hrsg.): Handwörterbuch Unternehmensrechnung und Controlling, 4., völlig neu gest. Aufl., Stuttgart 2002, S. 28–39.

Christensen, John A./Demski, Joel S. (2003): Accounting Theory: An Information Content Perspective, Boston 2003.

Christensen, Peter O./Feltham, Gerald A. (2003): Economics of Accounting – Volume I – Information in Markets, Boston 2003.

Coenenberg, Adolf G. (1995): Einheitlichkeit oder Differenzierung von internem und externem Rechnungswesen: Die Anforderungen der internen Steuerung, in: Der Betrieb, 48. Jg. (1995), S. 2077–2083.

Coenenberg, Adolf G. (1996): Einheitlichkeit oder Differenzierung von internem und externem Rechnungswesen: Die Anforderungen der internen Steuerung, in: Schmalenbach-Gesellschaft (Hrsg.): Globale Finanzmärkte – Konsequenzen für Finanzierung und Unternehmensrechnung, Stuttgart 1996, S. 137–161.

Coenenberg, Adolf G. (2005): Jahresabschluss und Jahresabschlussanalyse, 20., überarb. Aufl., Stuttgart 2005.

Coenenberg, Adolf G./Mattner, Gerhard R. (2000): Segment- und Wertberichterstattung in der Jahresabschlussanalyse – das Beispiel Siemens, in: Betriebs-Berater, 55. Jg. (2000), S. 1827–1834.

Coenenberg, Adolf G./Salfeld, Rainer (2003): Wertorientierte Unternehmensführung – Vom Strategieentwurf zur Implementierung, Stuttgart 2003.

Coenenberg, Adolf G. u.a. (1978): Empirische Bilanzforschung in Deutschland, in: Die Betriebswirtschaft, 38. Jg. (1978), S. 495–507.

Collins, Daniel W. (1976): Predicting Earnings with Sub-Entity Data: Some Further Evidence, in: Journal of Accounting Research, Vol. 14 (1976), S. 163–177.

Collins, Daniel W./Simonds, Richard R. (1979): SEC Line-of-Business Disclosure and Market Risk Adjustments, in: Journal of Accounting Research, Vol. 17, (1979), S. 352–383.

Conover, Teresa L./Wallace, Wanda A. (1995): Equity Market Benefits to Disclosure of Geographic Segment Information: An Argument for Decreased Uncertainty, in: Journal of International Accounting Auditing & Taxation, Vol. 4 (1995), S. 101–121.

Copeland, Ronald M./Francia, Arthur J./Strawser, Robert H. (1973): Students as Subjects in Behavioral Business Research, in: The Accounting Review, Vol. 48 (1973), S. 365–372.

Copeland, Ronald M./Francia, Arthur J./Strawser, Robert H. (1974): Further Comments on Students as Subjects in Behavioral Business Research, in: The Accounting Review, Vol. 49 (1974), S. 534–537.

Cushing, Barry E. (1977): On the Possibility of Optimal Accounting Principles, in: The Accounting Review, Vol. 52 (1977), S. 308–321.

Dascher, Paul E./Copeland, Ronald M. (1971): Some Further Evidence on "Criteria for Judging Disclosure Improvement", in: Journal of Accounting Research, Vol. 9 (1971), S. 32–39.

Daske, Holger (2006): Economic Benefits of Adopting IFRS or US-GAAP – Have the Expected Cost of Equity Capital Really Decreased?, in: Journal of Business Finance & Accounting, Vol. 33 (2006), S. 329–373.

Davis-Friday, Paquita Y. u.a. (1999): The Value Relevance of Financial Statement Recognition vs. Disclosure: Evidence from SFAS No. 106, in: The Accounting Review, Vol. 74 (1999), S. 403–423.

Demougin, Dominique/Jost, Peter J. (2001): Theoretische Grundlagen der Prinzipal-Agenten-Theorie, in: Jost, Peter-J. (Hrsg.): Die Prinzipal-Agenten-Theorie in der Betriebswirtschaftslehre, Stuttgart 2001, S. 45–81.

Demski, Joel S. (1973): The General Impossibility of Normative Accounting Standards, in: The Accounting Review, Vol. 48 (1973), S. 718–723.

Demski, Joel S. (1980): Information Analysis, 2. Aufl., Reading 1980.

Demski, Joel S. (1998): Performance Measure Manipulation, in: Contemporary Accounting Research, Vol. 15 (1998), S. 261–285.

Demski, Joel S./Frimor, Hans/Sappington, David E. M. (2004): Efficient Manipulation in a Repeated Setting, in: Journal of Accounting Research, Vol. 42 (2004), S. 31–49.

Demski, Joel S./Patell, James M./Wolfson, Mark A. (1984): Decentralized Choice of Monitoring Systems, in: The Accounting Review, Vol. 59 (1984), S. 16–34.

Demski, Joel S. u.a. (2002): Some Thoughts on the Intelectual Foundations of Accounting, in: Accounting Horizons, Vol. 16 (2002), S. 157–168.

Denis, Diana K./McConnell, John J. (2003): International Corporate Governance, in: European Corporate Governance Institute (Hrsg.): Finance Working Paper No. 5/2003, Stand: Januar 2003.

Diamond, Douglas W./Verrecchia, Robert E. (1991): Disclosure, Liquidity, and the Cost of Capital, in: The Journal of Finance, Vol. 46 (1991), S. 1325–1359.

Diedrich, Ralf/Rohde, Claudia (2005): Unternehmensführung und -kontrolle auf Basis von Fair Value im Rechnungswesen, in: Bieg, Hartmut/Heyd, Reinhard (Hrsg.): Fair Value – Bewertung in Rechnungswesen, Controlling und Finanzwirtschaft, München 2005, S. 701–717.

Dutta, Sunil/Reichelstein, Stefan (2005): Accrual Accounting for Performance Evaluation, in: Review of Accounting Studies, Vol. 10 (2005), S. 527–552.

Dutzi, Andreas (2005): Der Aufsichtsrat als Instrument der Corporate Governance – Ökonomische Analyse der Veränderungen im Corporate-Governance-System börsennotierter Aktiengesellschaften, Wiesbaden 2005.

Dyckman, Thomas R./Gibbins, Michael/Swieringa, Robert J. (1978): Experimental and Survey Research in Financial Accounting: A Review and Evaluation, in: Abdel-khalik, A. Rashad/Keller, Thomas F. (Hrsg.): The Impact of Accounting Research on Practice and Disclosure, Durham 1978, S. 48–105.

Easton, Peter D./Eddey, Peter H./Harris, Trevor S. (1993): An Investigation of Revaluations of Tangible Long-Lived Assets, in: Journal of Accounting Research, Vol. 31 (1993), Studies on International Accounting, S. 1–38.

Eisenhardt, Kathleen M. (1989): Agency Theory: An Assessment and Review, in: The Academy of Management Review, Vol. 14 (1989), S. 57–74.

Elschen, Rainer (1991): Gegenstand und Anwendungsmöglichkeiten der Agency-Theorie, in: Zeitschrift für betriebswirtschaftliche Forschung, 43. Jg. (1991), S. 1002–1012.

Emmanuel, C. R./Gray, S. J. (1978): Segmental Disclosures by Multibusiness Multinational Companies – A Proposal, in: Accounting and Business Research, Vol. 8 (1978), S. 169–177.

Epstein, Barry J./Nach, Ralph/Bragg, Steven M. (2005): Wiley GAAP 2006 – Interpretation and Application of Generally Accepted Accounting Principles, Hoboken 2005.

Erhardt, Olaf/Nowak, Eric (2003): Private Benefits and Minority Shareholder Expropriation (or What Exactly are Private Benefits of Control?), in: Social Science Research Network (Hrsg.): Working Paper No. 423606, Stand: Juni 2003.

Ettredge, Michael L. u.a. (2005): The Impact of SFAS No. 131 Business Segment Data on the Market's Ability to Anticipate Future Earnings, in: The Accounting Review, Vol. 80 (2005), S. 773–804.

Ewert, Ralf (1989): Bilanzielle Publizität im Lichte der Theorie vom gesellschaftlichen Wert öffentlich verfügbarer Information, in: Betriebswirtschaftliche Forschung und Praxis, 41. Jg. (1989), S. 245–263.

Ewert, Ralf (1992): Controlling, Interessenkonflikte und asymmetrische Informationen, in: Betriebswirtschaftliche Forschung und Praxis, 44. Jg. (1992), S. 277–303.

Ewert, Ralf (2006): Fair Values und deren Verwendung im Controlling, in: Wagenhofer, Alfred (Hrsg.): Controlling und IFRS-Rechnungslegung – Konzepte, Schnittstellen, Umsetzung, Berlin 2006, S. 21–47.

Ewert, Ralf (2006a): Fair Value-Bewertung und Performancemessung, in: Börsig, Clemens/Wagenhofer, Alfred (Hrsg.): IFRS in Rechnungswesen und Controlling – Kongress-Dokumentation, 59. Deutscher Betriebswirtschafter-Tag 2005, Stuttgart 2006, S. 179–207.

Ewert, Ralf/Wagenhofer, Alfred (2005): Interne Unternehmensrechnung, Berlin u.a. 2005.

Fama, Eugene F. (1970): Efficient Capital Markets: A Review of Theory and Empirical Work, in: The Journal of Finance, Vol. 25 (1970), S. 383–417.

Fama, Eugene F. (1991): Efficient Capital Markets: II, in: The Journal of Finance, Vol. 46 (1991), S. 1575–1617.

Fama, Eugene F./French, Kenneth R. (1992): The Cross-Section of Expected Stock Returns, in: The Journal of Finance, Vol. 47 (1992), S. 427–465.

FASB (2004): Original Pronouncements As Amended 2004/2005 Edition – Accounting Standards as of June 1, 2004, New York u.a. 2004.

Feldkämper, Ulrich (2003): Empirische Untersuchung der Segmentberichterstattung am deutschen Kapitalmarkt, in: Der Betrieb, 56. Jg. (2003), S. 1453–1457.

Feltham, Gerald A./Demski, Joel S. (1970): The Use of Models in Information Evaluation, in: The Accounting Review, Vol. 45 (1970), S. 623–640.

Fey, Gerd/Mujkanovic, Robin (1999): Segmentberichterstattung im internationalen Umfeld – Analyse der aktuellen FASB- und IASC-Bestimmungen, in: Die Betriebswirtschaft, 59. Jg. (1999), 261–275.

Fink, Christian/Ulbrich, Philipp (2006): Segmentberichterstattung nach ED 8 – Operating Segments, in: Zeitschrift für internationale und kapitalmarktorientierte Rechnungslegung, 6. Jg. (2006), S. 233–243.

Fink, Christian/Ulbrich, Philipp (2007): Verabschiedung des IFRS 8 – Neuregelung der Segmentberichterstattung nach dem Vorbild der US-GAAP, in: Zeitschrift für internationale und kapitalmarktorientierte Rechnungslegung, 7. Jg. (2007), S. 1–6.

Fink, Christian/Ulbrich, Philipp (2007a): Segmentberichterstattung nach IFRS 8 aus Sicht der Gestaltungspraxis, in: Praxis der internationalen Rechnungslegung, 3. Jg. (2007), S. 31–37.

Fink, Christian/Ulbrich, Philipp (2007b): IFRS 8: Paradigmenwechsel in der Segmentberichterstattung, in: Der Betrieb, 60. Jg. (2007), S. 981–985.

Foster, George (1975): Security Price Revaluation Implications of Sub-Earnings Disclosure, in: Journal of Accounting Research, Vol. 13 (1975), S. 283–292.

Foster, George (1986): Financial Statement Analysis, 2. Aufl., Englewood Cliffs 1986.

Franke, Günter/Hax, Herbert (2004): Finanzwirtschaft des Unternehmens und Kapitalmarkt, 5., überarb. Aufl., Berlin u.a. 2004.

Franke, Günter/Laux, Helmut (1970): Der Wert betrieblicher Informationen für Aktionäre, in: Neue Betriebswirtschaft, 23. Jg. (1970), S. 1–8.

Franks, Julian/Mayer, Colin (1995): Ownership and Control, in: Siebert, Horst (Hrsg.): Trends in Business Organization: do Participation and Cooperation Increase Competiveness?, Tübingen 1995, S. 171–195.

Franks, Julian/Mayer, Colin (2001): Ownership and Control of German Corporations, in: The Review of Financial Studies, Vol. 14 (2001), S. 943–977.

Franz, Klaus-Peter/Winkler, Carsten (2006): Unternehmenssteuerung und IFRS – Grundlagen und Praxisbeispiele, München 2006.

Freeman, R. Edward/Reed, David L. (1983): Stockholders and Stakeholders: A New Perspective on Corporate Governance, in: California Management Review, Vol. 25 (1983), S. 88–106.

Freidank, Carl-Christian/Winkler, Heidi (2005): Fair Value-Ermittlung unter Berücksichtigung von SFAC 7 – konzeptionelle Fragen und praktische Anwendungsprobleme, in: Bieg, Hartmut/Heyd, Reinhard (Hrsg.): Fair Value – Bewertung in Rechnungswesen, Controlling und Finanzwirtschaft, München 2005, S. 37–56.

Fröhling, Oliver (2000): KonTraG und Controlling: Eckpfeiler eines entscheidungsrelevanten und transparenten Segmentcontrolling und -reporting, München 2000.

Gaa, James C. (1986): User Primacy in Corporate Financial Reporting: A Social Contract Approach, in: The Accounting Review, Vol. 61 (1986), S. 435–454.

Gebhardt, Günther (2000): Risikomanagement und Rechnungslegung – ein Kernproblem in der Diskussion zur Bilanzierung von Finanzinstrumenten, in: Zeitschrift für betriebswirtschaftliche Forschung, 52. Jg. (2000), Sonderheft, S. 69–94.

Geiger, Thomas (2002): Shareholder-orientierte Segmentberichterstattung – Entwicklung eines Konzeptes für internationale Konzerne, München 2002.

Gillenkirch, Robert M. (2000): Principal-Agent-Theorie und empirische Ergebnisse zur Erfolgsabhängigkeit der Managemententlohnung, in: Wirtschaftswissenschaftliches Studium, 29. Jg. (2000), S. 347–349.

Gillenkirch, Robert M./Schabel, Matthias, M. (2001): Investitionssteuerung, Motivation und Periodenerfolgsrechnung bei ungleichen Zeitpräferenzen, in: Zeitschrift für betriebswirtschaftliche Forschung, 53. Jg. (2001), S. 216–245.

Glaum, Martin/Mandler, Udo (1996): Rechnungslegung auf globalen Kapitalmärkten – HGB, IAS und US-GAAP, Wiesbaden 1996.

Gleich, Ronald/Kieninger, Michael/Kämmler, Andrea (2005): Auswirkungen der Fair Value-Bewertung nach IAS/IFRS auf das Performance Measurement, in: Bieg, Hartmut/Heyd, Reinhard (Hrsg.): Fair Value – Bewertung in Rechnungswesen, Controlling und Finanzwirtschaft, München 2005, S. 649–676.

Gleich, Ronald u.a. (2002): Corporate Reporting – Empirische Erkenntnisse und Impulse zur Performancesteigerung, in: Controlling, 14. Jg. (2002), S. 337–345.

Gjesdal, Froystein (1981): Accounting for Stewardship, in: Journal of Accounting Research, Vol. 19 (1981), S. 208–231.

Grieshop, Hendrik/Weber, Jürgen (2007): Ergebnisse einer empirischen Studie zur Kooperation von Controllerbereich und externem Rechnungswesen, in: Der Konzern, 5. Jg. (2007), S. 307–315.

Günther, Thomas (2007): Zur Abbildung immaterieller Ressourcen im Controlling und in der Rechnungslegung, in: Der Konzern, 5. Jg. (2007), S. 331–343.

Günther, Thomas/Schmidt, Ellen (2006): Externe Portfolioanalyse auf der Basis von Segmentinformationen am Beispiel von Dax-30-Unternehmen, in: Finanz-Betrieb, 8. Jg. (2006), S. 323–329.

Haaker, Andreas (2005): IFRS und wertorientiertes Controlling – Geprüfte bereichsbezogene Unternehmenswerte als „Service" der IFRS für die wertorientierte Unternehmenssteuerung, in: Zeitschrift für internationale und kapitalmarktorientierte Rechnungslegung, 5. Jg. (2005), S. 351–357.

Haaker, Andreas/Paarz, Michael (2005): Die Segmentberichterstattung als Informationsinstrument – Gewährleisten die Regelungen des IAS 14 eine zweckadäquate Segmentabgrenzung?, in: Zeitschrift für internationale und kapitalmarktorientierte Rechnungslegung, 5. Jg. (2005), S. 194–199.

Haase, Klaus Dittmar (1968): Zur amerikanischen Diskussion über die Rechnungslegung konglomerierter und anderer diversifizierter Unternehmungen, in: Die Wirtschaftsprüfung, 21. Jg. (1968), S. 333–340.

Haase, Klaus Dittmar (1974): Segment-Bilanzen – Rechnungslegung diversifizierter Industrieunternehmen, Wiesbaden 1974.

Haase, Klaus Dittmar (1979): Segmentpublizität, in: Betriebswirtschaftliche Forschung und Praxis, 31. Jg. (1979), S. 455–468.

Haase, Klaus Dittmar (1993): Segmentbilanz, in: Chmielewicz, Klaus/Schweitzer, Marcell (Hrsg.): Handwörterbuch des Rechnungswesens, 3., völlig neu gest. und erg. Aufl., Stuttgart 1993, Sp. 1782–1789.

Haase, Klaus Dittmar (1996): Segmentplanung und -bilanzierung, in: Fuchs, J./Schwantag, K. (Hrsg.): Agplan-Handbuch zur Unternehmensplanung, Berlin 1996, Bd. 2, Nr. 4652, Erg.-Lfg. II/1996, S. 1–39.

Hacker, Bernd (2002): Segmentberichterstattung – Eine ökonomische Analyse, Frankfurt am Main u.a. 2002.

Hahn, Klaus (2000): Ausgestaltung und Aussage der Segmentberichterstattung nach § 297 Abs. 1 HGB – Vergleichende Analyse der Normen nach SFAS 131, IAS 14 und DRS 3 zur Schließung der Regelungslücke in § 297 Abs. 1 HGB, in: Lachnit, Laurenz/ Freidank, Carl-Christian (Hrsg.): Investororientierte Unternehmenspublizität – Neue Entwicklungen von Rechnungslegung, Prüfung und Jahresabschlussanalyse, Wiesbaden 2000, S. 668–697.

Haller, Axel (1994): Die Grundlagen der externen Rechnungslegung in den USA – Unter besonderer Berücksichtigung der rechtlichen, institutionellen und theoretischen Rahmenbedingungen, 4., unveränd. Aufl., Stuttgart 1994.

Haller, Axel (1997): Herausforderungen an das Controlling durch die Internationalisierung der externen Rechnungslegung, in: Horvath, Péter (Hrsg.): Das neue Steuerungssystem des Controllers – Von Balanced Scorecard bis US-GAAP, Stuttgart (1997), S. 113–131.

Haller, Axel (2000): Segmentberichterstattung, in: Haller, Axel/Raffournier, Bernard/ Walton, Peter (Hrsg.): Unternehmensrechnung im internationalen Wettbewerb, Stuttgart 2000, S. 755–805.

Haller, Axel (2003): IAS 14 Segmentberichterstattung (Segment Reporting), in: Baetge, Jörg u.a. (Hrsg.): Rechnungslegung nach IFRS – Kommentar auf der Grundlage des deutschen Bilanzrechts, 2. Aufl., Stuttgart 2003, Stand: Dezember 2006.

Haller, Axel (2006): Segmentberichterstattung – Schnittstelle zwischen Controlling und Rechnungslegung, in: Wagenhofer, Alfred (Hrsg.): Controlling und IFRS-Rechnungslegung – Konzepte, Schnittstellen, Umsetzung, Berlin 2006, S. 143–168.

Haller, Axel/Park, Peter (1994): Regulation and practice of segmental reporting in Germany, in: The European Accounting Review, Vol. 3 (1994), S. 563–580.

Haller, Axel/Park, Peter (1994a): Grundsätze ordnungsmäßiger Segmentberichterstattung, in: Zeitschrift für betriebswirtschaftliche Forschung, 46. Jg. (1994), S. 499–524.

Haller, Axel/Park, Peter (1999): Segmentberichterstattung auf Basis des „Management Approach" – Inhalt und Konsequenzen, in: Kostenrechnungspraxis, 43. Jg. (1999), Sonderheft, S. 59–66.

Haller, Axel/Permanschlager, Dominik (2002): Anspruch und Wirklichkeit der Segmentberichterstattung nach US-GAAP, in: Betriebs-Berater, 57. Jg. (2002), S. 1411–1417.

Haring, Nikolai/Prantner, Renate (2005): Konvergenz des Rechnungswesens – State-of-the-Art in Deutschland und Österreich, in: Controlling, 17. Jg. (2005), S. 147–154.

Hart, Oliver (1995): Corporate Governance: Some Theory and Implications, in: The Economic Journal, Vol. 105 (1995), S. 678–689.

Hartmann-Wendels, Thomas (1992): Agency Theorie, in: Frese, Erich (Hrsg.): Handwörterbuch der Organisation, 3., völlig neu gest. Aufl., Stuttgart 1992, Sp. 72–79.

Haugen, Robert A. (2001): Modern Investment Theory, 5. Aufl., Upper Saddle River 2001.

Healy, Paul M./Palepu, Krishna G. (2001): Information asymmetry, corporate disclosure, and the capital markets: A review of the empirical disclosure literature, in: Journal of Accounting and Economics, Vol. 31 (2001), S. 405–440.

Hebeler, Christian (2003): Harmonisierung des internen und externen Rechnungswesens – US-amerikanische Accountig-Systeme als konzeptionelle Grundlage für deutsche Unternehmen?, Wiesbaden 2003.

Heide, Thomas (2001): Informationsökonomische und verhaltenswissenschaftliche Ansätze als Beitrag zu einer theoretischen Fundierung des Controlling – Eine vergleichende Analyse anhand ausgewählter Beispiele, Frankfurt am Main u.a. 2001.

Henselmann, Klaus (2005): Value Reporting und Konkurrenzanalyse, in: Betriebswirtschaftliche Forschung und Praxis, 57. Jg. (2005), S. 296–305.

Hepers, Lars (2005): Entscheidungsnützlichkeit der Bilanzierung von Intangible Assets in den IFRS – Analyse der Regelungen des IAS 38 unter besonderer Berücksichtigung der ergänzenden Regelungen des IAS 36 sowie des IFRS 3, Köln 2005.

Herold, Christian (2006): Vermeidung des Earnings Management der Umsatzerlöse – Eine ökonomische Analyse der internationalen Rechnungslegungsnormen, Wiesbaden 2006.

Herrmann, Don (1996): The Predictive Ability of Geographic Segment Information at the Country, Continent, and Consolidated Levels, in: Journal of International Financial Management and Accounting, Vol. 7 (1996), S. 50–73.

Herrmann, Don/Thomas, Wayne B. (1996): Segment Reporting in the European Union: Analyzing the Effects of Country, Size, Industry, and Exchange Listing, in: Journal of International Accounting & Taxation, Vol. 5 (1996), S. 1–20.

Herrmann, Don/Thomas, Wayne B. (2000): An Analysis of Segment Disclosures under SFAS No. 131 and SFAS No. 14, in: Accounting Horizons, Vol. 14 (2000), S. 287–302.

Herrmann, Don/Thomas, Wayne B. (2000a): A Model of Forecast Precision Using Segment Disclosures: Implications for SFAS No. 131, in: Journal of International Accounting, Auditing & Taxation, Vol. 9 (2000), S. 1–18.

Heyd, Reinhard (2001): Zur Harmonisierung von internem und externem Rechnungswesen nach US-GAAP, in: Der Schweizer Treuhänder, 75. Jg. (2001), S. 201–214.

Hirshleifer, J. (1973): Where Are We in the Theory of Information?, in: The American Economic Review, Vol. 63 (1973), Papers and Proceedings of the Eighty-fifth Annual Meeting of the American Economic Association, S. 31–39.

Hirst, D. Eric/Hopkins, Patrick E./Wahlen, James M. (2004): Fair Values, Income Measurement, and Bank Analysts' Risk and Valuation Judgments, in: The Accounting Review, Vol. 79 (2004), S. 454–472.

Hitz, Jörg-Markus (2005): Rechnungslegung zum fair value – Konzeption und Entscheidungsnützlichkeit, Frankfurt am Main 2005.

Hitz, Jörg-Markus (2005a): Fair Value in der IFRS-Rechnungslegung – Konzeption, Inhalt und Zweckmäßigkeit, in: Die Wirtschaftsprüfung, 58. Jg (2005), S. 1013–1027.

Hitz, Jörg-Markus (2007): Das Diskussionspapier „Fair Value Measurements" des IASB – Inhalt und Bedeutung, in: Die Wirtschaftsprüfung, 60. Jg. (2007), S. 361–367.

Hitz, Jörg-Markus/Kuhner, Christoph (2000): Erweiterung des US-amerikanischen conceptual framework um Grundsätze der Barwertermittlung – Inhalt und Bedeutung des Statement of Financial Accounting Concepts No. 7, in: Die Wirtschaftsprüfung, 53. Jg. (2000), S. 889–902.

Hoke, Michaela (2001): Konzernsteuerung auf Basis eines intern und extern vereinheitlichten Rechnungswesens – Empirische Befunde vor dem Hintergrund der Internationalisierung der Rechnungslegung, Bamberg 2001.

Holmström, Bengt (1979): Moral Hazard and Observability, in: The Bell Journal of Economics, Vol. 10 (1979), S. 74–91.

Holthausen, Robert W./Verrecchia, Robert E. (1990): The Effect of Informedness and Consensus on Price and Volume Behavior, in: The Accounting Review, Vol. 65 (1990), S. 191–208.

Holthausen, Robert W./Watts, Ross. L. (2001): The relevance of the value-relevance literature for financial accounting standard setting, in: Journal of Accounting and Economics, Vol. 31 (2001), S. 3–75.

Hommel, Michael (1998): Bilanzierung immaterieller Anlagewerte, Stuttgart 1998.

Hommel, Michael (2005): Kostenrechnung – learning by stories, Frankfurt am Main 2005.

Hommel, Michael (2005a): Die Neubewertungsmethode als Allowed Alternative Treatment für Sachanlagen und immaterielle Anlagewerte, in: Bieg, Hartmut/Heyd, Reinhard (Hrsg.): Fair Value – Bewertung in Rechnungswesen, Controlling und Finanzwirtschaft, München 2005, S. 287–308.

Hommel, Michael/Braun, Inga (2002): Marktorientierte Unternehmensbewertung – der Börsenkurs auf dem Prüfstand, in: Betriebs-Berater, 57. Jg. (2002), Beilage 6, Betriebswirtschaft special – Betriebs-Berater für Unternehmensbewertung, S. 10–17.

Hommel, Michael/Braun, Inga/Schmotz, Thomas (2001): Neue Wege in der Unternehmensbewertung? – Kritische Würdigung des neuen IDW-Standards (IDW S 1) zur Unternehmensbewertung, in: Der Betrieb, 54. Jg. (2001), S. 341–347.

Hommel, Michael/Dehmel, Inga/Pauly, Denise (2005): Unternehmensbewertung unter dem Postulat der Steueräquivalenz – Adjustierung der Discounted-Cashflow-Verfahren an das deutsche Steuerrecht, in: Betriebs-Berater, 60. Jg. (2005), Betriebs-Berater Special 7, Unternehmensbewertung, S. 13–18.

Hommel, Michael/Pauly, Denise (2007): Unternehmensteuerreform 2008: Auswirkungen auf die Unternehmensbewertung, in: Betriebs-Berater, 62. Jg. (2007), S. 1155–1161.

Hommel, Michael/Schmidt, Reinhard H./Wüstemann, Jens (2004): Adolf Moxter und die Grundsätze ordnungsgemäßer Rechnungslegung – Kontinuität und Zukunft eines Forschungsleitbildes, in: Die Wirtschaftsprüfung, 57. Jg. (2004), Sonderheft, Wirtschaftsprüfung und Zeitgeist – Prof. Dr. Dr. h.c. mult. Adolf Moxter zum 75. Geburtstag, S. 84–98.

Hommel, Michael/Wüstemann, Jens (2006): Synopse der Rechnungslegung nach HGB und IFRS, München 2006.

Hopwood, William S./Newbold, Paul/Silhan, Peter A. (1982): The Potential for Gains in Predictive Ability Through Disaggregation: Segmented Annual Earnings, in: Journal of Accounting Research, Vol. 20 (1982), S. 724–732.

Horwitz, Betrand/Kolodny, Richard (1977): Line of Business Reporting and Security Prices: An Analysis of an SEC Disclosure Rule, in: The Bell Journal of Economics, Vol. 8 (1977), S. 234–249.

Hosfeld-Guber, Jutta/Liwicki, Bianca (2000): Konzeptionelle Aspekte der US-amerikanischen Segmentberichterstattung und empirische Erfahrungen mit ihrer Umsetzung, in: Poll, Jens (Hrsg.): Bilanzierung und Besteuerung der Unternehmen – Das Handels- und Steuerrecht auf dem Weg ins 21. Jahrhundert, Stuttgart 2000, S. 143–178.

Husmann, Rainer (1997): Segmentierung des Konzernabschlusses zur bilanzanalytischen Untersuchung der wirtschaftlichen Lage des Konzerns, in: Die Wirtschaftsprüfung, 50. Jg. (1997), S. 349–359.

Husmann, Rainer (1998): Würdigung der Segmentberichterstattung nach dem Management Approach auf der Basis der deutschen Bilanzierungspraxis, in: Die Wirtschaftsprüfung, 51. Jg (1998), S. 816–823.

Hussain, Simon (1997): The Impact of Segment Definition on the Accuracy of Analysts' Earnings Forecasts, in: Accounting and Business Research, Vol. 27 (1997), S. 145–156.

IASB (2006): International Financial Reporting Standards (IFRSs) 2006 including International Accounting Standards (IASs) and Interpretations as at 1 January 2006, London 2006.

Ijiri, Yuji (1995): Segment Statements and Informativeness Measures – Managing Capital vs. Managing Resources, in: Accounting Horizons, Vol. 9 (1995), S. 55–67

Janssen, Friedrich/Scheren, Michael (1999): Internationalisierung der Führungskennziffern? – Führungskennzahlen in der deutschen Geschäftsberichterstattung, in: Küting, Karlheinz/Langenbucher, Günther (Hrsg.): Internationale Rechnungslegung – Festschrift für Professor Dr. Claus-Peter Weber zum 60. Geburtstag, Stuttgart 1999, S. 605–629.

Jensen, Michael C. (2001): Value Maximization, Stakeholder Theorie, and the Corporate Objective Function, in: Journal of Applied Corporate Finance, Vol. 14 (2001), S. 8–21.

Jensen, Michael C./Meckling, William H. (1976): Theory of the Firm: Managerial Behavior, Agency Costs and Ownership Structure, in: Journal of Financial Economics, Vol. 3 (1976), S. 305–360.

Jost, Peter-J. (2001): Die Prinzipal-Agenten-Theorie im Unternehmenskontext, in: Jost, Peter-J. (Hrsg.): Die Prinzipal-Agenten-Theorie in der Betriebswirtschaftslehre, Stuttgart 2001, S. 11–43.

Kahle, Holger (2002): Informationsversorgung des Kapitalmarkts über internationale Rechnungslegungsstandards, in: Zeitschrift für kapitalmarktorientierte Rechnungslegung, 2. Jg. (2002), S. 95–107.

Kahle, Holger (2003): Unternehmenssteuerung auf Basis internationaler Rechnungslegungsstandards?, in: Zeitschrift für betriebswirtschaftliche Forschung, 55. Jg. (2003), S. 773–789.

Kajüter, Peter/Barth, Daniela (2007): Segmentberichterstattung in diversifizierten Konzernen – Eine Fallstudie zur Anwendung der neuen Regelungen nach IFRS 8, in: Zeitschrift für internationale und kapitalmarktorientierte Rechnungslegung, 7. Jg. (2007), S. 110–116.

Kajüter, Peter/Barth, Daniela (2007a): Segmentberichterstattung nach IFRS 8 – Übernahme des Management Approach, in: Betriebs-Berater, 62. Jg. (2007), S. 428–434.

Kerkhoff, Guido/Diehm, Sven (2007): Controller und Accountant – Zwei Seiten einer Medaille, in: Der Konzern, 5. Jg. (2007), S. 316–320.

Kessler, Harald (2005): Ist der Fair Value fair?, in: Bieg, Hartmut/Heyd, Reinhard (Hrsg.): Fair Value – Bewertung in Rechnungswesen, Controlling und Finanzwirtschaft, München 2005, S. 57–81.

Kiener, Stefan (1990): Die Principal-Agent-Theorie aus informationsökonomischer Sicht, Heidelberg 1990.

Kieso, Donald E./Weygandt, Jerry J./Warfield, Terry D. (2007): Intermediate Accounting, 12. Aufl., Hoboken 2007.

Kinney, William R. (1971): Predicting Earnings: Entity versus Subentity Data, in: Journal of Accounting Research, Vol. 9 (1971), S. 127–136.

Kirchner, Christian (1997): Bilanzrecht und neue Institutionenökonomik: Interdisziplinäre Überlegungen, in: Budde, Wolfgang Dieter/Moxter, Adolf/Offerhaus, Klaus (Hrsg.): Handelsbilanzen und Steuerbilanzen, Festschrift zum 70. Geburtstag von Prof. Dr. h.c. Heinrich Beisse, Düsseldorf 1997, S. 267–283.

Kirsch, Hanno (2001): Segmentberichterstattung nach IAS 14 als Basis eines kennzahlengestützten Unternehmenscontrolling, in: Der Betrieb, 54. Jg. (2001), S. 1513–1518.

Kirsch, Hanno (2004): Möglichkeiten und Grenzen der Wirtschaftlichkeitsbeurteilung mittels der Segmentberichterstattung nach IAS 14, in: Steuern und Bilanzen, 6. Jg. (2004), S. 193–200.

Kirsch, Hanno (2007): Segmentbezogene Jahresabschlussanalyse nach IFRS 8, in: Praxis der internationalen Rechnungslegung, 3. Jg. (2007), S. 61–67.

Klatte, Volkmar (2006): Segmentberichterstattung von Energieversorgungsunternehmen unter Berücksichtigung des Unbundling, in: Siegel, Theodor u.a. (Hrsg.): Unternehmungen, Versicherungen und Rechnungswesen – Festschrift zur Vollendung des 65. Lebensjahres von Dieter Rückle, Berlin 2006, S. 311–340.

Klein, Georg A. (1999): Unternehmenssteuerung auf Basis der International Accounting Standards, München 1999.

Klein, Georg A. (1999a): Konvergenz von internem und externem Rechnungswesen auf Basis der International Accounting Standards (IAS), in: Kostenrechnungspraxis, 43. Jg. (1999), Sonderheft, S. 67–77.

Kleine-Doepke, Rainer (1981): Informationsökonomische Analyse der externen Rechnungslegung, Frankfurt am Main 1981.

Kley, Karl-Ludwig (2001): Die Fair Value-Bilanzierung in der Rechnungslegung nach den International Accounting Standards (IAS), in: Der Betrieb, 54. Jg. (2001), S. 2257–2262.

Koch, Hans-Dieter/Schmidt, Reinhard H. (1981): Ziele und Instrumente des Anlegerschutzes, in: Betriebswirtschaftliche Forschung und Praxis, 33. Jg. (1981), S. 231–250.

Kochanek, Richard Frank (1974): Segmental Financial Disclosure by Diversified Firms and Security Prices, in: The Accounting Review, Vol. 49 (1974), S. 245–258.

Körner, Dieter (1994): Anreizverträglichkeit der innerbetrieblichen Erfolgsrechnung, Bergisch Gladbach/Köln 1993.

Kothari, S. P. (2001): Capital markets research in accounting, in: Journal of Accounting and Economics, Vol. 31 (2001), S. 105–231.

KPMG (2006): US-GAAP – Rechnungslegung nach US-amerikanischen Grundsätzen – Grundlagen der US-GAAP und SEC-Vorschriften, 4., überarb. Aufl., Berlin 2006.

Krawitz, Norbert (1997): Zur Erweiterung der deutschen Segmentberichterstattung unter Berücksichtigung internationaler Entwicklungen, in: Fischer, Thomas R./Hömberg, Reinhold (Hrsg.): Jahresabschluß und Jahresabschlußprüfung – Probleme, Perspektiven, internationale Einflüsse, Festschrift für Jörg Baetge, Düsseldorf 1997, S. 552–599.

Kümpel, Thomas (2003): Fair Value Acconting nach IFRS/IAS – Grundlagen und kritische Würdigung, in: Datenverarbeitung – Steuer – Wirtschaft – Recht, 32. Jg. (2003), S. 221–224.

Küpper, Hans-Ulrich (1994): Interne Unternehmensrechnung auf kapitaltheoretischer Basis, in: Ballwieser, Wolfgang u.a. (Hrsg.): Bilanzrecht und Kapitalmarkt – Festschrift zum 65. Geburtstag von Professor Dr. Dr. h.c. Dr. h.c. Adolf Moxter, Düsseldorf 1994, S. 967–1002.

Küpper, Hans-Ulrich (1999): Zweckmäßigkeit, Grenzen und Ansatzpunkte einer Integration der Unternehmensrechnung, in: Kostenrechnungspraxis, 43. Jg. (1999), Sonderheft, S. 5–11.

Küting, Karlheinz (2007): Der Preis ist zu hoch – Die Fair-Value-Bewertung nach IFRS, in: Frankfurter Allgemeine Zeitung, 12. März 2007, Nr. 60, S. 20.

Küting, Karlheinz/Dawo, Sascha (2003): Anwendungsfälle der fair value-Bewertung bei nicht finanziellen Vermögenswerten im Rahmen der International Financial Reporting Standards (IFRS), in: Zeitschrift für internationale und kapitalmarktorientierte Rechnungslegung, 3. Jg. (2003), S. 228–241.

Küting, Karlheinz/Dürr, Ulrike (2002): Die „neuen“ Rechenwerke des TransPuG – Ein Blick auf die Berichtspraxis zur Kapitalflussrechnung, Segmentberichterstattung und zum Eigenkapitalspiegel, in: Steuern und Bilanzen, 4. Jg. (2002), S. 985–989.

Küting, Karlheinz/Lorson, Peter (1998): Konvergenz von internem und externem Rechnungswesen: Anmerkungen zu Strategien und Konfliktfeldern, in: Die Wirtschaftsprüfung, 51. Jg. (1998), S. 483–493.

Küting, Karlheinz/Lorson, Peter (1998a): Grundsätze eines Konzernsteuerungskonzepts auf „externer“ Basis (Teil I) – Ein Beitrag zur Konvergenz von internem und externem Rechnungswesen, in: Betriebs-Berater, 53. Jg. (1998), S. 2251–2258.

Küting, Karlheinz/Lorson, Peter (1998b): Grundsätze eines Konzernsteuerungskonzepts auf „externer“ Basis (Teil II) – Ein Beitrag zur Konvergenz von internem und externem Rechnungswesen, in: Betriebs-Berater, 53. Jg. (1998), S. 2303–2309.

Küting, Karlheinz/Lorson, Peter (1999): Harmonisierung des Rechnungswesens aus Sicht der externen Rechnungslegung, in: Kostenrechnungspraxis, 43. Jg. (1999), Sonderheft, S. 47–57.

Kunz, Alexis H./Pfeiffer, Thomas (2001): Kapitalmarktorientierte Unternehmensrechnung und der Informationsverbund zwischen in- und externem Rechnungswesen – Erste Hinweise für die Existenz dysfunktionaler Wirkungszusammenhänge, in: Zeitschrift für betriebswirtschaftliche Forschung, 53. Jg. (2001), S. 500–530.

Labbé, Marcus (2005): Der Einfluss des Kapitalmarkts auf die Strategieentwicklung börsennotierter Unternehmen, in: Der Betrieb, 58. Jg. (2005), S. 2089–2095.

Langenbucher, Günther (1997): Neue Wege der Segmentberichterstattung, in: Küting, Karlheinz/Weber, Claus-Peter (Hrsg.): Das Rechnungswesen auf dem Prüfstand: Antworten auf die Konzernierung der deutschen Wirtschaft im Spannungsfeld der Globalisierung, Frankfurt am Main 1997, S. 127–149.

Langenbucher, Günther (1999): Segmentberichterstattung als Ergänzung der Rechnungslegung, in: Küting, Karlheinz/Langenbucher, Günther (Hrsg.): Internationale Rechnungslegung – Festschrift für Professor Dr. Claus-Peter Weber zum 60. Geburtstag, Stuttgart 1999, S. 157–179.

Langguth, Heike/Brunschön, Florian (2006): Segmentberichterstattung am deutschen Kapitalmarkt – Eine empirische Untersuchung am Beispiel des Prime Standards der deutschen Börse, in: Der Betrieb, 59. Jg. (2006), S. 625–632.

Langguth, Heike/Engelmann, Andreas (2005): Empirische Untersuchung zur Segmentberichterstattung am deutschen Kapitalmarkt, in: Der Betrieb, 58. Jg. (2005), S. 621–628.

Laux, Helmut (2005): Entscheidungstheorie, 6., durchges. Aufl., Berlin u.a. 2005.

Laux, Helmut (2006): Wertorientierte Unternehmenssteuerung und Kapitalmarkt – Fundierung finanzwirtschaftlicher Entscheidungskriterien und (Anreize für) deren Umsetzung, 2., vollst. neu bearb. Aufl., Berlin 2006.

Laux, Helmut (2006a): Unternehmensrechnung, Anreiz und Kontrolle – Die Messung, Zurechnung und Steuerung des Erfolges als Grundprobleme der Betriebswirtschaftslehre, 3., vollst. überarb. Aufl., Berlin 2006.

Leuz, Christian/Verrecchia, Robert E. (2000): The Economic Consequences of Increased Disclosures, in: Journal of Accounting Research, Vol. 38 (2000), Supplement: Studies on Accounting Information and the Economics of the Firm, S. 91–124.

Lev, Baruch/Ohlson, James A. (1982): Market-Based Empirical Research in Accounting: A Review, Interpretation, and Extension, in: Journal of Accounting Research, Vol. 20 (1982), Supplement: Studies on Current Research Methodologies in Accounting: A Critical Evaluation, S. 249–322.

Lin, Y.C./Peasnell, K.V. (2000): Fixed Asset Revaluation and Equity Depletion in the UK, in: Journal of Business Finance and Accounting, Vol. 27 (2000), S. 359–394.

Lindemann, Jens (2004): Rechnungslegung und Kapitalmarkt – Eine theoretische und empirische Analyse, Lohmar/Köln 2004.

Lindemann, Jens (2006): Kapitalmarktrelevanz der Rechnungslegung – Konzepte, Methodik und Ergebnisse empirischer Forschung, in: Zeitschrift für Betriebswirtschaft, 76. Jg. (2006), S. 967–1003.

Lintner, John (1965): The Valuation of Risk Assets and the Selection of Risky Investments in Stock Portfolios and Capital Budgets, in: The Review of Economics and Statistics, Vol. 47 (1965), S. 13–37.

Lo, Kin/Lys, Thomas Z. (2000): Bridging the Gap Between Value Relevance and Information Content, Working Paper, University of British Columbia/Northwestern University.

Lobo, Gerald J./Kwon, Sung S./Ndubizu, Gordian A. (1998): The Impact of SFAS No. 14 Segment Information on Price Variability and Earnings Forecast Accuracy, in: Journal of Business Finance and Accounting, Vol. 25 (1998), S. 969–985.

Lorson, Peter (2005): Der Fair Value im System der Wertbegriffe nach IAS/IFRS und US-GAAP, in: Bieg, Hartmut/Heyd, Reinhard (Hrsg.): Fair Value – Bewertung in Rechnungswesen, Controlling und Finanzwirtschaft, München 2005, S. 3–36.

Lücke, Wolfgang (1955): Investitionsrechnungen auf der Grundlage von Ausgaben oder Kosten?, in: Zeitschrift für betriebswirtschaftliche Forschung, 7. Jg. (1955), S. 310–324.

Lüßmann, Lars-Gerrit (2004): Unternehmenskontrolle, Kapitalmärkte und Fair Value Accounting, Sternenfels 2004.

MacKinlay, A. Craig (1997): Event Studies in Economics and Finance, in: Journal of Economic Literature, Vol. 35 (1997), S. 13–39.

Männel, Wolfgang (1999): Harmonisierung des Rechnungswesens für ein integriertes Ergebniscontrolling, in: Kostenrechnungspraxis, 43. Jg. (1999), Sonderheft, S. 13–29.

Männel, Wolfgang/Warnick, Bernd (1990): Entscheidungsorientiertes Rechnungswesen, in: Mayer, Elmar/Weber, Jürgen (Hrsg.): Handbuch Controlling, Stuttgart 1990, S. 395–418.

Magee, Robert P. (1978): Accounting Measurement and Employment Contracts: Current Value Reporting, in: The Bell Journal of Economics, Vol. 9 (1978), S. 145–158.

Maines, Laureen A./McDaniel, Linda S./Harris, Mary S. (1997): Implications of Proposed Segment Reporting Standards for Financial Analysts' Investment Judgements, in: Journal of Accounting Research, Vol. 35 (1997), Studies on Experts and the Application of Expertise in Accounting, Auditing and Tax, S. 1–24.

Markowitz, Harry M. (1970): Portfolio Selection – Efficient Diversification of Investments, New Haven u.a. 1970.

Marschak, Jacob (1954): Towards an Economic Theory of Organization and Information, in: Thrall, R. M./Coombs, C. H./Davis, R. L. (Hrsg.): Decision Processes, New York/London 1954, S. 187–220.

Marschak, Jacob (1974): Economic Information, Decision and Prediction, Selected Essays: Volume II, Part II: Economics of Information and Organization, Dordrecht 1974.

Marschak, Jacob/Miyasawa, Koichi (1968): Economic Comparability of Information Systems, in: International Economic Review, Vol. 9 (1968), S. 137–174.

Mattessich, Richard (1995): Critique of Accounting – Examination of the Foundations and Normative Structure of an Applied Discipline, Westport/London1995.

Mautz, Robert K. (1967): Bases for More Detailed Reporting by Diversified Companies, in: Financial Executive, November 1967, S. 52–60.

McConnell, Patricia/Pacter, Paul (1995): IASC and FASB Proposals Would Enhance Segment Reporting, in: The CPA Journal (1995), S. 32–51.

Meeting, David T./Luecke, Randall W./Garceau, Linda (2001): Future Cash Flow Measurements, in: Journal of Accountancy, Vol. 192 (2001), S. 57-67.

Melcher, Winfried (2002): Konvergenz von internem und externem Rechnungswesen – Umstellung des traditionellen Rechnungswesens und Einführung eines abgestimmten vertikalen und horizontalen Erfolgsspaltungskonzepts, Hamburg 2002.

Menelaides, Susan L./Graham, Lynford E./Fischbach, Gretchen (2003): The Auditor's Approach to Fair Value, in: Journal of Accountancy, Vol. 194 (2003), S. 73–76.

Menn, Bernd-Joachim (1999): Auswirkungen der internationalen Bilanzierungspraxis auf Unternehmensrechnung und Controlling, in: Küting, Karlheinz/Langenbucher, Günther (Hrsg.): Internationale Rechnungslegung – Festschrift für Professor Dr. Claus-Peter Weber zum 60. Geburtstag, Stuttgart 1999, S. 631–647.

Menn, Bernd-Joachim (2000): Internationale Rechnungslegung als Chance zur Annäherung von externem und internem Rechnungswesen, in: Lachnit, Laurenz/Freidank, Carl-Christian (Hrsg.): Investororientierte Unternehmenspublizität – Neue Entwicklungen von Rechnungslegung, Prüfung und Jahresabschlussanalyse, Wiesbaden 2000, S. 196–213.

Merkt, Hanno (2001): Unternehmensrechnung – Offenlegung von Unternehmensdaten als Korrelat der Marktteilnehmer, Tübingen 2001.

Middelmann, Ulrich (2001): Neuere Entwicklungen des wertorientierten Controlling – Potenziale und Realisierung in der Praxis – dargestellt am Beispiel ThyssenKrupp, in: Die Betriebswirtschaft, 61. Jg. (2001), 493–508.

Milgrom, Paul R. (1981): Good News and Bad News: Representation Theorems and Applications, in: The Bell Journal of Economics, Vol. 12 (1981), S. 380–391.

Möckli, Marc (1996): Segmentberichterstattung in der Schweiz, Winterthur 1996.

Möller, Hans Peter (1983): Probleme und Ergebnisse kapitalmarktorientierter empirischer Bilanzforschung in Deutschland, in: Betriebswirtschaftliche Forschung und Praxis, 35. Jg. (1983), S. 285–302.

Möller, Hans Peter/Hüfner, Bernd/Kavermann, Markus (2004): Zur Aktienmarktwirkung „international anerkannter" Rechnungslegung in Deutschland, in: Wildemann, Horst (Hrsg.): Personal und Organisation, Festschrift für Rolf Bühner, München 2004, S. 817–843.

Mohr, Rosanne M. (1983): The Segmental Reporting Issue: A Review of Empirical Research, in: Journal of Accounting Literature, Vol. 2 (1983), S. 39–71.

Mossin, Jan (1966): Equilibrium in a Capital Asset Market, in: Econometrica, Vol. 34 (1966), S. 768–783.

Moxter, Adolf (1962): Der Einfluß von Publizitätsvorschriften auf das unternehmerische Verhalten, Köln/Opladen 1962.

Moxter, Adolf (2000): Rechnungslegungskonzeptionen im Widerstreit, in: Wirtschaftswissenschaftliche Fakultät der Universität Leipzig u.a. (Hrsg.): Rechnungslegungskonzeptionen im Widerstreit – Beiträge zu den Wirtschaftswissenschaften, Leipzig 2000, S. 61–66.

Moxter, Adolf (2000a): Rechnungslegungsmythen, in: Betriebs-Berater, 55. Jg. (2000), S. 2143–2149.

Moxter, Adolf (2003): Grundsätze ordnungsgemäßer Rechnungslegung, Düsseldorf 2003.

Müller, Katrin (2006): Die Unabhängigkeit des Abschlussprüfers – Eine kritische Analyse der Vorschriften in Deutschland im Vergleich zu den Vorschriften der Europäischen Union, der IFAC und in den USA, Wiesbaden 2006.

Müller, Martin (2006): Harmonisierung des externen und internen Rechnungswesens – Eine empirische Untersuchung, Wiesbaden 2006.

Müller, Michael (1998): Shareholder Value Reporting – ein Konzept wertorientierter Kapitalmarktinformation, in: Müller, Michael/Leven, Franz-Josef (Hrsg.): Shareholder Value Reporting, Wien 1998, S. 123–144.

Müller, Stefan/Ordemann, Tammo/Pampel, Jochen R. (2005): Handlungsempfehlungen für die Anwendung der IFRS im Controlling mittelständischer Unternehmen, in: Betriebs-Berater, 60. Jg. (2005), S. 2119–2125.

Müller, Stefan/Peskes, Markus (2006): Konsequenzen der geplanten Änderungen der Segmentberichterstattung nach IFRS für Abschlusserstellung und Unternehmenssteuerung, in: Betriebs-Berater, 61. Jg. (2006), S. 819–825.

Müller, Stefan/Peskes, Markus (2006a): Die Segmentberichterstattung als Instrument der Corporate Governance – Erhöhte Anforderungen an den Ausweis von Segmentdaten, in: Zeitschrift für Corporate Governance, 1. Jg. (2006), S. 33–38.

Nagy, Ronald (2002): Corporate Governance in der Unternehmenspraxis: Akteure, Instrumente und Organisation des Aufsichtsrats, Wiesbaden 2002.

Nardmann, Hendrik (2003): Segmentberichterstattung: Anforderungen bei der Umstellung der Bilanzierung auf IAS/IFRS, in: Betriebs-Berater, 58. Jg. (2003), S. 1947–1950.

Neus, Werner (1989): Ökonomische Agency-Theorie und Kapitalmarktgleichgewicht, Wiesbaden 1989.

Nichols, Nancy B./Street, Donna L./Gray, Sidney J. (2000): Geographic Segment Disclosures in the United States: Reporting Practices Enter A New Era, in: Journal of International Accounting, Auditing & Taxation, Vol. 9 (2000), S. 59–82.

Nicolai, Alexander T./Thomas, Thomas W. (2004): Kapitalmarktkonforme Unternehmensführung: Eine Analyse im Lichte der jüngeren Strategieprozesslehre, in: Zeitschrift für betriebswirtschaftliche Forschung, 56. Jg. (2004), S. 452–469.

Nowak, Eric (1997): On Investment Performance and Corporate Governance, Bamberg 1997.

Nowak, Karsten (2003): Marktorientierte Unternehmensbewertung – Discounted Cash Flow, Realoption, Economic Value Added und der Direct Comparison Approach, 2., akt. Aufl., Wiesbaden 2003.

Ohlson, James A. (1995): Earnings, Book Values, and Dividends in Equity Valuation, in: Contemporary Accounting Research, Vol. 11 (1995), S. 661–687.

Ohlson, James A./Buckman, A. Gregory (1980): Toward a Theory of Financial Accounting, in: The Journal of Finance, Vol. 35 (1980), S. 537–547.

Ordelheide, Dieter (1991): Bilanzen in der Investitionsplanung und -kontrolle – Zur Berücksichtigung von Kommunikationsrisiken und -kosten bei der Entwicklung der finanziellen Zielfunktion der Unternehmung, in: Rückle, Dieter (Hrsg.): Aktuelle Fragen der Finanzwirtschaft und der Unternehmensbesteuerung – Festschrift für Erich Loitlsberger zum 70. Geburtstag, Wien 1991, S. 507–534.

Ordelheide, Dieter/Stubenrath, Michael (2000): Segmentberichterstattung – US-GAAP im Vergleich mit HGB/DRS, in: Ballwieser, Wolfgang (Hrsg.): US-amerikanische Rechnungslegung – Grundlagen und Vergleiche mit dem deutschen Recht, 4., überarb. und erw. Aufl., Stuttgart 2000.

OECD (1990): Segmented financial information, Paris 1990.

Ortman, Richard F. (1975): The Effects on Investment Analysis of Alternative Reporting Procedure for Diversified Firms, in: The Accounting Review, Vol. 50 (1975), S. 298–304.

Pacter, Paul (1993): Reporting Disaggregated Information, Norwalk 1993.

Paul, Jonathan M (1992): On the Efficiency of Stock-Based Compensation, in: The Review of Financial Studies, Vol. 5 (1992), S. 471–502.

Pejic, Philip (1997): International Accounting Standards Committee: Der überarbeitete Standard zur Segmentberichterstattung, in: Der Betrieb, 50. Jg. (1997), S. 2038–2041.

Pejic, Philip (1998): Segmentberichterstattung im externen Jahresabschluss – Internationale Normierungspraxis und Informationsbedürfnisse der Adressaten, Wiesbaden 1998.

Pellens, Bernhard/Tomaszewski, Claude (2000): Wertorientierte Unternehmensführung in Deutschland – Eine empirische Untersuchung der DAX 100–Unternehmen, in: Der Betrieb, 53. Jg. (2000), S. 1825–1833.

Peskes, Markus (2004): Zukunftsorientierte Segmentberichterstattung - Adressatenkonforme Segmentierung und Segmentabgrenzung im Rahmen der Segmentberichterstattung insbesondere zur Erfüllung des Erfordernisses der Zukunftsorientiertheit, Hamburg 2004.

Pfaff, Dieter (1993): Ein Beitrag zur theoretischen Begründung der Vollkostenrechnung, in: Weber, Jürgen (Hrsg.): Zur Neuausrichtung der Kostenrechnung – Entwicklungsperspektiven für die 90er Jahre, Stuttgart 1993, S. 137–160.

Pfaff, Dieter (1998): Wertorientierte Unternehmenssteuerung, Investitionsentscheidungen und Anreizprobleme, in: Betriebswirtschaftliche Forschung und Praxis, 50. Jg. (1998), S. 491–516.

Pfaff, Dieter/Bärtl, Oliver (1998): Externe Rechnungslegung, internes Rechnungswesen und Kapitalmarkt – Die Bedeutung des Kapitalmarktes für den Zusammenhang zwischen externem und internem Rechnungswesen, in: Zeitschrift für betriebswirtschaftliche Forschung, 50. Jg. (1998), S. 757–777.

Pfaff, Dieter/Kukule, Wilfried (2006): Wie fair ist der fair value?, in: Zeitschrift für internationale und kapitalmarktorientierte Rechnungslegung, 6. Jg. (2006), S. 542–549.

Pfaff, Dieter/Stefani, Ulrike (2003): Wertorientierte Unternehmensführung, Residualgewinne und Anreizprobleme, in: Zeitschrift für betriebswirtschaftliche Forschung, 55. Jg. (2003), Sonderheft, S. 51–76.

Pfeiffer, Thomas (2000): Good and Bad News for the Implementation of Shareholder-Value Concepts in Decentralized Organizations – A Critical Study Comparing the DCF Method and the EVA Method, in: Schmalenbach Business Review, Vol. 52 (January, 2000), S. 68–91.

Pfeiffer, Thomas (2003): Anreizkompatible Unternehmenssteuerung, Performancemaße und Erfolgsrechnung, in: Die Betriebswirtschaft, 63. Jg. (2003), S. 43–59.

Potthoff, Erich (1996): Board-System versus duales System der Unternehmensverwaltung – Vor- und Nachteile, in: Betriebswirtschaftliche Forschung und Praxis, 48. Jg. (1996), S. 253–268.

Prather-Kinsey, Jenice/Meek, Gary K. (2004): The Effect of Revised IAS 14 on Segment Reporting by IAS Companies, in: The European Accounting Review, Vol. 13 (2004), S. 213–234.

Pratt, John W./Zeckhauser, Richard J. (1991): Principals and Agents: An Overview, in: Pratt, John W./Zeckhauser, Richard J. (Hrsg.): Principals and Agents: The Structure of Business, Boston 1991, S. 1–35.

Preinreich, Gabriel A. D. (1937): Valuation and Amortization, in: The Accounting Review, Vol. 12 (1937), S. 209–226.

Prodhan, Bimal K. (1986): Geographical Segment Disclosure and Multinational Risk Profile, in: Journal of Business Finance & Accounting, Vol. 13 (1986), S. 15–37.

Prodhan, Bimal K./Harris, Malcolm C. (1989): Systematic Risk and the Discretionary Disclosure of Geographical Segments: An Empirical Investigation of US Multinationals, in: Journal of Business Finance & Accounting, Vol. 16 (1989), S. 467–492.

Reichelstein, Stefan (2000): Providing Managerial Incentives: Cash Flows versus Accrual Accounting, in: Journal of Accounting Research, Vol. 38 (2000), S. 243–269.

Revsine, Lawrence (1971): Predictive Ability, Market Prices, and Operating Flows, in: The Accounting Review, Vol. 46 (1971), S. 480–489.

Riahi-Belkaoui, Ahmed (2000): Accounting Theory, 4. Aufl., London 2000.

Richter, Rudolf/Furubotn, Eirik G. (2003): Neue Institutionenökonomik: Eine Einführung und kritische Würdigung, 3. Aufl., Tübingen 2003.

Risse, Axel (1995): Segmentberichterstattung: Neue Entwicklungen beim IASC und mögliche Auswirkungen auf Deutschland, in: Der Betrieb, 48. Jg. (1995), S. 737–742.

Roberts, Clare B. (1989): Forecasting Earnings Using Geographical Segment Data: Some UK Evidence, in: Journal of International Financial Management and Accounting, Vol. 1 (1989), S. 130–151.

Ronen, Joshua/Livnat, Joshua (1981): Incentives for Segment Reporting, in: Journal of Accounting Research, Vol. 19 (1981), S. 459–481.

Rosen, Rüdiger von (2004): Kapitalmarkt und Corporate Governance unter Einbeziehung der Rechnungslegung, in: Der Konzern, 2. Jg. (2004), S. 325–332.

Ross, Stephen A. (1973): The Economic Theory of Agency: The Principal's Problem, in: The American Economic Review, Vol. 63 (1973), S. 134–139.

Ross, Stephen A. (1979): Disclosure Regulation in Financial Markets: Implications of Modern Finance Theory and Signaling Theory, in: Edwards, Franklin D. (Hrsg.): Issues in Financial Regulation, New York 1979, S. 177–200.

Rückle, Dieter/Karst, Oliver/Bietz, Stefan (2004): Interne und externe Segmentberichterstattung im Konzern – Eine effizienzorientierte Betrachtung der alternativen Vorgehensweisen zur Generierung segmentierter Daten, in: Seicht, Gerhard (Hrsg.): Jahrbuch für Controlling und Rechnungswesen 2004, Wien 2004, S.107–135.

Ruhnke, Klaus/Schmidt, Martin (2003): Überlegungen zur Prüfung von beizulegenden Zeitwerten, in: Die Wirtschaftsprüfung, 56. Jg. (2003), S. 1037–1051.

Ruhwedel, Franca/Schultze, Wolfgang (2002): Value Reporting: Theoretische Konzeption und Umsetzung bei den DAX 100-Unternehmen, in: Zeitschrift für betriebswirtschaftliche Forschung, 54. Jg. (2002), S. 602–632.

Schabel, Matthias M. (2004): Investitionssteuerung, Periodenerfolgsrechnung und EVA, Wiesbaden 2004.

Schachner, Leopold (1967): Corporate Diversification and Financial Reporting, in: The Journal of Accountancy, Vol. 123 (1967), S. 43–50.

Schildbach, Thomas (1986): Jahresabschluß und Markt, Berlin u.a. 1986.

Schildbach, Thomas (1998): Zeitwertbilanzierung in USA und nach IAS, in: Betriebswirtschaftliche Forschung und Praxis, 50. Jg. (1998), S. 580–603.

Schipper, Katherine/Vincent, Linda (2003): Earnings Quality, in: Accounting Horizons, Vol. 17 (2003), Supplement, S. 97–110.

Schmidt, Fritz (1929): Die organische Tageswertbilanz, 3. Aufl., Wiesbaden 1929.

Schneider, Dieter (1997): Betriebswirtschaftslehre, Band 2: Rechnungswesen, 2. Aufl., München/Wien 1997.

Schultze, Wolfgang (2003): Methoden der Unternehmensbewertung – Gemeinsamkeiten, Unterschiede, Perspektiven, 2., erw. und überarb. Aufl., Düsseldorf 2003.

Schwalbach, Joachim (1985): Diversifizierung von Unternehmen und Betrieben im Verarbeitenden Gewerbe, in: Zeitschrift für betriebswirtschaftliche Forschung, 37. Jg. (1985), S. 567–578.

Schween, Carsten (2006): Standardentwurf des IASB zur Segmentberichterstattung: ED IFRS 8 – Operating Segments, in: Die Wirtschaftsprüfung, 59. Jg. (2006), S. 516–517.

Sharpe, William F. (1964): Capital Asset Prices: A Theory of Market Equilibrium under Conditions of Risk; in: The Journal of Finance, Vol. 19 (1964), S. 425–442.

Shleifer, Andrei/Vishny, Robert W. (1997): A Survey of Corporate Governance, in: The Journal of Finance, Vol. 52 (1997), S. 737–783.

Siegel, Stanley (1997): The Coming Revolution in Accounting: The Emergence of Fair Value as the Fundamental Principle of GAAP, WPK-Mitt. (1997), Sonderheft, S. 81–90.

Siener, Friedrich/Gröner, Susanne (2005): Bedeutung der Fair Value-Bewertung bei der goodwill-Bilanzierung, in: Bieg, Hartmut/Heyd, Reinhard (Hrsg.): Fair Value – Bewertung in Rechnungswesen, Controlling und Finanzwirtschaft, München 2005, S. 333–352.

Silhan, Peter A. (1982): Simulated Mergers of Existent Autonomous Firms: A New Approach to Segmentation Research, in: Journal of Accounting Research, Vol. 20 (1982), S. 255–262.

Silhan, Peter A. (1983): The Effects of Segmenting Quarterly Sales and Margins on Extrapolative Forecasts of Conglomerate Earnings: Extension and Replication, in: Journal of Acounting Research, Vol. 21 (1983), S. 341–347.

Sloan, Richard G. (2001): Financial accounting and corporate governance: a discussion, in: Journal of Accounting and Economics, Vol. 32 (2001), S. 335–347.

Spence, Michael (1973): Job Market Signaling, in: The Quarterly Journal of Economics, Vol. 87 (1973), S. 355–374.

Spremann, Klaus (1990): Asymmetrische Information, in: Zeitschrift für Betriebswirtschaft, 60. Jg. (1990), S. 561–586.

Stallman, James C. (1969): Toward Experimental Criteria for Judging Disclosure Improvement, in: Journal of Accounting Research, Vol. 7 (1969), Empirical Research in Accounting: Selected Studies, S. 29–43.

Staubus, George J. (2004): Two Views of Accounting Measurement, in: Abacus, Vol. 40 (2004), S. 265–279.

Starbatty, Nikolaus (2001): Fair Value Accounting gemäß Statement of Financial Accounting Concept No. 7, in: Die Wirtschaftsprüfung, 54. Jg. (2001), S. 543–558.

Street, Donna L./Nichols, Nancy B./Gray, Sidney J. (2000): Segment Disclosures under SFAS No. 131: Has Business Segment Reporting Improved?, in: Accounting Horizons, Vol. 14 (2000), S. 259–285.

Streim, Hannes (2000): Die Vermittlung von entscheidungsnützlichen Informationen durch Bilanz und GuV – Ein nicht einlösbares Versprechen der internationalen Standardsetter, in: Betriebswirtschaftliche Forschung und Praxis, 52. Jg. (2000), S. 111–131.

Streim, Hannes/Bieker, Marcus/Esser, Maik (2003): Vermittlung entscheidungsnützlicher Informationen durch Fair Values – Sackgasse oder Licht am Horizont?, in: Betriebswirtschaftliche Forschung und Praxis, 55. Jg. (2003), S. 457–488.

Stromann, Hilke (2003): Wertrelevanz deutscher und US-amerikanischer Rechnungslegungsinformationen – Theoretische und empirische Analyse des Feltham-Ohlson-Modells, Wiesbaden 2003.

Swaminathan, Siva (1991): The Impact of SEC Mandated Segment Data on Price Variability and Divergence of Beliefs, in: The Accounting Review, Vol. 66 (1991), S. 23–41.

Swieringa, Robert J./Weick, Karl E. (1982): An Assessment of Laboratory Experiments in Accounting, in: Journal of Accounting Research, Vol. 20 (1982), Supplement: Studies on Current Research Methodologies in Accounting: A Critical Evaluation, S. 56–101.

Theisen, Manuel René (2003): Herausforderung Corporate Governance, in: Die Betriebswirtschaft, 63. Jg. (2003), S. 441–464.

Thomas, Wayne B. (2000): The Value-relevance of Geographic Segment Earnings Disclosures Under SFAS 14, in: Journal of International Financial Management and Accounting, Vol. 11 (2000), S. 133–155.

Troßmann, Ernst/Baumeister, Alexander (2005): Harmonisierung von internem und externem Rechnungswesen durch die Fair Value-Bewertung?, in: Bieg, Hartmut/Heyd, Reinhard (Hrsg.): Fair Value – Bewertung in Rechnungswesen, Controlling und Finanzwirtschaft, München 2005, S. 629–648.

Ulbrich, Philipp R. (2006): Segmentberichterstattung nach IAS 14 – Ein normativer Ansatz zur Neugestaltung auf der Grundlage des Beteiligungscontrollings, Hamburg 2006.

Velthuis, Louis J./Wesner, Peter/Schabel, Matthias M. (2006): Fair value und internes Rechnungswesen: Irrelevanz, Relevanz und Grenzen, in: Zeitschrift für internationale und kapitalmarktorientierte Rechnungslegung, 6. Jg. (2006), S. 458–466.

Velthuis, Louis J./Wesner, Peter/Schabel, Matthias M. (2006a): Eignung des Fair-Value-Ansatzes für die Verhaltenssteuerung im Unternehmen, in: Betriebs-Berater, 61. Jg. (2006), S. 875–878.

Verrecchia, Robert E. (1986): Managerial Discretion in the Choice among Financial Reporting Alternatives, in: Journal of Accounting and Economics, Vol. 8 (1986), S. 175–195.

Volkmann, Sebastian (2005): Darstellung und Anwendung eines Bewertungsmodells im Rahmen des Controllings unter Beachtung der IAS/IFRS, Berlin 2005, Internet: http://nbn-resolving.de/urn:nbn:de:kobv:83-opus-11899, Abfrage: 02.03.2007, 12.00 Uhr.

Wagenhofer, Alfred (1990): Informationspolitik im Jahresabschluß – Freiwillige Informationen und strategische Bilanzanalyse, Heidelberg 1990.

Wagenhofer, Alfred (1993): Kostenrechnung und Agency Theorie, in: Weber, Jürgen (Hrsg.): Zur Neuausrichtung der Kostenrechnung – Entwicklungsperspektiven für die 90er Jahre, Stuttgart 1993, S. 161–185.

Wagenhofer, Alfred (2001): Rechnungslegung, in: Jost, Peter-J. (Hrsg.): Die Prinzipal-Agenten-Theorie in der Betriebswirtschaftslehre, Stuttgart 2001, S. 439–486.

Wagenhofer, Alfred (2006): Zusammenwirken von Controlling und Rechnungslegung nach IFRS, in: Wagenhofer, Alfred (Hrsg.): Controlling und IFRS-Rechnungslegung – Konzepte, Schnittstellen, Umsetzung, Berlin 2006, S. 1–20.

Wagenhofer, Alfred (2006a): Fair Value-Bewertung im IFRS-Abschluss und Bilanzanalyse, in: Zeitschrift für Internationale Rechnungslegung, 1. Jg. (2006), S. 31–37.

Wagenhofer, Alfred/Ewert, Ralf (1997): Unternehmensrechnung und ökonomische Theorie, in: Pfingsten, Andreas (Hrsg.): Betriebs- und Volkswirtschaftslehre: Geschwisterliebe und Familienzwist, München 1997, S. 31–62.

Wagenhofer, Alfred/Ewert, Ralf (2003): Externe Unternehmensrechnung, Berlin u.a. 2003.

Wagner, Franz W. (1982): Zur Informations- und Ausschüttungsbemessungsfunktion des Jahresabschlusses auf einem organisierten Kapitalmarkt, in: Zeitschrift für betriebswirtschaftliche Forschung, 34. Jg. (1982), S. 749–771.

Wagner, Franz W. (1993): Theorie und Praxis der Rechnungslegung: Lehren aus drei Jahrzehnten, in: Wagner, Franz W. (Hrsg.): Ökonomische Analyse des Bilanzrechts: Entwicklungslinien und Perspektiven, Zeitschrift für betriebswirtschaftliche Forschung, 45. Jg. (1993), Sonderheft, S. 1–10.

Watson, David J. H. (1974): Students as Surrogates in Behavioral Business Research: Some Comments, in: The Accounting Review, Vol. 49 (1974), S. 530–533.

Watts, Ross L./Zimmerman, Jerold L. (1978): Towards a Positive Theory of the Determination of Accounting Standards, in: The Accounting Review, Vol. 53 (1978), S. 112–134.

Weißenberger, Barbara E. (2003): Anreizkompatible Erfolgsrechnung im Konzern – Grundmuster und Gestaltungsalternativen, Wiesbaden 2003.

Weißenberger, Barbara E. (2005): Controlling unter IFRS: Möglichkeiten und Grenzen einer integrierten Erfolgsrechnung, in: Weber, Jürgen/Meyer, Matthias (Hrsg.): Internationalisierung des Controllings – Standortbestimmung und Optionen, Wiesbaden 2005, S. 185–212.

Weißenberger, Barbara E. (2006): Ergebnisrechnung nach IFRS und interne Performancemessung, in: Wagenhofer, Alfred (Hrsg.): Controlling und IFRS-Rechnungslegung – Konzepte, Schnittstellen, Umsetzung, Berlin 2006, S. 49–79.

Weißenberger, Barbara E. (2007): Zum grundsätzlichen Verhältnis von Controlling und externer Finanzberichterstattung unter IFRS, in: Der Konzern, 5. Jg. (2007), S. 321–331.

Weißenberger, Barbara E./AKCI (2006): Controller und IFRS: Konsequenzen der IFRS-Finanzberichterstattung für die Controlleraufgaben, in: Zeitschrift für internationale und kapitalmarktorientierte Rechnungslegung, 6. Jg. (2006), S. 613–622.

Weißenberger, Barbara E./Liekweg, Arnim (1999): Vorschriften zur Segmentberichterstattung im Konzern – Schnittstelle zwischen interner und externer Rechnungslegung, in: Kostenrechnungspraxis, 43. Jg. (1999), S. 165–173.

Weißenberger, Barbara E./Maier, Michael (2006): Der Management Approach in der IFRS-Rechnungslegung: Fundierung der Finanzberichterstattung durch Informationen aus dem Controlling, in: Der Betrieb, 59. Jg. (2006), S. 2077–2083.

Wiederhold, Philipp/Pukallus, Sabine (2007): Zwischenberichterstattung nach dem Transparenzrichtlinie-Umsetzungsgesetz – Neue Anforderungen an kapitalmarktorientierte Unternehmen aus der Sicht der Corporate Governance, in: Der Konzern, 5. Jg. (2007), S. 264–274.

Whittred, Greg/Chan, Yoke Kai (1992): Asset Revaluations and the Mitigation of Underinvestment, in: Abacus, Vol. 28 (1992), S. 58–74.

Williamson, Oliver E. (1985): The Economic Institutions of Capitalism – Firms, Markets, Relational Contracting, New York 1985.

Willis, Diana W. (1998): Financial Assets and Liabilities – Fair Value or Historical Cost?, in: Die Wirtschaftsprüfung, 51. Jg. (1998), S. 854-860.

Witt, Peter (2001): Corporate Governance, in: Jost, Peter J. (Hrsg.): Die Prinzipal-Agenten-Theorie in der Betriebswirtschaftslehre, Stuttgart 2001.

Wittmann, Waldemar (1959): Unternehmung und unvollkommene Information, Köln/Opladen 1959.

Wüstemann, Jens (2002): Institutionenökonomik und internationale Rechnungslegungsordnungen, Tübingen 2002.

Ziegler, Hasso (1994): Neuorientierung des internen Rechnungswesens für das Unternehmens-Controlling im Hause Siemens, in: Zeitschrift für betriebswirtschaftliche Forschung, 46. Jg. (1994), S. 175–189.

Zielke, Wolfgang/Kronner, Markus (2003): Umstrukturierung der Deutschen Börse, in: Finanz Betrieb, 5. Jg. (2004), S. 44–49.

Zimmermann, Jochen/Werner, Jörg-Richard (2003): Werturteilsprobleme in der Bilanzforschung: Eine Analyse der Fair Value-Bewertung, Arbeitspapier, Lehrstuhl für Allgemeine Betriebswirtschaftslehre, Unternehmensrechnung und Controlling, Universität Bremen, 2003, Internet: http://labu.fb7.uni-bremen.de/BDB/17_Fair%20value.pdf, Abfrage: 02.05.2007, 14.30 Uhr.

Zirkler, Bernd/Nohe, Ralph (2005): Externe Rechnungslegung: Nutzungsmöglichkeiten für das interne Rechnungswesen – Harmonisierung von internem und externem Rechnungswesen, in: Bilanzbuchhalter und Controller, 29. Jg. (2005), S. 35–40.

Zülch, Henning/Burghardt, Stephan (2007): IFRS 8 „Operating Segments“, in: Praxis der internationalen Rechnungslegung, 3. Jg. (2007), S. 21–23.

FSC
www.fsc.org
MIX
Papier | Fördert
gute Waldnutzung
FSC® C083411

Kolibri 360 GmbH
Ferdinand-Jühlke-Straße 7
99095 Erfurt, Deutschland
produktsicherheit@kolibri360.de